MW00777360

GUÍA
ESENCIAL
de la
BIBLIA

GUÍA

ESENCIAL

de la

BIBLIA

UN RECORRIDO COMPLETO DE
TODOS LOS 66 LIBROS
DE LA BIBLIA

B&H
ESPAÑOL®
BRENTWOOD, TENNESSEE

Guía esencial de la Biblia

Copyright © 2017 por B&H Publishing Group
Mapas © por Holman Bible Publishers
Todos los derechos reservados.
Derechos internacionales registrados.

B&H Publishing Group
Brentwood, TN 37027

Clasificación Decimal Dewey: 220.02
Clasifíquese: BIBLIAS, GUÍAS, MANUALES, ETC.

Publicado originalmente por B&H Publishing Group con el título
Ultimate Bible Guide © 2016 por Holman Bible Publishers.

Traducido y editado por: Grupo Scribere

Ninguna parte de esta publicación puede ser reproducida ni distribuida
de manera alguna ni por ningún medio electrónico o mecánico,
incluidos el fotocopiado, la grabación, y cualquier otro sistema de
archivo y recuperación de datos, sin el consentimiento escrito del autor.

Cualquier dirección de Internet contenida en este libro se ofrece solo
como un recurso. No intentan condonar ni implican un respaldo por
parte de B&H Publishing Group. Además, B&H no respalda el contenido
de estos sitios.

A menos que se indique otra cosa, las citas bíblicas se han tomado de la
versión Reina-Valera Revisada 1960, © 1960 por Sociedades Bíblicas en
América Latina; © renovado 1988 Sociedades Bíblicas Unidas. Usadas
con permiso.

ISBN: 978-1-4627-4530-2

Impreso en China
8 9 10 11 12 * 28 27 26 25 24

CONTENIDO

Mapas

Ilustraciones, Pinturas

Reconocimientos

La *Guía Esencial de la Biblia* se basa en una serie de recursos de B&H. Su esencia está tomada de *La guía Holman para entender la Biblia*, de Kendell H. Easley. Los resúmenes de cada uno de los 66 libros de la Biblia se han tomado del **Comentario bíblico conciso Holman** (editor: David S. Dockery); el *Diccionario bíblico ilustrado Holman* (editores: Chad Owen Brand, Charles W. Draper, Archie W. England y Trent C. Butler); la *Biblia de estudio de apologética* (editores: Ted Cabal, Chad Owen Brand, Ray Clendenen, Paul H. Copan y J. P. Moreland); y la *Biblia de estudio Holman* (editores generales: Edwin A. Blum y Jeremy Royal).

La comprensión fue esencial en aquel entonces, y lo sigue siendo hoy.

En octubre los días son generalmente hermosos en Jerusalén. El 8 de octubre, casi 450 años antes de Cristo, una gran multitud se reunió en la plaza de la puerta de las Aguas durante la Fiesta de los tabernáculos. Esdras, el sacerdote, subió a una alta plataforma de madera con un rollo de los cinco Libros de Moisés (Génesis–Deuteronomio). Cuando lo abrió en el pasaje que iba a leer, todo el pueblo estuvo atento en señal de respeto por la Escritura. Esdras alabó a Dios cuya Palabra estaba a punto de leer. Las personas levantaron sus manos al cielo y exclamaron: «¡Amén! ¡Amén!». Luego se inclinaron hasta tocar el suelo con la frente.

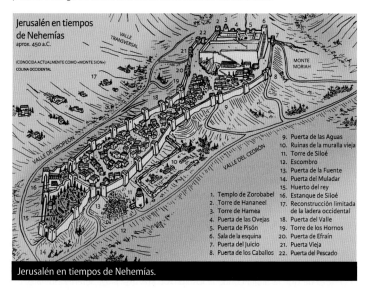

Jerusalén en tiempos de Nehemías
aprox. 450 a.C.

(CONOCIDA ACTUALMENTE COMO «MONTE SION»)
COLINA OCCIDENTAL

VALLE TRANSVERSAL

MONTE MORIAH

VALLE DE TIROPEÓN

VALLE DEL CEDRÓN

1. Templo de Zorobabel
2. Torre de Hananeel
3. Torre de Hamea
4. Puerta de las Ovejas
5. Puerta de Pisón
6. Sala de la esquina
7. Puerta del Juicio
8. Puerta de los Caballos
9. Puerta de las Aguas
10. Ruinas de la muralla vieja
11. Torre de Siloé
12. Escombro
13. Puerta de la Fuente
14. Puerta del Muladar
15. Huerto del rey
16. Estanque de Siloé
17. Reconstrucción limitada de la ladera occidental
18. Puerta del Valle
19. Torre de los Hornos
20. Puerta de Efraín
21. Puerta Vieja
22. Puerta del Pescado

Jerusalén en tiempos de Nehemías.

Esdras leyó en hebreo, pero había intérpretes que traducían lo que leía, pues en aquel momento la mayoría del pueblo solo hablaba arameo. Además, había levitas que caminaban entre la gente explicando y aclarando lo que se decía. La respuesta del pueblo fue intensa. Lloraban como aquejados por un sufrimiento. Habían comprendido que no estaban a la altura de las expectativas de Dios.

Al ver esta respuesta sincera, Esdras y los levitas dijeron al pueblo: «Día santo es a Jehová nuestro Dios; no os entristezcáis, ni lloréis [...]. Id, comed grosuras, y bebed vino dulce, y enviad porciones a los que no tienen nada preparado; porque día santo es a nuestro Señor; no os entristezcáis, porque el gozo de Jehová es vuestra fuerza» (Neh. 8:1-18, específicamente vv. 9-10).

El pueblo siguió al pie de la letra las instrucciones de Esdras y los levitas. Comieron, bebieron, realizaron una gran celebración y enviaron porciones a los que no tenían nada preparado. ¿Por qué lo hicieron? Lo hicieron «porque habían entendido las palabras que les habían enseñado» (v. 12). Este profundo compromiso con la Palabra de Dios comenzó con un temor reverencial y expectante, dio lugar a un gran dolor y luego se convirtió en gozo a medida que las personas recibieron una explicación de la Escritura. Cuando tú lees, ya sea un texto impreso o mediante un dispositivo digital portátil, o escuchas una versión de audio de la Biblia, te estás encontrando con la Palabra de Dios, una Palabra que puede transformar tu vida.

La *Guía esencial de la Biblia* puede hacer por ti algo similar a lo que hicieron los levitas cuando caminaron entre el pueblo de Jerusalén aquel día de octubre unos 450 años antes de Cristo; puede proporcionarte explicaciones que te permitirán comprender mejor la Escritura.

Una de las claves más eficaces para la comprensión de una lectura, es el conocimiento del contexto. Cuanto más conocimiento tengas del contexto, mejor será tu comprensión. Eso es lo que hicieron los levitas cuando caminaron entre los ciudadanos de Judá aquel día de octubre. Proporcionaron un conocimiento que enriqueció la comprensión del pueblo y convirtió la tristeza en gozo.

Ese es el objetivo de la *Guía esencial de la Biblia*, brindar un conocimiento más rico del contexto que redundará en mayor comprensión y gozo.

La *Guía esencial de la Biblia* comienza con un artículo del Dr. George Guthrie titulado «Cómo leer y entender la Biblia». El Dr. Guthrie es un talentoso intérprete de la Escritura, cuyo gozo es ayudar a los demás a crecer en su capacidad de comprender y relacionarse con la Biblia de una manera transformadora para la vida. Esto es de gran valor para quienes han comenzado su travesía con la Biblia junto a aquellos que han estado en esa travesía durante años.

Una de las preguntas más frecuentes acerca de la Biblia es: ¿Cómo puedo tener la certeza de que la Biblia contiene los libros correctos? El Dr. Jeremy Howard, un apologista cristiano, responde a esta pregunta en dos artículos, «Origen, transmisión y canonización de los Libros del Antiguo Testamento» y «Origen, transmisión y canonización de los Libros del Nuevo Testamento». En su artículo sobre el Antiguo Testamento, el Dr. Howard da respuesta a otra pregunta frecuente acerca de la Biblia: ¿Qué son los libros apócrifos y por qué la mayoría de los protestantes no los ven como Escritura?

CARACTERÍSTICAS

En cada uno de los 66 Libros de la Biblia, la *Guía esencial de la Biblia* contiene las siguientes secciones:

- Texto clave
- Término clave
- Resumen de una sola frase

- Contexto histórico original
  - Autor y fecha de escritura
  - Público inicial y destinatario
  - Origen

- El mensaje de Dios
  - Propósito
  - A primera vista
  - La veracidad del Libro

- Cómo encaja el Libro en la historia de Dios
  - Cristo en el Libro
  - Principios básicos de la cosmovisión cristiana
    - Enseñanza sobre Dios
    - Enseñanza sobre la humanidad
    - Enseñanza sobre la salvación

- Características literarias
  - Género y estilo literario

- Un principio a seguir en la vida

Además de brindar un conocimiento del contexto mediante las palabras, la *Guía esencial de la Biblia* ofrece una gran cantidad de recursos visuales que se pueden disfrutar y que contribuyen a la comprensión de la Escritura. Fotos, mapas, reconstrucciones e ilustraciones complementan las explicaciones verbales y juntos dan claridad al texto bíblico. Terry Hulbert afirma que interpretar la Biblia sin conocer el contexto geográfico, histórico y cultural en que se desarrolla es como ver un drama de Shakespeare en un almacén vacío. Se escucha lo que dicen los actores, pero faltan muchas cosas.

La *Guía esencial de la Biblia* no equivale a una experiencia directa en las tierras donde se desarrollaron los acontecimientos de la Biblia, pero sí da una idea de los lugares en los que Dios puso a Su pueblo, donde vino a vivir como hombre y donde los apóstoles anunciaron las buenas nuevas.

El Éufrates es uno de los ríos más importantes de la Biblia. Era conocido como «el río grande» (Gén. 15:18; Jos. 1:4) o el «río» (Núm. 22:5). Constituía el límite norte de la tierra prometida por Yahvéh a Israel (Gén. 15:18; Deut. 1:7).

Réplica del templo de Artemisa en Estambul, Turquía. El templo original estaba en Éfeso y era una de las siete maravillas del mundo.

Un israelí esparciendo la semilla en Petah Tikva.

La Biblia es única entre los libros del mundo. Han transcurrido siglos desde su «lanzamiento», no obstante, todavía domina las listas de ventas y brinda a las personas de hoy mensajes tan frescos como los titulares de las últimas noticias. En ocasiones la Biblia es tan clara que hasta un niño la puede entender, sin embargo, las dificultades que presenta pueden humillar al más erudito de los estudiosos. Es diversa en temas y géneros literarios, pero transmite una historia unificada, un mensaje que culmina en la persona y la obra de Jesucristo. Fue entregada a través de escritores humanos, sin embargo, es realmente la Palabra de Dios. La Biblia puede parecer tan familiar como los vecinos de al lado o tan extraña como un país lejano.

Este artículo busca ayudarlo a conocer de Dios a través de la interacción diaria con la Biblia. Escuchar a Dios en las páginas de la Biblia lleva tiempo y esfuerzo; el escuchar espiritualmente es una habilidad que continuamos desarrollando durante toda nuestra vida. Comprender bien a alguien puede ser un reto cuando atravesamos las fronteras culturales, y, en realidad, la lectura de la Biblia es una conversación entre culturas ya que Dios dio Su Palabra en lugares, circunstancias y momentos muy diferentes de los nuestros.

¿POR QUÉ DEDICAR TIEMPO A LA BIBLIA?

Tal vez has sido inconstante en la lectura de la Biblia, y te preguntas si tienes la disciplina necesaria para estudiarla regularmente.

Pues bien, únete al club. La mayoría de nosotros hemos tenido problemas con la disciplina en la lectura y el estudio de la Biblia. Entonces, ¿vale la pena comenzar de nuevo, o por primera vez, la lectura y el estudio de la Biblia de una forma coherente? La mayoría de los creyentes saben intuitivamente que sí.

Esta es la Palabra de Dios. El Dios que creó el mundo con Su Palabra, ha hablado Su verdad sobre la vida a través de la Biblia para que conozcamos lo que Él se propone en este mundo y cómo podemos vivir para dar gloria a Su nombre. Él nos llama a ser «personas de la Palabra», personas que por nuestra forma de enfocar la vida vamos en contra de la cultura predominante. Por lo tanto, la Biblia es la base para entender lo que somos y lo que debemos hacer en este mundo.

En las siguientes páginas se ofrecen varias sugerencias que puedes comenzar a aplicar diariamente, en menos tiempo del que dedicas a ver una serie televisiva cómica.

COMIENZA CON EL CORAZÓN

En la parábola del sembrador (Mar. 4:3-20), Jesús utilizó una imagen vívida para describir los diferentes niveles de receptividad de las personas hacia la Palabra de Dios. Nos cuenta de un sembrador que esparce la semilla al borde de un campo. Algunas semillas caen en el camino endurecido junto al campo, otras en un terreno pedregoso que tiene poca capa fértil, algunas caen en la maleza y otras en la tierra fértil, la cual ofrece un buen entorno para el crecimiento. Los diferentes lugares en los que caen las semillas representan el corazón humano según se relaciona con la Palabra de Dios.

Algunas personas tienen corazones endurecidos, como un camino muy transitado. La Palabra de Dios no llega a estos corazones. Otros tienen un corazón superficial que parece abierto a la Palabra de Dios. La Palabra viene y responde, pero cuando las cosas se ponen difíciles, las presiones de la vida prevalecen sobre los principios de la Palabra de Dios y la vida espiritual se marchita. Un tercer tipo de persona se vincula más profundamente con la Palabra de Dios, pero las preocupaciones y el deseo de las cosas del mundo ahogan en ellos la Palabra. Por último, están los que reciben la Palabra con el corazón como un campo bien arado. Esta es la imagen de una persona totalmente receptiva a la Palabra de Dios, y Su Palabra produce en ella un crecimiento exponencial de la vida espiritual.

¿Qué tipo de respuesta ejemplifica la situación actual de tu corazón? Tal vez tú nunca te has comprometido a seguir a Cristo como el Señor de tu vida. Te animo a hablar con un cristiano o un pastor de tu confianza y preguntarle acerca de seguir a Cristo como Señor. En 1 Corintios 2:14 se nos dice que una persona que no siga a Cristo, no puede vincularse con la verdad espiritual de una manera que transforme su vida. Por lo tanto, este sería tu lugar de comienzo. Vuélvete a Cristo y pídele que traiga Sus buenas nuevas a tu vida.

O tal vez has dedicado tu vida a seguir a Cristo, pero tu corazón no es receptivo a la Palabra de Dios en este momento. Quizás te sientes acosado por tu corazón que se consume con preocupaciones o por cosas materiales. El pecado y el ensimismamiento pueden hacer que te apartes del estudio de la Biblia. Comienza tu camino de regreso a una relación sana con Dios, clama a Él en este momento, pídele que te perdone por tu dureza de corazón y expresa tu deseo de escuchar y vivir Su Palabra.

MOTIVACIONES

Una vez que nuestros corazones sean receptivos a la Palabra, podremos oír las motivaciones que se nos ofrecen en la Escritura. Entre otros motivos, leemos la Biblia para:

- experimentar un gozo constante (Sal. 119:111)
- discernir nuestros pensamientos y motivaciones (Heb. 4:12)
- guardarnos del pecado y del error (Ef. 6:11-17; 1 Ped. 2:1-2)
- conocer a Dios en una relación personal (1 Cor. 1:21; Gál. 4:8-9; 1 Tim. 4:16)
- conocer la verdad y pensar con claridad acerca de lo que Dios dice que es valioso (2 Ped. 1:21)
- edificarnos como una comunidad junto a otros creyentes (Hech. 20:32; Ef. 4:14-16)
- rechazar la conformidad con el mundo al renovar nuestro entendimiento (Rom. 12:1-2; 1 Ped. 2:1-2)
- experimentar la libertad, la gracia, la paz y la esperanza de Dios (Juan 8:32; Rom. 15:4; 2 Ped. 1:2)
- vivir bien para Dios, expresando nuestro amor por Él (Juan 14:23-24; Rom. 12:2; 1 Tes. 4:1-8)
- atender a los seguidores de Cristo y a los que todavía tienen que responder al evangelio, y experimentar la aprobación de Dios por el trabajo bien hecho (Jos. 1:8; 2 Tim. 2:15; 3:16-17)

DOCE SUGERENCIAS PRÁCTICAS PARA UNA LECTURA CORRECTA

Queremos enfocar nuestra lectura de la Biblia de una forma que dé lugar a un patrón satisfactorio, fiel y fecundo en la vida. A continuación se presentan doce sugerencias que pueden hacer tu lectura de la Biblia más eficaz y satisfactoria.

1. *Lee la Biblia con devoción.* Leer la Biblia con regularidad es un ejercicio espiritual, y es necesario poder espiritual y discernimiento para hacerlo bien. Al comenzar tu lectura, pide a Dios un corazón receptivo y disciplinado, pídele que te hable a través de la Palabra y que use los pasajes que lees para proporcionarte pensamientos y palabras que puedas utilizar cuando oras a Él.

2. *Lee con ansias y alegría.* Además de orar respecto a tu lectura de la Biblia, léela también con la expectativa de oír a Dios, siéntete alegre y agradecido por lo que encuentras en la Escritura. Permite que la «música» de la Palabra te dé alegría en tu camino con Dios.

3. *Medita sobre lo que lees.* Meditar significa «procesar» mentalmente lo que leemos, pensar en lo que significa el pasaje y sus implicaciones para la fe y la práctica. El alimento que se mastica y se traga demasiado rápido causa indigestión, de igual modo, no podremos digerir nuestras lecturas de la Biblia a menos que vayamos despacio y consideremos el «alimento» que allí encontramos.

4. *Lee para la transformación.* La Biblia no está destinada únicamente a informar, sino que busca transformarnos según la verdad de Dios (Rom. 12:1-2). Por lo tanto, lee con la expectativa de escuchar al Señor y piensa en formas de aplicar la verdad de Dios en tu vida a medida que lees.

5. *Lee con perseverancia.* Comprométete a ser constante durante las próximas diez o doce semanas, que es aproximadamente el tiempo necesario para formar un hábito a largo plazo. A medida que seas fiel con tu lectura de la Biblia y comiences a ver que provoca cambios en tu vida, empezarás a desear ardientemente tu tiempo con la Palabra.

6. *Sé realista con las metas establecidas y ten un buen plan.* Si dedicas solo 20 o 30 minutos al día, puedes leer toda la Biblia en un año. Con tan solo 10 o 15 minutos al día se puede leer toda la Biblia en dos años. La clave no es el volumen, sino la regularidad y un plan claro.

7. *Dedica un tiempo y un lugar para leer y estudiar la Biblia.* Debe ser un momento y un lugar en el que estés libre de distracciones y puedas ser constante en tu lectura, de modo que no pierdas más que unas pocas veces de lectura al mes. Cuando pierdas un día, continúa al día siguiente.

8. *Ten disponibles buenas herramientas al leer.* Además de este manual, debes tener un buen diccionario de la Biblia. Estos suelen proporcionar reseñas y resúmenes del mensaje de cada Libro de la Biblia, además de palabras de entrada sobre aspectos teológicos, históricos y culturales.

9. *Lee con un bolígrafo a mano.* Subraya los pasajes clave y haz notas en los márgenes a medida que lees. Una *Biblia de apuntes*™ es ideal para registrar tus preguntas, comentarios o reflexiones en las mismas páginas del texto bíblico. Como se suele decir, la tinta más tenue es más duradera que la mejor memoria. Si prefieres el teclado a la tinta, guarda tus notas en el ordenador.

10. *Al leer, ten en cuenta el contexto inmediato.* No solo necesitamos el «cuadro general» de toda la historia bíblica; también necesitamos el «marco singular» del contexto inmediato. Así que lee con conocimiento de dónde se encuentra en el desarrollo de un libro en particular.

11. *Realiza la lectura y el estudio de la Biblia como parte de una comunidad.* Los familiares o amigos que también lean la Biblia son de gran ayuda, pues pueden animarte y discutir contigo lo leído. Únete a una comunidad de cristianos, a una iglesia, para que puedas tener un lugar donde celebrar lo aprendido, hacer preguntas que surjan en tu estudio y utilizar tus dones espirituales en el ministerio a los demás.

12. *Lee teniendo en cuenta la historia general de la Biblia.* La lectura de la Biblia tiene mucho más sentido si se lee a la luz de su historia general. A medida que leas, notarás grandes temas que se entrelazan, por ejemplo, cómo la creación en Génesis 1–2 se relaciona con los temas de la creación en Salmos 8; Isaías 65:17-25; Juan 1; Romanos 8:19-22 y Apocalipsis 21.

Lee las introducciones a los Libros en tu *Guía esencial de la Biblia* y observa dónde encaja cada Libro en el desarrollo general de la historia de Dios. Esta historia se puede resumir en ocho escenas.

1. Prólogo: creación, caída del hombre y necesidad de redención
2. Dios construye Su nación (2000–931 a.C.)
3. Dios educa a Su nación (931–586 a.C.)
4. Dios preserva un remanente fiel (586–6 a.C.)
5. Dios compra la redención y comienza el reino (6 a.C. a 30 d.C.)
6. Dios extiende el reino a través de la iglesia (30 d.C. [?])
7. Dios consuma la redención y confirma Su reino eterno
8. Epílogo: un cielo nuevo y una Tierra nueva

PROFUNDIZACIÓN: FUNDAMENTOS DEL ESTUDIO CORRECTO DE LA BIBLIA

Piensa por un momento en un viaje que hayas realizado. Tú dejaste tu casa, viajaste a tu destino y tuviste varias experiencias memorables. Tal vez encontraste una cultura diferente a la tuya y comprendiste que mientras mayores son las diferencias culturales entre tu país y el lugar que visitas, mayor es el esfuerzo necesario para comunicarte y aprender en tu nuevo entorno. Sin embargo perseveraste, conociste nuevas personas y lugares, y te beneficiaste de ello.

La Biblia es la Palabra de Dios para nosotros; no estamos simplemente «leyendo las cartas de otra persona». Sin embargo, el estudio de la Biblia puede ser como viajar a otra cultura. El lenguaje a veces parece extranjero. Es posible que tengas dificultades para familiarizarte con la historia o la literatura. Ves cosas nuevas que son hermosas o incluso extrañas. Pero luego reúnes todo lo que has aprendido en tu tiempo de estudio y es de esperar que crezcas con la experiencia.

Ya que la lectura de la Biblia es una experiencia intercultural, necesitamos un vehículo que nos lleve a donde podamos escuchar lo que Dios nos dice a través de esas experiencias, y yo sugiero que el vehículo adecuado es escuchar correctamente el texto de la Escritura. A través de un proceso adecuado de lectura de la Biblia, vemos las cosas que Dios quiere que veamos. Aprendemos a transitar por las zonas desconocidas de la historia y la literatura bíblica, a leer las «señales de

CINCO ETAPAS DEL ESTUDIO EXHAUSTIVO DE LA BIBLIA

1	2	3	4	5
Prepara tus maletas	Lee los mapas	Lee cuidadosamente las señales de carretera	Aprende a hablar como un lugareño	Regresa a casa
Selecciona un pasaje	Estudia el amplio contexto histórico del Libro	Lee el pasaje en varias traducciones	Selecciona palabras clave para estudiar	Identifica los principales puntos y principios del pasaje
Reúne tus herramientas	Estudia el género literario	Busca la dinámica clave del pasaje	Consulta herramientas de estudio de palabras	Identifica cómo se aplican en el contexto original y el actual
Ora	Estudia el contexto literario inmediato del pasaje	Haz un resumen provisional del pasaje	Consulta una concordancia	Determina una aplicación específica para tu propia vida

carretera» que marcan los puntos principales a los que debemos prestar atención y a comprender el lenguaje de la Biblia.

Después de haber vivido en el mundo del texto bíblico por un tiempo y familiarizarnos con lo que está sucediendo allí, luego de perseverar ante los retos y escuchar lo que Dios quiere que escuchemos, «volvemos a casa», al entorno de nuestras vidas, con las mentes y los corazones transformados. El vehículo que nos puede llevar de regreso a casa, es el discernir los principios y el significado de lo que hemos encontrado en la Biblia y luego encontrar maneras específicas para aplicar la verdad de Dios a nuestra vida.

Con el apoyo de esta descripción gráfica, veamos cinco etapas principales para realizar un estudio más a fondo de un pasaje bíblico.

ETAPA 1: PREPARA TUS MALETAS

Uno de los aspectos más importantes de un viaje es lo que sucede antes de este. La preparación al hacer las maletas puede ser determinante.

Selecciona un pasaje. Cuando se viaja se necesita partir con un destino en mente. De igual modo al estudiar la Biblia debes decidir en primer lugar qué pasaje específico vas a leer. Asegúrate de elegir un pasaje que puedas abarcar bien en el período de tiempo destinado a ello. Por ejemplo, si vas a estudiar detalladamente un pasaje de una de las cartas de Pablo, de cuatro a siete versículos (por ej., 2 Cor. 2:14-17) son suficientes para abordar en una sola sesión. Si deseas estudiar un pasaje más largo (por ej., todo Rom. 8), divídelo en segmentos más pequeños y estudia la totalidad del capítulo durante un período prolongado de tiempo. Tratar de estudiar una parte demasiado grande de una sola vez conducirá a la frustración. Sin embargo, si estás estudiando una parte que pertenece a la narrativa bíblica, su pasaje puede ser mayor ya que la narrativa no depende de la argumentación detallada.

A medida que avanzas con el estudio de la Biblia en las siguientes semanas, obtendrás una idea de cuánto puedes hacer en siete días. Poco a poco te familiarizarás con tus herramientas y con los procesos necesarios, lo que te permitirá estudiar de manera más eficiente. Pero recuerda, del mismo modo que no debes darte prisa al visitar sitios históricos importantes, solo para culminar tu viaje, la clave en el estudio de la Biblia no es la velocidad sino un enfoque que te ayude a profundizar en la Palabra de Dios y que al mismo tiempo te transforme.

Reúne tus herramientas. Además de una Biblia de estudio, que incluye diversos recursos para ahondar en la Palabra, es bueno tener varias traducciones a mano. Algunas traducciones son más «formales» y siguen el patrón de las palabras originales tan fielmente como sea posible, incluso si el resultado no siempre es de fácil comprensión para el lector moderno (por ejemplo, la LBLA). Otras son más «funcionales» y tratan de comunicar lo que quiere decir el autor, incluso si eso significa apartarse del patrón exacto de las palabras en el pasaje (como la NTV). Existen también otras traducciones que tratan de encontrar un equilibrio entre estos dos enfoques.

Un buen diccionario bíblico tiene mucho que ofrecer, pues contiene resúmenes e introducciones de cada Libro en la Escritura, además de entradas sobre personas, lugares, cultura, cuestiones teológicas y acontecimientos clave que se mencionan en la Biblia. También es útil tener diccionarios que traten específicamente los idiomas originales del Antiguo y el Nuevo Testamento. Estos muestran la variedad de significados posibles que una palabra específica puede tener. Hay muchos programas informáticos disponibles para el estudio de la Biblia. Algunos pueden ser gratis en Internet.

Aunque la Internet puede ser un recurso maravilloso para el estudio de la Biblia, no todos los sitios web son igual de confiables. Por lo tanto, trata de evaluar la calidad del sitio. Podrías pedirle a un pastor o a un cristiano maduro que te ayude a determinar su confiabilidad. Además, aunque los sitios gratuitos de Internet pueden ser útiles, a menudo utilizan herramientas obsoletas que son de dominio público. Estas herramientas aún tienen valor, pero deben utilizarse en conjunto con herramientas que se basen en estudios recientes realizados por eruditos evangélicos.

Los mejores comentarios de la Biblia proporcionan un caudal de información e incluyen: introducción al Libro, resumen del Libro, reflexiones teológicas, estudio profundo de palabras, análisis interpretativos confiables y aplicación. Pídele a un cristiano de confianza o a un pastor que te ayude a evaluar la utilidad, la confiabilidad y la facilidad de comprensión de los comentarios disponibles.

Ora. Una vez que hayas elegido tu pasaje y reunido tus herramientas, inicia tu tiempo de estudio con una oración. Podrías comenzar orando algo así:

Señor, gracias por Tu Palabra. Te pido que me des la disciplina para estudiar cuidadosamente este pasaje. Por favor, dame también el discernimiento para entender los detalles. Señor, por favor, guíame con Tu Espíritu y llévame a Tu verdad. Tengo el compromiso de aplicar lo que aprendo aquí, y te pido que me cambies a través de Tu Palabra y encamines mi vida según Tu voluntad y forma de pensar. Gracias por este momento.

ETAPA 2: LEE LOS MAPAS

Los mapas son de vital importancia para la navegación; tú debes saber dónde te encuentras para comprender cómo llegar a donde quieres ir. En el estudio de la Biblia, el conocimiento del contexto histórico y literario proporciona esa orientación. Al igual que los mapas, nos muestra el trazado del «vecindario» bíblico. El contexto histórico nos puede dar un telón de fondo más claro en términos de acontecimientos históricos o dinámicas culturales de la época, y el contexto literario puede ayudarnos a entender cómo funcionan estas palabras, según el lugar donde el autor las colocó en el libro.

La comprensión del contexto cultural, histórico y literario nos permite orientarnos en el «vecindario bíblico».

Estudia el amplio contexto histórico del Libro. Al estudiar el contexto histórico de un Libro se busca entender los siguientes hechos:

¿Quién fue el autor del Libro?

¿Quiénes fueron los destinatarios originales?

¿Dónde se encontraban el autor y los destinatarios?

¿Cuándo se escribió el Libro?

¿Cuál es el propósito del Libro?

Este tipo de información, para cada Libro de la Biblia, la puedes encontrar en la *Guía esencial de la Biblia*. También la puedes encontrar en diccionarios bíblicos, comentarios y Biblias de estudio.

Estudia el género literario. Otro aspecto del contexto de un pasaje tiene que ver con el «género», o el tipo de literatura con la que estamos tratando. El tipo de literatura de un pasaje dado, determinará la forma en que nos acercamos al texto y el tipo de preguntas que podríamos hacer sobre él. Si leemos una novela, sabemos que su finalidad principal no es comunicar hechos históricos. Sin embargo, si leemos un libro que detalla la historia de Estados Unidos, el propósito sí es comunicar e interpretar hechos históricos.

Las diferentes partes de la Biblia reflejan diferentes géneros literarios; por lo tanto, están destinadas a lograr diferentes propósitos y se deben interpretar mediante diferentes normas. Nuestro objetivo con cada una es entender lo que Dios quiere comunicar a través del autor humano, pero para ello hay que entender cómo el autor se propuso comunicarse con su audiencia original.

Esto nos lleva a las preguntas esenciales que debemos hacernos del texto. Por ejemplo, para la literatura narrativa debemos preguntar: ¿cuál es el significado de esta parte de la historia? ¿Cómo encaja en la gran historia de Dios en la Escritura? Los autores bíblicos tenían mucho material de donde escoger, y decidieron incluir estas historias por alguna razón.

Por otro lado, los salmos y la demás literatura poética a menudo comunican emociones expresadas en la adoración. Estas pueden incluir la celebración, la acción de gracias, la tristeza, la reflexión y la ira. Por lo tanto, una clave interpretativa importante cuando se estudia un salmo es preguntar: ¿cuál es la emoción expresada? y ¿cómo se expresa la emoción? Por ejemplo, los salmos a menudo utilizan un lenguaje figurado.

Por último, los proverbios están destinados a comunicar directrices generales para la vida. Considera el siguiente pasaje de Proverbios 4:10-12:

> Oye, hijo mío, y recibe mis razones, y se te multiplicarán años de vida. Por el camino de la sabiduría te he encaminado, y por veredas derechas te he hecho andar. Cuando anduvieres, no se estrecharán tus pasos, y si corrieres, no tropezarás.

Algunos erróneamente ven este pasaje como una promesa de que a un niño obediente se le garantizará una larga vida libre de impedimentos. Muchas promesas maravillosas en la Escritura están destinadas a dar consuelo y esperanza al pueblo de Dios, pero ni el autor humano ni el Autor Divino se proponían que los proverbios fueran promesas. En realidad, este proverbio dice que la mejor manera de vivir para un niño es mediante la búsqueda de la sabiduría; este es el camino del éxito en la vida, y, en general, dará lugar a una vida larga y útil.

Estudia el contexto inmediato del pasaje. Al decir contexto literario inmediato nos referimos a cómo el pasaje estudiado encaja en el desarrollo general del Libro. Las palabras necesitan un contexto para tener un significado específico. Piensa en la palabra «cabeza». Tiene más de diez significados posibles. Se puede utilizar para referirse a la parte superior del cuerpo, o en una frase como «ir a la cabeza» (es decir, llevar la delantera o ir adelante), o para referirse a la cabeza de un clavo, etc. Sin embargo, normalmente no hay problemas para distinguir el significado de esta palabra en contextos específicos. Alguien podría decir: «El golpe en la cabeza fue grave», y sabes que no se está hablando de la «cabeza» de un clavo.

De la misma manera, las palabras de la Biblia a menudo podrían entenderse de diferentes formas, pero los autores las utilizaron para comunicarse en contextos específicos. Por lo tanto, la lectura de un pasaje de la Biblia en su contexto correcto, es fundamental para comprender el significado de una palabra dada. Una manera de identificar el contexto es realizar un seguimiento de los temas en una parte de la Escritura. Anotar en los márgenes los temas principales que contiene y reflexionar constantemente sobre ellos a medida que avanzas en el pasaje.

Cuando consideramos el contexto inmediato en un pasaje narrativo, buscamos cualquier aspecto de una situación histórica que el pasaje indique. ¿Qué entendemos por la situación histórica inmediata? Por ejemplo, al estudiar la historia de Elías y los profetas de Baal en 1 Reyes 18:1-46, la situación histórica inmediata tiene que ver con Acab como rey de Israel, una sequía devastadora, el profeta Elías y la ubicación del Monte Carmelo. Por el contrario, la situación histórica del Libro en su conjunto tendría que ver con cuándo y por qué se escribió 1 Reyes y el hecho de que el Libro abarca desde el reinado de Salomón hasta la muerte del malvado rey Acab.

ETAPA 3: LEE CUIDADOSAMENTE LAS SEÑALES DE CARRETERA

Cuando se viaja, es fundamental leer bien las señales de carretera. Al estudiar la Biblia podemos encontrar muchas pistas sobre las intenciones del autor en cualquier pasaje. Por lo tanto, un aspecto importante de tu estudio es avanzar despacio y leer los pasajes cuidadosamente.

El paisaje se vuelve borroso cuando viajamos rápido.

Cuando circulas por una carretera a más de 100 km/h (65 millas), ¿cuántos detalles del borde del camino percibes? No muchos. Tú podrías ver objetos interesantes al lado de la carretera, pero se hacen borrosos y luego se desvanecen rápidamente cuando pasas a toda velocidad.

Muchos de nosotros «pasamos de largo» cuando leemos la Escritura, no reducimos la velocidad para explorar y disfrutar los detalles de la Palabra de Dios; en consecuencia, pasamos por alto muchas cosas en el camino. Opta por reducir la velocidad y lee con cuidado. Lee varias veces un pasaje si piensas que todavía te quedan elementos por comprender. Una forma de asegurarte de que estás leyendo lo suficientemente lento como para captar los detalles es subrayar frases y palabras clave, o tomar notas en el margen.

Lee el pasaje en varias traducciones. El hacer una comparación de las traducciones modernas de la Biblia en español, puede ser una forma útil de destacar los problemas interpretativos fundamentales en un pasaje.

¿Por qué? Porque la traducción, por su naturaleza, requiere interpretación. En casi todos los versículos de la Escritura, los traductores tienen que elegir, dado el contexto y las construcciones gramaticales, entre varios posibles significados de las palabras. Por lo tanto, las diferencias que se reflejan en las diversas traducciones representan diversas interpretaciones del pasaje.

Busca la dinámica clave del pasaje. Ahora vuelve a leer el pasaje elegido en su traducción principal. Busca las características que se enumeran a continuación y enciérralas en círculos, subráyalas o márcalas, tal vez con rotuladores de diferentes colores. Este ejercicio te dará una imagen mucho más clara del pasaje. Entre las características comunes a tener en cuenta, se incluyen las siguientes:

Objeto: ¿en quién o en qué se centra el pasaje?

Verbo: ¿es una declaración, una exhortación, una pregunta o respuesta, una acción, una explicación o una ejemplificación?

Conjunciones: y, pero, o, así que, puesto que, tanto… como…, ni… ni…, o… o…, no solo… sino también…

Tiempo: después, antes, cuando, mientras que, desde, hasta.

Causa: porque, ya que, a fin de que, de modo que.

Condición: si, en caso de que, incluso si, a menos que.

Concesión: aunque, a pesar de que, mientras que.

Medio: ¿cómo se lleva a cabo la acción?

Agente: ¿quién hace la acción?

Resultado: ¿qué es lo que se logra?

Propósito: ¿por qué se realiza la acción?

Cuando leas un material narrativo, identifica los siguientes aspectos:

Introducción y conclusión: el autor a menudo revela el efecto que busca con su narrativa en la introducción y la conclusión.

Entorno: detalles sobre el lugar, el momento (época histórica y duración del suceso) y la situación social (¿quiénes participan?).

Información de los personajes: identifica al protagonista y al antagonista, fíjate en las emociones y acciones predominantes y presta mucha atención a las descripciones de los diálogos y los personajes.

Dinámica narrativa: identifica el conflicto, su escalada y su solución final.

Formas de enseñanza y figuras del lenguaje: busca la presencia de citas o alusiones al Antiguo Testamento, además de figuras del lenguaje tales como hipérboles, símiles, metáforas, acertijos, juegos de palabras, parábolas, ejemplos prácticos, ejemplificaciones, acciones parabólicas, paradojas, ironía, fórmulas de reafirmación de lo dicho («Amén») y profecías.

No te agobies con la búsqueda de estas dinámicas. Selecciona algunas y lee el pasaje con ellas en mente. A continuación, lee de nuevo, en busca de otras de las dinámicas antes mencionadas. «Filtrar» el pasaje de esta manera te dará una gran comprensión del mismo. Si al leer el pasaje notas dos o tres características que no habías visto antes, ¡estás progresando!

Haz un resumen provisional del pasaje. El resumen es provisional, pues todavía tienes bastante que estudiar sobre el pasaje. Sin embargo, es útil hacer un resumen así en este punto para comenzar a evaluar la estructura general del pasaje.

ETAPA 4: APRENDE A HABLAR COMO UN LUGAREÑO

Uno de los aspectos más interesantes de un viaje es el aprender cómo la gente de diferentes lugares usa las palabras. Por ejemplo, la frase en alemán *Guten tag* significa literalmente «buen día», sin embargo, se utiliza normalmente como un saludo solo por la tarde y por lo tanto es equivalente a «buenas tardes» en español.

Para entender el texto bíblico, necesitamos tener una comprensión exacta de cómo se utilizan las palabras. El significado de las palabras depende del contexto en que se utilizan. Cuando se estudia una palabra en el texto bíblico, necesitamos (a) conocer los posibles significados de esa palabra en el mundo antiguo, (b) determinar, en función del contexto, el significado más probable que el autor quiso trasmitir y (c) observar cómo se utiliza esa palabra en otras partes de la Biblia para ver si es posible comprender el uso que el autor hace de ella.

Selecciona palabras clave para estudiar. Identifica las palabras clave en el pasaje. Pueden ser términos que se repiten, términos que no están claros o son confusos, o términos que parecen ser teológicamente importantes.

Consulta herramientas de estudio de palabras. Llega a las palabras hebreas o griegas que hay detrás de nuestras traducciones al español mediante el uso de una concordancia exhaustiva, programas informáticos de la Biblia o diversos tipos de diccionarios expositivos. Una vez que hayas accedido a la gama de posibles significados de la palabra hebrea o griega, ten en cuenta esos posibles significados en el contexto del pasaje estudiado. Esto te da una idea de los diferentes matices de la palabra griega o hebrea que dan lugar a la traducción utilizada, y profundiza tu comprensión de lo que el autor bíblico podría haber querido decir.

Este es también un momento excelente en tu estudio de la Biblia para consultar buenos comentarios. Estos comentarios analizan las palabras clave del pasaje teniendo en cuenta el contexto literario, las cuestiones del entorno, la teología del autor y otros factores.

Consulta una concordancia. Puedes usar una concordancia para buscar otros usos del mismo término hebreo o griego en cuestión. Identifica lugares donde la

Este caminante en el Monte Tabor puede explorar y deleitarse en el lugar.

palabra se usa de manera similar a la del pasaje que estás estudiando. Tal comparación puede proporcionar una mayor comprensión del pasaje en el que estás haciendo tu estudio de palabras.

Los estudios de palabras pueden ser útiles, pero también pueden ser objeto de abuso, y debemos evitar falacias en ellos. Algunos de los errores más comunes incluyen:

Falacia de la referencia cruzada: insistir en que el uso de una palabra en un pasaje debe ser el mismo que se hace en otro pasaje, simplemente porque es la misma palabra.

Falacia de la raíz: insistir en que el verdadero significado de una palabra está ligado a los significados de su raíz, o las partes de la palabra. Pero no siempre es así como funciona el lenguaje.

Falacia de los significados múltiples: insistir en que todos los posibles significados de una palabra ocurren en un uso dado en un pasaje en particular. La mayoría de las veces el autor tiene un significado específico en mente.

ETAPA 5: REGRESA A CASA

Al igual que en cualquier viaje, llega el momento de regresar a casa. La analogía con el estudio de la Biblia radica en que la aplicación de la Biblia a nuestras vidas es «traerla a casa». No debemos leer y estudiar la Biblia simplemente para aprender una lista de hechos. Más bien, estamos destinados a experimentar una transformación mediante la Palabra (Rom. 12:1-2), y la transformación ocurre a medida que abrazamos la Palabra y la aplicamos a nuestra vida cotidiana. Al comentar sobre el mandamiento de amar al prójimo, Santiago dice:

> Hermanos míos, ¿de qué aprovechará si alguno dice que tiene fe, y no tiene obras? ¿Podrá la fe salvarle? Y si un hermano o una hermana están desnudos, y tienen necesidad del mantenimiento de cada día, y alguno de vosotros les dice: Id en paz, calentaos y saciaos, pero no les dais las cosas que son necesarias para el cuerpo, ¿de qué aprovecha? Así también la fe, si no tiene obras, es muerta en sí misma (Sant. 2:14-17).

La fe sin obras, sin aplicación, está muerta. Santiago se refería a los que habían separado la fe en la vida cristiana de la obediencia activa.

A veces, la aplicación puede ser una creencia correcta, el adaptar nuestro entendimiento a lo que Dios dice que es verdad. En otras ocasiones, la aplicación podría ser el adorar a Dios. A menudo, la aplicación implicará la obediencia activa que pone en práctica lo que se ha aprendido. Pero el paso de la comprensión de la Palabra a su aplicación en la obediencia, no es negociable desde el punto de vista de la Biblia.

Entonces, ¿cómo podemos aplicar de manera responsable a nuestra vida, lo que aprendemos en la Biblia?

Identifica los principales puntos y principios del pasaje. ¿Qué verdades afirma el pasaje de la Escritura? Identifícalas. Busca también los principios. Un principio es una «verdad universal» que se aplica en todo lugar y en todo momento.

Identifica cómo se aplican en el contexto original y el actual. Observa cómo se aplica el principio a la situación tratada en tu pasaje y analiza detenidamente situaciones similares en tu vida.

Determina una aplicación específica para tu propia vida. Esfuérzate en ir más allá de generalidades vagas como: «¡Necesito querer más a la gente!». Pon por escrito a quienes necesitas amar y cómo tienes que expresarles tu amor. Como se señaló anteriormente, las aplicaciones podrían ser acciones a realizar (por ej., «lavar los platos»). Sin embargo, también podrían implicar el cambio de una creencia, o incluso el responder a la Palabra de Dios adorándole.

UN PLAN SENCILLO

Espero que hayas disfrutado del «viaje» a medida que hemos analizado cómo leer y estudiar la Biblia con mayor eficacia. Comienza tu nuevo propósito con un plan de lectura definido. Comprométete a dedicar de 15 a 30 minutos al día para leer completamente la Biblia en uno o dos años. Dedica uno o dos espacios de mayor duración a la semana para estudiar la Biblia más profundamente.

La lectura y el estudio de la Biblia pueden darnos gran alegría y satisfacción a medida que abrimos nuestra vida a la Palabra de Dios. Sé bendecido en tu empeño de ser una «persona de la Palabra», guiada por el Espíritu, transformada por la Escritura y eficaz en promover los planes de Dios en el mundo.

ORIGEN, TRANSMISIÓN Y CANONIZACIÓN DE LOS LIBROS DEL ANTIGUO TESTAMENTO

JEREMY ROYAL HOWARD

El término *canon* se utiliza para describir la lista de libros aprobados para su inclusión en la Biblia. Este se deriva de una palabra griega que significa «vara», como un palo recto que sirve de estándar para medir. Por lo tanto, hablar del canon bíblico es hablar de libros acreditados, dados por Dios, cuyas enseñanzas definen la creencia y la práctica correctas. Por supuesto, solo los libros inspirados por Dios deben recibirse como canónicos. La Biblia que tú tienes delante incluye 39 Libros en el Antiguo Testamento (AT). ¿Son estos los Libros correctos? ¿Quién los escribió? ¿Cuáles fueron sus fuentes de información? Estas preguntas son formuladas por amigos y enemigos de la fe bíblica. El presente ensayo se referirá a estas cuestiones con el objetivo de reforzar la confianza cristiana en el AT.

FUENTES DE LAS HISTORIAS MÁS ANTIGUAS

Los capítulos 1–11 de Génesis son llamados «historia primigenia», debido a que cubren acontecimientos que sucedieron muy atrás en las sombras del comienzo del tiempo. A su vez, los capítulos 12–50 de Génesis son llamados «historia patriarcal», ya que hacen un recuento sobre la vida de los Padres fundadores de Israel, que comienza con Abraham hasta José. Desde la creación del mundo hasta el establecimiento de José en Egipto, todos los acontecimientos narrados en Génesis ocurrieron mucho antes del nacimiento de Moisés. Esto es significativo porque la Biblia y la antigua tradición judía afirman que Moisés escribió los primeros cinco Libros de la Biblia (el Pentateuco). Lo más probable es que los escribiera entre 1440 y 1400 a.C. mientras él y los hijos de

Moisés. Un mosaico de la Catedral Basílica de San Luis.

Israel vivían fuera de Canaán. Muchos acontecimientos desde Éxodo hasta Deuteronomio coincidieron con la vida de Moisés, por lo que él fue autor de estos en gran parte como testigo. Pero, ¿qué pasa con Génesis? ¿Cómo supo Moisés detalles sobre acontecimientos y personas que lo precedieron por muchos siglos?

Algunos sugieren que Moisés conocía las historias antiguas, porque Dios se las reveló de forma sobrenatural. En este escenario, la inspiración que Moisés recibiría de Dios incluiría detalles históricos sobre personas, lugares, tiempos e incluso conversaciones pasadas; información que Moisés no habría conocido si Dios no se la hubiese revelado. En principio esta posibilidad no se puede descartar, ya que Dios es capaz de hacer tales milagros, pero un análisis cuidadoso revela que en ningún lugar del Pentateuco se sugiere que las narrativas históricas se le dieron a Moisés de esta manera. Por ejemplo, en Génesis no se expresa nada como: «La palabra del Señor vino a Moisés, diciendo: "Esta es la historia de Abraham"». En cambio, los relatos del Génesis sobre Abraham y otros personajes históricos se leen como descripciones sencillas, transmitidas en la forma habitual: a través de los registros orales y escritos, y es de suponer que los registros orales se originaron poco después de ocurridos los hechos. En este caso, nos gustaría añadir que Dios supervisó la transmisión de los primeros relatos orales y escritos, de manera que Moisés recibió historias fiables dignas de ser incluidas en Génesis.

La posibilidad de que Moisés utilizara tales fuentes puede parecer sorprendente al principio. Las personas a menudo asumen que la Biblia es el producto de un dictado divino, pero es más preciso ver la composición bíblica como una combinación de medios tanto sobrenaturales como naturales, lo cual trae como resultado que los manuscritos originales de la Biblia fueran totalmente fiables, y que surgieran al mismo tiempo de la inspiración divina, así como de los enfoques humanos habituales a la escritura.

Este modelo tiene su apoyo en Lucas 1:1-4, donde el escritor afirma que él investigó mucho antes de redactar su Evangelio. Un ejemplo similar se encuentra en Números 21:14, donde se cita el ahora perdido «libro de las batallas de Jehová». Sobre la base de estos ejemplos, vemos que los escritores de la Biblia tenían la libertad de extraer datos históricos fiables a partir de fuentes no bíblicas. Por lo tanto, parece que Moisés fue capaz de escribir sobre los acontecimientos históricos que tuvieron lugar mucho antes de su nacimiento, al extraer información que se encontraba en fuentes preexistentes, a la vez que el Espíritu de Dios lo inspiraba para escribir Génesis.

¿Cómo llegaron estas fuentes escritas a Moisés? Para la historia primigenia de los orígenes, es razonable sugerir que desde los tiempos más remotos, las personas se transmitían los relatos orales cuidadosamente preservados sobre los acontecimientos principales y las personas más significativas. Más adelante, cuando surgió la escritura primaria, muchos de estos relatos pudieron ser llevados a la escritura. La transferencia al formato escrito puede haber ocurrido antes de lo que se supone comúnmente.

Se conoce que alfabetos rudimentarios circularon a principios del segundo milenio antes de Cristo, y con el descubrimiento de la Piedra de Palermo, tenemos evidencia sólida de que los egipcios escribieron registros históricos detallados (en el texto jeroglífico) al menos ya en el 2600 a.C., una época que precedió a Moisés por más de 1100 años. Los ricos detalles inscritos en la Piedra de Palermo se remontan a los albores de Egipto, y se nombran reyes a partir del 3100 a.C. e incluso antes. A la luz de este ejemplo,

Un fragmento de la Piedra de Palermo, en exhibición en el Museo Petrie en Londres.

es apropiado suponer que los recuerdos clave de la historia humana inicial fueron conservados y transmitidos a las generaciones posteriores.

No es ninguna sorpresa que los primeros escritos no sobrevivieran hasta nuestros días, ya que para empezar habrían sido escasos, y habrían perecido hace mucho a medida que el tiempo hiciera su efecto en ellos. Pero sobrevivieron el tiempo suficiente para legar hechos vitales a las sociedades posteriores que aprendieron a escribir las historias en formatos más permanentes.

Algunas de las más grandes excavaciones arqueológicas modernas han descubierto textos antiguos no bíblicos que se asemejan a los relatos bíblicos del diluvio de Noé y la torre de Babel. Estos textos datan del 1600 a.C. y antes, y a grandes rasgos ellos corroboran el Libro de Génesis. Sus puntos de partida de Génesis reflejan las corrupciones que se introdujeron a medida que las culturas se alejaban cada vez más del conocimiento de Dios. En cambio, las personas que mantuvieron una fe viva como la de Noé conservaron las historias sin corromperse, y estas llegaron a hombres como Moisés en las generaciones posteriores.

En cuanto a las historias patriarcales, es evidente que hombres como Abraham transmitirían sus notables experiencias con Dios. Una vez que Dios interrumpió la vida de Abraham y prometió crear una nación a través de él, Abraham supo que su vida era excepcional. Esta herencia fue confirmada en repetidas ocasiones a sus descendientes, pues Dios mantuvo su costumbre de revelarse y confirmar Su pacto de bendición. En algún momento, los descendientes de Abraham comenzaron a escribir las historias. Esto puede haber comenzado con más empeño con José, hijo de Israel, quien se convirtió en una gran figura política en Egipto. Para cuando José ascendió al poder, la escritura ya era un arte antiguo en Egipto. Después de haber logrado un estatus real y haberse casado con una egipcia de buena posición, José y su familia habrían tenido todas las oportunidades para aprender la escritura egipcia. Como portador principal del linaje de Abraham, José habría tenido mucho interés en preservar las tradiciones de la familia y el vínculo con el único Dios verdadero.

En los años posteriores a la muerte de José, los hebreos crecieron en número, pero llegaron a ser reprimidos por los egipcios. Esta represión puso de manifiesto la necesidad de preservar las historias. Una teoría sostiene que una de las familias israelitas, posiblemente los levitas, se convirtieron en los preservadores oficiales de las historias antiguas. Si es así, estos materiales habrían estado disponibles para Moisés (un levita) cuando se convirtió en el líder de los hebreos. Esta herencia, más la comisión que Dios le dio a Moisés y que él fue criado y educado en casa de faraón, pusieron a Moisés en una excelente posición para escribir la historia inicial de la humanidad desde la perspectiva hebrea. Una posible excepción sería las porciones de los relatos de la creación (Génesis 1–2) que no pudieran derivarse del testimonio ocular humano. Estos relatos tienen gran parecido a las revelaciones visionarias que fueron dadas más tarde a profetas como Isaías y Ezequiel, así como a Juan en el Libro de Apocalipsis. Por lo tanto, es plausible sugerir que Dios le dio a Moisés una visión reveladora de los dos primeros capítulos de Génesis. Pero en sus escritos en general, ya sea que hiciera uso de los relatos orales, las historias escritas, o dependiera del Espíritu de Dios para revelar los relatos de la creación, a menudo Moisés escribió más de lo que sabía. En otras palabras, Moisés no pudo sondear las profundidades de todo lo que escribió, pues un Autor mayor que él inspiró profundidad y profecía en las obras de su pluma.

¿QUIÉN ESCRIBIÓ LOS LIBROS Y CUÁNDO?

Los Libros del AT no tienen una fecha de derechos de autoría, y pocos de ellos identifican explícitamente a su autor. Sin embargo, con la ayuda del testimonio bíblico y de la historia judía, conocemos la época aproximada en que los Libros fueron compuestos. También sabemos en muchos casos quién fue el autor o quién probablemente fue el principal responsable del contenido de un Libro. Durante miles de años, los eruditos de la fe han estudiado el asunto y han llegado a la conclusión de que los Libros del AT y sus primeros destinatarios plasmaron de forma fiable la autoría y las fechas de los Escritos Sagrados. Sin embargo, hoy en día los críticos afirman que los Libros fueron escritos muchos cientos de años *después* de las fechas y autores tradicionalmente asignados a ellos. Por ejemplo, se plantea que el Pentateuco en realidad fue escrito casi 1000 años después de Moisés. En su versión extrema, esta teoría incluso sostiene que hombres como Moisés y Abraham nunca existieron; ellos y sus historias fueron supuestamente inventadas por sacerdotes que trataron de proporcionar historias inspiradoras de esperanza durante los años difíciles, cuando los hebreos se encontraban exiliados en Babilonia en el siglo VI a.C.

Estas teorías se apoyan principalmente en los insuficientes soportes de: 1) el escepticismo, que presupone que Dios no existe y que la Biblia es solo un libro humano, y 2) los anacronismos ocasionales dispersos en las primeras partes del AT. El escepticismo es en sí mismo un tipo de fe, pues las afirmaciones de que Dios no existe o que si Él existe no inspiró la Biblia, no pueden ser probadas a partir de los datos disponibles.

Irónicamente, los escépticos quienes insisten en que debemos formar creencias solo sobre la base de la evidencia, contradicen su propio mantra. Pero ¿qué pasa con los anacronismos que se encuentran en el AT?

El Pentateuco en ocasiones incluye cosas tales como nombres de lugares o vocabulario que no pertenecían a la época descrita. En otras palabras, algunos de estos solo entraron en uso cientos de años después de que hombres como Abraham murieran. Los escépticos toman esto como una prueba de que los Libros (y todas las historias que contienen) se originaron mucho más tarde de lo que popularmente se cree, y que los sacerdotes que inventaron estas historias de vez en cuando cometían un desliz y colocaban nombres y palabras contemporáneas en los escenarios antiguos.

Pero esta teoría radical está firmemente en contra de la evidencia. En realidad, los primeros Libros del AT portan consistentemente la marca de antiguos contextos —contextos que se corresponden a épocas mucho antes del surgimiento de la nación de Israel—. Por ejemplo, las leyes, las costumbres y las situaciones políticas que se describen en el Pentateuco, encajan de forma natural con el segundo milenio a.C. y antes. Esto se demuestra por el descubrimiento de muchos textos no bíblicos y artefactos de esa época. Es improbable que sacerdotes poco éticos, separados mil años o más de las situaciones históricas que se describen en el Pentateuco, pudieran haber logrado algo tan exacto.

Además, las preocupaciones que dominaban la mentalidad hebrea durante el exilio en Babilonia no se contemplan en el Pentateuco. Por lo tanto, ¿cómo podían los sacerdotes esperar dar ánimo a sus compañeros hebreos oprimidos en Babilonia, inventando historias que no guardaban ninguna semejanza con su situación? Además, es inimaginable que las masas de hebreos se dejaran engañar por una estratagema tal, y optaran por basar toda su cosmovisión en falsas historias que un grupo de clérigos inventores les transmitió, y luego que tuvieran éxito en transmitirle el engaño a sus hijos por muchas generaciones venideras.

Entonces, ¿qué debemos concluir acerca de los anacronismos? Simplemente esto: en los años después de que el Pentateuco fue escrito, los cambios inevitables en los nombres de lugares, el vocabulario y las situaciones políticas dificultaron más la comprensión de estos antiguos Libros. Para aliviar este problema, los guardianes sacerdotales de los sagrados oráculos, actualizaron los textos en momentos clave para reflejar el uso contemporáneo de las palabras y las situaciones geopolíticas. Cambios como estos (por ej. Jue. 1:10; 1 Sam. 9:9) se habrían llevado a cabo con seriedad y con gran cuidado para preservar el significado y la intención del texto sagrado. Por lo tanto, bajo directrices estrictas, los Libros se sometieron a una edición eficaz, con el resultado de que los textos se mantuvieron accesibles con el paso del tiempo.

Sin embargo, por lo general, prácticamente todos los escribas que alguna vez tocaron los manuscritos sagrados lo hicieron solo para leerlos o copiarlos palabra por palabra. La copia literaria era una habilidad importante en el mundo antiguo ya que no había ningún medio de duplicación rápida, tales como las máquinas de impresión o fotocopiadoras modernas. Debido a la creencia de que los escritos bajo su cuidado eran acreditados e inspirados por Dios, los escribas hebreos tenían un cuidado excepcional al copiar los manuscritos.

En conclusión, podemos tener confianza en las creencias tradicionales sobre la fecha y la autoría de los Libros del AT. También podemos estar seguros de que los Libros fueron cuidadosamente copiados y preservados, y que todas las actualizaciones editoriales se hicieron de una manera estrictamente conservadora.

¿TENEMOS LOS LIBROS CORRECTOS?

¿Son realmente los 39 Libros de nuestro AT los que Dios quería que nosotros veneráramos? El primer paso para responder a esta pregunta es tratar la cuestión de la recopilación: ¿quién recopiló originalmente los Escritos Sagrados? La evidencia sólida indica que los sacerdotes llevaron a cabo esta tarea. En Deuteronomio 31:24-26, Moisés ordenó que el Libro de la ley fuera guardado con el arca del pacto, donde se depositaron los Diez Mandamientos.

Esto colocó los Escritos de Moisés en el centro de la vida religiosa judía tan pronto como estuvieron finalizados. Además, en Deuteronomio 4:2 leemos la orden de preservar fielmente los mandamientos de Dios. Tomados en conjunto, estos pasajes indican que los sacerdotes eran los encargados de cuidar las revelaciones escritas de Dios y de que estas fuesen protegidas contra la perversión.

Puesto que Moisés fue el autor de los Libros bíblicos más antiguos, y puesto que el propio Moisés encargó a los sacerdotes las funciones de almacenar y proteger las palabras de Dios, el alto valor dado a la identificación, recopilación y protección de los Escritos Sagrados se estableció cuando el Pentateuco se originó. Cuando otros profetas y hombres santos se levantaron en Israel después de Moisés y estos recibieron revelaciones de Dios, sus enseñanzas (ya sean escritas por ellos o por sus allegados) habrían sido recogidas rápidamente por la comunidad de los fieles. En algún momento posterior, los Libros llegaron a ser almacenados en el templo de Jerusalén. Sabemos esto porque en un momento de recaída nacional, los Libros no utilizados se llenaban de polvo en las cámaras del templo (2 Rey. 22:8-13). En una época muy posterior en la historia, los Libros todavía se mantenían en el templo, pues Josefo (reconocido historiador judío) recibió la Escritura de sus benefactores romanos que habían saqueado el templo en el año 70 d.C.

Hemos visto que los judíos identificaron, recopilaron y conservaron los Escritos Sagrados como algo natural. Ahora, debemos preguntarnos si ellos creyeron (o cuándo creyeron) que la producción de Escritos Sagrados había cesado. Josefo nos ayuda a dilucidar este asunto. Él nos dice (*Contra Apión*, 1:37-43) que la mayoría de los judíos reconocía que la sucesión de profetas terminó en la época de Artajerjes, cuando los Últimos Profetas tales como Hageo y Malaquías se quedaron en silencio, y no dejaron sucesores. Por lo tanto, dice Josefo, libros escritos aproximadamente después del 400 a.C. no se consideraban como Escritura, incluso si eran valiosos en otros sentidos. En el año 164 a.C., Judas Macabeo reconsolidó la Escritura en el templo después que el ardor de la persecución antioquena se extinguiera, y parece que los rollos fueron albergados allí con gran seguridad, la cual no cesó hasta las agresiones romanas antes mencionadas. No puede existir ninguna duda sobre la identidad de la Escritura guardada en el templo durante todo ese tiempo: hubo 22

El arca del pacto, una réplica.

Libros (o 24, en dependencia de la forma en que se dividieron y contaron), y fueron agrupados en tres divisiones principales: la Ley (Pentateuco), los Profetas y los Escritos. Aunque nosotros los dividimos en 39 Libros en lugar de 22 o 24, el canon protestante del AT es idéntico a esos Libros que fueron resguardados en el templo antes de la época de Cristo. Los dos grupos religiosos más importantes en Israel (fariseos y saduceos) aceptaron este conjunto de Libros como el canon de la Escritura, aunque a menudo se escucha erróneamente afirmar que los saduceos aceptaban solo el Pentateuco.

¿Qué pasa con los libros apócrifos? Estos son un conjunto diverso de libros (la mayoría escritos entre el 200 a.C. y comienzos del siglo I d.C.) que tratan diferentes aspectos de la vida religiosa y nacional judía en el período intertestamentario, el cual abarcaba desde el año 400 a.C. hasta la época de Cristo. Estos libros ofrecen una visión importante sobre el contexto judío, y muchos judíos de aquel momento los consideraban literatura religiosa de gran utilidad. Sin embargo, nunca fueron recibidos como Escritura por el judaísmo convencional, y aun grupos marginales como los esenios los consideraban valiosos, pero *no* escriturales. Los libros apócrifos nunca fueron guardados en el templo, una señal inequívoca de que no fueron considerados como inspirados por Dios.

Esto no quiere decir que no hubo luchas entre los judíos en cuanto a la identidad del canon. De hecho, cinco de los Libros que fueron considerados como canónicos tuvieron dificultades para ganar la aceptación unilateral. Los Libros de Proverbios, Eclesiastés, Ester, Cantar de los Cantares y Ezequiel fueron sometidos a escrutinio porque parecían tener una perspectiva secular o bien promovían enseñanzas que en un principio parecían incompatibles con el Pentateuco. De vez en cuando, los líderes judíos debatieron la valía de estos Libros, como lo harían los líderes cristianos en los siglos venideros, pero en resumidas cuentas su estatus en el canon quedó bien establecido.

Al seguir el ejemplo de Jesús, los primeros cristianos adoptaron el consenso judío sobre el canon del AT. Durante Su ministerio, Jesús demostró que Él estaba de acuerdo con la valoración judía estándar del canon, al citar las tres divisiones del AT.

Además, demostró que el AT incluía muchas profecías y alusiones veladas a sí mismo, el Mesías. Por lo tanto, los cristianos aprendieron a leer los Libros Sagrados judíos con la perspectiva de ver a Jesús en ellos. En realidad, durante las primeras décadas de la iglesia, la mayoría de los cristianos tenía poco acceso a los Escritos del Nuevo Testamento (NT) que comenzaban a surgir. El AT era la única Biblia que muchos de ellos conocían, y lo valoraban en gran medida, pues lo leían desde una perspectiva centrada en Cristo.

Curiosamente, ellos también tenían en gran estima los escritos apócrifos; de hecho, más que la mayoría de los judíos. Un poco de información histórica nos ayuda a entender cómo surgió esta situación.

EL CANON HEBREO DEL ANTIGUO TESTAMENTO

CLASIFICACIÓN DE LOS LIBROS	NOMBRE DEL LIBRO EN HEBREO	NOMBRE DEL LIBRO EN ESPAÑOL
LA LEY (Torá)	En el principio	Génesis
	Estos son los nombres	Éxodo
	Y Él llamó	Levítico
	En el desierto	Números
	Estas son las palabras	Deuteronomio
PROFETAS ANTERIORES	Josué	Josué
	Jueces	Jueces
	1 Samuel	1 Samuel
	2 Samuel	2 Samuel
	1 Reyes	1 Reyes
	2 Reyes	2 Reyes
PROFETAS POSTERIORES	Isaías	Isaías
	Jeremías	Jeremías
	Ezequiel	Ezequiel
	El Libro de Los Doce (incluye)	
	Oseas	Oseas
	Joel	Joel
	Amós	Amós
	Abdías	Abdías
	Jonás	Jonás
	Miqueas	Miqueas
	Nahum	Nahum
	Habacuc	Habacuc
	Sofonías	Sofonías
	Hageo	Hageo
	Zacarías	Zacarías
	Malaquías	Malaquías
LOS ESCRITOS (HAGIÓGRAFOS)	Alabanzas	Salmos
	Job	Job
	Proverbios	Proverbios
	Rut	Rut
	Cantar de los Cantares	Cantar de los Cantares
	El predicador	Eclesiastés
	¡Cómo!	Lamentaciones
	Ester	Ester
	Daniel	Daniel
	Esdras	Esdras
	Nehemías	Nehemías
	1 Las palabras de los días	1 Crónicas
	2 Las palabras de los días	2 Crónicas

Varios siglos antes de Cristo los judíos que vivían en Alejandría encargaron una traducción griega del AT hebreo. Lo hicieron porque hablaban y leían cada vez más en griego, en lugar de hebreo. Conocida como la Septuaginta, esta traducción griega fue la Biblia predilecta para muchos judíos y para los primeros cristianos. Además de las Sagradas Escrituras acreditadas, la Septuaginta incluía las traducciones al griego de algunos libros apócrifos judíos clave. La razón por la que se añadieron es clara: los judíos que vivían en zonas predominantemente de habla griega querían tener acceso a todos los Escritos judíos importantes, tanto canónicos como no canónicos. A medida que la iglesia primitiva creció y experimentó tensiones cada vez mayores con el judaísmo tradicional, las comunidades judías cristianas y no cristianas se aislaron mutuamente cada vez más, tanto social como religiosamente.

Por esta razón, la valoración judía de que los apócrifos no eran canónicos quizás no fue bien percibida por muchos cristianos, pues cuando ellos tomaban la Septuaginta, notaban que los libros apócrifos estaban incluidos junto con los libros canónicos del AT. Este es un hecho importante, ya que el griego era la lengua dominante de la iglesia primitiva, lo que significa que pocos cristianos le daban mucha importancia al AT hebreo. Por lo tanto, cada vez que ellos tomaban el AT, lo hacían en su versión griega, y al hacerlo tomaban los apócrifos también. Además, los primeros cristianos observaron que los autores del NT casi siempre citaban la Septuaginta, no el AT hebreo. Por último, muchos cristianos tenían gran respeto por los apócrifos porque sus libros se consideraban útiles para avivar la dedicación religiosa. En resumen, la iglesia primitiva adoptó automáticamente el canon del AT judío, casi siempre leía la versión Septuaginta del AT, en lugar de la versión en hebreo, y estimaba los apócrifos como valiosos.

¿Quiere esto decir que la iglesia primitiva consideraba los apócrifos a la par con los Libros canónicos? Lo mejor es comenzar por prestar atención al enfoque del NT. Jesús *nunca* citó ninguno de los libros apócrifos, y tampoco lo hicieron Sus discípulos en sus Escritos. Mientras Judas 9, alude aparentemente un acontecimiento descrito en un libro secundario no canónico, en ninguna parte de todo el NT se cita un libro de los apócrifos. Teniendo en cuenta el hecho de que ni Jesús ni Sus apóstoles citaron los apócrifos, sería notable si los primeros cristianos sobrepasaran su ejemplo y consideraran estos libros como Escritura. Sin embargo, la iglesia primitiva desarrolló una costumbre de dar a los apócrifos un lugar en la vida religiosa, y es cierto que algunos líderes mal informados en los primeros siglos parecían considerarlos como Escritura. Las dos causas principales de esta identificación errónea son que estos libros fueron incluidos en la amada Septuaginta, y que se pensaba que eran realmente propicios para la devoción religiosa. Por razones como estas, los apócrifos mantuvieron una presencia constante, pero no oficial en la iglesia durante más de un milenio.

Incluso los primeros reformadores incluyeron los apócrifos en sus traducciones de la Biblia al inglés y al alemán, aunque los colocaron en secciones separadas de los Libros canónicos del AT, y los introdujeron con una nota que planteaba que en toda la historia de la iglesia los apócrifos no se habían recibido como parte de la Sagrada Escritura. Así, los reformadores inicialmente mantuvieron viva la antigua tradición de embalar los libros apócrifos en la Biblia, aunque como en un balcón sin asientos reservado para los transeúntes. A medida que continuaron debatiendo con los líderes católicos romanos sobre los fundamentos adecuados para la formación doctrinal, los reformadores finalmente llegaron a la conclusión de que, en aras de lograr claridad, los apócrifos deberían ser separados totalmente de la Biblia. Como herederos del movimiento de la Reforma, las Biblias protestantes de hoy excluyen los apócrifos, lo que significa que, si bien esos libros pueden ser útiles, no son bíblicos.

CONCLUSIÓN

Tenemos razones sólidas para creer que los Libros del AT incluyen únicamente historia verdadera, y que fueron escritos por hombres designados por Dios para llevar a la humanidad los Escritos inspirados por el Espíritu. Además, los judíos de la antigüedad, evidentemente recibieron estos Libros con temor y un sentido de responsabilidad. Por lo tanto, los Libros Sagrados fueron identificados, recopilados, preservados y transmitidos de generación en generación por hombres aprobados para tales tareas sublimes. Los 39 Libros del AT protestante son definitivamente los que Dios quiere que nosotros veneremos como escriturales. Los libros apócrifos son valiosos (de hecho, más valiosos de lo que la mayoría de los protestantes comprenden), pero deben ser consultados por su valor histórico y no para recibir instrucción en doctrina o práctica religiosa.

LOS LIBROS APÓCRIFOS

TÍTULOS (En orden alfabético)	FECHAS APROXIMADAS	ESTILOS LITERARIOS	TEMAS	¿EN LA SEPTUAGINTA?	¿EN EL CANON CATÓLICO ROMANO?
Adiciones al Libro de Ester (103 versículos)	114 a.C.	Desarrollo religioso	Oración; adoración; revelación; actividad de Dios; providencia	Sí	Sí
Baruc	150–60 a.C. (compuesto)	Sabiduría y promesa narrativa de esperanza, oposición a la idolatría	Elogio a la sabiduría, la ley	Sí	Sí
Carta de Jeremías	317 a.C.	Homilía añadida a Baruc basada en Jer. 29	Condenación a la idolatría	Sí	Sí
El Eclesiástico (Sabiduría de Jesús ben Sirac)	180 a.C. en hebreo; 132 a.C. traducción griega	Sabiduría	Obediencia a la ley; alabanza a los patriarcas; valor de la sabiduría; patriotismo; adoración en el templo; retribución; libre albedrío	Sí	Sí
1 Esdras	150	Historia (621–458 a.C.)	Adoración correcta; poder de la verdad	Sí	No
2 Esdras	100 d.C.	Apocalipsis con prólogo y epílogo cristianos	Mesías preexistente, agonizante: castigo por el pecado; salvación futura; inspiración justicia divina; el mal	No	No
Historia de Bel y el Dragón	100 a.C.	Relato detectivesco al final de Daniel	Oposición a la idolatría	Sí	Sí
Judit	200–100 a.C.	Novela histórica	Obediencia a la ley; oración; ayuno; adoración verdadera; patriotismo	Sí	Sí
1 Macabeos	90 a.C.	Historia (180–134 a.C.)	Dios obra en los acontecimientos humanos normales; reyes asmoneos legítimos	Sí	Sí
2 Macabeos	90 a.C.	Historia (180–161 a.C.)	Resurrección; creación de la nada; milagros; castigo por el pecado; martirio; ángeles del templo	Sí	Sí
3 Macabeos	75 a.C.	Leyenda del festival	Liberación de los fieles; ángeles	Algunos mss.	No
4 Macabeos	10 a.C.; 20–50 d.C.	Tratado filosófico basado en 2 Mac. 6–7	Poder de la razón sobre las emociones; fidelidad a la ley; martirio; inmortalidad	Algunos mss.	No
Oración de Azarías y el Himno de los tres jóvenes	100 a.C.	Liturgia; himno y adiciones a Dan. 3:23	Alabanza; respuesta de Dios a la oración	Sí	Sí
Oración de Manasés	201–200 a.C.	Oración de penitencia basada en 2 Rey. 21:10-17; 2 Crón. 33:11-19	Oración de arrepentimiento	Sí	No
Sabiduría de Salomón	10 a.C. en Egipto	Sabiduría personificada; apologética judía	Valor de la sabiduría y fidelidad; inmortalidad	Sí	Sí
Salmo 151	(?)	Himno de victoria	Alabanza a Dios quien usa a jóvenes e inexpertos	Sí	No
Susana	100 a.C.	Historia detectivesca al final de Daniel	Sabiduría de Daniel; Dios vindica a los fieles	Sí	Sí
Tobías	200–100 a.C.	Cuento popular	Asistencia al templo; diezmos; caridad; oración; obediencia a la ley judía; ángel guardián; justicia y retribución divinas; devoción personal	Sí	Sí

El título en español se basa en el nombre asignado por los traductores griegos de este Libro en el siglo ii a.C. El nombre podría traducirse como «fuente» o «generación». El título original en hebreo es simplemente la primera palabra del Libro, *Bere'shith*, «En el principio».

TEXTO CLAVE: 1:1 Y 12:3

En el principio creó Dios los cielos y la tierra.
Bendeciré a los que te bendijeren, y a los que te maldijeren maldeciré; y serán benditas en ti todas las familias de la tierra.

TÉRMINO CLAVE: «PRINCIPIO»

Este Libro cuenta el principio de muchas cosas: la creación del mundo, el origen de la raza humana y del matrimonio, la aparición del pecado y de la muerte. El Libro también muestra el comienzo del glorioso plan de Dios para construir un reino de gente redimida.

RESUMEN DE UNA SOLA FRASE

El Dios que creó a la humanidad y castigó la desobediencia con la muerte, comenzó Su gran plan de redención con Su pacto con Abraham, cuyos descendientes llegaron a Egipto como el pueblo preciado de Dios.

Imagen satelital de la Tierra.

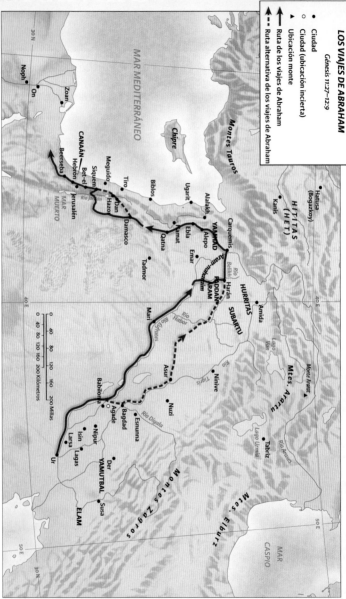

LOS VIAJES DE ABRAHAM

Génesis 11:27–12:9

- ● Ciudad
- ○ Ciudad (ubicación incierta)
- ▲ Ubicación monte
- → Ruta de los viajes de Abraham
- ⇢ Ruta alternativa de los viajes de Abraham

CONTEXTO HISTÓRICO ORIGINAL

AUTOR Y FECHA DE ESCRITURA

Moisés, tal vez hacia el 1445 a.C.

Aunque Génesis fue escrito por un anónimo, su papel esencial en el Pentateuco (Génesis–Deuteronomio) sugiere que el autor fue la misma persona que escribió los otros cuatro Libros. La evidencia interna en los cinco Libros revela su trama común, tema común (promesas divinas), figura central (Moisés) e interconexiones literarias específicas. Las tradiciones judías y cristianas atribuyen el Pentateuco a Moisés, cuya vida ocurre paralelamente a los acontecimientos de Éxodo–Deuteronomio (por ej. 2 Crón. 23:18; Luc. 16:29,31; Hech. 28:23).

PÚBLICO INICIAL Y DESTINATARIO

Los israelitas en el Monte Sinaí

Los oyentes originales y destinatarios no se expresan, pero se cree que fue la nación israelita en el desierto en su camino a Canaán.

ORIGEN

Génesis establece el nacimiento de Israel en el Sinaí en el contexto tanto de la historia de la familia (Gén. 12–50) como de la historia cósmica (Gén. 1–11). Lo anterior

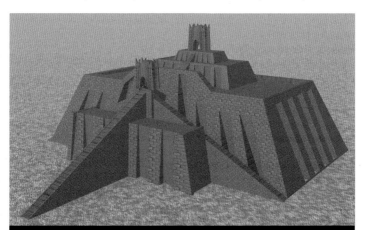

Reconstrucción del Gran Zigurat de Ur basado en un dibujo de Leonard Wooley. El Zigurat fue construido cerca del tiempo en que Abraham vivió. Sirvió a la vez como centro administrativo de Ur y como santuario para Nanna, el dios de la luna. Dios llamó a Abraham a salir de este contexto politeísta y a dirigirse a una tierra que Él le mostraría.

le permitió a este pueblo comprender quiénes eran y a Quién pertenecían. El conocimiento era vital a fin de cumplir el propósito para el cual Dios los había llamado.

EL MENSAJE DE DIOS EN GÉNESIS

PROPÓSITO

Génesis sienta las bases históricas y teológicas para el resto de la Biblia. Si la Biblia es la historia de cómo Dios redime a Su pueblo, Génesis 1–11 cuenta por qué es necesaria la redención: los seres humanos son rebeldes, incapaces de redimirse. Además, Génesis 12–50 muestra los pasos que Dios dio para establecer un pueblo redimido y preparar un camino para la venida del Redentor. Esto lo hizo a través de Su pacto incondicional con Abraham, Isaac y Jacob y de Su cuidado providencial en la vida de José. El pueblo de Dios que hoy estudia Génesis debe abordarlo con este propósito original en mente.

A PRIMERA VISTA

Dios, el Creador

Dios es el personaje central de Génesis. Él es el Señor soberano y Creador de todas las cosas. Génesis asume el hecho de la creación divina, pero no trata de demostrarla (1:1–2:3). Este Libro enseña de forma elocuente que Dios creó todas las cosas, incluyendo a Adán y a Eva, mediante una creación especial para tener comunión con Él mismo.

El pecado y sus consecuencias

Adán y Eva fueron creados inocentes y con capacidad para elegir. Con toda libertad, ellos escogieron desobedecer a Dios, perdieron su inocencia y su libertad (3:1-24). La libertad de los seres humanos está limitada por la naturaleza humana caída. La muerte vino a causa del pecado, y la humanidad estaba tan corrupta que Dios la destruyó en un gran diluvio y empezó de nuevo con Noé y su familia (6:1–9:17). La segunda humanidad también se corrompió, y Dios confundió sus lenguas y los esparció (11:1-9).

Dios llama a un hombre, una familia, una nación

El plan de redención de Dios comenzó a desarrollarse cuando Él llamó a un hombre para formar una familia, una familia escogida de entre todas las familias de la Tierra (12:1-3). Esa familia sería el instrumento de Dios de bendición y salvación para todos los pueblos. A través de cada generación en Génesis, Dios demostró que la promesa dependía solamente de Su poder soberano y que ninguna circunstancia, persona, familia o nación podría frustrar Sus propósitos (11:27–50:26). El pecado humano no podía destruir el plan de Dios, sino más bien le brindaba una oportunidad para manifestar Su gloria. José podía estar muerto en un ataúd en Egipto, pero su orden antes de morir fue que sus huesos fueran llevados a casa, a Canaán, cuando Dios sacara (no *si* Dios sacaba) a Su pueblo nuevamente a la tierra que Él prometió a Abraham, Isaac y Jacob (50:25).

LA VERACIDAD DE GÉNESIS

Debido a que los acontecimientos de Génesis precedieron a Moisés, esto nos hace preguntarnos de dónde sacó él su información. Antes del siglo XIX, la explicación principal era la revelación divina junto con la disponibilidad de registros escritos, tales como genealogías e historias.

En el siglo XIX surgió un nuevo consenso entre los eruditos «críticos» que se convirtió en el punto de partida de todo estudio futuro. Ellos entendieron que el Pentateuco fue el producto del trabajo de una serie de editores judíos anónimos, que unieron progresivamente porciones de fuentes preexistentes que databan de los siglos X–VI a.C. En lugar de ser «Mosaico», el Pentateuco fue visto como un «mosaico». Hoy tales eruditos a menudo ven las historias como simples invenciones concebidas cientos de años después de los supuestos acontecimientos, tal vez durante el exilio.

Sin embargo, hay evidencia significativa de que Génesis refleja el contexto político y cultural del segundo milenio, la época en que Abraham y sus herederos vivieron. La estructura y contenido de los capítulos 1–11 es generalmente comparable con la épica babilónica de Atrahasis (alrededor del 1600 a.C.). Las prácticas sociales y religiosas entre los patriarcas se correlacionan mejor con el período anterior que con el primer milenio. Por ejemplo, el matrimonio de Abraham con su media hermana Sara era prohibido por la ley mosaica (20:12; Lev. 18:9). Es poco probable que los judíos de la época del exilio inventaran acontecimientos ofensivos o conservaran esas historias, a menos que ya fueran tradiciones muy arraigadas. Además, el uso frecuente de los compuestos *El* para el nombre de Dios (por ej. *El Shaddai* = Dios Todopoderoso, 17:1) en Génesis, contrasta con su ausencia en los textos del primer milenio. La actitud tolerante hacia los gentiles y los viajes sin restricciones de los patriarcas no se adaptan al escenario posterior. Cuando se considera como un todo, la evidencia apoya la posición de que Génesis presenta acontecimientos auténticos.

Los paralelismos entre los capítulos 1–11 y los mitos sobre la creación y el diluvio han suscitado la pregunta, ¿es la Biblia simplemente una versión hebrea de los mitos sobre los comienzos? Al sopesar la importancia de los paralelismos, deben tenerse en cuenta tres principios generales. En primer lugar, no todos los paralelismos son igualmente significativos. En segundo lugar, saber quién está copiando de quién no se puede concluir definitivamente. En tercer lugar, las funciones de las historias son muy diferentes. Por ejemplo, la historia del diluvio de la epopeya babilónica de Gilgamesh es secundaria a la idea principal de relatar cómo

Una reproducción de la tablilla once de la Epopeya de Gilgamesh, un relato babilónico del gran diluvio.

Gilgamesh buscó la inmortalidad. En la Biblia, la narrativa del diluvio es fundamental para el desarrollo del tema. El que la teología de la Biblia discrepa del politeísmo de la antigüedad se opone a la idea de la dependencia. El autor de Génesis era consciente del entorno cultural de las naciones y, a menudo moldeaba sus narrativas para contrarrestar la perspectiva predominante. El marco histórico de los capítulos 1–11 (por ej. «Estas son las generaciones», 2:4; 5:1) y las genealogías (caps. 4–5; 10–11) indican que el autor presenta un relato histórico, no un mito literario.

CÓMO ENCAJA GÉNESIS EN LA HISTORIA DE DIOS

1. Prólogo: creación, caída del hombre y necesidad de redención
2. Dios construye Su nación (2000–931 a.C.)
3. Dios educa a Su nación (931–586 a.C.)
4. Dios preserva un remanente fiel (586–6 a.C.)
5. Dios compra la redención y comienza el reino (6 a.C. al 30 d.C.)
6. Dios extiende el reino a través de la iglesia (30 d.C. [?])
7. Dios consuma la redención y confirma Su reino eterno
8. Epílogo: un cielo nuevo y una Tierra nueva

✝ CRISTO EN GÉNESIS

La creación es el primer tema de Génesis, y Cristo es el agente de la creación: «Todo fue creado por medio de él y para él» (Col. 1:16). La promesa de Cristo como Redentor aparece por primera vez en Génesis 3:15. Cuando Dios le ordenó a Abraham que ofreciera a Isaac como sacrificio, Él proveyó un sustituto por Isaac (Gén. 22:8) de la misma manera que proveyó a Cristo como nuestro sustituto por medio de Su muerte sacrificial. A través de la descendencia de Abraham, Jesucristo, todos los pueblos de la Tierra serán bendecidos.

PRINCIPIOS BÁSICOS DE LA COSMOVISIÓN CRISTIANA

Enseñanza sobre Dios

Génesis revela a Dios en primer lugar como Creador. Él es justo en Sus mandatos, y juzga cuando la humanidad le desobedece. Génesis revela aún más a Dios como Aquel que hace Su pacto con personas indignas (ver Gén. 15:1-6). La primera promesa de Cristo se da en Génesis 3:15; el Espíritu de Dios se menciona en Génesis 1:2 y 6:3.

Enseñanza sobre la humanidad

Génesis muestra la gloria de la humanidad, al enfatizar que en toda la creación solo los seres humanos fueron hechos a «imagen de Dios». Por otro lado, Génesis muestra la vergüenza de la humanidad al hacer un recuento de tres incidentes que incluyen a toda la raza: la caída, el diluvio y la torre de Babel. Los tres acontecimientos presentan a los seres humanos como pecadores que necesitan un Salvador.

Enseñanza sobre la salvación

Génesis introduce verdades fundamentales acerca de la salvación desarrolladas en partes posteriores de la Escritura. En particular, el incidente de la muerte de un carnero en lugar de Isaac apunta a una comprensión sustitutiva del sacrificio. Además, el NT da gran importancia a Abraham como un patrón de salvación para todos los redimidos: «Y creyó a Jehová, y le fue contado por justicia» (Gén. 15:6).

CARACTERÍSTICAS LITERARIAS

GÉNERO Y ESTILO LITERARIO

Una narrativa histórica escrita en excelente hebreo

Aunque Génesis fue «el primer Libro de la ley», este registró relativamente pocos mandamientos divinos (no obstante, ver 2:16-27; 9:6-7). Génesis ha conservado dos narrativas históricas. Los capítulos 1–11 contienen una historia selectiva de toda la raza humana. Los capítulos 12–50 cuentan la historia de los antepasados directos de los israelitas. Génesis también contiene algunos pasajes de poesía (ver cap. 49) y genealogías importantes (ver cap. 5). El estilo hebreo de Génesis es similar al del resto del Pentateuco. El escritor compuso su relato de forma cuidadosa.

UN PRINCIPIO A SEGUIR EN LA VIDA

La misericordia de Dios (Gén. 11:27–12:3)

Puesto que Dios se acercó a nosotros antes que nosotros nos acercáramos a Él, debemos siempre agradecerle por salvarnos mediante Su gracia soberana.

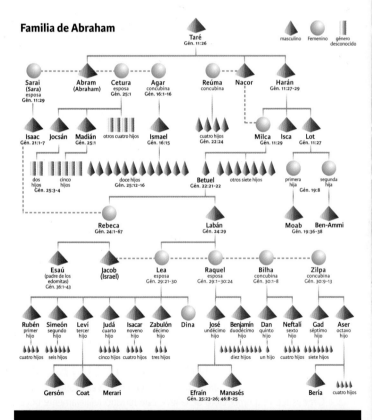

Dios le prometió un heredero a Abraham cuando tenía 75 años; Sara, su esposa, era 10 años menor a él. Isaac, el hijo, nació 25 años después (Gén. 12:2; 17:1,17,21; 21:5).

En el texto hebreo, las dos primeras palabras del Libro constituyen su título, *We'elleh semoth*, «Estos son los nombres». El título en español es el nombre utilizado por primera vez por los traductores griegos del Libro (siglo II a.C.). «Éxodo» podría traducirse «salida» o «partida».

TEXTO CLAVE: 14:30-31

Así salvó Jehová aquel día a Israel de mano de los egipcios; e Israel vio a los egipcios muertos a la orilla del mar. Y vio Israel aquel grande hecho que Jehová ejecutó contra los egipcios; y el pueblo temió a Jehová, y creyeron a Jehová y a Moisés su siervo.

TÉRMINO CLAVE: «REDIMIR»

Éxodo muestra cómo el Señor por causa de Su nombre redimió a Su pueblo Israel al sacarlos de la esclavitud mediante el pago de un precio, la muerte de los corderos de la Pascua (6:6). Además, el Libro registra los mandamientos de Dios al pueblo redimido.

RESUMEN DE UNA SOLA FRASE

Cuando Dios redimió a Su pueblo elegido de Israel por medio de Su siervo Moisés, Él entró en una relación de pacto con ellos y estableció Su morada con ellos, el tabernáculo.

CONTEXTO HISTÓRICO ORIGINAL

AUTOR Y FECHA DE ESCRITURA

Moisés, tal vez hacia el 1445 a.C.

El Libro es anónimo. Sin embargo, debido a que Moisés es el personaje central, todo es compatible con la creencia tradicional de que él fue su autor. El Libro se refiere a Moisés como que escribía físicamente algunos de los mandamientos de Dios (24:4; ver también 34:28). Los eruditos que aceptan el testimonio de la Escritura en sentido literal continúan afirmando que Moisés escribió Éxodo. Si se pone por caso una fecha temprana para el éxodo y que Moisés escribió mientras Israel acampaba en el Monte Sinaí, este Libro fue escrito a mediados del siglo XV a.C.

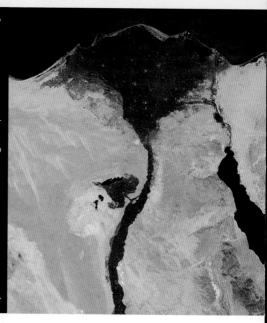

Esta foto satelital de la NASA muestra de manera impresionante al Nilo como la fuente de vida y riqueza de Egipto. El Nilo es el único río que fluye hacia el norte a través del Sahara. Egipto era único como comunidad agrícola que no dependía de las lluvias. El secreto era el cieno negro depositado en los campos por una inundación anual, que ocurría cuando el Nilo Azul se desbordaba por la escorrentía de las lluvias de invierno en Etiopía. El pueblo de Dios llegó a Egipto como una familia (Gén. 41–50) y partió como una nación (Ex. 13:17–14:31).

PÚBLICO INICIAL Y DESTINATARIO

Los israelitas en el Monte Sinaí

Los oyentes originales fueron los hijos de Israel que vivían en el desierto en su camino a la tierra prometida.

ORIGEN

Aunque el Libro no lo plantea, la necesidad de que Israel tuviera un registro histórico permanente de los acontecimientos que lo llevaron a existir como nación es seguramente lo que impulsó su escritura. Si uno cree que Moisés recibió los Diez Mandamientos por revelación divina, entonces uno puede con igual facilidad creer que Dios también lo impulsó a escribir todo lo registrado en Éxodo.

EL MENSAJE DE DIOS EN ÉXODO

PROPÓSITO

Éxodo cumple dos propósitos generales. En primer lugar, narra el mayor acto de redención que Dios realiza en el AT, el éxodo de Israel de Egipto. La vida y viajes de

Moisés proporcionan el principio de organización del Libro. La acción ocurre siempre que Moisés está presente. La primera mitad es principalmente narrativa, capítulos 1–18 (liberación de Israel de Egipto y la travesía al Sinaí), como lo es la última cuarta parte, capítulos 32–40 (violación del pacto, restauración y construcción del tabernáculo de Israel). Intercalados entre las secciones históricas se encuentran los capítulos de la ley, 19–24 (el pacto en el Sinaí) y 25–31 (reglas concernientes al tabernáculo y el sacerdocio). Si la Biblia en general relata la historia del reino de Dios, entonces Éxodo narra cómo surgió la primera fase de ese reino mediante el gran poder de Dios. El pueblo de Dios que hoy lee y estudia Éxodo también debe verlo a la luz del Redentor supremo, quien compró a la gente mediante Su propia muerte (Juan 1:29).

A PRIMERA VISTA

La difícil situación de Israel

Éxodo se basa en el relato de la creación, el pecado humano, el castigo divino y la renovación, el llamado de Abraham para bendecir al mundo y las luchas de Isaac y luego de Jacob para cumplir el llamado de Dios. Esta lucha termina cuando José lleva a la familia de su padre a Egipto, para evitar los duros sufrimientos del hambre. Éxodo retoma la historia de los hijos de Jacob en Egipto, ahora bajo un nuevo faraón y vistos como extranjeros temidos y no como los bien acogidos salvadores de la hambruna. Por tanto, los hijos de Israel se convirtieron en trabajadores esclavos en Egipto (cap. 1).

Dios levanta un libertador

La presencia salvadora de Dios es evidente en la vida temprana de Moisés, el agente humano de la liberación de Dios. Los padres levitas de Moisés lo salvaron de una muerte cruel al ocultarlo en una cesta en el Nilo (2:1-10). Rescatado por la hija del faraón, Moisés fue criado por su madre, quien le hizo conocer sobre el Dios de Israel. Si bien Moisés disfrutó de los privilegios de la corte egipcia, él nunca olvidó su herencia israelita. Al intentar proteger a un hebreo, Moisés mató a un egipcio. Como resultado de ello, tuvo que huir al desierto de Madián, donde ayudó a siete muchachas pastoras que se encontraban en peligro. Moisés se estableció entre su familia y se casó con una de las muchachas. Un día mientras Moisés pastoreaba las ovejas de su suegro, Dios lo llamó desde una zarza ardiente, cerca del Monte Horeb y lo envió de vuelta a rescatar a Israel de la esclavitud en Egipto (caps. 2–4). La revelación de Dios a Moisés como el Señor (Jehová) se erige como uno de los pasajes más profundos en toda la Escritura.

Confrontación con el faraón

Con su hermano Aarón, Moisés se enfrentó a un faraón obstinado, que se negó a liberar a los israelitas. Cuando el faraón le hizo la vida más difícil a Israel, los israelitas se quejaron de Moisés. Dios tomó esto como una oportunidad para revelarse a

Israel, al faraón y a los egipcios, y trajo diez plagas sobre Egipto. El faraón se obstinó en no dejar ir a Israel hasta que su primogénito y los hijos mayores de todo Egipto murieron en la última plaga. Esta décima plaga se convirtió en el escenario de la Pascua, la primera de las tres fiestas anuales de Israel, que celebró la salida de Egipto y se regocijó en el acto supremo de salvación de Dios para Su pueblo (caps. 5–13).

Liberación

Mientras Israel huía de Egipto, el faraón se resistió nuevamente y condujo a su ejército detrás de ellos. El milagro del Mar Rojo (o tal vez más literalmente, el Mar de Juncos) se convirtió en el momento más grande en la historia de Israel, el momento en que Dios creó una nación para sí mismo al librarlos de la potencia militar más fuerte en la Tierra. Dios guio a Israel a través de las aguas divididas del mar y luego inundó el mar otra vez mientras los egipcios intentaban seguirlos (cap. 14).

Murmuración

Después de celebrar la liberación con cantos y danzas (15:1-21), Israel siguió la dirección de Dios en el desierto, pero pronto la vida en este lugar resultó demasiado difícil. Los hijos de Israel clamaban por los buenos tiempos de Egipto, incluso después de que Dios les proveyó comida y bebida, y luego de haber vencido a los amalecitas (15:22–17:15). Jetro, el suegro de Moisés, trajo a este, su mujer e hijos al desierto, y alabó a Dios por todo lo que había hecho por Moisés y el pueblo. Jetro también aconsejó a Moisés cómo organizar un sistema judicial más eficiente, que aliviara el estrés de Moisés (cap. 18).

Sinaí

Luego Israel llegó al Sinaí, donde Dios los llamó a convertirse en Su pueblo del pacto, una nación santa que llevara a cabo la misión de Abraham de recibir la bendición de Dios y transmitir esa bendición a las naciones. El Señor entregó los Diez Mandamientos y otras leyes de gran importancia para el pacto (caps. 19–23) y luego confirmó el pacto en una misteriosa ceremonia (cap. 24). Moisés subió a la cima de la montaña para recibir el resto de las instrucciones de Dios, especialmente las relacionadas con la construcción de un lugar sagrado de culto, el tabernáculo (caps. 24–31). El pacto del Sinaí fue un pacto de «soberano-vasallos» en el que el amo (soberano) se comprometió a proteger y bendecir a los súbditos (vasallos), siempre y cuando ellos le obedecieran y se sometieran a Él. Esto contrasta con el pacto incondicional de «concesión real», como en el que Dios categóricamente prometió hacer de Abraham una bendición para todo el mundo (Gén. 12; 15).

Intercesión por un pueblo rebelde

Incluso antes de que Moisés pudiera descender de la montaña con las tablas de piedra y otros textos del pacto, el pueblo, con el consentimiento de Aarón, violó los términos del pacto al hacer un ídolo de oro e inclinarse ante él. Este acto de apostasía trajo el juicio de Dios e incluso una amenaza de aniquilación. Solo la intercesión de Moisés impidió la anulación del pacto con la comunidad en general. El Señor estuvo atento al clamor de Moisés y no destruyó por completo a los idólatras inmediatamente. Dios, de hecho, renovó Su promesa de llevar a Su pueblo a la tierra prometida. Sin embargo, Yahvéh declaró que no podía ir con Israel a no ser que destruyera a las personas obstinadas y rebeldes.

Dos veces intercedió Moisés ante Dios en favor del Israel rebelde. Dos veces se reveló Yahvéh a Moisés como un Dios de misericordia y compasión. La misericordia y la compasión de Dios (no la fidelidad de Israel) constituyeron el fundamento para la renovación del pacto quebrantado. Al descender de la montaña con las tablas del pacto, Moisés se presentó ante su pueblo, con su rostro radiante por el reflejo de la gloria de Dios (cap. 34).

Presencia de Dios

Luego Moisés guio a Israel a celebrar el día de reposo y a construir el tabernáculo (caps. 35–39). Moisés levantó el tabernáculo, y estableció el culto en él. Dios

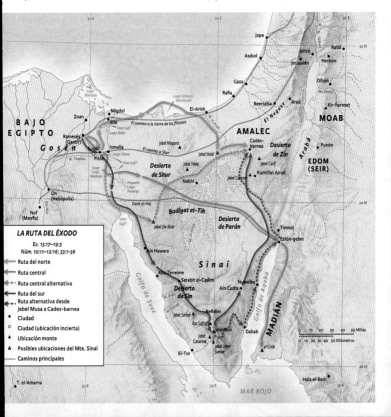

LA RUTA DEL ÉXODO

Ex. 13:17–19:3
Núm. 10:11–12:16; 33:1-36

→ Ruta del norte
→ Ruta central
←· Ruta central alternativa
→ Ruta del sur
─ ─ Ruta alternativa desde Jebel Musa a Cades-barnea
• Ciudad
○ Ciudad (ubicación incierta)
◦ Ubicación monte
▲ Posibles ubicaciones del Mte. Sinaí
─ Caminos principales

bendijo la acción con Su presencia gloriosa (cap. 40). Esto sirvió de señal para los futuros viajes de Israel, seguir la nube de Dios de día y de noche (40:36-38).

LA VERACIDAD DE ÉXODO

La evidencia interna sugiere que Moisés dejó constancia de las experiencias de Israel en el desierto (Ex. 17:14; 24:4,7; 34:27; Núm. 33:1-2; Deut. 31:9,11), muchas declaraciones en el AT atribuyen el Pentateuco a Moisés (por ej. Jos. 1:8; 8:31-32; 1 Rey. 2:3; 2 Rey. 14:6; Esd. 6:18; Neh. 13:1; Dan. 9:11-13; Mal. 4:4), y el NT identifica estrechamente la Torá con él (Mat. 19:8; Juan 5:46-47; 7:19; Hech. 3:22; Rom. 10:5).

Ciertas características dentro del texto indican una fecha temprana para su composición: 1) las formas de los nombres y muchas de las acciones de los patriarcas tienen más sentido en un ambiente del segundo milenio a.C.; 2) las narrativas sugieren un profundo conocimiento de Egipto; 3) los préstamos lingüísticos egipcios aparecen con mayor frecuencia en el Pentateuco que en cualquier otro lugar del AT;

4) el nombre de «Moisés» en sí sugiere un escenario egipcio de la historia; 5) la perspectiva general de la narrativa es ajena a Canaán; 6) las estaciones son egipcias; la flora y la fauna son egipcias y del Sinaí; 7) en algunos casos la geografía refleja una perspectiva exterior (por ej., Gén. 33:18, «Siquem, que está en la tierra de Canaán», es poco probable después del exilio ya que para entonces Israel había estado en la tierra durante 900 años); y 8) los arcaísmos en el idioma (como el uso de la tercera persona del singular, *hi*, para ambos sexos), todos apuntan a una fecha temprana.

No hay ninguna razón para dudar que Moisés escribiera los discursos que pronunció (Deut. 31:9-13), o si no lo escribió todo él mismo, cuando bajó del Monte Sinaí, hizo los arreglos para que se realizara la transcripción de la revelación que había recibido en la montaña. Del mismo modo que las piezas del tabernáculo fueron construidas y ordenadas por artesanos expertos y finalmente ensambladas por Moisés (Ex. 35–40), así también artesanos literarios pueden haber compuesto algunas porciones del Pentateuco y luego haberlas sometido a Moisés, para que las

Reconstrucción del tabernáculo y su atrio (Ex. 26:1-35). El tabernáculo siempre se colocaba de frente al este. Esta perspectiva es desde el noreste. El tabernáculo era un santuario donde Jehová se encontraba con Su pueblo. Dios le dijo a Moisés en el monte: «Conforme a todo lo que yo te muestre, el diseño del tabernáculo [...], así lo haréis» (Ex. 25:9).

aprobara. En cuanto a cuándo exactamente el Espíritu Santo guio a un autor para juntar las piezas en su forma actual, solo podemos especular (Deuteronomio sugiere que fue en algún momento después de la muerte de Moisés), no obstante, parece probable que en el momento que David organizó el culto del templo, el contenido de la Torá ya estaba establecido.

CÓMO ENCAJA ÉXODO EN LA HISTORIA DE DIOS

1. Prólogo: creación, caída del hombre y necesidad de redención
2. Dios construye Su nación (2000–931 a.C.)
3. Dios educa a Su nación (931–586 a.C.)
4. Dios preserva un remanente fiel (586–6 a.C.)
5. Dios compra la redención y comienza el reino (6 a.C. al 30 d.C.)
6. Dios extiende el reino a través de la iglesia (30 d.C. [?])
7. Dios consuma la redención y confirma Su reino eterno
8. Epílogo: un cielo nuevo y una Tierra nueva

CRISTO EN ÉXODO

Éxodo es un libro de redención. La liberación que Dios realizó cuando Su pueblo era esclavo en Egipto, es una imagen de Cristo que libra a los pecadores del pecado y sus consecuencias. Cristo estaba con Israel como la roca que los seguía a través de su travesía desde la esclavitud a la tierra prometida (1 Cor. 10:4; Ex. 17:6). Los corderos de la Pascua son una imagen de la muerte de Cristo por los pecadores (Juan 1:29; 1:36) y de cómo Él les provee acceso a Dios.

PRINCIPIOS BÁSICOS DE LA COSMOVISIÓN CRISTIANA

Enseñanza sobre Dios

Éxodo revela al Señor como Redentor. Debido a Su amor, y por amor de Su nombre, Él toma la iniciativa de salvar a Su pueblo de la servidumbre. Más adelante, Éxodo lo revela como el que espera que Su pueblo redimido viva de acuerdo con las disposiciones del pacto hecho en el Sinaí. Cristo se prefigura tanto por Moisés como por los corderos de la Pascua. Éxodo 31:3; 35:31 mencionan al Espíritu que empodera a una persona para servicios especiales.

Enseñanza sobre la humanidad

Éxodo pone de relieve la universalidad de la maldad humana, al mostrar la rebelión contra Dios en una variedad de formas. La maldad del faraón (caps. 4–14) y la idolatría vergonzosa del Israel redimido en el incidente del becerro de oro (cap. 32) son quizás los ejemplos más claros. Por otro lado, Éxodo muestra el gran valor que Dios le da a la humanidad a través del alto precio pagado en el momento de la liberación de Israel de Egipto.

Enseñanza sobre la salvación

Hasta la venida de Cristo y Su muerte en la cruz, el éxodo fue el mayor acto de redención divina. En el éxodo, Dios proporcionó una imagen clara de expiación sustitutiva en la muerte del cordero de la Pascua: «… y veré la sangre y pasaré de vosotros…» (12:13). Esto, sin embargo, solo prefiguraba la venida del que vendría, «… el Cordero de Dios, que quita el pecado del mundo» (Juan 1:29).

CARACTERÍSTICAS LITERARIAS

GÉNERO Y ESTILO LITERARIO

Aunque Éxodo fue «el segundo Libro de la ley», este preservó más narrativa histórica que ley. El capítulo 15, «La canción de Moisés», es más poesía que prosa y constituye la primera poesía extensa en la Escritura. El estilo hebreo de Éxodo es similar al del resto del Pentateuco.

UN PRINCIPIO A SEGUIR EN LA VIDA

Cristo, el Cordero de la Pascua (Ex. 12:21-22)

Para heredar la vida eterna debemos recibir al Señor Jesucristo como nuestro Salvador personal, y experimentar la redención que viene a través de Su sangre derramada.

El título en español se basa en el nombre dado por los traductores griegos de este Libro en el siglo II a.C. El nombre podría traducirse como «concerniente a los levitas». El título original en hebreo es la primera palabra del libro, *Wayyiqra'*, «y Él llamó».

TEXTO CLAVE: 11:45

Porque yo soy Jehová, que os hago subir de la tierra de Egipto para ser vuestro Dios: seréis, pues, santos, porque yo soy santo.

TÉRMINO CLAVE: «SANTIDAD»

La santidad en toda la Escritura, pero especialmente en Levítico, es ante todo un atributo de Dios, y se refiere a Su perfección moral gloriosa como Aquel que es el estándar de pureza ética. En segundo lugar, la santidad es ordenada por Dios a Su pueblo redimido e incluye tanto la vida moral (el sometimiento de buena gana a las leyes de Dios) como permanecer separado del uso común (intencionalmente apartado para Dios y Su servicio).

RESUMEN DE UNA SOLA FRASE

Dios perdona el pecado y santifica al pueblo a través del sacrificio de sangre. Luego Dios espera que Su pueblo viva en comunión con Él, al seguir Sus normativas en cuanto a una vida apartada.

CONTEXTO HISTÓRICO ORIGINAL

AUTOR Y FECHA DE ESCRITURA

Moisés, hacia el año 1445 a.C.

Desde la perspectiva tanto literaria como teológica, la conexión entre Éxodo y Levítico es perfecta. Éxodo termina en el primer día del primer mes del segundo año. Números comienza en el primer día del segundo mes del segundo año. En el mes intermedio, Yahvéh da instrucciones a Moisés que constituyen la mayor parte de Levítico. Más de 30 veces Yahvéh habla directamente a Moisés. Dado el caso de que el éxodo sucedió en una fecha temprana y que Moisés escribió mientras Israel acampaba en el Monte Sinaí, este Libro fue compuesto a mediados del siglo XV.

PÚBLICO INICIAL Y DESTINATARIO

Los israelitas en el Monte Sinaí

Los primeros oyentes fueron los israelitas que acampaban alrededor del Monte Sinaí.

ORIGEN

Al parecer, lo que impulsó la escritura de Levítico, fue la necesidad de preservar de forma permanente para Israel los mandamientos orales que Dios le entregó a Moisés. Incluso las breves secciones narrativas versan sobre la aplicación de las leyes de Dios en relación con el sacerdocio.

EL MENSAJE DE DIOS EN LEVÍTICO

PROPÓSITO

Levítico era la palabra de Dios a Israel para enseñarle dos verdades esenciales sobre cómo un pueblo pecador puede mantener una relación correcta con Dios, quien es santo. En primer lugar, la gente entra en una relación con Dios sobre la base del perdón de los pecados, obtenido al ofrecer los sacrificios adecuados, de la manera adecuada, mediante el sacerdote adecuado. En segundo lugar, las personas perdonadas mantienen una comunión con Dios, al vivir conforme a Sus normas. Esto significa que Su pueblo es apartado y, por tanto, diferente de los demás. Las leyes específicas en Levítico son a la vez precisas y peculiares.

En cuanto a su aplicación para los cristianos, Levítico presenta el mayor desafío de todos los Libros del AT. En primer lugar, el NT, especialmente Hebreos, enseña que el sacrificio adecuado ofrecido de la manera adecuada por el sacerdote adecuado, se ha cumplido en verdad de una vez por todas en Jesús. En segundo lugar, todo el énfasis del NT es que la comunión con Dios ya no se basa en cuestiones *externas*, tales como la circuncisión, guardar las leyes dietéticas o los días sagrados de Israel. Hoy en día, la comunión con Dios y la vida santa son cuestiones esencialmente *internas*. El pueblo de Dios que hoy lee y estudia Levítico debe recordar que sus dos principios esenciales sin duda siguen siendo ciertos, pero que la voluntad de Dios era que las reglas particulares estuvieran en vigor solo hasta la venida de Cristo (Gál. 4:24-25).

A PRIMERA VISTA

Necesidad de sacrificio

La primera sección principal de Levítico (caps. 1–7) se ocupa de la naturaleza, el propósito y el ritual de los sacrificios. La declaración de resumen que concluye esta

SISTEMA SACRIFICIAL			
NOMBRE	**REFERENCIA**	**ELEMENTOS**	**SIGNIFICADO**
Holocausto	Lev. 1; 6:8-13	Becerro, carnero, macho cabrío, tórtola macho o palomino sin mancha. (Siempre animales machos, pero las especies de animales variaban de acuerdo con la situación económica de los individuos).	Voluntario. Significa propiciación por el pecado y completa entrega, dedicación y compromiso con Dios.
Oblación	Lev. 2; 6:14-23	Grano, harina o pan (siempre sin levadura) hecho con aceite de oliva y sal, o incienso.	Significa acción de gracias por las primicias.
Sacrificio de paz. También llamada ofrenda de comunión, e incluye: 1) acción de gracias, 2) voto, y 3) ofrenda voluntaria	(1) Lev. 3; 7:11-36; 22:17-30; 27	Cualquier animal sin defecto. (Las especies de animales variaban de acuerdo con la situación económica de los individuos). 1) Puede ser ofrenda de granos.	Voluntario. Simboliza la comunión con Dios. 1) Significa agradecimiento por una bendición específica; 2) ofrece una expresión ritual de un voto; y 3) simboliza agradecimiento en general (para ser llevado a uno de los tres servicios religiosos requeridos).
Expiación	Lev. 4:1–5:13; 6:24-30; 12:6-8	Animal macho o hembra sin defecto: Becerro por el sumo sacerdote o congregación; macho cabrío por el rey; cabra o cordero por la persona común; tórtola o palomino por una persona algo pobre; la décima parte de un efa de flor de harina por los más pobres.	Obligatorio. Hecho para uno que había pecado sin intención o estaba inmundo y necesitaba ser purificado.
Ofrenda por infracción	Lev. 5:14–6:7; 7:1-6; 14:12-18	Carnero o cordero sin mancha.	Obligatorio. Hecho para una persona que había privado a otra de sus derechos o profanado algo santo. Hecho para la purificación de los leprosos.

sección enmarca todo el sistema sacrificial en el contexto del pacto de Dios con Israel en el Monte Sinaí. Dios liberó a Israel de la esclavitud en Egipto con el fin de que pudieran ser libres para adorar.

Necesidad de mediadores

El papel de Moisés como mediador en nombre del Israel rebelde (Ex. 32:30-32; 33:12-17; 34:8-9) apunta a la necesidad de que mediadores ordenados por Dios continuaran su ministerio de intercesión durante toda la historia de Israel. Éxodo 28–29 especifica que estos mediadores serían los sacerdotes. La segunda parte principal de Levítico (caps. 8–10) describe el establecimiento del sacerdocio en respuesta a esta necesidad.

Necesidad de separación

Dios había llamado a Israel para que fuera un pueblo separado para el servicio (Ex. 19:5-6). Sin embargo, Israel sintió la tentación constante de ajustarse a las normas de sus vecinos en Egipto y Canaán (Lev. 18:3). Las leyes de lo inmundo y lo limpio atestiguan la «separación» de Israel y recuerdan al pueblo de Dios que no puede haber transigencia con Sus normas. El Señor había encargado directamente a Aarón distinguir entre lo santo y lo profano (10:10). Levítico 11–15 proporciona ejemplos.

Necesidad de expiación

El mayor acto de purificación (que incluía a toda la nación) era el que se lograba el día de la expiación. En este día el sumo sacerdote ofrecía ante todo un sacrificio por sí mismo. A continuación, sacrificaba un macho cabrío como ofrenda por el pecado de todo el pueblo y expulsaba otro macho cabrío (el chivo expiatorio) del campamento como un símbolo de la eliminación del pecado de la comunidad. Después de un holocausto, el campamento era purificado de la sangre y los restos de animales por medio de ceremonias de lavamientos y quemas fuera del campamento. El escritor de Hebreos desarrolló imágenes del día de la expiación para enfatizar la superioridad del sacerdocio de Cristo (Heb. 8:6; 9:7,11-26). Hebreos 13:11-12 utiliza la imagen del becerro y el macho cabrío quemados fuera del campamento, como una ilustración del sufrimiento de Cristo fuera de los muros de la ciudad de Jerusalén.

Necesidad de una vida santa

La sección más larga de Levítico (caps. 17–25) es a veces llamada el «Código de Santidad», ya que contiene una lista exhaustiva de regulaciones diversas relacionadas con la obtención y el mantenimiento de la santidad en Israel. Las secciones anteriores de Levítico se han enfocado principalmente en la santidad como «posición». En los capítulos 17–25 (especialmente el cap. 19) la atención se desplaza a la santidad como condición moral.

Bendiciones y maldiciones

La naturaleza esencialmente del pacto de este Libro, se hace muy clara en la declaración de resumen de Lev. 27:34, que enmarca el Libro entero en el contexto de la alianza del Sinaí. Las listas de bendiciones y maldiciones que componen Levítico 26 refuerzan esta visión del Libro como un texto del pacto.

Ofrendas de dedicación

Levítico cierra con la regulaciones concernientes a las ofrendas de dedicación (cap. 27). Colocadas aquí, tal vez estas leyes sugieren formas apropiadas de responder a la opción del estilo de vida que las bendiciones y las maldiciones plantean.

LA VERACIDAD DE LEVÍTICO

La práctica de matar un animal para ofrecer sacrificio no era exclusiva de la tradición israelita. El sacrificio de un animal como expresión «religiosa» era una práctica común en el mundo antiguo, sobre todo en el antiguo Cercano Oriente. Sin embargo, los propósitos para ofrecer sacrificios en Israel no podrían haber sido más diferentes de las motivaciones para el sacrificio entre los vecinos de Israel. Israel estaba adorando a un Dios Omnipotente y Soberano, y ofreciendo un sacrificio de sangre por el pecado que prefiguraba la provisión de Dios en el Mesías. La razón fundamental de los sacrificios paganos en el mundo antiguo se limitaba al mantenimiento y sustento de los dioses, pues se creía que estos poseían los mismos apetitos y deseos que los seres humanos. La motivación para presentar comida a un dios era obtener su favor. La adoración pagana era en su esencia de interés propio, ya que la persona que presentaba la ofrenda utilizaba el regalo para su propio beneficio. La ofrenda era en realidad una forma de magia, un mecanismo empleado para efectuar una intervención sobrenatural. Por lo tanto, no es sorprendente que en Mesopotamia, por ejemplo, el mago fuera tan importante como el sacerdote. La observancia del sistema sacrificial del AT hizo a la nación de Israel una nación santa y distinta de otras naciones.

CÓMO ENCAJA LEVÍTICO EN LA HISTORIA DE DIOS

1. Prólogo: creación, caída del hombre y necesidad de redención
2. Dios construye Su nación (2000–931 a.C.)
3. Dios educa a Su nación (931–586 a.C.)
4. Dios preserva un remanente fiel (586–6 a.C.)
5. Dios compra la redención y comienza el reino (6 a.C. al 30 d.C.)
6. Dios extiende el reino a través de la iglesia (30 d.C. [?])
7. Dios consuma la redención y confirma Su reino eterno
8. Epílogo: un cielo nuevo y una Tierra nueva

Placa de oro puro
con la inscripción:
«Santidad a Jehová»
Ex. 28:36

Turbante o mitra
Ex. 28:36-38

Las tiras que sujetaban el
pectoral sobre los hombros
remataban en dos piedras
de ónice que llevaban los
nombres de los doce hijos
de Israel, seis en cada hombro
por orden de nacimiento
Ex. 28:9-10

Doce piedras preciosas
y en cada una el nombre
de una de las doce tribus
Ex. 28:17-21

Faja
Ex. 28:4,39,40

El efod tejido
con los colores
del santuario
Ex. 28:5-15,31

Orla compuesta de
granadas y campanillas
de oro alternadas; las
granadas eran tejidas en
hilo azul, púrpura y carmesí
Ex 28:33-35

Representación artística de las vestiduras del sumo sacerdote (Ex. 28:1-38; Lev. 8:1–10:20).

CRISTO EN LEVÍTICO

Los sacrificios específicos (por ej., cap. 16) descritos en Levítico sugieren los múltiples aspectos del sacrificio expiatorio de Cristo. Los capítulos sobre el sacerdocio (caps. 21–22) prefiguran las perfecciones de Cristo como el gran Sumo Sacerdote.

PRINCIPIOS BÁSICOS DE LA COSMOVISIÓN CRISTIANA

Enseñanza sobre Dios

Levítico enseña que Dios en Su santidad tiene el derecho absoluto de instruir a Su pueblo sobre lo que la santidad exige, hasta en los más mínimos detalles de la vida. Los pecadores pueden acercarse a Dios para obtener perdón solo a través de los sacrificios que Él ha ordenado.

Enseñanza sobre la humanidad

Dios ha hecho una provisión completa para perdonar los pecados y faltas de las personas, aunque solo si estas utilizan Sus medios. Además, los seres humanos pueden gozar de plena comunión con Dios, pero solo si viven de acuerdo con la manera que Él ha revelado.

Enseñanza sobre la salvación

La palabra «sangre» aparece más de sesenta veces en Levítico. Los lectores son abrumados con la verdad de que en el diseño de Dios la sangre derramada a través del sacrificio ritual es la clave para hacer expiación por los pecados (17:11). Esto es fundamental para comprender la necesidad de la muerte violenta de Cristo como el sacrificio expiatorio por los pecados de la gente.

CARACTERÍSTICAS LITERARIAS

GÉNERO Y ESTILO LITERARIO

Leyes antiguas, con un poco de narrativa, compuestas en hebreo

Las leyes en Levítico se expresaban en dos formas. Primero estaba la «ley de mandamientos» (o «ley apodíctica»), por ejemplo, «Y traerás a Jehová la ofrenda…» (positivo), o «no jurarás falsamente por mi nombre…» (negativo). Esto es similar a la ley constitucional o actos legislativos modernos.

La segunda era la «jurisprudencia» (o «ley casuística»), que a menudo utilizaba la fórmula «si un hombre…». Estos ejemplos o situaciones presentadas son comparables a los veredictos modernos de los jueces que luego se convierten en la base de las normativas judiciales posteriores. El hebreo en Levítico es similar al del resto del Pentateuco.

FIESTAS Y FESTIVALES JUDÍOS

NOMBRE	MES	FECHA	REFERENCIA	SIGNIFICADO
Pascua	Nisán	(Mzo./abr.): 14-21	Ex. 12:2-20; Lev. 23:5	Conmemora la liberación de los israelitas realizada por Dios cuando eran esclavos en Egipto.
Fiesta de los panes sin leva-dura	Nisán	(Mzo./abr.): 15-21	Lev. 23:6-8	Conmemora la liberación de los israelitas realizada por Dios cuando eran esclavos en Egipto. Incluye una fiesta de las primicias por la siega de la cebada.
Fiesta de la cose-cha, o semanas (Pentecostés)	Siván	(My./jun.): 6 (siete sema-nas después de la pascua).	Ex. 23:16; 34:22; Lev. 23:15-21	Conmemora la entrega de la ley en el Monte Sinaí. Incluye un día de las primicias por la cosecha de trigo.
Fiesta de las trompetas (Rosh Hashaná)	Tisrí	(Sept./oct.): 1	Lev. 23:23-25; Núm. 29:1-6	Día de tocar las trompetas para señalar el comienzo del nuevo año civil.
Día de la expi-ación (Yom Kippur)	Tisrí	(Sept./oct.): 10	Ex. 30:10; Lev. 23:26-33;	En este día el sumo sacerdote hace expiación por el pecado de la nación. También es un día de ayuno.
Fiesta de los tabernáculos (Sucot)	Tisrí	(Sept./oct.): 15-21	Lev. 23:33-43; Núm. 29:12-39; Deut. 16:13	Conmemora los 40 años de vagar por el desierto.
Fiesta de la dedicación, o festival de luces (Januká)	Quisleu y Tébet	(Nov./dic.): 25-30; y Tébet (dic./ en.): 1-2	Juan 10:22	Conmemora la purificación del templo por Judas Macabeo en el 164 a.C.
Fiesta de Purim o Ester	Adar	(Febr./mzo.): 14	Ester 9	Conmemora la liberación del pue-blo judío en los días de Ester

UN PRINCIPIO A SEGUIR EN LA VIDA

Vivir vidas santas (Lev. 19:2; 20:7–8,26)

Tenemos que reflejar la santidad de Dios en todas las relaciones.

VIAJE DE LOS ESPÍAS

Núm. 13:1-33; 34:1-12

- • Ciudad
- ○ Ciudad (ubicación incierta)
- ◉ Oasis
- ▲ Ubicación monte
- ← Viaje de los doce espías
- ▢ La tierra prometida

Zedad
Zifrón
Hazar-enán
Lebo-hamat
Biblos
34 N
Damasco
Sidón
Mte. Hermón
R. Farfar
Tiro
Lais (Dan)
Aco
Hazor
Mar de Galilea
Astarot
Kenat
Mte. Carmelo
Aín
Mte. Hauran (Jebel Druze)
Meguido
Mte. Tabor
R. Yarmuk
Ribla
Sefam
Bet-seán
Salca
MAR MEDITERRÁNEO
R. Yarkón
Siquem
R. Jaboc
GALAAD
Jope
32 N
32 N
Jericó
Jerusalén
Mte. Nebo
Valle de Escol
Hebrón
Gerar
R. Arnón
Arad
MAR MUERTO
Beerseba
Neguev
Horma
MOAB
AMALEC
Zoar
R. Zered
Tamar
Mte. Hor?
Carca
Hasar-adar
asmón
Desierto de Zin
Punón
Aín el-Qudeirat
Aín Qedeís
Subida de Acrabim
Arabá
EDOM
36 E

0   20   40 Millas
0   20   40 Kilómetros

El título en español se basa en las listas de números en el Libro y es el nombre dado por sus traductores griegos en el siglo II a.C. El título en hebreo es más acertado, *Bemidbar*, «en el desierto», una palabra tomada del versículo inicial.

TEXTO CLAVE: 9:17

Cuando se alzaba la nube del tabernáculo, los hijos de Israel partían; y en el lugar donde la nube paraba, allí acampaban los hijos de Israel.

TÉRMINO CLAVE: «DESIERTO»

Este Libro explica lo que les sucedió a los israelitas durante los 38 años que viajaron a través del desierto, desde el Monte Sinaí hasta la frontera de Canaán. El término «desierto» aparece más de 40 veces.

RESUMEN DE UNA SOLA FRASE

Dios usó a Moisés para guiar a Israel desde el Sinaí a Cades, pero incluso después de haber rechazado al Señor en ese lugar (lo cual trajo consigo los años en el desierto) Dios se mantuvo fiel a ellos y guio a una nueva generación hasta las afueras de la tierra prometida.

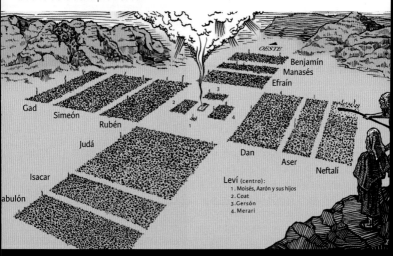

OESTE

Benjamín
Manasés
Efraín

Gad

Simeón

Rubén

Judá

Dan

Aser

Neftalí

Isacar

abulón

Leví (centro):
1. Moisés, Aarón y sus hijos
2. Coat
3. Gersón
4. Merari

El Señor prescribió un régimen especial para que los hijos de Israel acamparan (Núm. 2:1-34): «… así acamparon por sus banderas, y así marcharon cada uno por sus familias, según las casas de sus padres» (v. 34).

CONTEXTO HISTÓRICO ORIGINAL

AUTOR Y FECHA DE ESCRITURA

Moisés, hacia el 1407 a.C.

El Libro es anónimo, pero como en Éxodo y Levítico, Moisés es el personaje humano principal. Además, en Números 33:2 se afirma que Moisés llevó un diario de los viajes de Israel. Las palabras exactas, «Jehová habló a Moisés», aparecen 51 veces. Hay muy buenas razones para afirmar que Moisés escribió Números.

Por ejemplo, en 21:14-15 parece incluirse una cita del desconocido «libro de las batallas de Jehová». Además, los eruditos de la Biblia creen que si el propio Moisés hiciera un comentario sobre su mansedumbre (12:3), esto refutaría el punto. Bajo inspiración divina, el producto final de Números es del todo cierto y exactamente lo que Dios quería que fuera.

PÚBLICO INICIAL Y DESTINATARIO

Los israelitas, acampados en el Río Jordán

Los oyentes y destinatarios originales no se mencionan directamente, aunque al parecer fueron los israelitas acampados en las llanuras de Moab, poco antes de cruzar el Río Jordán a la tierra prometida.

ORIGEN

Aunque el Libro no lo expresa, Israel necesitaba un registro histórico permanente de los acontecimientos que marcaron su existencia nacional, desde el momento de la ratificación del pacto en el Sinaí, hasta que se encontraron en las afueras de la tierra prometida. Si uno cree que Moisés recibió los mandamientos divinos registrados en este Libro, entonces puede con igual facilidad creer que Dios también lo impulsó a escribir todo lo registrado en Números.

María, hermana de Moisés.

EL MENSAJE DE DIOS EN NÚMEROS

PROPÓSITO

Números responde principalmente a las preguntas: ¿Cómo llegó Israel desde el Monte Sinaí a la frontera de Canaán? y ¿por qué duró tanto el viaje? El Libro hace un contraste entre la fidelidad de Dios y la desobediencia de Israel. Sin embargo, en última instancia, Números muestra el progreso del pueblo de Dios en el logro de las metas que Él había prometido. Debido a que el Señor llevó a cabo esto a pesar de la rebeldía de Su pueblo, Dios recibió toda la gloria. Los que hoy estudian Números deberían verlo con este propósito original en mente.

A PRIMERA VISTA

Conquista de la tierra prometida

Los diversos materiales en Números apuntan hacia un objetivo común: la posesión de la tierra que Dios prometió a los patriarcas. La mayor parte de Números está en orden cronológico, pero hay lugares donde el orden es por tópicos. Números abre con un censo que revela que Dios había bendecido a Israel con la fuerza necesaria para la conquista de la tierra prometida (1:1–2:34). La organización para el culto (3:1–4:49), las instrucciones con el fin de preservar la pureza del pueblo de Dios (5:1–6:27), y la construcción del tabernáculo (7:1–8:26), hicieron posible que Dios morara con este pueblo (9:15), una condición necesaria para llegar a la tierra.

Rechazo de la promesa de Dios

Aunque Dios preparó a Su pueblo para la conquista (10:11-36), sus corazones anhelaron estar en Egipto en repetidas ocasiones (11:1-35; 14:2-4; 20:2-5; 21:4-5). Ellos rechazaron a Moisés, el líder que Dios había designado para llevarlos a la tierra (12:1-15). En última instancia, Israel rechazó la tierra que Dios les había regalado (12:16–14:45).

Errantes

Después de haber rechazado el regalo de Dios, Israel fue condenado a vagar por el desierto (15:1–22:1). Una y otra vez Israel se reveló contra los líderes escogidos de Dios y sufrió juicio (16:1-50). Incluso Moisés no pudo confiar en el poder de la palabra de Dios (20:1-29) y fue excluido de la tierra prometida.

Obstáculos

Sin embargo, Dios es fiel a Sus promesas. Dios superó los obstáculos para que Israel poseyera la tierra, que incluían la amenaza externa de las maldiciones de Balaam (22:2–24:25) y la amenaza interna de la idolatría y la inmoralidad de Israel (25:1-18).

Preparación para la conquista

Después de la muerte de la generación rebelde, Dios bendijo a Israel nuevamente con una fuerza capaz de conquistar la tierra (cap. 26). Dios recompensó a las hijas de Zelofehad que, a diferencia de la generación anterior, deseaban intensamente su parte en la tierra (27:1-11; 36:1-13). Dios estableció a Josué como sucesor de Moisés, lo cual preparó el camino para la conquista exitosa de la tierra.

LA VERACIDAD DE NÚMEROS

Atribuir el Pentateuco a Moisés colocaría la fecha del Libro de Números a finales del siglo xv a.C. Sobre la base de la evidencia arqueológica e histórica antigua, se notan varios paralelismos en el Libro de Números con esta época. Las listas del censo en los capítulos 1 y 26 muestran paralelismos con las encontradas en los textos de Egipto, Mari, Ugarit y Alalakh del segundo milenio a.C, y la organización de los campamentos de las tribus de Israel en forma rectangular alrededor del santuario central, es similar a la forma de acampar de los ejércitos de Ramsés II del siglo xiii a.C.

Gordon Wenham señala muchos otros paralelismos del segundo milenio entre los habitantes del antiguo Cercano Oriente, que incluyen: 1) el diseño de la Edad de Bronce Tardía (1550–1200 a.C.) del candelero (Núm. 8); 2) prendas con borlas (Núm. 15); 3) el posicionamiento de los levitas como guardianes del tabernáculo (Núm. 2–4.); 4) la serpiente de bronce (Núm. 21), que es similar a una encontrada en la excavación de un santuario midianita en Timna; y 5) el calendario de las fiestas sagradas (Núm. 28–29), que encuentra paralelismos en Ugarit y en Emar desde el siglo xv hasta el xiv a.C.

Algunos eruditos afirman que la mayor parte del material en el Pentateuco, que se refiere a los deberes de los sacerdotes y levitas, fue escrito en algún momento después del regreso de los exiliados de Babilonia (538 a.C.). Sin embargo, las descripciones de las funciones de los levitas en Números 3–4 se aplica principalmente al período del santuario móvil, antes de las eras tanto del primer templo de Jerusalén (cerca del 962 a.C.) como del segundo (aproximadamente del 515 a.C.–70 d.C.). Otra razón dada para rechazar el marco histórico es la complejidad de la estructura sacerdotal, la cual algunos críticos afirman que debe haberse desarrollado durante muchos siglos. No obstante, otros pueblos del Cercano Oriente del tercer y segundo milenios a.C., como los de Sumer, la antigua Asiria y antigua Babilonia, tenían sistemas sacerdotales aún más diversos y complejos en estructura y con más detalles en sus rituales prescritos.

CÓMO ENCAJA NÚMEROS EN LA HISTORIA DE DIOS

1. Prólogo: creación, caída del hombre y necesidad de redención
2. Dios construye Su nación (2000–931 a.C.)
3. Dios educa a Su nación (931–586 a.C.)
4. Dios preserva un remanente fiel (586–6 a.C.)
5. Dios compra la redención y comienza el reino (6 a.C. a 30 d.C.)
6. Dios extiende el reino a través de la iglesia (30 d.C. [?])
7. Dios consuma la redención y confirma Su reino eterno
8. Epílogo: un cielo nuevo y una Tierra nueva

◁ CRISTO EN NÚMEROS

Cristo es previsto como la roca que da agua (1 Cor. 10:4) y como la serpiente levantada que da vida a los que miran (Juan 3:14-15). Él es profetizado como una estrella que saldrá de Jacob y un cetro de Israel (24:17). El primer cumplimiento de esta profecía es en David, quien derrotó a una nación malvada (Moab). El cumplimiento perfecto de esta profecía es en el Hijo de David, Jesucristo, que someterá a todos los enemigos de Dios.

PRINCIPIOS BÁSICOS DE LA COSMOVISIÓN CRISTIANA

Enseñanza sobre Dios

Números enfatiza dos atributos de Dios: Su poder soberano y Su fidelidad en el pacto. Él es fiel a Israel a causa del pacto que hizo con Abraham (32:11). El Espíritu de Dios está presente como el que posibilita el servicio e inspira la verdadera profecía (11:25-26; 24:2).

Enseñanza sobre la humanidad

Este Libro muestra cuán pecaminosos e imperfectos son todos los seres humanos. La rebelión en Cades dirigida por Coré y la historia de Balaam demuestran esto. Además, incluso Moisés, el legislador, a quien Dios le habló directamente, pecó y no se le permitió entrar en Canaán. Sin piedad divina, todos perecen.

Enseñanza sobre la salvación

Éxodo (redención por la muerte de los corderos de la Pascua) y Levítico (perdón proporcionado a través de muchos sacrificios de sangre) enseñan más a fondo sobre la salvación que Números. Sin embargo, el incidente de la serpiente de bronce en una asta, muestra la centralidad de la fe para recibir la provisión de Dios: «Jehová dijo a Moisés: Hazte una serpiente ardiente, y ponla sobre una asta; y cualquiera que fuere mordido y mirare a ella, vivirá. Y Moisés hizo una serpiente de bronce, y la puso sobre una asta; y cuando alguna serpiente mordía a alguno, miraba a la serpiente de bronce, y vivía» (21:8-9).

CARACTERÍSTICAS LITERARIAS

GÉNERO Y ESTILO LITERARIO

Narrativa y leyes (escritas en prosa hebrea) con algunas profecías (escritas en poesía hebrea)

Las porciones narrativas de Números siguen el estilo de la narrativa de Éxodo y Levítico. Como «el cuarto Libro de la Ley», sus leyes son también similares a las registradas con anterioridad. Una nueva característica es el oráculo profético, dado por Balaam (caps. 23–24), escrito en el paralelismo poético tan familiar en Libros como Isaías y Jeremías. El estilo hebreo de Números es como el del resto del Pentateuco.

UN PRINCIPIO A SEGUIR EN LA VIDA

Mirar a Jesús (Núm. 21:4-9)

Para recibir el don de la vida eterna, cada uno de nosotros debemos poner nuestra fe en el Señor Jesucristo quien hizo expiación por nuestros pecados en la cruz.

Amuleto de plata que contiene la bendición que Moisés dio a Aarón y a sus hijos para que bendijeran a Israel: «Jehová te bendiga, y te guarde; Jehová haga resplandecer su rostro sobre ti, y tenga de ti misericordia; Jehová alce sobre ti su rostro, y ponga en ti paz» (Núm. 6:24-26). Esta pieza contiene la copia más antigua conocida de porciones de la Escritura, que data a finales del siglo VII o principios del VI a.C. El rollo de plata fue encontrado el 4 de agosto de 1979 por Judy Hadley, quien era entonces un estudiante de arqueología en Wheaton College, mientras trabajaba como parte de una excavación dirigida por el arqueólogo israelí Gabriel Barkay.

El título en hebreo es *'Elleh Haddebarim*, «estas son las palabras», o más sucintamente *Debarim*, «palabras», por el versículo inicial del Libro. El título en español refleja la palabra griega *Deuteronomion*, que significa «segunda ley».

TEXTO CLAVE: 6:4-5

Oye, Israel: Jehová nuestro Dios, Jehová uno es. Y amarás a Jehová tu Dios de todo tu corazón, y de toda tu alma, y con todas tus fuerzas.

TÉRMINO CLAVE: «MANDAMIENTOS»

Guardar los mandamientos de Dios por amor a Él yace en el corazón de Su pacto con Israel, lo cual se aprecia sobre todo por la repetición de los Diez Mandamientos. El sustantivo «mandamiento» aparece 40 veces en el Libro.

RESUMEN DE UNA SOLA FRASE

A través de los grandes discursos de Moisés cerca del final de su vida, Dios le recordó a Israel, casi al entrar en la tierra prometida, sobre Sus hechos, Su pacto y Sus muchos mandamientos.

La zona noreste del Monte Sinaí, posiblemente el desierto de Parán, a través del cual Israel

CONTEXTO HISTÓRICO ORIGINAL

AUTOR Y FECHA DE ESCRITURA

Moisés, cerca del 1406 a.C.

El Libro se refiere a la participación de Moisés en su escritura (1:5; 31:9,22,24). Más tarde la Escritura se refiere a la autoría mosaica (1 Rey. 2:3; 8:53; 2 Rey. 14:6; 18:12). Tanto Jesús como Pablo confirmaron que Moisés escribió Deuteronomio (Mar. 10:3-5; Juan 5:46-47; Rom. 10:19). El prólogo formal del Libro (1:1-5) y el epílogo sobre la muerte de Moisés (cap. 34) fueron quizás añadidos por Josué para dar el toque final al Libro.

Muchos en la crítica textual contemporánea creen que Deuteronomio (o al menos los caps. 12–26) surgió producto de un fraude piadoso realizado por escribas durante los años 600 a.C. en la época del rey Josías. Estos escribas posteriormente «descubrieron» el Libro y afirmaron que provenía de la época de Moisés (2 Rey. 22–23). Esta creencia se convirtió en la piedra angular de la famosa Hipótesis Documental, la cual sostiene que los primeros cinco Libros de la Biblia fueron una creación editorial de alrededor del 450 a.C. a partir de cuatro fuentes literarias primarias, cada una escrita independientemente desde una perspectiva diferente. No obstante, dos siglos de crítica textual moderna no han demostrado que alguna porción del Libro podría no haber sido compuesta durante el tiempo de Moisés.

PÚBLICO INICIAL Y DESTINATARIO

Los israelitas en las llanuras de Moab

De todos los Libros del Pentateuco, Deuteronomio es el que de manera más evidente empezó en forma de comunicación oral por un orador humano. Más tarde, Moisés lo plasmó en forma escrita y permanente. La primera audiencia fue la nueva generación de israelitas que escuchaba a su amado líder de 40 años cuando se enfrentaban a la posibilidad de entrar en Canaán sin él. Las reformas religiosas instituidas durante la época del rey Josías, fueron una aplicación de las enseñanzas de Deuteronomio para una nueva audiencia y en otra situación.

ORIGEN

De los Libros de Moisés, solamente Deuteronomio declara su origen preciso: «Y cuando acabó Moisés de escribir las palabras de esta ley en un libro hasta concluirse, dio órdenes Moisés a los levitas que llevaban el arca del pacto de Jehová, diciendo: Tomad este libro de la ley, y ponedlo al lado del arca del pacto de Jehová vuestro Dios, y esté allí por testigo contra ti» (31:24-26).

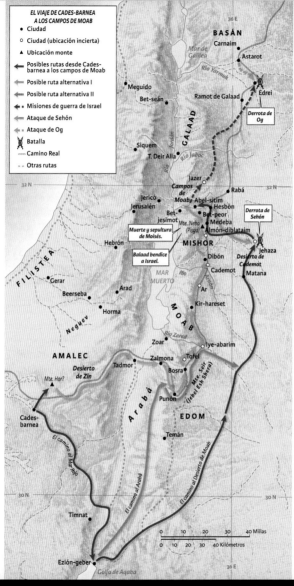

**EL VIAJE DE CADES-BARNEA
A LOS CAMPOS DE MOAB**

- Ciudad
- Ciudad (ubicación incierta)
- ▲ Ubicación monte
- ← Posibles rutas desde Cades-barnea a los campos de Moab
- ← Posible ruta alternativa I
- ← Posible ruta alternativa II
- ← Misiones de guerra de Israel
- ← Ataque de Sehón
- ← Ataque de Og
- Ⓧ Batalla
- — Camino Real
- -- Otras rutas

El mapa muestra tres posibles rutas de Cades-barnea a las llanuras de Moab (Núm. 20–21; 33:37-49; Deut. 1–2; Jue. 11:12-28). El paso de Israel por el este del Jordán preocupó mucho a Sehón, rey de los amorreos y a Og, rey de Basán. Ambos reyes fueron derrotados por Israel.

EL MENSAJE DE DIOS EN DEUTERONOMIO

PROPÓSITO

Según su propio testimonio, el origen de Deuteronomio fue los mensajes de despedida de Moisés a una nueva generación de israelitas. Él les rogó con pasión que una vez que se establecieran en la tierra, mantuvieran a Dios en el centro de su vida nacional. El Libro es esencialmente un documento de renovación del pacto. La extensa sección central repite sobre todo las leyes que se encuentran anteriormente en el Pentateuco. Las verdades de Deuteronomio tienen una relevancia perenne. Jesús conocía bien Deuteronomio y cuando Satanás lo tentó al principio de Su ministerio, Él respondió a cada una de las tres tentaciones con una cita de este Libro. El NT cita o alude a Deuteronomio cerca de 200 veces.

A PRIMERA VISTA

Contexto

Deuteronomio 1:1-5 es una introducción donde se da a conocer el tiempo y lugar de los discursos. El tiempo es «a los cuarenta años» (Deut. 1:3) de vagar por el desierto, «en el mes undécimo, el primero del mes». El lugar es «a este lado del Jordán en el desierto» (Deut. 1:1) y, más particularmente, «en tierra de Moab» (Deut. 1:5).

Primer discurso de Moisés

Deuteronomio 1:6–4:40 es el primer discurso de Moisés, en el que hizo un recuento del viaje de Israel desde Horeb a Moab e instó a Israel a ser fiel a Yahvéh. Moisés usó la historia inmediata pasada de Israel para enseñar a la actual generación de israelitas la importancia de confiar en Dios. La obediencia de Israel era imprescindible si esperaban poseer la tierra de Canaán. Moisés estableció ciudades de refugio al este del Jordán (Deut. 4:41-43).

Segundo discurso de Moisés

Deuteronomio 4:44–28:68 contiene el segundo discurso de Moisés, en el que da lecciones a Israel basadas en la ley. Estas no son leyes a ser utilizadas en los tribunales para decidir casos legales, sino instrucciones para la vida en la tierra de Canaán.

Tercer discurso de Moisés

Este discurso (Deut. 29:1–30:20) se centra en la renovación del pacto. El arrepentimiento y el compromiso garantizarían la vida y las bendiciones de Dios. La rebelión causaría su muerte como nación. Ellos debían elegir.

Discurso final de Moisés

Deuteronomio 31:1-29 es el discurso de despedida de Moisés. El canto de Moisés aparece en Deuteronomio 31:30–32:52. La bendición de Moisés se presenta en el capítulo 33, y el relato de su muerte en el 34.

LA VERACIDAD DE DEUTERONOMIO

Las similitudes estructurales entre Deuteronomio y los textos de los tratados del Cercano Oriente del segundo milenio a.C. han proporcionado pruebas sólidas a favor de la unidad y la antigüedad del Libro. La comparación con los tratados hititas sugiere una fecha no posterior al 1300 a.C., aproximadamente. Los eruditos que procuran mantener una fecha para Deuteronomio entre el siglo VII y VIII a.C. (o posterior) han señalado similitudes con los tratados neoasirios del siglo VII a.C. Sin embargo, esta posterior forma de tratado, carece de elementos importantes que se encuentran en Deuteronomio y los textos hititas, tales como el prólogo histórico (Deut. 1:6–4:44) y la lista de bendiciones (Deut. 28:1-14). La conclusión es que la autoría mosaica de este Libro, esencialmente como nosotros la entendemos, es la perspectiva más razonable para la persona que acepta el testimonio de la Escritura.

Es dudoso que Moisés escribiera el relato de su muerte en Deuteronomio 34. Con frecuencia el texto proporciona notas explicativas que actualizan los hechos para una audiencia posterior (por ej., los habitantes aborígenes de la Transjordania, Deut. 2:10-12). Además, la forma de la escritura cursiva cananea que Moisés utilizó probablemente estaba todavía en su infancia y fue sustituida por la escritura

Un hombre judío orando en el muro occidental en Jerusalén. Lleva un frontal proveniente de una tradición judía que data del siglo II a.C. Un frontal o filacteria, es una pequeña caja de cuero o pergamino negro que contiene cuatro porciones de la Escritura. Está unida a una larga correa de cuero por un lazo, y forma dos correas largas a cada lado del lazo. En su segundo discurso, Moisés le recordó a Israel el más grande mandamiento: «Y amarás a Jehová tu Dios de todo tu corazón, y de toda tu alma, y con todas tus fuerzas» (6:5). Ellos debían hablar de los mandatos del Señor durante todo el transcurso del día y repetirlos a sus hijos. «Y las atarás como una señal en tu mano, y estarán como frontales entre tus ojos; y las escribirás en los postes de tu casa, y en tus puertas» (6:8-9).

aramea cuadrada en el período posterior al exilio, y las vocales fueron añadidas un milenio más tarde. Las cualidades arcaicas de los poemas (Gén. 49; Ex. 15; etc.), en contraste con la narrativa circundante, sugieren que esta última puede haber sido actualizada periódicamente de acuerdo con la evolución de la lengua hebrea. Estos aspectos explican por qué la gramática y la sintaxis de Deuteronomio en su forma actual se parecen mucho a las de Jeremías, quien vivió mucho tiempo después de Moisés.

CÓMO ENCAJA DEUTERONOMIO EN LA HISTORIA DE DIOS

1. Prólogo: creación, caída del hombre y necesidad de redención
2. Dios construye Su nación (2000–931 a.C.)
3. Dios educa a Su nación (931–586 a.C.)
4. Dios preserva un remanente fiel (586–6 a.C.)
5. Dios compra la redención y comienza el reino (6 a.C. a 30 d.C.)
6. Dios extiende el reino a través de la iglesia (30 d.C. [?])
7. Dios consuma la redención y confirma Su reino eterno
8. Epílogo: un cielo nuevo y una Tierra nueva

✠ CRISTO EN DEUTERONOMIO

Moisés habla de un profeta como él, a quien Dios levantaría de entre Israel (18:15-22). Cristo es visto como un cumplimiento de esa profecía (Hech. 3:22; 7:37). La ley establece que todo aquel que es colgado de un madero está bajo la maldición de Dios (Deut. 21:23). Cristo nos ha redimido de la maldición, al hacerse a sí mismo maldición por nosotros (Gál. 3:13).

PRINCIPIOS BÁSICOS DE LA COSMOVISIÓN CRISTIANA

Enseñanza sobre Dios

Deuteronomio enfatiza la unidad de Dios en el famoso *Shemá*, «Oye, Israel» (ver versículos clave anterior). El amor de Dios como fundamento de Su pacto, Sus hechos en nombre de Israel y Sus mandamientos también son prominentes. Por otro lado, la idolatría o apostasía es una afrenta tan grave a la gloria de Dios, que el Libro ordena las penas más severas contra los que insultan a Dios dándole la espalda.

Enseñanza sobre la humanidad

Deuteronomio registra fielmente los fracasos de Israel y hace advertencias solemnes de maldición divina sobre los desobedientes y rebeldes. Sin embargo, el tenor del Libro es que vivir de acuerdo a los mandatos de Dios es una verdadera delicia y que la obediencia no es un trabajo pesado, sino la respuesta del amor y la fe; un yugo fácil. «Porque muy cerca de ti está la palabra, en tu boca y en tu corazón, para que la cumplas» (30:14; ver Mat. 11:29).

Enseñanza sobre la salvación

Deuteronomio enfatiza que la salvación es provisión de Dios en su totalidad. Él establece Su pacto de amor en las personas exclusivamente como consecuencia de Su amor. El notable texto en Deuteronomio 7:1-10 niega que Dios haya redimido a Israel de la esclavitud en Egipto por alguna cualidad que Israel poseyera, sino solo «Por cuanto Jehová os amó» (7:8); Su elección soberana. Este Libro también muestra que las personas redimidas expresan su amor y fe mediante su obediencia.

CARACTERÍSTICAS LITERARIAS

GÉNERO Y ESTILO LITERARIO

Un registro de los discursos finales de Moisés, compuesto en hebreo

Muchos eruditos han señalado el estilo sermonario de Deuteronomio, que lo diferencia de los otros Libros de Moisés. Los discursos son una combinación de

Vista del Monte Nebo desde el este. El Nebo está a unos 20 kilómetros (12 millas) al este de la desembocadura del Río Jordán desde donde Moisés vio la tierra prometida (Deut. 32:49). Se eleva a más de 800 metros (2625 pies) sobre el Mar Muerto y ofrece una excelente vista del suroeste, el oeste y al norte hasta el Monte Hermón. Israel capturó el área alrededor del Monte Nebo mientras marchaban hacia Canaán. Ellos acampaban en la zona del Monte Nebo, frente a Jericó, cuando ocurrió el incidente de Balaam (Núm. 22–24).

narrativa (recordatorios de los actos de Dios) y repetición de las leyes de Dios con el objetivo de renovar el pacto para una nueva generación. Al final del Libro, el extraordinario «cántico de Moisés» (cap. 32) y su «bendición final sobre Israel» (cap. 33) muestran que Moisés era un poeta de considerable habilidad. El hebreo de Deuteronomio es similar al del resto del Pentateuco.

UN PRINCIPIO A SEGUIR EN LA VIDA

El amor y la obediencia (Deut. 11:1)

Para amar a Dios con sinceridad y plenitud, debemos obedecer lo que Él manda.

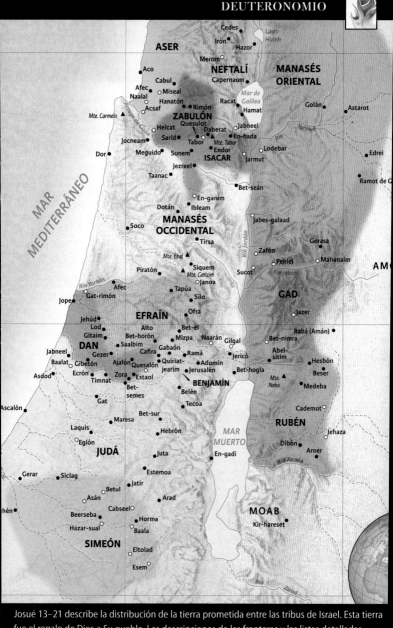

Josué 13–21 describe la distribución de la tierra prometida entre las tribus de Israel. Esta tierra fue el regalo de Dios a Su pueblo. Las descripciones de las fronteras y las listas detalladas resaltan la propiedad de Dios sobre la tierra y Su autoridad para distribuirla como Él decida.

JOSUÉ

El título en español (y en hebreo) se basa en el nombre del personaje central. Moisés cambió su nombre original *Hoshéa* («salvación») a *Yehoshúa* («Jehová es salvación»), tradicionalmente deletreado como «Josué» en español. El equivalente en griego es «Jesús».

TEXTO CLAVE: 21:44-45

Y Jehová les dio reposo alrededor, conforme a todo lo que había jurado a sus padres; y ninguno de todos sus enemigos pudo hacerles frente, porque Jehová entregó en sus manos a todos sus enemigos. No faltó palabra de todas las buenas promesas que Jehová había hecho a la casa de Israel; todo se cumplió.

El Río Jordán (en la imagen) se encontraba en estado de desbordamiento cuando Dios ordenó a Josué que hiciera pasar al pueblo (Jos. 3:14-17). Del mismo modo cuando Dios abrió el Mar Rojo, Él proporcionó un camino seco a través del Río Jordán, cuando los sacerdotes, quienes llevaban el arca del pacto, tocaron la orilla del río. Para el que hoy ve el Jordán, es difícil imaginar cómo era ese río en el momento que Josué guio a Israel hasta la otra orilla. Hasta la década de 1950, más de tres mil millones de pies cúbicos de agua fluían anualmente a través de la parte del Jordán que se encuentra entre el Mar de Galilea y el Mar Muerto. Con la construcción de una serie de presas al norte del Mar de Galilea y en los ríos que alimentan el Jordán, aquel volumen se ha reducido a trescientos millones de pies cúbicos de agua cada año.

TÉRMINO CLAVE: «CONQUISTA»

Este es un Libro de victorias y conquistas, que muestra al pueblo de Dios en marcha por todo Canaán, sometiendo a sus enemigos y reclamando su posesión prometida.

RESUMEN DE UNA SOLA FRASE

Dios cumplió Sus promesas a Israel de darle una tierra mediante la conquista de Canaán y la asignación de la tierra entre las tribus, todo bajo el liderazgo de Josué.

CONTEXTO HISTÓRICO ORIGINAL

AUTOR Y FECHA DE ESCRITURA

Posiblemente Josué, alrededor del 1380 a.C., o Samuel, alrededor del 1050 a.C.
El Libro es anónimo. Debido a que Josué es el personaje central, la tradición judía lo ha considerado como el autor. Dos veces en el Libro se menciona que Josué escribía (18:8; 24:26). Él pudo haber escrito todo el Libro, a excepción de los últimos versículos que hablan de su muerte. Por otra parte, muchos eruditos creen que en varios casos la frase «hasta hoy» (por ej., 4:9; 5:9) apuntan a una época posterior a la vida de Josué. La referencia al «libro de Jaser» (10:13; ver también 2 Sam. 1:18) también puede sugerir una fecha posterior. Si el Libro no fue escrito por Josué, entonces el siguiente candidato probable es Samuel, quien habría utilizado fuentes que le fueron trasmitidas de la época de Josué.

PÚBLICO INICIAL Y DESTINATARIO

Los israelitas después de establecerse en Canaán, antes de que se instaurara la monarquía
El público inicial fue la nación israelita que habitaba en su propia tierra. El Libro, que primero existió en forma de pergamino, al igual que todos los Libros bíblicos, fue colocado con los cinco Libros de Moisés en el tabernáculo (24:26).

ORIGEN

El Libro no expresa qué motivó su escritura. Si Josué fue el autor principal, entonces él le estaba dando continuidad al patrón establecido por Moisés y plasmó en forma escrita los hechos poderosos que Dios llevó a cabo a través de su liderazgo. Si el autor fue Samuel o algún escritor que vivió poco antes de que la monarquía se estableciera, entonces la necesidad era dar a Israel un registro permanente de sus primeros días de triunfos en la tierra.

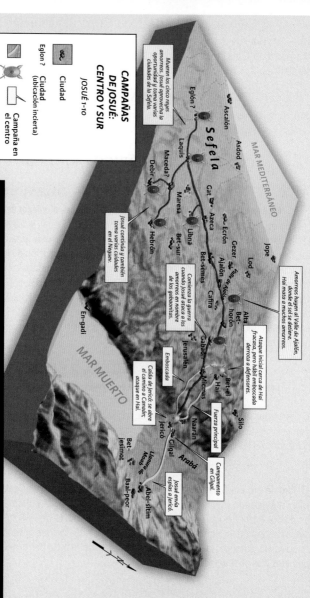

CAMPAÑAS DE JOSUÉ: CENTRO Y SUR

JOSUÉ 1–10

Eg1ón ? Ciudad

Eglón ? Ciudad (ubicación incierta)

Campaña en el centro

Campaña en el sur

Mueren los cinco reyes amorreos. Josué aprovecha la oportunidad y toma varias ciudades de la Sefela.

Josué continúa y también toma varias ciudades en el Negueu.

Comienza la guerra cuando Josué ataca a los amorreos en nombre de los gabaonitas.

Amorreos huyen al Valle de Ajalón, donde el sol se detiene. Ha mata a muchos amorreos.

Ataque inicial cerca de Hai fracasa, pero hábil emboscada derrota a defensores.

Emboscada

Caída de Jericó se abre el camino a Canaán; ataque en Hai.

Fuerza principal

Campamento en Gilgal.

Josué envía espías a Jericó.

MAR MEDITERRÁNEO

MAR MUERTO

Sefela

Araba

Ecrón · Ascalón · Asdod · Jope · Lod · Gezer · Valle de Ajalón · Alta Bet-horón · Eglón ? · Laquis · Maceda? · Debir · Maresa · Gat · Azeca · Libna · Bet-sur · Hebrón · Bet-semes · Cafira · Gabaón · Jerusalén · Micmas · Hai · Bet-el · Silo · Narán · Gilgal · Jericó · Bet-jesimot · En-gadi · Llanura Moab · Abel-sitim · Baal-peor

Las victorias en Jericó, Hai y Bet-el, aseguraron el corredor central de Canaán (caps. 6–8). Luego, una coalición sureña de amorreos dirigida por Adonisedec de Jerusalén fue derrotada en Gabaón y perseguida a través de Bet-horón y el valle de Ajalón (caps. 9–10).

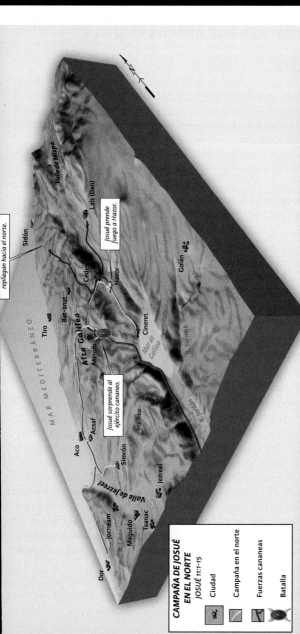

CAMPAÑA DE JOSUÉ EN EL NORTE
JOSUÉ 11:1-15

- Ciudad
- Campaña en el norte
- Fuerzas cananeas
- Batalla

replieagan hacia el norte.

Josué prende fuego a Hazor.

Josué sorprende al ejército cananeo.

MAR MEDITERRÁNEO

Dor · Jocneam · Meguido · Taanac · Jezreel · Valle de Jezreel · Simón · Aco · Acsaf · Alta Galilea · Merom · Cineret · Mar de Galilea · Golán · Hazor · Lais (Dan) · Ceder · Ber-anat · Tiro · Sidón · Valle de Mizpa · R. Litani · R. Jordán · Mte. Tabor · R. Yarmuk · Mar de Galilea

Una poderosa coalición del norte liderada por Jabín, rey de Hazor, acampó unida junto a las aguas de Merom para pelear contra Israel (cap. 11). Una lista de los reyes vencidos completa el registro de la conquista (cap. 12). Cuando Josué y los israelitas derrotaron esta coalición del norte, no quedó poderío en Canaán suficientemente fuerte como para representar una amenaza a gran escala contra Israel. El Libro de Josué indica que solo Jericó, Hai y Hazor fueron destruidas por fuego. Muchas de las ciudades fortificadas quedaron en pie, y la tarea de completar la conquista recayó en las tribus individuales que heredarían partes selectas de la tierra.

EL MENSAJE DE DIOS EN JOSUÉ

PROPÓSITO

El pacto que Dios hizo con Abraham incluyó la promesa de que sus descendientes tomarían posesión de Canaán (Gén. 12:7). Durante siglos la promesa quedó sin cumplirse. El Libro de Josué muestra cómo Dios (en Su tiempo y manera) cumplió el aspecto de la tierra incluido en el pacto abrahámico. Sin embargo, el Libro de Hebreos en el NT, habla de un Josué más grande, que da a Su pueblo el descanso supremo (Heb. 4:8-9). El pueblo de Dios que hoy lee y estudia este Libro debe verlo con los dos Josué en mente: el general israelita y el Rey de reyes.

A PRIMERA VISTA

El Libro de Josué documenta la conquista y colonización de la tierra de Canaán. El Libro se divide de forma natural en cuatro secciones principales, y cada sección se desarrolla en torno a un concepto hebreo particular: «cruce» (1:1–5:15); «conquista» (6:1–12:24); «división» (13:1–21:45); «adoración» (22:1–24:33).

Cruce

Los primeros cinco capítulos se centran en los preparativos realizados por Josué e Israel para cruzar el Jordán e invadir la tierra. Entre los aspectos destacados se encuentran la encomienda de Dios a Josué (cap. 1), el encuentro de los espías con Rahab (cap. 2), el cruce milagroso del Río Jordán en estado de desbordamiento (caps. 3–4) y la celebración de la Pascua (cap. 5).

Conquista

Los capítulos 6–12 registran la campaña de tres partes realizada por Josué y los israelitas para reclamar la tierra prometida como su herencia. La estrategia militar de la conquista es bastante sencilla, y refleja las circunstancias políticas de la región durante el período amarniense al final de la Edad de Bronce Tardía (1400 a.C.). En aquel tiempo, Canaán contenía una mezcla de poderosas ciudades-estado fortificadas y coaliciones de ciudades-estado más pequeñas. Egipto mantenía el control nominal, pero no existía un poder político unificado.

Primero, las victorias en Jericó, Hai y Bet-el, aseguraron el corredor central de Canaán (caps. 6–8). Luego, una coalición sureña de amorreos dirigida por Adonisedec de Jerusalén fue derrotada en Gabaón y perseguida a través de Bethorón y el Valle de Ajalón (caps. 9–10). Finalmente, una poderosa coalición del norte liderada por Jabín, rey de Hazor, acampó unida junto a las aguas de Merom para pelear contra Israel (cap. 11). Una lista de los reyes vencidos completa el registro de la conquista (cap. 12).

Cuando Josué y los israelitas derrotaron esta coalición del norte, no quedó poderío en Canaán lo suficientemente fuerte como para representar una amenaza a gran escala contra Israel. El Libro de Josué indica que solo Jericó, Hai y Hazor fueron destruidas por fuego. Muchas de las ciudades fortificadas quedaron en pie, y la tarea de completar la conquista cayó en las tribus individuales que heredarían partes selectas de la tierra. Como puede verse en el Libro de Jueces, muchas de las tribus no fueron capaces de asegurar su propio territorio.

División

Los capítulos 13–21 documentan la herencia y distribución de la tierra prometida a Israel. Dios es el gran «dador de la tierra». Los detalles en las descripciones de las fronteras y las listas resaltan la propiedad de Dios sobre la tierra y Su autoridad para distribuirla como Él decida. Se hace énfasis en la herencia de Judá (caps. 14–15) y de José (caps. 16–17). También se estipula el establecimiento de ciudades de refugio (cap. 20) y las ciudades para los levitas (cap. 21).

Adoración

La sección final del Libro se centra en las palabras de despedida de Josué y la consagración de la tierra a través de la gran ceremonia de renovación del pacto en Siquem (cap. 24). Josué bendice al pueblo, los invita a seguir al Señor, les advierte de las consecuencias de la desobediencia y los desafía a reafirmar su pacto con Dios. Aquí Josué expresa su compromiso personal con el Señor del pacto (24:15). Después que Josué muere, se le da el título de «siervo de Jehová» al igual que Moisés (24:29).

LA VERACIDAD DE JOSUÉ

Los eventos registrados en el libro de Josué ocurrieron durante el segundo milenio a.C., en el período inmediatamente posterior a los 40 años en los que Israel vagó por el desierto. La fecha del éxodo ha sido objeto de mucho debate académico. Josué aparentemente apoya una fecha temprana para el éxodo. El Libro se refiere a lugares y pueblos que se sitúan mejor en la mitad del segundo milenio a.C. (por ej., la mención en Jos. 13:6 de los sidonios, en lugar del posterior y más poderoso pueblo de Tiro). Si la fecha temprana para el éxodo (aprox. a mediados del siglo xv a.C.) es correcta, entonces los eventos de Josué ocurrieron aproximadamente a finales del siglo xv a.C. (aprox. 1400 a.C.).

Los críticos suelen citar los tres milagros dramáticos del Libro (cuando se detuvieron las aguas del Río Jordán en 3:15-17; el colapso del muro de Jericó, en 6:20 y el día largo de Josué en 10:12-14) como prueba de su naturaleza ficticia. Los relatos bíblicos no representan una cantidad indiscriminadamente grande de milagros. La Biblia no es como las mitologías paganas de la antigüedad en las que los dioses interrumpen y perturban constantemente los asuntos humanos ordinarios. La relativa poca frecuencia de milagros bíblicos, se puede ver en el hecho de que estos constituyen una pequeña (aunque importante) parte de las narrativas que abarcan aproximadamente dos mil años desde la época de Abraham hasta la era apostólica. Los milagros bíblicos siempre tienen un objetivo claro. La realización en un momento oportuno y determinado es una característica de algunos milagros, lo que evidencia que Dios está haciendo algo.

Ciertos momentos cruciales de la historia bíblica están marcados por una guerra espiritual más intensa y por los milagros. La vida y el ministerio de Jesucristo es el más evidente de estos períodos, y el éxodo de Israel de Egipto con la posterior conquista de Canaán representa otro. El Libro de Josué registra los hechos al cierre de esta era estratégica, y sus tres milagros principales revelan la obra soberana de Jehová para establecer a Israel en la tierra prometida.

CÓMO ENCAJA JOSUÉ EN LA HISTORIA DE DIOS

1. Prólogo: creación, caída del hombre y necesidad de redención
2. Dios construye Su nación (2000–931 a.C.)
3. Dios educa a Su nación (931–586 a.C.)
4. Dios preserva un remanente fiel (586–6 a.C.)
5. Dios compra la redención y comienza el reino (6 a.C. a 30 d.C.)
6. Dios extiende el reino a través de la iglesia (30 d.C. [?])
7. Dios consuma la redención y confirma Su reino eterno
8. Epílogo: un cielo nuevo y una Tierra nueva

✑ CRISTO EN JOSUÉ

El nombre *Josué* es una variación de *Jesús*. El liderazgo de Josué para llevar al pueblo de Dios a poseer la tierra prometida, es un presagio de Cristo que guía al pueblo de Dios a su herencia eterna. Josué es uno de los pocos héroes del AT que es descrito sin grandes defectos de carácter ni pecados. El «Príncipe del ejército de Jehová» (5:15) sin duda era Cristo, en forma preencarnada.

PRINCIPIOS BÁSICOS DE LA COSMOVISIÓN CRISTIANA

Enseñanza sobre Dios

Los dos atributos de Dios que más se manifiestan en el Libro de Josué son Su fidelidad en cumplir Sus promesas y Su juicio final sobre el mal. Si la promesa hecha a Abraham con respecto a la tierra para Israel se cumplió después de muchos siglos, entonces, los creyentes de hoy no deberían sorprenderse si la promesa que Él hizo en relación con el regreso de Cristo se cumpliera después de muchos siglos.

Enseñanza sobre la humanidad

Aunque el Libro tiene el cuidado de informar los fallos ocasionales de Israel durante la conquista, también es optimista en su perspectiva de que el pueblo de Dios puede «vivir en victoria», mientras confían en Él. Por esta razón, Josué ha sido popular en los púlpitos cristianos con los principios positivos que contiene.

Enseñanza sobre la salvación

El relato de Rahab la ramera (caps. 2 y 6) ilustra profundamente la salvación por «gracia por medio de la fe». Ella tuvo una conversión tan profunda que fue considerada una israelita y se convirtió en una antepasada biológica de Jesús (Jos. 6:25; Mat. 1:5; Heb. 11:31). Aunque la mayoría de las victorias en Josué son militares, el tenor en todo el Libro es que la salvación (de cualquier tipo), viene solo de la mano de Dios.

CARACTERÍSTICAS LITERARIAS

GÉNERO Y ESTILO LITERARIO

Una narrativa histórica escrita en hebreo

Josué es principalmente un informe de la conquista militar y colonización de Canaán, contado con gran habilidad. Los diálogos y el discurso de despedida de Josué añaden dinamismo y emoción. En las Escrituras hebreas este Libro es el primero de los cuatro «Profetas Anteriores». (Los otros son Jueces, Samuel y Reyes). En conjunto, estos Libros describen el período de 800 años desde la entrada de Israel en Canaán (cerca del 1406 a.C.) hasta la destrucción del templo de Jerusalén y la deportación a Babilonia (alrededor del 586 a.C.). Ver los comentarios sobre *Género y estilo literario* en **2 REYES** para más material sobre la posible relación literaria de los «Profetas Anteriores».

UN PRINCIPIO A SEGUIR EN LA VIDA

Terminar bien (Jos. 24:1,14-16)

Para seguir plenamente a Dios en todo nuestro tiempo en la Tierra, debemos obedecer la Palabra de Dios y mantener los ojos puestos en el Señor Jesucristo.

JUECES

El nombre es la traducción del título hebreo, *Shofetim*, que también podría ser traducido como «líderes» o «jefes». Se refiere al estilo de gobierno en Israel desde la muerte de Josué, hasta la monarquía de Saúl. Los jueces no presidían sobre tribunales como el término en español podría sugerir.

TEXTO CLAVE: 21:25
En estos días no había rey en Israel; cada uno hacía lo que bien le parecía.

TÉRMINO CLAVE: «ENTREGADO»
Cada vez que los israelitas caían en la apostasía, Dios los entregaba a sus enemigos políticos. Luego, después que ellos clamaban a Dios, Él levantaba a un líder que los libraba de sus opresores. En ambas situaciones, Dios liberaba a Su pueblo, porque Él es el Juez supremo (11:27).

RESUMEN DE UNA SOLA FRASE
Israel experimentó el ciclo repetido de apostasía, opresión, arrepentimiento y restauración llevada a cabo por los jueces designados por Dios en todo el largo período después de la muerte de Josué.

CONTEXTO HISTÓRICO ORIGINAL

AUTOR Y FECHA DE ESCRITURA
Desconocido, tal vez Samuel, hacia el 1050 a.C.
El Libro es anónimo. Difícilmente podría haber sido terminado hasta después de todos sus acontecimientos, y el repetido estribillo «en aquellos días no había rey en Israel» (17:6; 18:1; 19:1; 21:25) sugiere que el autor escribió en un momento en el que había un rey. La tradición judía identificó a Samuel como el autor. No hay ninguna razón por la que Samuel no podría haber escrito en los primeros días del reinado de Saúl, en cuyo caso este es un complemento al Libro de Josué. El texto de Jueces lleva la marca de relatos de testigos oculares de los acontecimientos narrados que estuvieron accesibles para el autor. Además, el autor utilizó fuentes antiguas, tales como «El cántico de Débora» (Cap. 5).

PÚBLICO INICIAL Y DESTINATARIO
Los israelitas después de establecerse en Canaán, una vez instaurada la monarquía
La primera audiencia fue la nación israelita en su propia tierra. Sin duda, el Libro

ASENTAMIENTO ISRAELITA Y TIERRAS POR CONQUISTAR

Josué 13:1-7; 15:63; 16:10;
17:11-18; Jueces 1:1–3:6

- • Ciudad
- ○ Ciudad (ubicación incierta)
- ◉ Ciudad que Jueces 1 especifica que no fue tomada por Israel
- ▲ Ubicación monte
- Límites del control israelita
- Áreas todavía por conquistar

AMURRU

Zedad

Hazar-enán

Biblos

Lebo-hamat

34 N

FENICIA

Valle del Líbano

Mtx. Hermón

Damasco

Río Abana

ARAM

Sidón

Río Farfar

Ahlab
Tiro

Río Leontes

Lais (Dan)

MAACA

Río Banías

Bet-anat

Quitrón

Cedes

Lago Hiuleh

Rehob
Aczib

Bet-semes

Hazor

GALILEA

Merom

Aco

Afec

GESUR

Basán

Mar de Galilea

Golán

Astarot

Naalol

Mtx. Carmelo

Simrón

Mtx. Tabor

Jocneam

Dor

Meguido

Valle de Jezreel

Endor

33 N

Taanac

Ramot de Galaad

Ibleam

Bet-seán

GALAAD

Soco

Jabes-galaad

Mtx. Ebal

Mahanaim

Siquem

Sucot

Río Jaboc

AMÓN

Afec

Tapúa

Río Jordán

Jope

REGIÓN MONTAÑOSA DE EFRAÍN

Silo

Jazer

Jogbeha

Hai

Rabá (Amán)

Gezer

Saalbim

Gabaón

Jericó

Hesbón

Ajalón

Mtx. Nebo ▲

Beser

Asdod

Ecrón

Bet-
semes

Belén

Medeba

Ascalón

Gat

Los amorreos presionan a la tribu de Dan cerca de Ajalón (Jue.1:34-36)

Dibón

Desierto Oriental

Laquis

Hebrón

MAR MUERTO

Aroer

Gaza

CENECEOS

En-gadi

Río Arnón

Gerar

Siclag

JUDÁ

Beerseba

CENEOS
Arad

MOAB

Kir-hareset

AMALECITAS

MAR MEDITERRÁNEO

Llanura costera

FILISTEA

Río Zered

W. del Arish

Tadmor

EDOM

33 N

31 N

Desierto de Zin

Bosra

| 0 | 10 | 20 | 30 | 40 | 50 Millas |
| 0 | 10 | 20 | 30 | 40 | 50 Kilómetros |

utor de Jueces prepara el escenario con un resumen de las vicisitudes de las respectivas tribus,
entras reclamaban la tierra que el Señor les había asignado (1:1-36). Los resultados son presentados
un orden deliberado, comenzando con los éxitos de Judá y terminando con el fracaso total de Dan.
e patrón anticipa la estructura de los relatos que siguen, pues el retrato de la nación comienza más
positivamente con Otoniel (3:7-11), pero con cada ciclo la imagen se vuelve más y más sombría.

(que primero existió en forma de pergamino, al igual que todos los Libros bíblicos) fue colocado junto al creciente canon de las Escrituras hebreas en el tabernáculo en Silo.

ORIGEN

Jueces captó la historia de un fracaso nacional anterior para una generación posterior. Tal vez fue motivado por la necesidad de dar una explicación histórica minuciosa a la pregunta que Gedeón planteó: «… si Jehová está con nosotros, ¿por qué nos ha sobrevenido todo esto?» (6:13). Algunos eruditos creen que Jueces se originó como un largo sermón profético.

EL MENSAJE DE DIOS EN JUECES

PROPÓSITO

Jueces cumple dos propósitos principales. Históricamente, este Libro esboza el período oscuro en la historia de Israel entre los emocionantes días de Moisés y Josué, hasta el tiempo prometedor de Samuel y Saúl. Es triste que solo en momentos fugaces Israel cumplió verdaderamente su papel como pueblo de Dios. Desde el punto de vista teológico, el autor presentó un caso convincente que explica la degeneración fundamental de Israel durante el período de los jueces. Cada parte del Libro hace una contribución vital para el desarrollo de este tema.

A PRIMERA VISTA

El fracaso de Israel en la guerra santa

El autor de Jueces prepara el escenario con un resumen de las vicisitudes de las respectivas tribus, mientras reclamaban la tierra que el Señor les había asignado (1:1-36). Los resultados son presentados en un orden deliberado, comenzando con los éxitos de Judá y terminando con el fracaso total de Dan. Este patrón anticipa la estructura de los relatos que siguen, pues el retrato de la nación comienza más bien positivamente con Otoniel (3:7-11), pero con cada ciclo la imagen se vuelve más y más sombría.

Esta introducción histórica es seguida por un preámbulo profundamente teológico (2:1–3:6). El problema fundamental de Israel es que olvidaba la obra redentora del Señor a su favor (2:1-10). Esto dio lugar a la verdad lamentable expresada en un estribillo que se repite siete veces en el Libro: «Los hijos de Israel hicieron lo malo [literalmente «el mal»] ante los ojos de Jehová y sirvieron a los baales. Dejaron a Jehová el Dios de sus padres, que los había sacado de la tierra de Egipto…» (2:11-12; comp. 3:7,12; 4:1; 6:1; 10:6; 13:1).

Los jueces

Los siguientes relatos de los jueces individuales, que ocupan la mayor parte del Libro (3:7–16:31), describen las consecuencias de esta apostasía. El preámbulo (2:1–3:6) invita al lector a interpretar estos relatos no meramente como repeticiones cíclicas del mismo problema, sino como una ilustración de una intensificación de la maldad en Israel (2:17-19), que ofrece al lector la clave para entender tanto al pueblo de Israel como a los jueces que los guiaron. Debido a la naturaleza teológica de la narrativa y el uso selectivo de los datos por parte del autor, es difícil reconstruir la historia de Israel durante el período de los jueces a partir de los relatos que ocupan el corazón del Libro (3:7–16:31). Los acontecimientos están dispuestos deliberadamente de modo que cada juez es presentado de una forma más negativa que el anterior, comenzando con Otoniel, un personaje ejemplar (3:7-11), y terminando con Sansón, que encarna todo lo malo en Israel. Cada ciclo está estructurado conforme a un patrón literario señalado por una serie de fórmulas que se repiten:

1. «Los hijos de Israel hicieron lo malo ante los ojos de Jehová» (2:11; 3:7,12; 4:1; 6:1; 10:6; 13:1).
2. «Los vendió en mano de sus enemigos de alrededor» (2:14; 6:1; 13:1).
3. «Entonces clamaron los hijos de Israel a Jehová» (3:9,15; 4:3; 6:6; 10:10).
4. «Jehová levantó jueces que los librasen» (2:16,18; 3:9,15).
5. «Así fue subyugado X [la nación opresora] delante de los hijos de Israel» (8:28; comp. 3:30; 4:23).
6. «Y reposó la tierra N años» (3:11,30; 5:31; 8:28).
7. «Y murió X [el juez]» (2:19; 3:11; 4:1b; 8:32; 12:7).

Evidentemente, el Señor es el personaje más importante en el Libro, y la atención del autor se fija

La Fuente Harod en Ain Jalud, al pie del Monte Gilboa. Aquí fue donde los hombres de Gedeón fueron probados en cuanto a cómo tomaban agua. Mediante esta prueba, Gedeón pudo identificar a los hombres calificados para combatir a los madianitas (Jue. 7:4-8).

en Su respuesta a la creciente corrupción de Su pueblo por la cultura cananea. Como juicio, Él envía enemigos extranjeros (como Lev. 26 y Deut. 28 predijeron). Luego, en Su misericordia, Él escucha su clamor, levanta un libertador y les da la victoria sobre el enemigo. Pero los israelitas no aprenden la lección; por el contrario, la decadencia espiritual se profundiza cada vez más en el alma de la nación. Al final, Gedeón actuó como un déspota oriental (8:18-32); como los paganos a su alrededor, Jefté trató de ganar el favor de Dios mediante el sacrificio de su hija (11:30-40); y la vida y muerte de Sansón se parecieron más a las de un filisteo que a las de un hombre del pueblo del Señor (caps. 14–16).

Síntomas y consecuencias de la apostasía de Israel

Muchos interpretan Jueces 17–21 como apéndices independientes. Sin embargo, una vez que nos damos cuenta de que la preocupación general del Libro es la degeneración espiritual de Israel y la respuesta de Dios a esta, descubrimos que, lejos de ser un suplemento extraño, estos capítulos representan el punto culminante de la composición. El tono se establece por las variaciones en el estribillo: «En aquellos días no había rey en Israel; cada uno hacía lo que bien le parecía» (17:6; 18:1; 19:1; 21:25). Lejos de ser una comunidad ética de fe, los israelitas llegaron a ser como lo peor de los cananeos. En lugar de exponer a los criminales inmorales en medio de ellos, los Benjamitas los defendieron. El Libro culmina con Israel en una total desorganización política, espiritual y moral, con una tribu casi eliminada. Estas cosas hacen al lector preguntarse qué será de este pueblo de Dios.

LA VERACIDAD DE JUECES

Existe una controversia en cuanto al Libro de Jueces. Incluso una lectura superficial del Libro hace a muchos cuestionar la validez de su inclusión en la Escritura, y algunos consideran su contenido como indigno de Dios o de poco o ningún valor a los lectores del siglo xx. El Libro incluye: 1) representaciones gráficas de violencia (por ej., masacres de personas aparentemente inocentes por orden de Dios, mutilaciones, sacrificios humanos y regodeo por la muerte de los enemigos; 2) héroes que son cualquier cosa, menos modelos de conducta y que se involucran en el engaño, la mentira, la burla y el comportamiento centrado en sí mismos; 3) el sexo ilícito y la insinuación sexual; 4) una representación degradante de las mujeres; y 5) un estilo de escritura que aparentemente incluye la exageración o la invención.

En cuanto a los asuntos controvertidos del contenido, una lectura más cercana del texto revela que, al ser escrito como relatos sencillos, Jueces muestra un mayor grado de credibilidad que si presentara una historia saneada. El Libro no intenta encubrir ninguno de los pecados, necedades o errores de las personas descritas en el mismo. A pesar de las conclusiones que los escépticos podrían sacar a partir de una evaluación superficial del texto, el Libro nunca culpa a Dios por el pecado, la necedad o el error. Dios no era culpable, y de hecho los presuntos inocentes no eran inocentes en absoluto. En lugar de eso, ellos merecían juicio.

Los eventos y costumbres encajan con precisión en la trama de Jueces, y se alinean bien con lo que se conoce de fuentes antiguas de información fuera de la Biblia. Puede que las historias no nos hagan sentir cómodos, pero este Libro no fue diseñado para consolar, sino más bien para presentar la verdad de forma contundente de modo que perturbe, informe y desafíe.

CÓMO ENCAJA JUECES EN LA HISTORIA DE DIOS

1. Prólogo: creación, caída del hombre y necesidad de redención
2. Dios construye Su nación (2000–931 a.C.)
3. Dios educa a Su nación (931–586 a.C.)
4. Dios preserva un remanente fiel (586–6 a.C.)
5. Dios compra la redención y comienza el reino (6 a.C. a 30 d.C.)
6. Dios extiende el reino a través de la iglesia (30 d.C. [?])
7. Dios consuma la redención y confirma Su reino eterno
8. Epílogo: un cielo nuevo y una Tierra nueva

✝ CRISTO EN JUECES

Los jueces eran los agentes de Dios para liberar a Su pueblo de diversos enemigos. En una forma mucho mayor, Cristo enfrenta y derrota a Satanás y sus fuerzas, y así libera al pueblo de Dios de sus enemigos. Este tema se observa en Mateo, Marcos y Lucas, en la carta de Pablo a los efesios (Libro de Efesios) y en Apocalipsis.

PRINCIPIOS BÁSICOS DE LA COSMOVISIÓN CRISTIANA

Enseñanza sobre Dios

Jueces muestra la severidad de Dios, quien no toma a la ligera cuando las personas que invocan Su nombre abandonan Sus caminos (2:11-15). También muestra la misericordia de Dios, que siente piedad cuando Sus hijos claman a Él, incluso cuando sus problemas son consecuencias de sus propios pecados (2:16-18). El poder del Espíritu para capacitar a ciertos jueces para realizar obras poderosas es notable en el Libro.

Enseñanza sobre la humanidad

Este Libro ofrece una imagen embarazosa de la inconstancia humana. Israel estaba aparentemente dispuesto a alejarse de Dios para servir a los ídolos sin pensarlo dos veces. El incidente vergonzoso de la concubina del levita (cap. 19) muestra cuánta degradación existía en los tiempos de los jueces. Incluso los tres jueces más memorables (Gedeón, Jefté y Sansón) mostraron graves defectos.

Enseñanza sobre la salvación

Jueces enseña que la salvación implica algo más que el perdón de los pecados de un individuo. El pecado tiene consecuencias sociales y puede afectar a toda una sociedad. Por lo tanto, cuando Dios trae salvación, Él cambia drásticamente sociedades y naciones, así como individuos. Además, este Libro enseña que la salvación (liberación) es siempre del Señor y nunca porque alguien (o algún grupo) lo merezca.

CARACTERÍSTICAS LITERARIAS

GÉNERO Y ESTILO LITERARIO

Una narrativa con prólogo y epílogo largos, compuesta en hebreo

Más que la mayoría de los libros históricos, Jueces tiene una trama narrativa muy unida. «El cántico de Débora» (cap. 5) es un excelente ejemplo de la poesía hebrea temprana. En las Escrituras hebreas, este Libro aparece como el segundo de los cuatro «Profetas Anteriores». (Los otros son Josué, Samuel y Reyes). Jueces, como Reyes, cuenta la historia de varios siglos y solo unos pocos episodios ofrecen algunos detalles. Josué y Samuel centran la atención en los personajes centrales: Josué, Samuel, Saúl y David.

UN PRINCIPIO A SEGUIR EN LA VIDA

Historias que enseñan (Jue. 13–16)

Cuando leemos historias bíblicas de las vidas de las personas, debemos buscar las lecciones que podemos aprender tanto de sus éxitos como de sus fracasos.

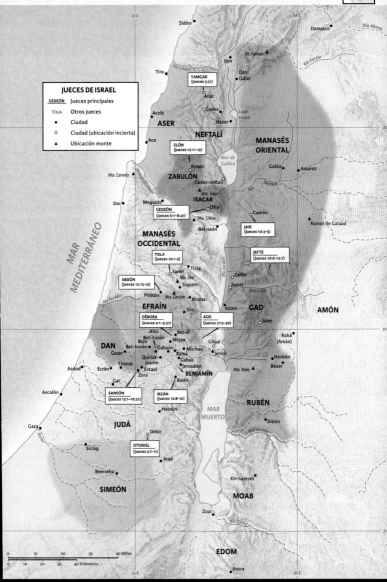

JUECES DE ISRAEL

<u>GEDEÓN</u> Jueces principales

TOLA Otros jueces

● Ciudad

○ Ciudad (ubicación incierta)

▲ Ubicación monte

SAMGAR
(Jueces 3:31)

ELÓN
(Jueces 12:11-12)

GEDEÓN
(Jueces 6:1–8:27)

JAIR
(Jueces 10:3-5)

TOLA
(Jueces 10:1-2)

JEFTÉ
(Jueces 10:6–12:7)

ABDÓN
(Jueces 12:13-15)

DÉBORA
(Jueces 4:1–5:31)

AOD
(Jueces 3:12-30)

SANSÓN
(Jueces 13:1–16:31)

IBZÁN
(Jueces 12:8-10)

OTONIEL
(Jueces 3:7-11)

ASER
NEFTALÍ
MANASÉS ORIENTAL
ZABULÓN
ISACAR
MANASÉS OCCIDENTAL
EFRAÍN
DAN
GAD
AMÓN
BENJAMÍN
JUDÁ
RUBÉN
SIMEÓN
MOAB
EDOM

MAR MEDITERRÁNEO
MAR MUERTO

Sidón
Damasco
Río Abana
Ijón
Mt. Hermón
Tiro
Dan (Lais)
Anat
Río Litani
Río Farfar
Aczib
Cedes
Lago Huleh
Aco
Hazor
Rimón
Mar de Galilea
Golán
Astárot
Mte. Carmelo
Cedes-neftalí
Mte. Tabor
Dor
Meguido
Ofra
Camón
Mte. Gilboa
Bet-seán
Ramot de Galaad
Tirsa
Samir
Mte. Ebal
Zafón
Siquem
Sucot
Río Jaboc
Piratón
Aruma
Mte. Gerizim
Silo
Adam
Jazer
Alto Bet-horón
Bet-el
Mizpa
Rabá (Amán)
Bajo Bet-horón
Gabaón
Gilgal
Gezer
Micmas
Jericó
Timnat
Ramá
Ecrón
Quiriat-jearim
Gabaa
Hesbón
Asdod
Zora
Estaol
Jerusalén
Mte. Nebo
Beser
Gat
Belén
Ascalón
Gaza
Hebrón
Dibón
Síclag
Debir
Arad
Río Arnón
Beerseba
Kir-haréset
Zoar
Río Zéred
Bosra
Río Yarmuk
Río Jordán

0 10 20 30 40 Millas
0 10 20 30 40 Kilómetros

Durante 400 años Israel experimentó siete períodos de apostasía, opresión de otras naciones y notable liberación por la mano del Señor. Aquí se muestran los lugares geográficos de doce de los trece jueces que Dios levantó durante esta época.

El título en español es el nombre de la heroína de la historia y proviene de la Biblia hebrea.

TEXTO CLAVE: 4:14

Y las mujeres decían a Noemí: Loado sea Jehová, que hizo que no te faltase hoy pariente, cuyo nombre será celebrado en Israel.

TÉRMINO CLAVE: «PARIENTE»

Booz cumplió de buena gana la responsabilidad del *góel*, «pariente» o «redentor» para con Rut, así como para con Noemí. Como tal, él es una bella ilustración de Dios, quien con mucho gusto redime a Su pueblo. Rut y Booz se convirtieron en los antepasados de Jesús, el Redentor supremo.

RESUMEN DE UNA SOLA FRASE

Rut, una viuda moabita, encontró el amor y la realización a través de Booz, un rico israelita soltero que redimió la tierra ancestral y el nombre del difunto marido de Rut, y restauró así a Noemí, la suegra de Rut, de un estado de vacío a uno de plenitud.

CONTEXTO HISTÓRICO ORIGINAL

AUTOR Y FECHA DE ESCRITURA

Desconocido, en cualquier momento entre el 1000-500 a.C.

Rut es anónimo. El Libro lleva el nombre de su personaje principal, no necesariamente de su autor. Una tradición judía tardía atribuye el Libro al profeta Samuel. Fue escrito después del ascenso de David al poder, pero más allá de eso poco se sabe con certeza. La habilidad del autor en la escritura es inigualable en el AT.

PÚBLICO INICIAL Y DESTINATARIO

Los israelitas que vivían en algún momento después que David llegó al poder

La Edad de Oro de la cultura israelita durante los días de Salomón serviría de forma admirable como el marco original para la composición del Libro. Sin embargo, este es sorprendentemente diferente de Cantar de los Cantares, el otro Libro del AT que narra una historia de amor individual.

ORIGEN

La belleza de una historia bien contada es razón suficiente para hacerla realidad. Debido a que no se sabe nada con certeza sobre su autor o audiencia original, nadie puede estar seguro sobre qué motivó su composición.

EL MENSAJE DE DIOS EN RUT

PROPÓSITO

Los eruditos bíblicos han debatido el propósito original de este Libro, ya que el autor pudo haber estado enseñando una serie de lecciones, por ejemplo, la necesidad de que una sociedad cuide de sus viudas sin hijos o la importancia de la tolerancia racial. Sin embargo, más evidente que estas lecciones, es su descripción del cuidado providencial de Dios para las personas comprometidas con Él, en medio de desafíos abrumadores a su fe. Este encantador relato de confianza contrasta fuertemente con la falta de fe que se manifiesta en Jueces, el otro Libro de la Biblia que informa sobre el mismo período de tiempo. El pueblo de Dios que hoy lee y estudia Rut debe disfrutarlo por lo que es, en el contexto del AT.

A PRIMERA VISTA

La historia está enmarcada por un prólogo histórico de las penalidades de Noemí (1:1-5) y un epílogo con miras al futuro de la renovación de Noemí (4:13-22). Entre ambos, hay cuatro escenas hábilmente desarrolladas: la aflicción de Noemí (cap. 1), Rut conoce a Booz (cap. 2), la apelación de Rut a Booz (cap. 3) y la renovación de Noemí (cap. 4).

La Estela de Merneptah o Estela de Israel es la primera inscripción fuera de la Biblia que menciona a Israel. Esta losa de piedra fue encontrada en Tebas, Egipto, en 1896 y data de finales del siglo XIII a.C. En un reconocimiento de la historia de Israel, esto habría sido en la época de los jueces, el marco para el Libro de Rut. Las siguientes inscripciones que mencionan a Israel aparecen 400 años más tarde; una en Asiria, la otra en Moab.

La aflicción de Noemí

Una hambruna fue el motivo para que Elimelec, Noemí y sus dos hijos se mudaran de Belén a Moab durante la era oscura en la historia de Israel cuando gobernaban los jueces. Elimelec murió en Moab. Sus hijos, que se casaron con mujeres moabitas, también murieron allí. Con pocas esperanzas, Noemí decidió regresar a su tierra natal en Belén. Rut, una de sus nueras, insistió mucho en ir con ella. Llegaron a Belén cuando comenzaba la cosecha de la cebada (1:22).

Rut conoce a Booz

Booz era pariente del marido de Noemí, Elimelec, quien era un hombre importante y rico. De acuerdo con la ley mosaica, los pobres podían espigar las esquinas de los campos. Rut buscó trabajo durante la siega de la cebada y llegó «casualmente» al campo de Booz, quien la invitó a trabajar exclusivamente en sus tierras. Ella se sintió sorprendida por la generosidad de Booz, sobre todo porque era moabita, una extranjera. Booz explicó que ya había oído un buen informe sobre su compromiso con Noemí. Él la elogió por su fidelidad y oró para que Dios la bendijera (2:12).

Campo de Booz en Belén (Rut 2:1-3).

Rut apela a Booz

Noemí estaba preocupada por encontrar seguridad a largo plazo para Rut (3:1) y la instruyó para que se preparase adecuadamente y se acercase a Booz durante la noche en la era. Rut obedeció las instrucciones de Noemí cuidadosamente y se acercó en secreto a Booz. Al acostarse a sus pies, Rut se humilló a sí misma como una de sus sirvientas. Ella confió en que Dios usaría a Booz para responder a sus necesidades y protegerla. Rut lo sorprendió, pues las mujeres generalmente no estaban con los hombres por las noches. Ella hizo su solicitud: «... extiende el borde de tu capa sobre tu sierva, por cuanto eres pariente cercano» (3:9). Mediante esta expresión, Rut le pidió matrimonio a Booz (ver Ezeq. 16:8).

Renovación de Noemí

Booz dio el siguiente paso e informó a un pariente no identificado que los campos de Noemí debían ser redimidos por un pariente. Este acordó comprar los campos, pero Booz añadió que quien comprara la tierra debía casarse con Rut para restaurar «... el nombre del muerto sobre su posesión» (4:5). El pariente se negó debido a que el matrimonio podría poner en peligro su propia herencia. Booz felizmente anunció que él mismo iba a redimir la propiedad y a casarse con Rut. Los ancianos fueron testigos de ello e hicieron una oración de bendición. Ellos pidieron a Dios que le diera hijos a Booz como lo hizo con las esposas de Jacob y la casa de Judá a través de Tamar, quien dio a luz a Fares. Dios recompensó a la pareja y les dio un hijo, Obed. Las mujeres de la ciudad alabaron a Dios y reconocieron que Obed sostendría a Noemí y poseería la propiedad de Elimelec. A través de Rut, que continuó el linaje de su marido y le dio a Israel su más grande rey, David, Noemí ganó mucho más. Noemí experimentó un cambio completo en su vida, de un estado de vacío a uno de plenitud.

LA VERACIDAD DE RUT

El momento de la composición está en disputa: el Libro de Rut ha sido fechado en la monarquía temprana (alrededor del 950 a.C.) pero también en el período posterior al exilio (alrededor del 450 a.C.). Los argumentos lingüísticos no han sido determinantes, ya que pueden ser utilizados para fechar el Libro tanto temprana como tardíamente. Además, los estudiosos no se han puesto de acuerdo sobre si la historia se ajusta mejor a las preocupaciones de la monarquía o al entorno del período posterior al exilio (si defiende la dinastía de David o simplemente promueve la fidelidad de Noemí, Rut y Booz). Sin embargo, desde hace poco, muchos eruditos bíblicos han adoptado la visión tradicional de Rut, de aceptarlo como la obra históricamente fiable de un escritor de alrededor del 950 a.C. Además sostienen que es poco probable que David hubiera sido vinculado a una antepasada moabita a menos que él fuera en realidad su descendiente. La insistencia de Rut en convertirse a la adoración de Jehová (1:16-17) y su buena reputación (2:11-12) se combinan con el carácter noble de Booz (2:1) y su integridad (3:12-13) para demostrar cómo un buen rey, como David, pudo surgir a partir del período oscuro de los jueces.

CÓMO ENCAJA RUT EN LA HISTORIA DE DIOS

1. Prólogo: creación, caída del hombre y necesidad de redención
2. Dios construye Su nación (2000–931 a.C.)
3. Dios educa a Su nación (931–586 a.C.)
4. Dios preserva un remanente fiel (586–6 a.C.)
5. Dios compra la redención y comienza el reino (6 a.C. al 30 d.C.)
6. Dios extiende el reino a través de la iglesia (30 d.C. [?])
7. Dios consuma la redención y confirma Su reino eterno
8. Epílogo: un cielo nuevo y una Tierra nueva

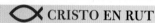 CRISTO EN RUT

El papel de Booz como pariente-redentor se cumple en mayor medida en Cristo, que es a la vez nuestro Hermano y nuestro Redentor. Rut está en la genealogía de Cristo. Ella es la bisabuela de la figura del Mesías de Israel, el rey David.

PRINCIPIOS BÁSICOS DE LA COSMOVISIÓN CRISTIANA

Enseñanza sobre Dios

La mano soberana de Dios en todas las circunstancias es prominente a través de Rut. El hambre y la muerte de tres esposos, al comienzo del Libro, no fueron actos aleatorios de «la casualidad». Fueron circunstancias divinamente preparadas para incorporar a Rut en la familia de Dios y hacerla feliz. La forma en que Dios guio la travesía de Noemí del vacío a la plenitud, es paralela a la manera en que Él al final guía a todo Su pueblo a una plenitud eterna de gozo. Muchos eruditos reconocen el papel de redentor-pariente de Booz como una prefiguración de Jesucristo.

Enseñanza sobre la humanidad

Una de las virtudes celebradas a lo largo del AT es *jésed*, «tierna bondad» o «actos de amistad leal». Rut, Booz y Noemí hicieron obras memorables basados en *jésed*. Además, aunque la vida humana inevitablemente incluye el dolor y la pérdida, esta adquiere propósito cuando las personas se ven a sí mismas bajo el cuidado protector de Dios. También, la gente encuentra gran bendición cuando vive de acuerdo a los mandatos de Dios, lo que se ilustra por la bendición de Booz, quien obedeció tanto la ley sobre no espigar los sobrantes del campo, como la ley sobre el matrimonio por levirato.

Enseñanza sobre la salvación

En esta historia una persona con muy pocas posibilidades fue alcanzada por la gracia de Dios y obtuvo plena membresía en la comunidad del pueblo de Dios. Esto demuestra que, incluso en el AT, la gracia de Dios no se limitaba solo a los descendientes de Jacob. Además, la famosa declaración de lealtad de Rut a Noemí (1:16-17) incluye el concepto de la conversión y el compromiso con el Señor como una forma de vida, no solo un momento de decisión.

CARACTERÍSTICAS LITERARIAS

GÉNERO Y ESTILO LITERARIO

Una narrativa compacta escrita en excelente hebreo

Muchos definen a Rut como una historia corta, y se la puede llamar así con el entendimiento de que sus acontecimientos realmente sucedieron. En las Escrituras hebreas se colocó en la tercera sección, los Escritos o *Ketuvim* (las otras dos secciones son la Ley y los Profetas). Entre los Escritos era uno de los cinco rollos. Cada uno de estos cinco rollos llegó a ser asociado con uno de los festivales de Israel y se leía públicamente durante ese festival. Rut fue identificado con *Shavuot*, «Semanas» o «Pentecostés», que celebraba el final de la cosecha de la cebada y el comienzo de la cosecha de trigo. Su hebreo fue pulido con tanto esmero que Rut ha sido comparado con una piedra preciosa.

UN PRINCIPIO A SEGUIR EN LA VIDA

La familia de Dios (Rut 4:13-22)

Debemos utilizar esta bella historia de amor para recordarnos que, mediante la fe en Jesucristo, llegamos a ser hermanos y hermanas espirituales.

El Libro lleva el nombre de Samuel, el juez que ungió a Saúl y a David, los dos prime-ros reyes de Israel, cuyas historias se narran en 1 y 2 Samuel. En la Biblia hebrea, 1 y 2 Samuel eran originalmente un solo libro. Los traductores griegos (siglo II a.C.) que lo dividieron, utilizaron los nombres 1 y 2 de los Reyes.

TEXTO CLAVE: 18:7

Y cantaban las mujeres que danzaban, y decían: Saúl hirió a sus miles, y David a sus diez miles.

El Valle de Ela, donde David mató a Goliat el filisteo (1 Sam. 17:2,19).

TÉRMINO CLAVE: «MONARQUÍA»

Este Libro describe el comienzo de la monarquía en Israel. El primer rey, Saúl, fue un fracaso; el segundo, David, tuvo éxito pero batalló fuerte para sobrevivir a los celos amargos de Saúl.

RESUMEN DE UNA SOLA FRASE

Después del liderazgo de Samuel como juez, el pueblo de Israel escogió a Saúl como su primer rey, a quien luego Dios rechazó y en su lugar eligió a David, que experimentó muchas adversidades como un renegado de la corte de Saúl.

CONTEXTO HISTÓRICO ORIGINAL

AUTOR Y FECHA DE ESCRITURA

Anónimo. Quizás alrededor del 950 a.C. (durante el reinado de Salomón)

El Libro (1 y 2 Samuel juntos) fue redactado por alguna persona que usó fuentes de información externas, pues ninguno de los personajes del Libro pudo haber sido testigo ocular de todos los acontecimientos mencionados. Algunos eruditos creen que 1 Crónicas 29:29 da algunas pistas sobre la autoría del Libro. «Y los hechos del rey David, primeros y postreros, están escritos en el libro de las crónicas de Samuel vidente, en las crónicas del profeta Natán, y en las crónicas de Gad vidente». El uso repetido de la frase «hasta el día de hoy» (ver 1 Sam. 30:25) sugiere que el tiempo de redacción fue posterior al momento en que ocurrieron los hechos. Si el propósito del Libro era responder a las interrogantes sobre la legitimidad de la monarquía de Israel (ver *Propósito* más adelante), entonces puede haber sido redactado durante el reinado de Salomón, antes de la división del reino. Otros eruditos sugieren que la nota histórica en 1 Samuel 27:6 indica una fecha posterior a la división del reino, pero esta pudo haber sido añadida más tarde como un comentario editorial.

PÚBLICO INICIAL Y DESTINATARIO

Los israelitas que vivían en su tierra durante la monarquía

El Libro no declara a qué público y destinatario estaba dirigido. Quizás el «Rollo de Samuel» original, al ser terminado, fue puesto en un depósito de libros en el templo de Salomón, y allí pudo haberse unido a la creciente colección de sagradas Escrituras de Israel.

ORIGEN

Puesto que la autoría y la fecha de escritura son desconocidas, tampoco se puede inferir cuál fue el motivo. El autor pudo haber sentido el deseo de continuar la historia que los Libros de Josué y Jueces narran sobre Israel, el pueblo de Dios; pues 1 y 2

Samuel fue incluido al final del canon hebreo de la Escritura como el tercero de los «Profetas Anteriores». Algunos eruditos creen que el autor se vio motivado al descubrir largos pasajes, escritos originalmente por otra persona y que aparecieron repentinamente. Entre esos se encuentran la narración sobre la captura y devolución del arca (1 Sam. 4:1–7:1), el proceso de David desde que es ungido hasta que asciende al trono (1 Sam. 16:14–2 Sam. 5:10) y la sublevación de Absalón (2 Sam. 13–20).

EL MENSAJE DE DIOS EN 1 SAMUEL

PROPÓSITO

Puesto que este Libro fue en un inicio la primera mitad de una sola obra, el propósito de los Libros que ahora se llaman 1 y 2 Samuel, debe considerarse como uno. Esta obra responde a preguntas importantes para los israelitas (que probablemente vivían en los días de Salomón), sobre la verdadera naturaleza de la dinastía davídica. Si el pueblo se había equivocado al pedir un rey, y si Dios había rechazado a Saúl como rey, entonces ¿por qué debían suponer que los monarcas del linaje de David continuarían en el trono? La obra está llena de tensión narrativa entre los peligros de tener un rey (1 Sam. 8) y la esperanza de una dinastía perdurable (2 Sam. 7). La respuesta es que, a pesar de la maldad humana, Dios obró para llevar a cabo Su plan de establecer un reino eterno con un Rey eterno (2 Sam. 7:16). El pueblo de Dios que hoy estudia los Libros de Samuel debe abordarlos con este propósito original en mente.

A PRIMERA VISTA

El primer Libro de Samuel narra la transición en el liderazgo desde la época de los jueces al surgimiento de la monarquía, y continúa con la descripción de las guerras de Israel contra los filisteos que habían comenzado en el Libro de Jueces (ver Jue. 13–16). Este primer Libro se organiza en torno a tres grandes hombres, y las historias de sus vidas aparecen de forma consecutiva.

Samuel, el juez y el profeta

En la primera parte del Libro se hace una distinción entre la vida piadosa de Samuel y los fracasos del sumo sacerdote Elí y de sus hijos: Ofni y Finees. Aunque Samuel y los hijos de Elí se criaron en la misma casa, su dedicación y destinos fueron diferentes. Las guerras contra los filisteos pusieron fin a la familia de Elí, pero Samuel prevaleció sobre los filisteos y guio a Israel como juez y profeta (caps. 1–7).

Saúl, el primer rey de Israel

La decepción de Israel con el sacerdocio de Elí y el pecado de los hijos de Samuel, condujo a la nación a una nueva forma de gobierno. El pueblo, al imitar el ejemplo de las naciones vecinas, pidió un rey (1 Sam. 8). Dios concedió su deseo y Samuel, con desagrado, nombró un rey. El reinado de Saúl tuvo un comienzo prometedor; sin embargo, él resultó ser diferente a Samuel, pues no escuchó la Palabra del Señor. Por consiguiente, Dios lo rechazó así como había rechazado la casa de Elí.

David, de pastor a rey

La parte final del Libro se centra en las personalidades de Saúl y David. Aunque Saúl es rey hasta el final del Libro (caps. 16–31), la narración se enfoca en el ascenso de su sucesor. La historia de David es contada desde la perspectiva de los continuos fracasos de Saúl. Su reinado fue caótico, afectado por problemas personales y la amenaza de la opresión filistea. Mientras cada vez se hacía más evidente que Saúl no era apto para el liderazgo, David surgió ante la nación como el campeón de Dios para derrotar a los filisteos y gobernar la tierra. Al final, Saúl terminaría quitándose la vida.

LA VERACIDAD DE 1 Y 2 SAMUEL

Los expertos en crítica textual del siglo xx, cuestionaron en reiteradas ocasiones la veracidad histórica del AT al afirmar que la evidencia extrabíblica para verificar sus relatos era o bien escasa o inexistente. En 1994, P. R. Davies expresó una valoración muy generalizada sobre la historicidad de los Libros históricos del AT cuando expresó: «El Rey David es tan histórico como el Rey Arturo».[1] Existe la opinión generalizada de que, tanto el reinado de David como el de Salomón, fueron ficticios, creados con el objetivo de darle a una pequeña nación el sentido de un pasado glorioso.

Réplica de la losa de basalto encontrada en Tel Dan. Un fragmento fue encontrado el 21 de julio de 1993 y el segundo el 20 de junio de 1994 por un equipo dirigido por Avraham Biran.

La estela de Mesa también conocida como la Piedra Moabita. Ver descripción en la pág. 97

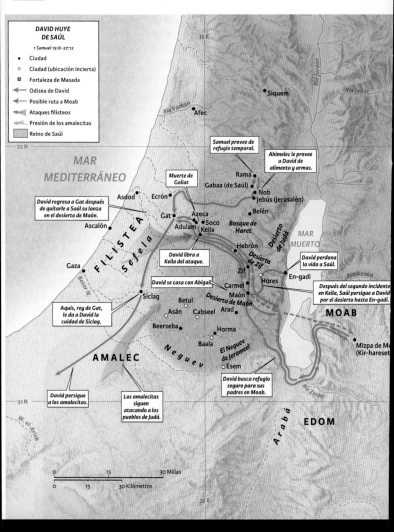

DAVID HUYE DE SAÚL

1 Samuel 19:8–27:12

- Ciudad
- Ciudad (ubicación incierta)
- Fortaleza de Masada
- Odisea de David
- Posible ruta a Moab
- Ataques filisteos
- Presión de los amalecitas
- Reino de Saúl

MAR MEDITERRÁNEO

Samuel provee de refugio temporal.

Ahimelec le provee a David de alimento y armas.

Muerte de Goliat

David regresa a Gat después de quitarle a Saúl su lanza en el desierto de Maón.

David libra a Keila del ataque.

David se casa con Abigail.

Aquis, rey de Gat, le da a David la cuidad de Siclag.

David perdona la vida a Saúl.

Después del segundo incidente en Keila, Saúl persigue a David por el desierto hasta En-gadi.

David busca refugio seguro para sus padres en Moab.

David persigue a los amalecitas.

Los amalecitas siguen atacando a los pueblos de Judá.

Siquem

Afec

Ramá
Gabaa (de Saúl)
Nob
Jebús (Jerusalén)
Belén

Asdod
Ecrón
Gat
Azeca
Soco
Adulam
Keila
Bosque de Haret
Desierto de Judá
MAR MUERTO

Ascalón

Hebrón
Desierto de Zif
Zif
Hores
En-gadi

Gaza
FILISTEA
Sefela
Carmel
Maón
Desierto de Maón
MOAB

Siclag
Betul
Asán
Cabseel
Arad

Beerseba
Horma

Baala
El Neguev de Jerameel
Esem

AMALEC
Neguev

Mizpa de Mo
(Kir-hareset

W. el-Arish

EDOM
Arabá

0   15   30 Millas
0   15   30 Kilómetros

El éxito de David en las batallas y el amor que el pueblo sentía por él, hicieron que Saúl temiera en gran manera por su reino. Saúl intentó matar a David en varias ocasiones.

Sin embargo, desde 1993 han aparecido tres objetos en los que se hace referencia a David. El primero es la Estela de Tel Dan, encontrada en las ruinas de la antigua ciudad de Dan en el norte de Israel. La inscripción en esta losa de piedra hace referencia a dos reyes que menciona la Biblia: Joram, hijo de Acab, rey de Israel y Ocozías, hijo de Joram, rey de Judá (2 Rey. 9:21).

El segundo objeto es la estela de Mesa o Piedra Moabita. Esta piedra fue descubierta por un misionero alemán en 1868, cerca de las ruinas del antiguo Dibón, y contiene una inscripción del mismo rey Mesa, quien es mencionado en 2 Reyes 3. Conocida también como Inscripción de Mesa, el monumento describe los hechos más destacados del rey, quien se jacta especialmente de haber recuperado la independencia moabita del dominio israelita y del restablecimiento del control moabita sobre la región norte de Moab. La frase «Casa de David» es parte de la inscripción. Esta piedra fue gravemente dañada tras su descubrimiento, ya que diferentes facciones locales trataron de apropiarse de ella. La estela restaurada ahora se puede ver en el Museo del Louvre.

La tercera inscripción se encuentra en una lista de las victorias militares del faraón Sheshonq, grabadas en la pared del templo de Amón en Karnak, cerca de Luxor (Egipto). Sheshonq (Shishak) invadió Judá durante el quinto año del reinado de Roboam (2 Cron. 12:1-12). En su lista de victorias, él incluyó la frase «alturas de David».[2]

La existencia de un fuerte gobierno centralizado que se desarrolló después de un período de destrucción ha sido confirmada en ciudades como Hazor, Meguido y Gezer. Esto concuerda bien con las descripciones bíblicas de la conquista israelita de Canaán y el desarrollo de un gobierno nacional durante el período monárquico.

Las promesas de Dios a David en 2 Samuel 7 crearon esperanzas y expectativas que los escritores del NT entendieron que se habían cumplido en Jesús, el Mesías. El Señor prometió que establecería el reino de uno de los descendientes de David (2 Sam. 7:12); en el NT Jesús fue identificado como descendiente de David (Mat. 1:20; 21:9) quien trajo el reino de Dios a la humanidad (Mat. 12:28;

La lista de victorias militares de Sheshonq I fue grabada en las paredes exteriores del lado sur del templo de Karnak, al norte de Luxor (Egipto).

Luc. 11:20). Dios señaló que el descendiente de David edificaría casa a Su nombre (2 Sam. 7:13); los escritores del NT describen a Jesús como Aquel que construyó el templo supremo de Dios en tres días (Mat. 26:61; Juan 2:19). Dios prometió a David que uno de sus descendientes poseería un trono que duraría para siempre (2 Sam. 7:13). El NT declara que ese trono le pertenece a Jesús (Heb. 1:8). Dios indicó que uno del linaje de David sería Su Hijo (2 Sam. 7:14). Jesús vino como el Hijo perfecto de Dios (Mat. 16:16; Mar. 1:1; Luc. 1:35).

CÓMO ENCAJA 1 SAMUEL EN LA HISTORIA DE DIOS

1. Prólogo: creación, caída del hombre y necesidad de redención
2. Dios construye Su nación (2000–931 a.C.)
3. Dios educa a Su nación (931–586 a.C.)
4. Dios preserva un remanente fiel (586–6 a.C.)
5. Dios compra la redención y comienza el reino (6 a.C. al 30 d.C.)
6. Dios extiende el reino a través de la iglesia (30 d.C. [?])
7. Dios consuma la redención y confirma Su reino eterno
8. Epílogo: un cielo nuevo y una Tierra nueva

✺ CRISTO EN 1 SAMUEL

El primer Libro de Samuel presenta a los primeros reyes de Israel, Saúl y David. Estos reyes eran figura del verdadero Rey de Israel, Jesucristo. Jesús viene del linaje de David y era llamado Hijo de David, un término equivalente a Mesías. El modelo de sacerdote, profeta y líder político que fue Samuel presagiaba a Jesús como Profeta, Sacerdote y Rey. En 1 Samuel se usa por primera vez la frase «el ungido de Jehová» para referirse a una persona. Esto es significativo porque la palabra *Mesías* o *Cristo* significa «ungido».

PRINCIPIOS BÁSICOS DE LA COSMOVISIÓN CRISTIANA

Enseñanza sobre Dios

Dios fue quien forjó el destino de Israel. Él permitió que la nación eligiera a Saúl como rey, pero luego lo juzgó por su desobediencia. Entonces Dios escogió a David, quien al final de 1 Samuel aún no estaba seguro en su posición como rey. El Espíritu de Dios es visto como el facilitador divino, que descendió sobre Saúl y luego sobre David para empoderarlos en sus servicios.

Enseñanza sobre la humanidad

Este Libro enseña sobre la naturaleza humana usando las vidas de tres héroes: Samuel, Saúl y David. Samuel fue un devoto siervo de Dios; sin embargo, falló en su papel de padre. Saúl fue un líder talentoso y atractivo, pero fracasó en su primera misión: obedecer con alegría la voluntad revelada de Dios. La vida de David (en 1 Samuel) demuestra que la elección de Dios puede llegar a sorprender a otras personas, y que los escogidos pueden enfrentar grandes dificultades y, sin embargo, continuar sirviendo a Dios de todo corazón.

Enseñanza sobre la salvación

Este Libro muestra que una relación correcta con Dios siempre trae consigo una obediencia de corazón, y que para Dios esto tiene más valor que una conformidad externa a los rituales religiosos: «Y Samuel dijo: ¿Se complace Jehová tanto en los holocaustos y víctimas, como en que se obedezca a las palabras de Jehová? Ciertamente el obedecer es mejor que los sacrificios, y el prestar atención que la grosura de los carneros» (1 Sam. 15:22).

CARACTERÍSTICAS LITERARIAS

GÉNERO Y ESTILO LITERARIO

Un relato histórico escrito en hebreo

El primer Libro de Samuel narra el surgimiento de la monarquía en Israel a través de las biografías de tres hombres: Samuel, Saúl y David. Cuando personajes secundarios como Ana y Jonatán entran en la historia, su importancia se basa solamente en su relación con los personajes principales. Aunque el estilo de escritura hebreo es aceptable, los manuscritos hebreos de 1 y 2 Samuel tienen defectos ocasionales en los que faltan algunas palabras; por ejemplo: la edad de Saúl y la duración de su reinado en 1 Samuel 13:1. (Comparar la versión RVR1960 con otras versiones respecto a este pasaje). En estos casos, los eruditos se apoyan en otras versiones antiguas del Libro. En el canon hebreo este Libro se incluye dentro de los «Profetas Anteriores». Ver los comentarios sobre *Género y estilo literario* en **2 REYES** para tener más información sobre la posible relación literaria de los «Profetas Anteriores».

UN PRINCIPIO A SEGUIR EN LA VIDA

Un comportamiento orgulloso (1 Sam. 15:22-23)

Debemos cuidarnos del comportamiento orgulloso, el cual Satanás quiere usar para conducirnos a la rebelión contra Dios.

REFERENCIAS

1. P. R. Davies, «"House of David" Built on Sand», *BARev* 20, n.º 4 (1994:54–55, p. 55, citado en Iain Provan, V. Philips Long y Tremper Longman III, *A Biblical History of Israel* [Una historia bíblica de Israel] (Louisville, KY: Westminster John Knox Press, 2003), 216.

2. Iain Provan, V. Philips Long y Tremper Longman III, *A Biblical History of Israel* [Una historia bíblica de Israel] (Louisville, KY: Westminster John Knox Press, 2003), 216.

El Libro lleva el nombre de Samuel, el juez que ungió a Saúl y a David, los dos primeros reyes de Israel, cuyas historias se narran en 1 y 2 Samuel. En la Biblia hebrea, 1 y
2 Samuel eran originalmente un solo Libro. Los traductores griegos (siglo II a.C.) que
lo dividieron, utilizaron los nombres 1 y 2 de los Reyes.

TEXTO CLAVE: 7:16

*Y será afirmada tu casa y tu reino para siempre delante de tu rostro, y tu trono será
estable eternamente.*

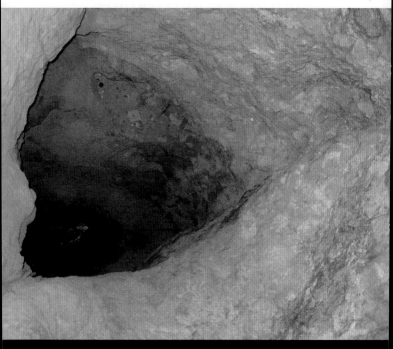

Algunos consideran que la idea que David tuvo de trasladar la capital de Israel desde Hebrón
a Jerusalén es la decisión geográfica más importante en la Biblia. Aquí se muestra el Pozo de
Warren, un canal vertical de casi 15 metros (50 pies) a través del cual el agua entraba en la
ciudadela fortificada jebusea desde la fuente del Guijón (2 Sam. 5:7-8). David y sus hombres
tomaron esta fortaleza jebusea fortificada al entrar a través de este canal, descubierto en
1867 por Sir Charles Warren, un oficial del ejército británico y arqueólogo.

TÉRMINO CLAVE: «DAVID»

El nombre de «David» aparece más de 200 veces en este Libro que se centra por completo en la época en que él fue rey de Israel.

RESUMEN DE UNA SOLA FRASE

El reinado de David sobre Israel incluyó momentos de júbilo, como su conquista de Jerusalén y la promesa por parte del Señor de una dinastía eterna, pero también momentos de fracaso, como su adulterio con Betsabé y la traición de su hijo Absalón.

CONTEXTO HISTÓRICO ORIGINAL

AUTOR Y FECHA DE ESCRITURA

Anónimo, quizás alrededor del 950 a.C. (durante el reinado de Salomón).
Debido a que 1 y 2 Samuel existieron primero como una composición única, ver el argumento sobre *Autor y fecha de escritura* en **1 Samuel.**

PÚBLICO INICIAL Y DESTINATARIO

Los israelitas que vivían en su tierra durante la monarquía

ORIGEN

Desconocido

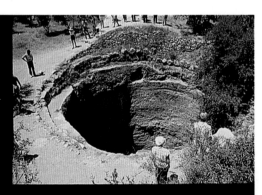

Pozo de agua en Gabaón. Tras la muerte de Saúl, una reunión crucial se produjo en Gabaón en la que se encontraban Abner y Joab, los respectivos generales de Saúl y David (2 Sam. 2:12-17). Se produjo una batalla «limpia» (v. 14) alrededor del estanque de Gabaón en la que los hombres de Joab salieron victoriosos. Los arqueólogos han descubierto un pozo en espiral y un túnel con escalera circular que conduce al agua, y provee a la ciudad una forma de introducir agua dentro de sus muros durante los ataques enemigos. Gabaón también fue sede de parte de la rebelión dirigida por Seba en contra de David (2 Sam. 20:8-13).

EL MENSAJE DE DIOS EN 2 SAMUEL

PROPÓSITO

Debido a que 1 y 2 Samuel existieron primero como una composición única, ver el argumento sobre *Propósito* en **1 Samuel**.

A PRIMERA VISTA

Dios establece

El segundo Libro de Samuel continúa la historia de cómo Dios estableció Su reino a través del liderazgo de la monarquía en Israel. El Libro empieza con un recuento de los triunfos del reinado de David, primero sobre la tribu de Judá (2:1-32) y luego sobre todo Israel (5:1-12). David aseguró las fronteras de Israel, subyugó a sus enemigos y trajo prosperidad al reino incipiente. El pacto davídico es el núcleo teológico del Libro (cap. 7). Dios prometió a David y a sus herederos un linaje eterno que gobernaría sobre un reino eterno (7:12-16). El rey davídico era el hijo adoptivo de Dios, que gobernaba en el nombre del Señor y gozaba del cuidado providencial de Dios. Esta promesa del pacto se convirtió en la esperanza mesiánica del pueblo de Dios. Esta promesa se cumple en el Hijo más grandioso de David, Jesucristo (Luc. 1:31-33).

Dios castiga

El pecado de David y Betsabé cambia el tono de la historia que va de los triunfos de David, a sus crecientes problemas (11:1-27). El profeta Natán pronunció un oráculo divino de juicio contra David por su pecado con Betsabé (12:1-23); pero a diferencia de Saúl, que intentó justificar su pecado, David confesó los suyos ante el Señor (12:13). El niño que fue concebido murió. Sin embargo, Dios dio a Betsabé un hijo, Salomón, a quien el Señor amó (12:24-25). Dios continuó revelando Su voluntad a David a través de los profetas Natán y Gad y los sacerdotes Sadoc y Abiatar (12:1-14; 15:24-29; 24:11-14). Además, Él fue misericordioso al salvaguardar a David durante las rebeliones de Absalón y Seba (caps. 18; 20).

Dios preserva

La última sección del Libro es un apéndice de la carrera de David como el ungido de Jehová. Aquí el énfasis recae en la alabanza de David por las misericordias soberanas del Señor Dios y los poderosos guerreros utilizados en el servicio del rey (21:1–24:25). Las historias de hambre, guerras y pestilencias, consecuencia de los pecados de Israel, eran recordatorios apropiados de que ningún rey estaba por encima de la palabra de Jehová.

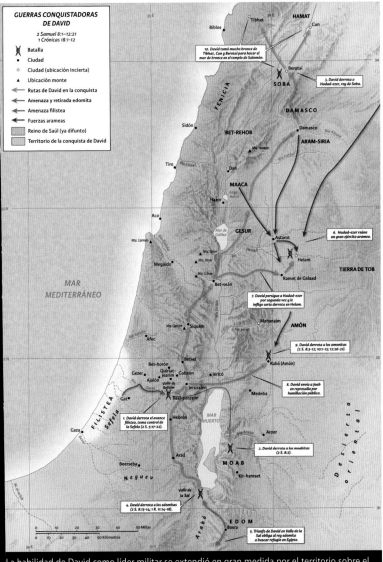

GUERRAS CONQUISTADORAS DE DAVID

2 Samuel 8:1—12:21
1 Crónicas 18:1-12

- Batalla
- Ciudad
- Ciudad (ubicación incierta)
- Ubicación monte
- Rutas de David en la conquista
- Amenaza y retirada edomita
- Amenaza filistea
- Fuerzas arameas
- Reino de Saúl (ya difunto)
- Territorio de la conquista de David

10. David tomó mucho bronce de Tibhat, Cun y Berotai para hacer el mar de bronce en el templo de Salomón.

3. David derrota a Hadad-ezer, rey de Soba.

6. Hadad-ezer reúne un gran ejército arameo.

7. David persigue a Hadad-ezer por segunda vez y le inflige seria derrota en Helam.

9. David derrota a los amonitas (2 S. 8:3-12; 10:1-13; 12:26-31).

8. David envía a Joab en represalia por humillación pública.

1. David derrota el avance filisteo, toma control de la Sefela (2 S. 5:17-22).

2. David derrota a los moabitas (2 S. 8:2).

4. David derrota a los edomitas (2 S. 8:13-14; 1 R. 11:14-18).

5. Triunfo de David en Valle de la Sal obliga al rey edomita a buscar refugio en Egipto.

La habilidad de David como líder militar se extendió en gran medida por el territorio sobre el cual un Israel unido tenía el control.

LA VERACIDAD DE 2 SAMUEL

Ver *La veracidad de 1 y 2 Samuel* en **1 SAMUEL**

CÓMO ENCAJA 2 SAMUEL EN LA HISTORIA DE DIOS

1. Prólogo: creación, caída del hombre y necesidad de redención
2. Dios construye Su nación (2000–931 a.C.)
3. Dios educa a Su nación (931–586 a.C.)
4. Dios preserva un remanente fiel (586–6 a.C.)
5. Dios compra la redención y comienza el reino (6 a.C. al 30 d.C.)
6. Dios extiende el reino a través de la iglesia (30 d.C. [?])
7. Dios consuma la redención y confirma Su reino eterno
8. Epílogo: un cielo nuevo y una Tierra nueva

CRISTO EN 2 SAMUEL

Como fundador de la dinastía de la cual Jesús («Hijo de David») es el Rey eterno, David ilustra la realeza de Cristo de muchas maneras. Su compasión y lealtad a Mefiboset (9:1-13) fue un ejemplo del amor inmerecido que recibimos de Dios.

PRINCIPIOS BÁSICOS DE LA COSMOVISIÓN CRISTIANA

Enseñanza sobre Dios

Dios es soberano en la realización de los planes de Su reino. Su pacto incondicional con el indigno David (cap. 7) es tan magnífico como Su pacto con Abraham. Este Libro también dice mucho sobre acercarse a Dios en adoración. Él desea la adoración de Su pueblo, pero solo de las formas en que Él ha revelado, como lo enfatiza el material sobre el arca de la alianza.

Enseñanza sobre la humanidad

El segundo Libro de Samuel se concentra en un individuo, David, quien sirvió como un modelo magnífico de que los seres humanos pueden lograr grandes tareas para Dios, cuando sus corazones están apasionadamente volcados para complacerlo a Él. Por otro lado, los pecados y fracasos de David muestran que los seres humanos redimidos todavía deben hacer frente a los efectos de la caída en sus vidas.

Enseñanza sobre la salvación

El relato del adulterio de David, la confrontación de Natán con el rey y el posterior arrepentimiento y restauración de David, constituyen un profundo paradigma de la salvación. El siguiente intercambio destila el mensaje de redención aún hoy en día: «Entonces dijo David a Natán: Pequé contra Jehová. Y Natán dijo a David: También Jehová ha remitido tu pecado; no morirás» (12:13). La reflexión de David sobre esta experiencia, en el Salmo 51, sobre la relación entre la confesión del pecado y el perdón divino, no tiene igual en la Escritura.

CARACTERÍSTICAS LITERARIAS

GÉNERO Y ESTILO LITERARIO

Una narrativa histórica escrita en hebreo, con unos pocos pasajes de poesía

La narrativa de 2 Samuel se centra en las hazañas de David como rey. Su relación con Dios, el verdadero Rey de Israel, también recibe atención. El escritor retrata a David con realismo y tuvo cuidado de no pasar por alto sus faltas. David fue el autor de las memorables secciones poéticas: «El cántico del arco» (1:19-27), «Salmo de alabanza» (22:1-51, que es también el Salmo 18) y «Últimas palabras de David» (23:1-7). El segundo Libro de Samuel en el canon hebreo era parte de los «Profetas Anteriores». Ver los comentarios sobre *Género y estilo literario* en **2 REYES** para tener más información detallada sobre la posible relación literaria de los «Profetas Anteriores».

UN PRINCIPIO A SEGUIR EN LA VIDA

El plan soberano de Dios (2 Sam 7:1-17)

Aunque nuestra travesía por la vida incluye muchos factores humanos, tenemos que recordar que el plan soberano de Dios para cada uno de nosotros continúa desarrollándose.

Melakim, el título hebreo, significa «reyes». En la Biblia hebrea, 1 y 2 Reyes eran originalmente una sola obra, pero los traductores griegos (siglo II a.C.) la dividieron en dos libros, y las Biblias en español siguen este patrón. La versión griega utilizó los títulos 3 y 4 de los Reyes.

TEXTO CLAVE: 11:35-36

Pero quitaré el reino de la mano de su hijo, y lo daré a ti, las diez tribus. Y a su hijo daré una tribu, para que mi siervo David tenga lámpara todos los días delante de mí en Jerusalén, ciudad que yo me elegí para poner en ella mi nombre.

TÉRMINO CLAVE: «DIVISIÓN»

Este Libro describe la división de los israelitas en dos reinos rivales. Los reyes de Israel, el reino del norte, eran invariablemente idólatras, mientras que los reyes de Judá, el reino del sur, a veces hacían el bien y a veces el mal.

RESUMEN DE UNA SOLA FRASE

Después del espléndido reinado de Salomón, que culminó con la dedicación del templo en Jerusalén, el reino se dividió, y para confrontar la idolatría Dios levantó profetas, en particular a Elías, quien se opuso al malvado Acab.

CONTEXTO HISTÓRICO ORIGINAL

AUTOR Y FECHA DE ESCRITURA

Anónimo, tal vez Jeremías cerca del 560 a.C.

El primer y el segundo Libro de Reyes son anónimos, pero la tradición judía creía que el autor fue Jeremías, a quien también se le atribuyen los Libros de Jeremías y Lamentaciones. Los eruditos más modernos descartan el punto de vista tradicional. Quienquiera que haya sido el autor, ahora no se puede conocer. La perspectiva es la del exilio en Babilonia. Sin embargo, el escritor utilizó fuentes de un tiempo anterior, de las cuales incorporó la frase «hasta hoy» (por ej.: 1 Rey. 8:8; 2 Rey. 8:22) para cuestiones que no existían durante el exilio.

PÚBLICO INICIAL Y DESTINATARIO

Probablemente los israelitas cuando vivían en el exilio babilónico

El público original no se expresa pero se infiere a partir de la lectura del Libro. Ver el argumento más adelante sobre el *Propósito* para una explicación de cómo 1 y 2 Reyes respondían a las necesidades de los israelitas que vivían después de la destrucción de Jerusalén y del templo.

ORIGEN

Algunos registros oficiales de la corte del tiempo de la monarquía fueron evidentemente preservados y transportados a Babilonia. Estos incluyeron «el libro de los hechos de Salomón» (1 Rey. 11:41); «el libro de las historias de los reyes de Israel» (1 Rey. 14:19 y otras diecisiete referencias); y «las crónicas de los reyes de Judá» (1 Rey. 14:29 y otras catorce referencias). El escritor seleccionó materiales a partir de estos registros con el fin de interpretar la época de Salomón y la monarquía dividida para la gente de su tiempo.

EL MENSAJE DE DIOS EN 1 REYES

PROPÓSITO

Puesto que este Libro era originalmente la primera mitad de una sola composición, el propósito de los Libros que ahora se conocen como 1 y 2 Reyes debe ser considerado en conjunto. Esta obra respondía preguntas importantes para los israelitas (que vivían probablemente en los años de exilio en Babilonia) sobre la época de los reyes, desde la perspectiva de Dios. Si ahora estaban en el exilio, ¿por qué había sucedido esto, sobre todo si el gobierno de Salomón había sido tan espléndido? ¿Habían fracasado los reyes posteriores, militarmente? ¿Políticamente? ¿Económicamente? La respuesta era que tanto los reyes como el pueblo habían fracasado teológicamente. Ellos habían abandonado al Señor, su verdadero Rey, y Él les había enviado tres dolorosas lecciones para enseñarles la importancia de mantenerse fieles a Él. En primer lugar, dividió a Israel en dos reinos (1 Rey. 12, alrededor del 931 a.C.); en segundo lugar, utilizó a los asirios para enviar al reino idolátrico del norte al cautiverio permanente (2 Rey. 17, alrededor del 722 a.C.); en tercer lugar, utilizó a los babilonios para enviar al reino idolátrico del sur al exilio temporal (2 Rey. 25, alrededor del 586 a.C.).

Por lo tanto, el autor escribió un relato altamente selectivo de los reyes, y evaluó a cada uno en cuanto a si hizo bien o mal ante los ojos del Señor. La perspectiva teológica del autor también se observa en que aproximadamente un tercio de la narración se centra en los ministerios proféticos de Elías y Eliseo. El pueblo de Dios que hoy estudia los Libros de Reyes debe hacerlo con este propósito original en mente.

A PRIMERA VISTA

Sucesión implacable

Cuando el reino de David llegaba a su fin, su hijo Adonías intentó autoproclamarse rey al conseguir un grupo de seguidores y declararse a sí mismo como rey (1:5-10). El profeta Natán y Betsabé intercedieron, y David nombró a Salomón como su sucesor. Una vez que Salomón fue declarado rey, ejerció la «sabiduría» y eliminó a los que podrían oponerse a su monarquía (1:11–2:46): Adonías, Joab y Simei. También, el sacerdote Abiatar, que se unió a la insurrección de Adonías, fue apartado del sacerdocio en cumplimiento a la profecía contra la casa de Elí en Silo (1 Sam. 2:27-36; 3:10-14).

Riquezas y ruina

Cuando empezó su reinado, Salomón actuó con decisión pero se dio cuenta de que para gobernar necesitaba más que sabiduría humana. Con humildad le pidió a Dios tal sabiduría. Él respondió a la petición de Salomón y más (cap. 3). La muestra clásica de la sabiduría de Salomón se ve en su arbitraje entre las dos prostitutas que discutían por un niño. Salomón fue capaz de establecer una administración impresionante y de llevar a cabo numerosos proyectos de construcción, en particular, el templo de Jerusalén. Mediante las riquezas, el comercio y la política, Salomón se convirtió en una importante figura internacional. Estos logros fueron la bendición de Dios a causa de Su pacto con David (4:1–10:29). A pesar de que la riqueza de Salomón superó a la de cualquier rey de Israel, ya sea antes o después de él, aún tenía un «talón de Aquiles»: los dioses extranjeros. Las mujeres foráneas con las que Salomón se había casado trajeron otros dioses a la vida de Salomón. Estas mujeres apartaron el corazón de Salomón de su devoción total a Jehová; este adoró a los dioses extranjeros y les edificó santuarios. Esta acción pecaminosa fue una mancha en el magnífico reinado de Salomón, pero fiel a la forma deuteronómica, el autor de 1 Reyes registró el pronunciamiento del juicio: Dios le arrancaría el reino a Salomón (11:1-43). El Señor hizo que este juicio se cumpliese después de la muerte de Salomón. Curiosamente, en el texto no hay ninguna evaluación espiritual de Salomón, como es tan frecuente en 1 y 2 Reyes respecto a todos los reyes después de Salomón.

Judá e Israel divididos

La nación de Israel, que una vez estuvo unida, entró en una espiral descendente (12:1–16:34). El hijo de Salomón, Roboam, actuó imprudentemente al declarar su intención de poner una carga de trabajo e impuestos aún más pesada sobre el pueblo, que la que su padre había puesto. Esta acción le dio la oportunidad a Jeroboam, un antiguo enemigo de Salomón, para romper con la monarquía de Jerusalén. Las diez tribus del norte se convirtieron entonces en la nación de Israel, y las dos tribus del sur (Judá y Benjamín) en la nación de Judá (hacia el año 930 a.C.). Jeroboam se convirtió en el primer rey del reino del norte. Erigió santuarios

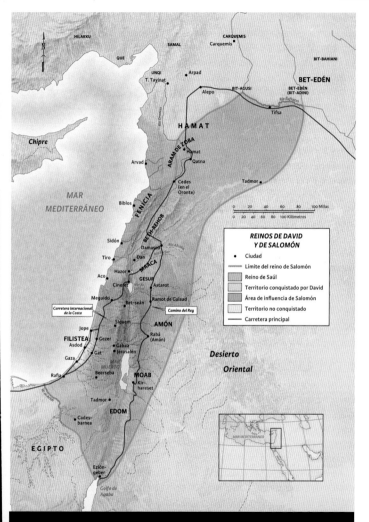

Este mapa muestra cómo el territorio de Israel creció bajo la monarquía de David y el aumento de las áreas de influencia como resultado del reinado de Salomón.

idólatras en Dan y Bet-el, en un intento de evitar que la gente viajara a Jerusalén para adorar. Estos santuarios idólatras contenían becerros de oro, que recordaban la rebelión de los hijos de Israel en el Monte Sinaí. Israel sufrió derramamientos de sangre producto de guerras e insurrecciones. En total, nueve dinastías gobernaron Israel en sus 200 años (931-722 a.C.). El reino de Judá disfrutó la estabilidad de una sola casa dinástica ya que el Señor preservó el trono de David. Sin embargo, sus reyes también cometieron los pecados idolátricos de sus homólogos del norte. Los reyes de Judá experimentaron la guerra continuamente, y solo el justo Asa tuvo un reinado largo y próspero.

Elías y Micaías

Aunque existe escasa información en cuanto a las hazañas de la mayoría de los reyes de Israel, Acab y Jehú, quienes reinaron durante los ministerios proféticos de Elías y Eliseo, recibieron atención adicional (17:1–22:53). Elías entra en la narrativa en 1 Reyes 17. Elías aparece como un defensor de la fidelidad al pacto con Jehová al confrontar al rey Acab (aproximadamente en 874/73–853 a.C.), a la reina Jezabel y a los profetas de Baal. Elías fue un profeta hacedor de milagros que permaneció fiel a Jehová a pesar de la persecución. Después de huir de Jezabel a la región sur o región del Sinaí, recibió la palabra de Dios concerniente al concepto de un remanente (1 Rey. 19:18). Jehová le dijo a Elías que 7000 personas no se habían inclinado ante Baal; por lo tanto, Dios conservaría sus vidas. En cumplimiento a la palabra de Dios en Horeb, Elías echó el manto profético sobre Eliseo, quien ministró durante el siglo IX a.C. La transición de 1 Reyes a 2 Reyes es casi imperceptible, lo que indica que estos dos Libros eran originalmente un solo documento.

LA VERACIDAD DE 1, 2 REYES Y 1, 2 CRÓNICAS

Los Libros de Reyes y Crónicas ofrecen dos perspectivas sobre la historia de Israel. En los últimos años se han planteado interrogantes sobre cuánta historia contienen estos Libros. Una opinión es que gran parte del AT fue escrito entre 400 y 200 años antes de Cristo y que, en lugar de ser historia, el Israel que vemos en la Biblia es una invención ficticia. ¿En qué medida están los relatos que leemos en Reyes y Crónicas anclados en la historia del antiguo Cercano Oriente?

Kenneth Kitchen, un egiptólogo de la Universidad de Liverpool, afirma que existen dos tipos de evidencias que son relevantes en cuanto a la supuesta historicidad de un documento: evidencias directas o explícitas y evidencias indirectas o implícitas.[1]

Los Libros de Reyes y Crónicas mencionan unos 20 gobernantes de naciones aparte de Israel y Judá. Si estos gobernantes fueran la invención de alguien que creaba una historia, no esperaríamos encontrar esos mismos gobernantes mencionados en documentos fuera de Israel y Judá. Pero de estos 20 gobernantes, todos menos tres de ellos se encuentran en los registros de su propio país.

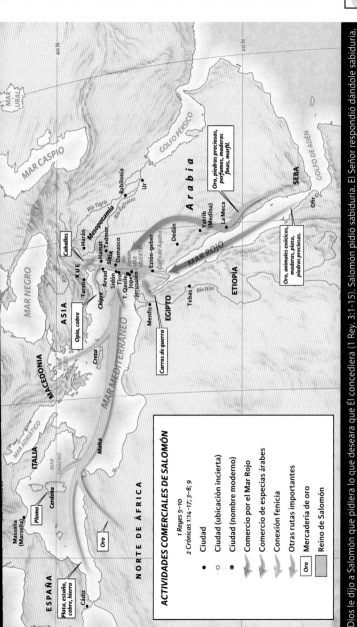

ACTIVIDADES COMERCIALES DE SALOMÓN

1 Reyes 5-10
2 Crónicas 1:14-17; 3-8: 9

• Ciudad
○ Ciudad (ubicación incierta)
● Ciudad (nombre moderno)
→ Comercio por el Mar Rojo
→ Comercio de especias árabes
→ Conexión fenicia
→ Otras rutas importantes
Oro Mercadería de oro
Reino de Salomón

Oro, piedras preciosas, perfumes, maderas finas, marfil.

Oro, animales exóticos, plata, maderas, piedras preciosas.

Caballos

Opio, cobre

Carros de guerra

Plomo

Oro

Plata, estaño, cobre, hierro

ESPAÑA
Cádiz
Massalia (Marsella)
ITALIA
Cerdeña
Malta
Creta
MACEDONIA
NORTE DE ÁFRICA
MAR MEDITERRÁNEO
MAR NEGRO
MAR CASPIO
MAR ADRIÁTICO
MAR TIRRENO
MAR EGEO
MAR URAL
ASIA
Tarso
KUE
Chipre
Arvad
Sidón
Tiro
T. Qasile
Jope
Jerusalén
Hamat
Siria
Damasco
Tadmor
Harán
Mesopotamia
Río Tigris
Río Éufrates
Babilonia
Ur
GOLFO PÉRSICO
Ezión-geber
Golfo de Aqaba
MAR MUERTO
Jordán
EGIPTO
Menfis
Tebas
Río Nilo
ETIOPÍA
MAR ROJO
Arabia
Dedán
Yatrib (Medina)
La Meca
SEBA
Ofir
GOLFO DE ADÉN
40 N
20 N
20 N
20 N
Río Halis

Dios le dijo a Salomón que pidiera lo que deseara que Él concediera (1 Rey. 3:1-15). Salomón pidió sabiduría. El Señor respondió dándole sabiduría, entendimiento y un conocimiento tan vasto como la arena del mar (4:29). Una esfera en la que esa sabiduría se expresó fue en el comercio internacional.

Otra prueba que puede realizarse es: observar a los reyes de Israel y Judá mencionados en Reyes y Crónicas y preguntarnos cuántos de estos reyes son mencionados en documentos de otras naciones. Nueve de quince de los reyes de Israel y ocho de quince de los de Judá son nombrados en documentos de otros territorios. Se pueden ofrecer explicaciones creíbles sobre el por qué muchos de estos reyes no se mencionan. Durante la era que Reyes y Crónicas abarca, no había mucho contacto entre Israel, Judá y otras naciones de la región antes del 853 a.C. Eso comenzó a cambiar con la expansión del Imperio neoasirio al noreste. Por otra parte, sellos y recipientes encontrados por los arqueólogos confirman la existencia de algunos de los reyes de Israel y Judá que faltan.[2]

Kitchen afirma que la secuencia y la cronología de los reyes hebreos y extranjeros es «impecablemente precisa» en 1 y 2 Reyes. Este es un indicador adicional de que la historia de Israel no es una obra de ficción piadosa concebida a finales del primer milenio antes de Cristo.

CÓMO ENCAJA 1 REYES EN LA HISTORIA DE DIOS

1. Prólogo: creación, caída del hombre y necesidad de redención
2. Dios construye Su nación (2000–931 a.C.)
3. Dios educa a Su nación (931–586 a.C.)
4. Dios preserva un remanente fiel (586–6 a.C.)
5. Dios compra la redención y comienza el reino (6 a.C. a 30 d.C.)
6. Dios extiende el reino a través de la iglesia (30 d.C. [?])
7. Dios consuma la redención y confirma Su reino eterno
8. Epílogo: un cielo nuevo y una Tierra nueva

✑ CRISTO EN 1 REYES

Salomón, hijo de David y tercer rey de Israel, es prominente en 1 Reyes. La sabiduría y la suntuosidad de Salomón eran conocidas mucho más allá de Israel. Este momento esplendoroso en la historia de Israel apunta a la sabiduría y la gloria de Cristo. Jesús recordó a una de Sus audiencias que la reina de Saba hizo un largo viaje para escuchar a Salomón; y Uno mayor que Salomón está ahora entre ellos (Luc. 11:31).

PRINCIPIOS BÁSICOS DE LA COSMOVISIÓN CRISTIANA

Enseñanza sobre Dios

En 1 Reyes se hace hincapié en «un Dios, un templo». Debido a que el Dios de Israel es el único y verdadero Señor de todo, Él puede ser adorado correctamente en el único lugar que Él designó: el templo en Jerusalén. Dios no tolerará la adoración a deidades rivales (como Baal), ni soportará por mucho tiempo ser adorado en sitios rivales, como en los santuarios de becerros de oro en Dan y Bet-el, o en los «lugares altos». El Espíritu está presente para inspirar a los profetas de Dios.

Enseñanza sobre la humanidad

Este Libro ve a la humanidad mediante la valoración de la vida de los reyes. La única cosa que realmente importaba era si un rey hacía «lo recto ante los ojos de Jehová» (15:5,11; 22:43) o hacía «lo malo ante los ojos de Jehová» (11:6).

Enseñanza sobre la salvación

Por un lado, 1 Reyes enfatiza que la salvación se debe enteramente a la obra soberana de Dios. La oración hecha en la dedicación del templo de Salomón lo declara: «Porque tú los apartaste para ti como heredad tuya de entre todos los pueblos de la tierra…» (8:53). Por otro lado, se esperaba que Su pueblo viviera en fidelidad al pacto, y tanto los reyes como el pueblo son evaluados de acuerdo con los términos del pacto establecido en el Monte Sinaí.

CARACTERÍSTICAS LITERARIAS

GÉNERO Y ESTILO LITERARIO

Un relato histórico selectivo escrito en hebreo

El enfoque de 1 Reyes se centra en los días de Salomón y luego habla a grandes rasgos sobre los reinados de la mayoría de los demás monarcas. Luego, cuando llega a Acab, el autor ofrece nuevamente una serie de detalles que describen en particular el papel de Elías como el profeta del Señor. En las Escrituras hebreas, 1 Reyes era uno de los «Profetas Anteriores». Ver los comentarios sobre *Género y estilo literario* en **2 REYES** para más material detallado sobre la posible relación literaria de los «Profetas Anteriores».

UN PRINCIPIO A SEGUIR EN LA VIDA

Sabiduría madura (1 Rey. 12:1-19)

Al buscar consejo, debemos valorar la sabiduría acumulada de aquellos que son mayores que nosotros.

REFERENCIAS

1. Kenneth A. Kitchen, *On the Reliability of the Old Testament* [Sobre la veracidad del Antiguo Testamento] (Grand Rapids, MI: Eerdmans, 2003), 4.

2. *Ibíd.*, 62-64.

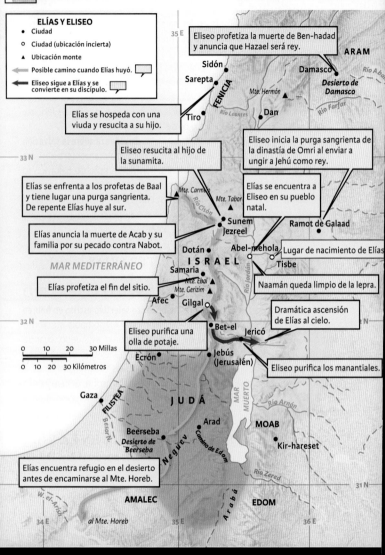

ELÍAS Y ELISEO

- Ciudad
- Ciudad (ubicación incierta)
- ▲ Ubicación monte
- ← Posible camino cuando Elías huyó.
- ◀ Eliseo sigue a Elías y se convierte en su discípulo.

Eliseo profetiza la muerte de Ben-hadad y anuncia que Hazael será rey.

Elías se hospeda con una viuda y resucita a su hijo.

Eliseo resucita al hijo de la sunamita.

Elías se enfrenta a los profetas de Baal y tiene lugar una purga sangrienta. De repente Elías huye al sur.

Elías anuncia la muerte de Acab y su familia por su pecado contra Nabot.

Eliseo inicia la purga sangrienta de la dinastía de Omri al enviar a ungir a Jehú como rey.

Elías se encuentra a Eliseo en su pueblo natal.

Lugar de nacimiento de Elías

Elías profetiza el fin del sitio.

Naamán queda limpio de la lepra.

Dramática ascensión de Elías al cielo.

Eliseo purifica una olla de potaje.

Eliseo purifica los manantiales.

Elías encuentra refugio en el desierto antes de encaminarse al Mte. Horeb.

ARAM

Sidón
Damasco
Sarepta
FENICIA
Mte. Hermón ▲
Desierto de Damasco
Río A b...
Río Leontes
Tiro
Dan
Río Farfar

Mte. Carmelo ▲
Mte. Tabor ▲
Río Cisón
Sunem
Jezreel
Ramot de Galaad

Dotán
Abel-mehola
ISRAEL
Tisbe
Samaria
Mte. Ebal ▲
Mte. Gerizim ▲
Río Jordán

MAR MEDITERRÁNEO

Afec
Gilgal
Bet-el
Jericó

0   10   20   30 Millas
0   10   20   30 Kilómetros

Ecrón
Jebús (Jerusalén)

Gaza
FILISTEA
JUDÁ
MAR MUERTO
Río Arnón

Besor N.
Arad
MOAB

Beerseba
Desierto de Beerseba
Negev
Camino de Edom
Kir-hareset

Río Zered

W. el-Arish
AMALEC
EDOM
al Mte. Horeb
Arabá

35 E
33 N
32 N
31 N
34 E
35 E
36 E

La época de los ministerios de Elías (862-852 a.C.) y de Eliseo (¿850?-¿798?) fue de grandes desafíos dentro de Israel y con las naciones circundantes. Durante esta época (como durante el éxodo y la vida y ministerio de Jesús), Dios realizó muchos milagros a través de estos profetas.

Melakim, el título hebreo, significa «reyes». En la Biblia hebrea, 1 y 2 Reyes eran originalmente una sola obra, pero los traductores griegos (siglo II a.C.) la dividieron en dos libros, y las Biblias en español siguen este patrón. La versión griega utilizó los títulos 3 y 4 de los Reyes.

TEXTO CLAVE: 17:22-23

Y los hijos de Israel anduvieron en todos los pecados de Jeroboam que él hizo, sin apartarse de ellos, hasta que Jehová quitó a Israel de delante de su rostro, como él lo había dicho por medio de todos los profetas sus siervos; e Israel fue llevado cautivo de su tierra a Asiria, hasta hoy.

TÉRMINO CLAVE: «DISPERSIÓN»

Este Libro relata la historia en desarrollo de los israelitas en dos reinos rivales con su triste final. El reino del norte cayó ante Asiria y fue dispersado para siempre. Luego, el reino del sur cayó ante los babilonios y, del mismo modo, fue llevado al exilio.

RESUMEN DE UNA SOLA FRASE

Incluso después del ministerio de Eliseo, Israel persistió en la idolatría, por lo que fue llevado a un cautiverio permanente; sin embargo, Judá, a pesar de los profetas y unos pocos reyes justos, prosiguió con tanta maldad que Dios envió a Nabucodonosor para llevarlos a Babilonia.

CONTEXTO HISTÓRICO ORIGINAL

AUTOR Y FECHA DE ESCRITURA

Anónimo, tal vez Jeremías cerca del 560 a.C.

PÚBLICO INICIAL Y DESTINATARIO

Probablemente los israelitas cuando vivían en el exilio babilónico

ORIGEN

Desconocido, pero ver *1 REYES*.

Elías le preguntó a Eliseo qué podía hacer por él antes de que le fuere quitado. Eliseo pidió una doble porción del espíritu de Elías. «Él le dijo: "Cosa difícil has pedido. Si me vieres cuando fuere quitado de ti, te será hecho así; mas si no, no"». La ascensión de Elías al cielo en un carro de fuego, en presencia de Eliseo, se representa aquí en una pintura rusa del siglo XVI que se encuentra en un museo en Pskov. Después de este acontecimiento, los hijos de los profetas de Jericó se reunieron con Eliseo y reconocieron que «El espíritu de Elías reposó sobre Eliseo» (2 Rey. 2:1-15).

EL MENSAJE DE DIOS EN 2 REYES

PROPÓSITO

Puesto que 1 y 2 Reyes eran originalmente una sola composición, ver el argumento en la sección *Propósito* de **1 REYES**.

A PRIMERA VISTA

Eliseo

La sección introductoria continúa el relato de los profetas, Elías y Eliseo, quienes predicaron la palabra del Señor durante este período de decadencia en la vida de la nación. El ministerio de Elías terminó con su ascensión al cielo; pero su sucesor, Eliseo, tomó literalmente su manto y realizó una doble porción de los hechos maravillosos de Dios. A través del ministerio profético de Eliseo, el Señor guio a Israel a victorias sobre sus enemigos: los moabitas y los sirios. Dios mostró que Él es también el Señor de todas las naciones y que moldea sus destinos (1:1–8:29).

Decadencia y destrucción de Israel

La segunda sección describe el deterioro y colapso final del estado norte de Israel bajo el peso de su paganismo religioso y de las luchas políticas internas. La dinastía de Jehú libró a Israel de su baalismo, lo cual aplazó la ira de Dios. Sin embargo, el deslizamiento a la destrucción llegó rápidamente después con el ascenso y la caída de cuatro dinastías en el corto lapso de 30 años. El punto culminante del relato es el capítulo final de la sección, que explica por qué Israel no sobrevivió (17:7-41). Al hacer caso omiso del pacto, Israel escogió la muerte (Deut. 30:19-20).

Mientras tanto, el reino del sur (los descendientes de David), escapó de la aniquilación solo por la gracia de Dios. Las alianzas de Josafat con reyes israelitas (ver 1 Rey. 22; 2 Rey. 3; 2 Crón. 20:35-37), selladas por matrimonios mixtos (2 Rey. 8:18; 2 Crón. 18:1), amenazaron la existencia de la descendencia davídica cuando Atalía se convirtió en reina madre. Los reinados de Joás y Amasías fueron los únicos dos períodos de estabilidad en el tambaleante reino del sur.

Supervivencia y últimos días de Judá

La última sección de Reyes traza la supervivencia de Judá después de la caída de Samaria. Desde la perspectiva del escritor bíblico, los reinados de Ezequías (18:1–20:21) y Josías (22:1–23:30) provocaron reformas morales y religiosas radicales que prolongaron la existencia de Judá por otros cien años. Sin embargo, este período también vio al rey más malvado de Judá: Manasés (21:1-26). Debido a los pecados atroces de Manasés, Jerusalén cayó bajo el juicio final de Dios, la expulsión.

LOS REINOS DE ISRAEL Y JUDÁ

1 REYES 12

- • Ciudad
- ★ Ciudad capital
- ○ Ciudad (ubicación incierta)
- ▲ Ubicación monte

Israel

Judá

━━━ Carreteras internacionales

━━━ Caminos locales

Salomón se convirtió en uno de los monarcas más importantes de su época. Hacia el final de su gobierno de 40 años, su reino era fuerte, pero su compromiso con el Señor se había desvanecido, y sus últimos años se vieron afectados por problemas internos. Poco después de su muerte, la monarquía unida llegó a su fin. El reino unido de las doce tribus se dividió repentinamente en el año 931/930 a.C. De ahí en adelante, las diez tribus del norte serían conocidas como Israel o Efraín (la tribu más influyente). Las dos tribus del sur, Judá y Benjamín, se mantuvieron leales a la casa de David y fueron conocidas como Judá.

LA VERACIDAD DE 2 REYES

Ver *Veracidad de 1, 2 Reyes y 1, 2 Crónicas*, pág. 110.

CÓMO ENCAJA 2 REYES EN LA HISTORIA DE DIOS

1. Prólogo: creación, caída del hombre y necesidad de redención
2. Dios construye Su nación (2000–931 a.C.)
3. Dios educa a Su nación (931–586 a.C.)
4. Dios preserva un remanente fiel (586–6 a.C.)
5. Dios compra la redención y comienza el reino (6 a.C. al 30 d.C.)
6. Dios extiende el reino a través de la iglesia (30 d.C. [?])
7. Dios consuma la redención y confirma Su reino eterno
8. Epílogo: un cielo nuevo y una Tierra nueva

Un panel en el Obelisco Negro de Salmanasar III, rey de Asiria (858–824 a.C.). Aquí, Jehú, rey de Israel (848–814 a.C.) rinde tributo a Salmanasar. Probablemente Jehú estaba asegurando su posición como rey mediante esta alianza con el siempre creciente Imperio neoasirio. Este artefacto es único en que muestra a un rey de Israel o de Judá en un monumento de otra nación.

El Prisma de Taylor. En 1830, el coronel. R. Taylor, cónsul general británico, descubrió este prisma de arcilla de seis caras, en las ruinas del palacio del rey Senaquerib en Bagdad. Este prisma ofrece un relato paralelo de los acontecimientos narrados en 2 Reyes 18:13–19:37. Las perspectivas del relato bíblico y del prisma son diferentes. En este último no se menciona que Senaquerib no pudo tomar Jerusalén.

✝ CRISTO EN 2 REYES

Este Libro presenta los ministerios de los profetas Elías y Eliseo, a través de los cuales Dios realizó hechos poderosos. Jesús es descrito como «... varón profeta, poderoso en obra y en palabra delante de Dios y de todo el pueblo» (Luc. 24:19). Dios preservó al monarca de Israel, en la medida que lo hizo, debido a Sus promesas a David (8:19). Israel puede incluso contar con que Dios mantendrá encendida una lámpara para David eternamente (Apoc. 21:23).

PRINCIPIOS BÁSICOS DE LA COSMOVISIÓN CRISTIANA

Enseñanza sobre Dios

Al igual que Jueces y 2 Crónicas, 2 Reyes muestra la severidad de Dios al juzgar a los que se rebelan contra Él. En Deuteronomio había prometido la condenación divina sobre aquellos que fueran infieles al Señor. La narración de 2 Reyes es en gran medida una historia de deslealtad, y el «programa educativo» de Dios significaba enseñar a Su pueblo cuánto valora la fidelidad a Él por encima de todo, incluso si eso significa tener que exiliarlos. El Libro termina con un rayo de esperanza: las promesas de Dios sobre una dinastía davídica eterna están intactas, pues el rey Joacim todavía estaba vivo.

Enseñanza sobre la humanidad

Al igual que 1 Reyes, este Libro valora a las personas por un solo criterio: ¿hicieron «lo recto ante los ojos de Jehová» o no? Trágicamente, en su mayor parte, tanto los reyes como la gente hicieron lo malo (ver *Texto clave*). El autor llegó al siguiente veredicto sobre el último rey de Judá: «E hizo lo malo ante los ojos de Jehová, conforme a todo lo que había hecho Joacim. Vino, pues, la ira de Jehová contra Jerusalén y Judá, hasta que los echó de su presencia…» (24:19-20).

Enseñanza sobre la salvación

Los profetas de Dios en 2 Reyes (son nombrados Elías, Eliseo, Jonás, Hulda e Isaías) llamaron a las personas a arrepentirse de su apostasía religiosa y a adorar solamente al Señor. Ezequías es el modelo de confianza en el Señor para salvación (18:5-6). El arrepentimiento del pecado de la idolatría, cuando viene acompañado por un deseo de que se muestre la gloria de Dios, puede incluso salvar de las amenazas militares (ver la oración de Ezequías y la respuesta de Dios en 19:15-37).

CARACTERÍSTICAS LITERARIAS

GÉNERO Y ESTILO LITERARIO

Un relato histórico selectivo escrito en hebreo

Al describir el período de la monarquía dividida, el escritor alternó entre los reyes de Israel y los reyes de Judá, y prestó atención solo a Jehú, fundador de una nueva dinastía en Israel, y a Joás, el niño rey de Judá. Después de describir la caída del reino del norte, el autor se centró solo en dos reyes justos: Ezequías y Josías. Su interpretación de la razón por la cual Israel cayó (cap. 17) y luego Judá (cap. 25) fue completamente teológica, en lugar de militar, política o económica.

En las Escrituras hebreas, la obra única de 1 y 2 Reyes fue colocada como la última de los cuatro «Profetas Anteriores». A partir de Josué y Jueces, luego en Samuel (en conjunto) y Reyes (en conjunto), estos Libros describen el período de 800 años desde la entrada de Israel en Canaán (alrededor del 1406 a.C.), hasta la destrucción del templo de Jerusalén y el exilio a Babilonia (alrededor del 586 a.C.). Su tema común es el castigo divino que acarrea el pecado, al contrario de la bendición y paz que la obediencia trae consigo (en consonancia con las enseñanzas de Deuteronomio, especialmente los caps. 27–28).

Esta interpretación se denomina comúnmente «Historia deuteronómica». La crítica textual ha argumentado que esta perspectiva surgió a finales de la monarquía israelita, tal vez en la época de Josías; sin embargo, es mucho más creíble que el propio Moisés por revelación divina originó esta perspectiva, como Deuteronomio afirma claramente. Más tarde, los historiadores posteriores utilizaron la lente interpretativa de Deuteronomio más o menos de manera uniforme para escribir sus respectivas partes de la historia de Israel. Por último, los Libros que reflejan esta perspectiva fueron reunidos en el canon israelita como la primera sección de «Los Profetas».

UN PRINCIPIO A SEGUIR EN LA VIDA

Caminar dignamente (2 Rey. 18:1-6)

Independientemente de cuán pecaminoso sea el medio en que vivimos, hemos de confiar que Dios nos proporcionará los recursos internos para andar como es digno de nuestro llamamiento en Jesucristo.

En la Biblia hebrea, 1 y 2 Crónicas eran originalmente un solo Libro, *Dibre hayyamin*, «acciones o hechos de la época o los tiempos», pero los traductores griegos (siglo II a.C.) lo dividieron en dos. El título en español proviene de *Chronicon*, el nombre dado por Jerónimo, traductor al latín.

TEXTO CLAVE: 28:4

Pero Jehová el Dios de Israel me eligió de toda la casa de mi padre, para que perpetuamente fuese rey sobre Israel; porque a Judá escogió por caudillo, y de la casa de Judá a la familia de mi padre; y de entre los hijos de mi padre se agradó de mí para ponerme por rey sobre todo Israel.

TÉRMINO CLAVE: «DINASTÍA»

Este Libro se centra en cómo Dios estableció la dinastía eterna de David y describe los logros positivos de David, tanto religiosos como militares.

RESUMEN DE UNA SOLA FRASE

Después de extensas genealogías introductorias, el autor relata cómo David gobernó durante 40 años bajo la bendición de Dios, y cómo centró especialmente su atención en Jerusalén, en el sacerdocio y en los preparativos para la construcción del templo.

CONTEXTO HISTÓRICO ORIGINAL

AUTOR Y FECHA DE ESCRITURA
Desconocido, tal vez Esdras cerca del 450 a.C.

Los eruditos se refieren al autor anónimo de 1 y 2 Crónicas como «el cronista». Según la tradición judía, Esdras fue el compositor, pero esto no se puede demostrar ni refutar. La obra fue escrita después del regreso de los exiliados de Babilonia. Algunos eruditos fechan el Libro en los años 300 a.C., pero por lo general una fecha anterior parece más probable.

PÚBLICO INICIAL Y DESTINATARIO
Los israelitas en Jerusalén después de su regreso del exilio

El Libro no expresa su público o destinatario original; no obstante, más adelante puedes leer sobre el propósito del Libro. Tal vez el manuscrito original fue colocado en un depósito de libros en el templo reconstruido. Allí se habría unido a la creciente colección de Escrituras sagradas de Israel.

ORIGEN

Debido a que la autoría y la fecha son inciertas, tampoco se conoce lo que impulsó la redacción de Crónicas. El autor utilizó muchas fuentes, que incluyen los Libros bíblicos de Samuel y Reyes y menciona documentos oficiales de la corte, llamados «el libro de los reyes de Judá y de Israel» (1 Crón. 9:1; 2 Crón. 16:11). También tuvo acceso a materiales escritos por ciertos profetas «en el libro de las crónicas de Samuel vidente, en las crónicas del profeta Natán y en las crónicas de Gad vidente» (1 Crón. 29:29); en «las palabras de Jehú hijo de Hanani» (2 Crón. 20:34) y «en la profecía del profeta Isaías hijo de Amoz» (2 Crón. 32:32). Otras fuentes, como genealogías antiguas y las listas del templo, parecen probables.

EL MENSAJE DE DIOS EN 1 CRÓNICAS

PROPÓSITO

Puesto que este Libro era originalmente la primera mitad de una sola composición, el propósito de los Libros que ahora se conocen como 1 y 2 Crónicas debe ser considerado en conjunto. Esta obra respondía a preguntas importantes para los israelitas que habían regresado después de años de exilio en Babilonia. Sus tiempos fueron difíciles y decepcionantes. ¿Encajaban ellos todavía en el plan de Dios? ¿Eran todavía aplicables las promesas de Dios a ellos? Además, ¿qué instituciones religiosas y políticas eran importantes? Por último, ¿qué lecciones del pasado podrían aprender para no cometer los mismos errores?

El autor responde a estas preguntas mediante la compilación de una historia religiosa altamente selectiva. El pacto que Dios hizo con David, concerniente a una dinastía eterna, todavía estaba en vigor. Incluso sin un rey davídico en el trono, ellos todavía eran el pueblo de Dios y aún podían tener esperanza en la restauración de la monarquía. Mientras esperaban, ellos podían hacer las cosas que Dios pedía, como ofrecer los sacrificios adecuados con los sacerdotes adecuados en el lugar correcto. Por último, aunque David y Salomón son presentados como los reyes ideales, la apostasía de los reyes posteriores se destaca como la causa del exilio babilónico (2 Crón. 36:16). El pueblo de Dios que hoy estudia los Libros de Crónicas debe hacerlo con los propósitos originales del autor en mente.

A PRIMERA VISTA

Desde Adán hasta Zacarías, hijo de Meselemías

En 1 y 2 Crónicas se narra la historia de Israel desde sus raíces ancestrales en Adán

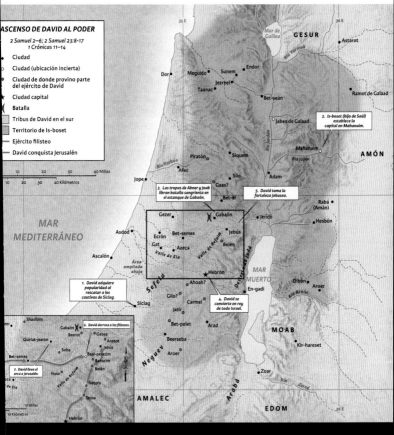

ASCENSO DE DAVID AL PODER

2 Samuel 2–6; 2 Samuel 23:8-17
1 Crónicas 11–14

- Ciudad
- Ciudad (ubicación incierta)
- Ciudad de donde provino parte del ejército de David
- Ciudad capital
- Batalla
- Tribus de David en el sur
- Territorio de Is-boset
- Ejército filisteo
- David conquista Jerusalén

1. David adquiere popularidad al rescatar a los cautivos de Siclag.

2. Is-boset (hijo de Saúl) establece la capital en Mahanaim.

3. Las tropas de Abner y Joab libran batalla sangrienta en el estanque de Gabaón.

4. David se convierte en rey de todo Israel.

5. David toma la fortaleza Jebusea.

6. David derrota a los filisteos.

7. David lleva el arca a Jerusalén.

enterarse de la muerte de Saúl y Jonatán, David mató al confeso asesino de Saúl y entonó un
mento por los caídos (2 Sam. 1). Se mudó a Hebrón, donde los ciudadanos de Judá lo corona-
como rey (2 Sam. 2). Esto condujo a la guerra con Israel bajo el hijo de Saúl, Is-boset. Después
mucha intriga, los comandantes de Is-boset lo asesinaron. David hizo lo mismo con ellos (2
m. 4). Luego, las tribus del norte coronaron rey a David, en Hebrón, y unieron a todo Israel bajo
mando. David dirigió la captura de Jerusalén y la convirtió en capital. Posteriormente, orga-
ó su administración y sometió a otras naciones que se le oponían, para al final tomar el control
la tierra que Dios había prometido originalmente a sus antepasados.

hasta el día de la restauración después del exilio babilónico (caps. 1–9). Una función importante de las genealogías que aparecen al comienzo de Crónicas es mostrar la continuidad en el plan de Dios para Israel. Las genealogías no son una enumeración estéril de nombres, sino que constituyen una importante declaración del lugar de Israel en la visión de conjunto del plan de Dios para el mundo. El Cronista encontró la comprensión correcta de la historia universal en la fundación de Israel, el nombramiento de David y la construcción del templo donde Dios residía en el mundo (un anticipo del verdadero templo, Jesucristo, que residió en el mundo como hombre; ver Juan 12).

Reinado de David

El episodio de la muerte de Saúl proporciona el trasfondo para el reino de David (10:1-13). El reinado de David fue espléndido y el pináculo de su gobierno fue llevar el arca a Jerusalén (15:1-29). Dios honró el deseo de David de construir un templo al otorgarle un trono eterno (17:1-27). David prosperó aún más debido a la bendición de Dios y dedicó al Señor el botín de sus victorias (caps. 18–20).

Preparativos de David para el templo

La última sección presenta los preparativos de David para la construcción del templo (22:1-19). Para el cronista esta fue la contribución más importante del rey y ocupó el lugar primordial en su relato del reinado de David. El sitio del templo fue escogido por Dios. David organizó a los levitas y sacerdotes para la obra del templo, organizó el ejército y llevó a cabo una convocatoria nacional (caps. 23–29), donde las personas contribuyeron con ofrendas (29:1-9). Salomón fue ungido como rey y Sadoc como sacerdote (29:22-25).

LA VERACIDAD DE 1 CRÓNICAS

Ver *La veracidad de 1, 2 REYES y 1, 2 CRÓNICAS*, pág. 110.

CÓMO ENCAJA 1 CRÓNICAS EN LA HISTORIA DE DIOS

1. Prólogo: creación, caída del hombre y necesidad de redención
2. Dios construye Su nación (2000–931 a.C.)
3. Dios educa a Su nación (931–586 a.C.)
4. Dios preserva un remanente fiel (586–6 a.C.)
5. Dios compra la redención y comienza el reino (6 a.C. al 30 d.C.)
6. Dios extiende el reino a través de la iglesia (30 d.C. [?])
7. Dios consuma la redención y confirma Su reino eterno
8. Epílogo: un cielo nuevo y una Tierra nueva

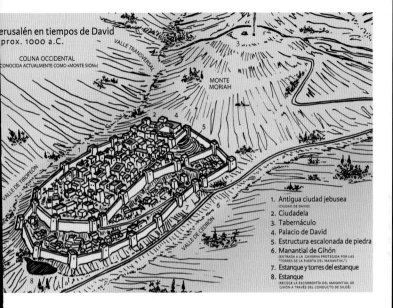

Jerusalén en tiempos de David
aprox. 1000 a.C.

COLINA OCCIDENTAL
(CONOCIDA ACTUALMENTE COMO «MONTE SION»)

VALLE TRANSVERSAL

MONTE MORIAH

VALLE DE TIROPEON

VALLE DE CEDRÓN

1. **Antigua ciudad jebusea**
   (CIUDAD DE DAVID)
2. **Ciudadela**
3. **Tabernáculo**
4. **Palacio de David**
5. **Estructura escalonada de piedra**
6. **Manantial de Gihón**
   (ENTRADA A LA CAVERNA PROTEGIDA POR LAS "TORRES DE LA PUERTA DEL MANANTIAL")
7. **Estanque y torres del estanque**
8. **Estanque**
   (RECOGE LA ESCORRENTÍA DEL MANANTIAL DE GIHÓN A TRAVÉS DEL CONDUCTO DE SILOÉ)

✝ CRISTO EN 1 CRÓNICAS

La promesa mesiánica de que un hijo de David gobernaría sobre Israel ocupa el centro de 1 Crónicas (cap. 17). Se trazan los linajes familiares de los reyes de Israel (cap. 3), lo que demuestra que Dios ha sido fiel en mantener a un hijo de David para que dirija a Israel, incluso al enfrentar el exilio. Este hijo de David es descrito como el eternamente amado Hijo de Dios (17:13; Luc. 1:32-33; Heb. 1:5). La oración de alabanza de David (29:10-13) se aplica a Jesús (Apoc. 5:12-13).

PRINCIPIOS BÁSICOS DE LA COSMOVISIÓN CRISTIANA

Enseñanza sobre Dios

Dios es soberano en llevar a cabo Sus planes del reino. Su pacto incondicional con el indigno David (cap. 17) es tan magnífico como Su pacto con Abraham. Él desea la adoración de Su pueblo de la manera que Él ha revelado. (Ver 1 Crón. 28:12 para conocer sobre la obra del Espíritu Santo en la revelación de los planes para la construcción del templo). La preocupación de David por el arca, sus preparativos para la construcción del templo y su organización de los sacerdotes y levitas demuestran esto correctamente.

Enseñanza sobre la humanidad

Las largas genealogías al comienzo de 1 Crónicas muestran que Dios se preocupa por las personas como individuos. Cada ser humano tiene valor, pues fue creado a la imagen de Dios. Si un historiador se tomó la molestia de descubrir y preservar estas listas que pueden resultar tediosas, cuánto más no se preocupa Dios por la «gente pequeña» que tal vez parezca insignificante. Por otra parte, David modeló de forma magnífica que los seres humanos pueden lograr grandes tareas para Dios cuando sus corazones se vuelven apasionadamente para agradarle.

Enseñanza sobre la salvación

La enseñanza más clara del Libro sobre la salvación como don de Dios es el salmo de acción de gracias de David, cuando el arca del pacto finalmente fue puesta en una tienda (cap. 16). La conclusión demuestra de forma especial que el propósito de la salvación es dar gloria a Dios: «Aclamad a Jehová, porque él es bueno; porque su misericordia es eterna. Y decid: Sálvanos, oh Dios, salvación nuestra; recógenos, y líbranos de las naciones, para que confesemos tu santo nombre, y nos gloriemos en tus alabanzas. Bendito sea Jehová Dios de Israel, de eternidad a eternidad» (16:34-36).

CARACTERÍSTICAS LITERARIAS

GÉNERO Y ESTILO LITERARIO

Tablas genealógicas, historia narrativa y algo de poesía, todo esto compuesto en hebreo

El material genealógico es el más extenso que se encuentra en la Escritura. El relato de la monarquía de David tiene un enfoque diferente al relato en 2 Samuel. Ni su adulterio con Betsabé, ni la traición de Absalón son considerados. En 1 Crónicas, David es casi perfecto; incluso el censo de Israel que él realizó se atribuye a Satanás y dio como resultado el descubrimiento real del sitio adecuado para el templo (cap. 21). Las breves secciones poéticas conservan oraciones de David (caps. 16; 29). Ver los comentarios sobre *Género y estilo literario* en **NEHEMÍAS** para más material sobre la posible relación literaria de Crónicas, Esdras y Nehemías.

UN PRINCIPIO A SEGUIR EN LA VIDA

Construir el reino eterno de Dios (1 Crón. 29:22b-30)

Al vivir nuestra vida, nuestro propósito fundamental debe ser construir el reino eterno de Dios, no el nuestro.

En la Biblia hebrea, 1 y 2 Crónicas eran originalmente un solo libro, *Dibre hayyamin*, «acciones o hechos de la época o los tiempos», pero los traductores griegos (siglo II a.C.) lo dividieron en dos. El título en español proviene de *Chronicon*, el nombre dado por Jerónimo, traductor al latín.

TEXTO CLAVE: 7:1 Y 36:19

Cuando Salomón acabó de orar, descendió fuego de los cielos, y consumió el holocausto y las víctimas; y la gloria de Jehová llenó la casa.

Y quemaron la casa de Dios, y rompieron el muro de Jerusalén, y consumieron a fuego todos sus palacios, y destruyeron todos sus objetos deseables.

TÉRMINO CLAVE: «TEMPLO»

El Libro comienza con los planes de Salomón para construir el templo en Jerusalén y termina con su destrucción. Entre la dedicación y la destrucción (cerca de 384 años, desde el 959 al 586 a.C.), el templo fue a veces descuidado y a veces restaurado, pero siempre fue la edificación más importante de Israel.

RESUMEN DE UNA SOLA FRASE

Después del glorioso reinado de Salomón, que culminó con la dedicación del templo, los reyes de la dinastía davídica (algunos justos y algunos malvados) continuaron gobernando en Jerusalén, lo cual terminó en la destrucción del templo y el exilio.

CONTEXTO HISTÓRICO ORIGINAL

AUTOR Y FECHA DE ESCRITURA

Anónimo, tal vez Esdras cerca del 450 a.C.

PÚBLICO INICIAL Y DESTINATARIO

Los israelitas en Jerusalén después de su regreso del exilio

ORIGEN

Desconocido, pero ver *Origen* en *1 CRÓNICAS*.

CONSTRUCCIONES DE SALOMÓN

1 Reyes 6–7; 9:1-22;
2 Crónicas 2–4; 8:1-12

- • Ciudad
- ○ Ciudad (ubicación incierta)
- • Ciudad (nombre moderno)
- Hazor Ciudad construida o reconstruida por Salomón
- ○ Ciudades y pueblos que evidencian construcción o reconstrucción en el siglo x a.C.
- ▢ Fortificado por Salomón
- ■ Recintos fortificados
- — Rutas principales
- --- Otras rutas
- ▢ Territorio cedido a Hiram de Tiro

Origen de la madera usada para construir el templo de Jehová.

Fundición de utensilios de bronce.

Construcción del templo de Jehová, palacio y ciudad.

Construyó fortaleza y poblaciones agrícolas.

Construyó fortaleza, puerto y barcos.

Damasco
FENICIA
Tiro
Dan
SIRIA
Hazor
TIERRA DE CABUL
T. Kinrot
Mar de Galilea
Shiqmona
Tell Abu Hawam
Jocneam
Río Yarmuk
Tell Mevorak
Meguido
Taanac
Bet-seán
MAR MEDITERRÁNEO
Tirsa
Saretán
Sucot
T. Qasile
Tell el Mazar
AMÓN
Jope
Adam
Baja Bet-horón
Alta Bet-horón
Gezer
Timnat
Jerusalén
Rabá (Amán)
32 N
Baalat
Bet-semes
FILISTEA
Laquis
Hebrón
Gaza
T. Beit Mirsim
Arad
MAR MUERTO
Río Arnón
Aroer
T. Beerseba
Tel Mahalta
Tel Masos
Baalat-beer
Kir-hareset
Rogem
Ma-ro'am
MOAB
AMALEC
Tamar
Río Zered
Ramat Matred
Punón
Cades-barnea
E D O M
30 N
Ezión-geber
Golfo de Aqaba
34 E
36 E

0   20   40   60 Millas
0   20   40   60 Kilómetros

La sabiduría de Salomón se expresó en su liderazgo de las principales campañas de construcción en todo Israel durante su reinado.

EL MENSAJE DE DIOS EN 2 CRÓNICAS

PROPÓSITO

Debido a que 1 y 2 Crónicas existieron primeramente como una sola composición, ver argumento en la sección *Propósito* de **1 Crónicas**.

A PRIMERA VISTA

En 2 Crónicas se continúa la historia del plan de redención de Dios para Israel que comenzó en 1 Crónicas. La pausa entre los Libros es conveniente, porque la primera parte termina con los preparativos de David para el templo, y la segunda describe la construcción y la historia del templo bajo los reyes de Judá. Este Libro abarca cuatro siglos y medio, desde el reinado de Salomón (cerca del 971 a.C.) hasta el edicto de Ciro (539 a.C.).

El templo de Dios

En 2 Crónicas se narra el pasado de Israel desde la perspectiva de su historia religiosa. La construcción del templo es el aspecto central (caps. 2–7). La historia de la monarquía es contada desde la perspectiva de cómo se comportó la adoración en el templo bajo los reyes de Judá.

Una de las características más sobresalientes de 2 Crónicas es la forma en que el autor conecta el templo y los reinados, al destacar a los reyes que iniciaron las reparaciones del templo, y de esta forma, la reforma religiosa y la renovación espiritual. Por lo tanto, la historia del templo de Salomón se puede resumir de la siguiente manera:

Acontecimiento	Rey	Versículo	Año
Dedicación del templo	Salomón	5:1	Aprox. 959 a.C.
Primera reparación y reforma	Asa	15:8	Aprox. 895 a.C.
Segunda reparación y reforma	Joás	24:13	Aprox. 830 a.C.
Tercera reparación y reforma	Ezequías	29:3	Aprox. 715 a.C.
Cuarta reparación y reforma	Josías	34:8	Aprox. 622 a.C.
Destrucción del templo	Sedequías	36:19	Aprox. 586 a.C.

Lecciones espirituales

En la segunda sección del Libro (10:1–36:13) se hace un análisis de la vida espiritual de la nación bajo los reyes de Judá durante la monarquía dividida. Después que la revuelta de las tribus del norte es relatada (cap. 10), la narrativa pasa de períodos de decadencia espiritual a reformas religiosas y viceversa. Se presta especial atención

a los reformadores Asa y Josafat, Joás, Ezequías y Josías. El período final de degeneración constituye los últimos días de los reyes de Judá.

Los reyes de Judá son juzgados sobre la base de su fidelidad a los mandamientos
de Moisés (6:16; 7:17-18). Aquellos reyes que fueron fieles prosperaron en sus reinados, como los reformadores Asa (14:4), Jotam (27:6), Ezequías (31:20-21) y Josías
(34:31-33; 35:26). Los reyes infieles a la ley de Moisés terminaron en desastre. Joram
experimentó la enfermedad y la derrota (21:12-20), Joás fue asesinado (24:24-25),
Ozías padeció lepra (26:16-21), Acaz fue humillado (28:19,22) y Manasés fue encarcelado (33:7-11). La presencia de un rey davídico, por sí sola, no garantizaba el favor
de Dios sobre Israel. La obediencia era el requisito del Señor.

El decreto de Ciro

Las observaciones finales del cronista son un sermón en el que culpa a los sacerdotes y líderes por no obedecer los mandatos del Señor, lo cual causó la destrucción de la ciudad y del templo. Al escribir casi dos siglos después de Reyes, el
cronista incluye en su historia el retorno de los exiliados y añadió que Jeremías lo
había predicho (Jer. 25:11; 29:10). El cronista plantea que la tierra tuvo su descanso
sabático como la ley exigía (ver Lev. 26): 70 años a partir de la ruina del templo (586
a.C.) hasta su reconstrucción (516 a.C.). Con el derrocamiento de los babilonios, el
emperador persa, Ciro, instauró una nueva política hacia los exiliados (36:14-23). El
edicto de Ciro, publicado en el famoso Cilindro de Ciro (539 a.C.), fue citado por el
cronista en su versión en hebreo. Ciro permitió a los pueblos conquistados de
Babilonia que regresaran a su tierra natal y revivieran sus tradiciones religiosas. Para
los judíos, él ordenó la reconstrucción del templo de Jerusalén. Aunque parecía que
las promesas de Dios a David habían sido olvidadas, el cronista demostró a través
de su análisis de la historia, que Dios sigue siendo fiel y puede cambiar la historia
para lograr Sus propósitos. La historia de la fortuna de Israel no había terminado. Los
últimos dos versículos se repiten en Esdras 1:1-3a para indicar que la historia de la
obra redentora de Dios, a través del templo, continuaba en los relatos de Esdras y
Nehemías.

LA VERACIDAD DE 2 CRÓNICAS

Ver *La veracidad de 1, 2 REYES y 1, 2 CRÓNICAS,* pág. 110.

TEMPLO DE SALOMÓN. Vista exterior (MIRANDO HACIA EL OESTE)

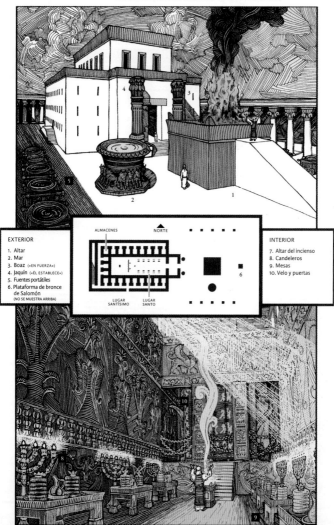

EXTERIOR

1. Altar
2. Mar
3. Boaz («EN FUERZA»)
4. Jaquín («ÉL ESTABLECE»)
5. Fuentes portátiles
6. Plataforma de bronce de Salomón (NO SE MUESTRA ARRIBA)

INTERIOR

7. Altar del incienso
8. Candeleros
9. Mesas
10. Velo y puertas

ALMACENES NORTE
LUGAR SANTÍSIMO LUGAR SANTO

TEMPLO DE SALOMÓN. Vista interior (MIRANDO HACIA EL OESTE)

«Acabada toda la obra que hizo Salomón para la casa de Jehová, metió Salomón las cosas que David su padre había dedicado; y puso la plata, y el oro, y todos los utensilios, en los tesoros de la casa de Dios» (2 Crón. 5:1).

CÓMO ENCAJA 2 CRÓNICAS EN LA HISTORIA DE DIOS

1. Prólogo: creación, caída del hombre y necesidad de redención
2. Dios construye Su nación (2000–931 a.C.)
3. Dios educa a Su nación (931–586 a.C.)
4. Dios preserva un remanente fiel (586–6 a.C.)
5. Dios compra la redención y comienza el reino (6 a.C. al 30 d.C.)
6. Dios extiende el reino a través de la iglesia (30 d.C. [?])
7. Dios consuma la redención y confirma Su reino eterno
8. Epílogo: un cielo nuevo y una Tierra nueva

Rampa de asedio de los asirios en Laquis. «Después de esto Senaquerib rey de los asirios, mientras sitiaba a Laquis con todas sus fuerzas…» (2 Crón. 32:9). De las 46 ciudades de Judea tomadas por Senaquerib en el año 701 a.C., Laquis fue una de las más estratégicas. Constituía la última línea de defensa contra los enemigos que trataran de invadir Jerusalén. La rampa de asedio asiria de roca y tierra fue contrarrestada por una rampa que la gente de Laquis construyó dentro de los muros. Las tácticas y fuerzas asirias se impusieron y Laquis sucumbió. Esto hace aún más notable que Jerusalén se haya salvado durante esta incursión asiria.

⨯ CRISTO EN 2 CRÓNICAS

El glorioso reino de Salomón, como tercer rey de Israel, es una imagen del reino eterno de Cristo en la Nueva Jerusalén (Apoc. 21–22).

PRINCIPIOS BÁSICOS DE LA COSMOVISIÓN CRISTIANA

Enseñanza sobre Dios

Este Libro muestra que Dios bendice la fidelidad a Él y castiga a Su pueblo cuando se aleja de Él. En el «programa educativo» de Dios estaba enseñar a Su pueblo que Él valora la lealtad a Él por encima de todo lo demás. El Libro termina con una nota de esperanza: a los exiliados israelitas se les permitió regresar a casa con el fin de reconstruir su templo. El Espíritu de Dios se observa al inspirar a ciertos sacerdotes y profetas.

l asalto a Laquis. Máquinas de asedio van delante subiendo las rampas artificiales. En el interior,)s hombres con calderas vierten agua para evitar ser incendiados por las antorchas lanzadas esde los muros. El artista se ha anticipado a los resultados del asalto y muestra una procesión de ombres y mujeres que salen en tropel por la puerta de la ciudad, listos para ir al exilio (2 Rey. 18; Crón. 32; Isa. 36). Este detallado bajorrelieve fue encontrado en la pared del palacio real en ínive, y se encuentra actualmente en el Museo Británico de Londres. Una réplica de este bajorre-eve, se puede encontrar en la biblioteca del Seminario Teológico Bautista del Sur en Louisville Kentucky).

Enseñanza sobre la humanidad

Este Libro hace un gran énfasis en la vida de Salomón, cuyo espléndido reinado en Jerusalén era un anticipo del reino eterno de Cristo en la Nueva Jerusalén (Mat. 12:42; Apoc. 21–22). Al igual que en 2 Reyes, el valor de los reyes se determina solo por si hicieron bien o mal ante los ojos del Señor.

Enseñanza sobre la salvación

Al igual que en 2 Reyes, los profetas de Dios en 2 Crónicas hacen un llamado al arrepentimiento, tanto al rey como al pueblo, por su apostasía religiosa y también los exhortan a adorar únicamente al Señor. (Isaías y Jeremías son conocidos por sus escritos, Semaías, Oded, Micaías, Eliezer y Hulda son menos familiares). Cuatro reyes guiaron a Israel a abandonar el pecado, reparar el templo y volver a comprometerse con la adoración incondicional al Señor (Asa, Joás, Ezequías y Josías).

CARACTERÍSTICAS LITERARIAS

GÉNERO Y ESTILO LITERARIO

Un relato histórico selectivo escrito en hebreo

Aunque 2 Crónicas describe el mismo período de tiempo que 1 y 2 Reyes, su enfoque es peculiar, pues se concentra solo en los reyes de Judá. El punto de vista del autor sobre el reino del norte es claro: «Así se apartó Israel de la casa de David hasta hoy» (10:19). Por lo tanto, el rey Ezequías (quien gobernó en Judá, tanto antes como después de la caída del reino del norte) invitó a la gente de «todo Israel y Judá» a su gran pascua, y muchas personas fueron (30:1,6,10). Por consiguiente, a partir del tiempo de Ezequías hasta la destrucción final de Jerusalén, el rey davídico en Jerusalén gobernó «todo Israel» (31:1; 35:3). El cronista centró su atención principalmente en la condición del templo y en si el rey davídico seguía al Señor de todo corazón.

En la Biblia hebrea, Crónicas fue colocado en la tercera sección, los Escritos *(Ketuvim)*, en lugar de en la Ley o los Profetas. De hecho, fue el último Libro de las Escrituras hebreas. Por lo tanto, al igual que los cristianos modernos usan la frase «desde Génesis hasta Apocalipsis» para expresar todo el canon, los cristianos que vivían en el primer siglo lo hacían mediante la frase «desde Génesis hasta Crónicas». Ver los comentarios sobre *Género y estilo literario* en **NEHEMÍAS** para estudiar otros materiales sobre la posible relación literaria de Crónicas, Esdras y Nehemías.

UN PRINCIPIO A SEGUIR EN LA VIDA

Respuesta a la Palabra de Dios (2 Crón. 34:14-33)

Cuando la Escritura nos confronta por algún pecado en nuestra vida, debemos permitir que el Espíritu de Dios nos convenza, nos humille y reoriente nuestra vida en Su voluntad.

El libro lleva el nombre de Esdras, el personaje principal. En la Biblia hebrea, Esdras y Nehemías eran inicialmente un solo Libro. Las Biblias en español siguen la división hecha por Jerónimo, traductor al latín, quien nombró a las dos partes Esdras y Nehemías. Otros han utilizado los títulos 1 y 2 Esdras.

TEXTO CLAVE: 6:16

Entonces los hijos de Israel, los sacerdotes, los levitas y los demás que habían venido de la cautividad, hicieron la dedicación de esta casa de Dios con gozo.

TÉRMINO CLAVE: «RESTAURACIÓN»

El Libro describe dos restauraciones del cautiverio en Babilonia. En primer lugar, más de 40.000 israelitas regresaron bajo Sesbasar (en la década del 530 a.C.). En segundo lugar, un grupo más pequeño acompañó a Esdras, quien tenía como objetivo enseñar al pueblo la ley de Moisés (alrededor del 458 a.C.).

El Río Éufrates. Los judíos exiliados que regresaban de Babilonia habrían cruzado el Éufrates y luego viajado en dirección paralela al mismo, mientras regresaban a Judá.

RESUMEN DE UNA SOLA FRASE

El primer grupo de exiliados que volvió, restauró la adoración al Señor, que culminó en la reconstrucción del templo; pero Esdras, quien condujo el segundo grupo, restableció la comunidad israelita bajo la ley mosaica, que culminó en la eliminación de los matrimonios mixtos.

CONTEXTO HISTÓRICO ORIGINAL

AUTOR Y FECHA DE ESCRITURA

Anónimo, tal vez Esdras cerca del 430 a.C.

La tradición judía sostiene que el sacerdote Esdras compuso la obra única Esdras-Nehemías. No hay ninguna razón por la que no podría haberlo hecho, especialmente debido a que él era «escriba diligente en la ley de Moisés» (7:6). En 7:28–9:15, Esdras es mencionado en primera persona («yo», «mí»). Si Esdras no fue el compositor, entonces un compositor posterior copió directamente de sus memorias. (El Libro de Nehemías incluye memorias similares en primera persona sobre Nehemías).

PÚBLICO INICIAL Y DESTINATARIO

Los israelitas en Jerusalén después de su regreso del exilio

El Libro constituyó un registro permanente de los acontecimientos que restablecieron la identidad nacional de Israel. Tal vez el «Pergamino de Esdras-Nehemías» original, cuando fue terminado, lo colocaron en un depósito de libros en el templo reconstruido. Allí se habría unido a la creciente colección de Escrituras sagradas de Israel.

ORIGEN

Lo que motivó originalmente la escritura de este Libro no está claro. El autor no podría haber sido testigo ocular de todos los acontecimientos de Esdras-Nehemías, ya que estos abarcan alrededor de un siglo. Sin embargo, él pudo haber visto todos los acontecimientos relacionados con los ministerios, tanto de Esdras como de Nehemías. El autor entretejió con habilidad sus fuentes y conformó un relato poderoso de la provisión y protección de Dios para Su pueblo.

EL MENSAJE DE DIOS EN ESDRAS

PROPÓSITO

Puesto que este Libro era originalmente la primera mitad de una sola composición, el propósito de los Libros que ahora se conocen como Esdras y Nehemías debe ser considerado en conjunto. Esta obra continuó la historia de Israel en el punto donde 2 Crónicas terminó. Les mostró a los israelitas que habían regresado a su tierra, que ellos seguían siendo el pueblo de Dios, a pesar de los años de exilio y de las dificultades que habían experimentado desde su regreso. Dios estaba obrando a través de reyes paganos como Ciro y Artajerjes (Esd. 1:1; 7:27) para provocar el retorno del exilio y la reconstrucción del templo. Dios había trabajado para traer maestros devotos (Esd. 7:9) y gobernadores fuertes (Neh. 2:12) para ayudar a Su pueblo. Desde una perspectiva más amplia, el segundo templo, la comunidad judía y una Jerusalén estable fueron circunstancias importantes para la venida de Jesús más de cuatro siglos después. El pueblo de Dios que hoy estudia los Libros de Esdras y Nehemías debe hacerlo con los propósitos originales del autor en mente.

A PRIMERA VISTA

La reconstrucción del templo

La primera sección proporciona una descripción de Sesbasar, Zorobabel y los primeros judíos que volvieron a Jerusalén desde el cautiverio en el 538 a.C. (caps. 1–6). El Señor inspiró a Ciro para permitir el regreso de los judíos a fin de adorar a su Dios. Los que se ofrecieron para la primera expedición son mencionados. Su principal objetivo era reconstruir el templo. Ellos echaron los cimientos en el 536 a.C., pero la oposición de sus enemigos detuvo el trabajo. Luego hubo una gran espera. Hageo y Zacarías (Esd. 5:1) en el año 520 a.C. habían alentado a la gente para terminar el proyecto, lo cual hicieron en el 515 a.C. (6:14-15) y celebraron la dedicación de este templo con alegría (6:16).

Reforma bajo la ley

Pasaron casi 60 años antes de que Esdras fuera a Jerusalén (458 a.C.); seis décadas de silencio. Se fue de Persia con «... la copia de la carta que dio el rey Artajerjes al sacerdote Esdras, escriba...» (7:11), que le otorgaba poder y autoridad inusuales (7:12-26). A medida que, «... habiendo buscado entre el pueblo y entre los sacerdotes...» (8:15), no encontró allí de los hijos de Leví. Estos eran esenciales para su programa de enseñanza con el fin de implementar la ley de Dios en Jerusalén. Durante una parada de tres días, más de 200 «ministros para la casa de nuestro Dios» (8:17) fueron reclutados. Cuatro meses más tarde, el grupo con probablemente menos de 2000 personas, llegó a la ciudad santa.

Pronto, Esdras fue informado del pecado más evidente de los judíos: matrimonios con no judíos, gente que no estaba en una relación de pacto con Jehová (9:2). Esdras se puso molesto en gran medida (9:3-4), y oró (9:6-15). En conjunto, las personas llegaron a lo que debe haber sido una decisión desgarradora: «Ahora, pues, hagamos pacto con nuestro Dios, que despediremos a todas las mujeres y los nacidos de ellas» (10:3). El Libro concluye con la puesta en práctica de esta decisión.

La historia de Esdras alcanza su punto culminante en Nehemías 8–10. Allí, él leyó «el libro de la ley de Moisés, la cual Jehová había dado a Israel» (Neh. 8:1). Esto causó un gran avivamiento.

LA VERACIDAD DE ESDRAS

En Esdras se encuentran las proclamas oficiales del gobierno persa (por ej., Esd. 1:1-5; 4:8–10,11-16,17-22; 5:6-17; 6:6-12; 7:11-26). Hasta hace poco, muchos eruditos dudaban de la autenticidad de estas proclamas y afirmaban que el lenguaje parecía demasiado teológico o que no seguía la forma persa estándar. Sin embargo, investigaciones recientes han silenciado estas críticas. Un estudio de las cartas de la comunidad judía en Elefantina, Egipto, revela que el tono teológico de los edictos reales, es probablemente el resultado de la interacción de los judíos con el rey, antes de la emisión de sus edictos. En otras palabras, el rey (o su escriba) utilizaba un lenguaje que resultaba familiar a los destinatarios. Ahora se conoce que las cartas oficiales en el Libro son comparables en estilo a las cartas típicas de la época, con variaciones en dependencia de si iban dirigidas de inferiores a superiores o viceversa.

Algunas de estas proclamas son de Ciro II, fundador del Imperio aqueménida. Después de su conquista de Babilonia, él instituyó la política de regresar a algunos de los pueblos sometidos a su tierra natal. Esta política se refleja hacia pueblos específicos en el llamado Cilindro de Ciro, uno de los descubrimientos arqueológi-

El Cilindro de Ciro. Ciro reconoce al dios babilónico Marduk por elegirlo a él y permitirle conquistar Babilonia. Las inscripciones expresan la política de Ciro de permitir a los pueblos cautivos, como los judíos, volver a su tierra natal. Los escritores bíblicos vieron la mano de Dios en estos acontecimientos mundiales (2 Crón. 36:22-23; Esd. 1:2-4; Isa. 44:24-28; 45:1).

cos más importantes de la era moderna. A pesar de que el Cilindro de Ciro no menciona al pueblo de Judá específicamente, se muestra que las proclamas en Esdras atribuidas a Ciro son consistentes con su más abarcadora política de repatriación. Ciro también apoyó la reconstrucción de templos en lugares donde los exiliados fueron reubicados, en consonancia con los informes de Esdras relativos al templo de Jerusalén.

CÓMO ENCAJA ESDRAS EN LA HISTORIA DE DIOS

1. Prólogo: creación, caída del hombre y necesidad de redención
2. Dios construye Su nación (2000–931 a.C.)
3. Dios educa a Su nación (931–586 a.C.)
4. Dios preserva un remanente fiel (586–6 a.C.)
5. Dios compra la redención y comienza el reino (6 a.C. al 30 d.C.)
6. Dios extiende el reino a través de la iglesia (30 d.C. [?])
7. Dios consuma la redención y confirma Su reino eterno
8. Epílogo: un cielo nuevo y una Tierra nueva

⊂Ⓧ CRISTO EN ESDRAS

Esdras fue un sacerdote que jugó un papel importante en llevar al pueblo de Dios de la cautividad en Babilonia de regreso a Judea. En un sermón en la sinagoga de Nazaret, Jesús anunció Su intención de «pregonar libertad a los cautivos» (Luc. 4:18).

PRINCIPIOS BÁSICOS DE LA COSMOVISIÓN CRISTIANA

Enseñanza sobre Dios

Debido a que Dios es justo, Él actúa a favor de Su pueblo. Esto incluye obrar a través de reyes paganos (que emiten decretos) y maestros piadosos (que enseñan Su palabra a Su pueblo). Además, como muestran los dos últimos capítulos, Dios puede exigir a Su pueblo que renuncie a los lazos familiares en aras de seguir Su voluntad.

Enseñanza sobre la humanidad

Al igual que 1 Crónicas, Esdras tiene muchas listas de nombres. Aunque estas listas hoy pueden parecer tediosas, ellas muestran la importancia de cada individuo en los propósitos de Dios. Si el autor hizo el esfuerzo para preservar todos estos nombres y números, entonces ¡cuánto más no se preocupa Dios por los individuos! Esta perspectiva se ve reforzada por la observación de que el trabajo de restauración de la adoración (altar y templo), fue una tarea de la comunidad. El trabajo realizado para Dios fue hecho por personas que trabajaron juntas, mas que por un gran líder.

Enseñanza sobre la salvación

Las personas que regresaron del exilio fueron sanadas de la idolatría que había llevado a sus antepasados al cautiverio. Esdras revive un énfasis que se encuentra en la ley mosaica: sin derramamiento de sangre, no hay perdón (Lev. 17:11; Heb. 9:22). Por lo tanto, la primera preocupación de los israelitas que regresaban era restablecer un altar sobre el cual ofrecer los sacrificios establecidos (3:1-6). Su preocupación por el templo era algo secundario (6:13-18). Como en toda la era del Antiguo Testamento, la confianza personal en Dios se expresa a través de la participación en los sacrificios correctos y por medio de la obediencia a la ley de Dios.

CARACTERÍSTICAS LITERARIAS

GÉNERO Y ESTILO LITERARIO

Documentos de la corte, listas y narrativas escritas en hebreo, con algunas secciones en arameo

El autor tuvo acceso a muchas fuentes, que incluían documentos oficiales persas, listas y memorias. Las listas son similares a las de Crónicas y pueden indicar que son obra del mismo historiador (¿Esdras?). El vocabulario y estilo hebreos se consideran «hebreo tardío», como corresponde a una composición posterior al exilio.

Un elemento notable de Esdras es la presencia de documentos sin traducir de su forma aramea original. El arameo era el idioma del comercio internacional del antiguo Cercano Oriente bajo los persas. Las partes arameas de Esdras son 4:8–6:18 y 7:12-26. Otra característica de Esdras y Nehemías es el uso de listas. Las listas y el uso del arameo muestran que el autor había determinado utilizar documentos oficiales siempre que le fuera posible. Establecer la legitimidad de los judíos era un objetivo importante, y estos ayudaron a lograrlo.

En la Biblia hebrea, Esdras-Nehemías fue colocado en la tercera sección, los Escritos (*Ketuvim*), en lugar de en la Ley o los Profetas. Ver los comentarios sobre *Género y estilo literario* en **NEHEMÍAS** para estudiar otros materiales sobre la posible relación literaria de Crónicas, Esdras y Nehemías.

UN PRINCIPIO A SEGUIR EN LA VIDA

Nuestra fuente divina (Esd. 6:18)

Para agradar a Dios de manera estable, debemos estar comprometidos a vivir en la voluntad de Dios, según se revela en las Sagradas Escrituras.

El Libro lleva el nombre de Nehemías, el personaje principal. En la Biblia hebrea, Esdras y Nehemías eran inicialmente un solo Libro. Las Biblias en español siguen la división hecha por Jerónimo, traductor al latín, quien nombró a las dos partes Esdras y Nehemías. Otros han utilizado los títulos 1 y 2 Esdras.

TEXTO CLAVE: 6:15

Fue terminado, pues, el muro, el veinticinco del mes de Elul, en cincuenta y dos días.

TÉRMINO CLAVE: «MUROS»

En el mundo antiguo, una ciudad sin muros estaba indefensa ante sus enemigos. Para Jerusalén, el tener una vez más sus muros terminados era evidencia del favor divino y significaba que los habitantes podían continuar su vida con cierta seguridad.

RESUMEN DE UNA SOLA FRASE

A través del liderazgo de Nehemías, Dios permitió a los israelitas reconstruir y dedicar los muros de Jerusalén, así como renovar su compromiso con Dios como Su pueblo del pacto.

CONTEXTO HISTÓRICO ORIGINAL

AUTOR Y FECHA DE ESCRITURA

Anónimo, tal vez Esdras cerca del 430 a.C.

PÚBLICO INICIAL Y DESTINATARIO

Los israelitas en Jerusalén después de su regreso del exilio

ORIGEN

Desconocido, pero ver *Origen* de *ESDRAS*

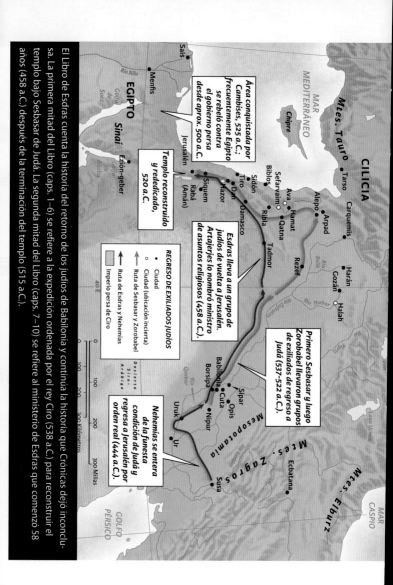

Área conquistada por Cambises, 525 a.C.; frecuentemente Egipto se rebeló contra el gobierno persa desde aprox. 500 a.C.

Templo reconstruido y rededicado, 520 a.C.

Esdras lleva a un grupo de judíos de vuelta a Jerusalén. Artajerjes lo nombró ministro de asuntos religiosos (458 a.C.).

Primero Sesbasar y luego Zorobabel llevaron grupos de exiliados de regreso a Judá (537-522 a.C.).

Nehemías se entera de la funesta condición de Judá y regresa a Jerusalén por orden real (444 a.C.).

REGRESO DE EXILIADOS JUDÍOS

- • Ciudad
- ○ Ciudad (ubicación incierta)
- → Ruta de Sesbasar y Zorobabel
- → Ruta de Esdras y Nehemías
- Imperio persa de Ciro

MAR MEDITERRÁNEO

CILICIA

Mtes. Tauro

EGIPTO

Sinaí

Mtes. Zagros

Mtes. Elburz

MAR CASPIO

Mesopotamia

GOLFO PÉRSICO

El Libro de Esdras cuenta la historia del retorno de los judíos de Babilonia y continúa la historia que Crónicas dejó inconclusa. La primera mitad del Libro (caps. 1–6) se refiere a la expedición ordenada por el rey Ciro (538 a.C) para reconstruir el templo bajo Sesbasar de Judá. La segunda mitad del Libro (caps. 7–10) se refiere al ministerio de Esdras que comenzó 58 años (458 a.C.) después de la terminación del templo (515 a.C.).

EL MENSAJE DE DIOS EN NEHEMÍAS

PROPÓSITO

Debido a que Nehemías y Esdras al principio eran una composición única, ver el análisis en la sección *Propósito* de **ESDRAS**.

A PRIMERA VISTA

Petición de Nehemías

Nehemías ocupaba el distinguido cargo de copero del rey persa (1:11). Al comienzo del Libro, los visitantes que llegaban a Susa informaron a Nehemías que los muros de Jerusalén habían sido derribados. Nehemías se disgustó tanto que lloró e hizo duelo por algunos días (1:4). Su dolor condujo a la confesión (1:5-11). Artajerjes leyó la depresión en el rostro de Nehemías e indagó sobre el motivo de su tristeza. Antes de responder a la pregunta del rey, Nehemías oró. Entonces le contó el motivo de su tristeza y solicitó que le permitiera ir a Jerusalén y ver en las condiciones que se encontraba con sus propios ojos. Artajerjes le concedió su petición.

Inspección y planificación

La primera acción de Nehemías en Jerusalén fue inspeccionar los muros durante la noche (2:15). Luego convocó a una reunión y convenció a la gente sobre la necesidad de un programa de construcción. Fue un excelente líder que demostró conocimientos de ingeniería y una brillante capacidad de organización (cap. 3). De ese modo se dio inicio al trabajo.

Oposición

Los problemas surgieron tanto de forma interna como externa. Sanbalat, Tobías y Gesem intentaron detener la tarea pero no tuvieron éxito (cap. 4). El problema interno era económico. La edificación de los muros provocó una escasez de mano de obra; las fincas se hipotecaron y se impusieron altas tasas de interés. Nehemías corrigió el problema e incluso dio ayuda financiera a los necesitados (cap. 5). Cuando Nehemías entraba en la última fase de construcción, Sanbalat y otros no judíos, hicieron varios intentos para persuadir a Nehemías a abandonar el trabajo con la intención de hacerle daño y evitar que terminara las puertas de la ciudad, pero fracasaron. Nehemías demostró ser una persona de voluntad firme y audacia inusual. El muro fue terminado en 52 días (6:15). La dedicación del muro se describe en 12:27-43.

Avivamiento

El clímax teológico del Libro de Nehemías y de la vida de Esdras es el gran avivamiento (Neh. 8–10). Las personas se reunieron y pidieron a Esdras que leyera del Libro de la ley de Moisés (8:1). El Libro era probablemente el Pentateuco (Torá) o alguna parte del mismo. Esdras leía y otros «... ponían el sentido, de modo que entendiesen la lectura» (8:8). Estos probablemente traducían del hebreo al arameo, el idioma que se hablaba comúnmente.

Se produjo un gran festejo y celebraron la Fiesta de los tabernáculos. Los resultados fueron impresionantes: por una cuarta parte del día ellos «confesaron sus pecados y adoraron a Jehová su Dios» (9:3). Su oración dio lugar a la acción: se separaron de los pueblos circundantes para obedecer la ley de Dios (10:28) y se divorciaron de sus cónyuges extranjeros. Hicieron una larga oración de confesión (9:6-37). Las personas respondieron: «A causa, pues, de todo esto, nosotros hacemos fiel promesa, y la escribimos» (9:38). Los firmantes y los términos del pacto quedaron luego registrados (cap. 10).

Repoblación de Jerusalén

Nehemías no estaba satisfecho con la escaza población de Jerusalén. Él hizo una propuesta ingeniosa: «Echó suertes para traer uno de cada diez para que morase en Jerusalén, ciudad santa, y las otras nueve partes en las otras ciudades» (11:1).

Reformas finales

El capítulo final de Nehemías cita las reformas realizadas durante su segunda visita a Jerusalén en el 432 a.C. Él expulsó a un gentil a quien se le había permitido vivir en el templo; restauró la práctica del diezmo para sustentar a los levitas, corrigió la falta de obediencia de los que compraban y vendían en el día de reposo y trató abiertamente con los que se habían casado con extranjeros, gente que no estaba en una relación de pacto con Dios.

LA VERACIDAD DE NEHEMÍAS

La existencia de los tres oponentes de Nehemías (Sanbalat horonita, Tobías el siervo amonita y Gesem el árabe) ha sido confirmada en otras fuentes aparte del relato bíblico. Sanbalat es mencionado en una carta de Yedaniah y sus asociados dirigida a Bigvai, gobernador persa de Judea durante el año diecisiete del reinado de Darío (408 a.C.). La carta pide ayuda para la reconstrucción de un templo a Jehová en la fortaleza de Yeb, en Egipto. En ella se menciona que una petición similar ha sido hecha a Dolías y Selemías, hijos de Sanbalat, gobernador de Samaria.

A principios de la década de 1990, a unos 24 kilómetros (15 millas) al suroeste de Amán, Jordania, un equipo de arqueólogos de Jordania y Francia encontraron una serie de cuevas cerca de algunos edificios del siglo II a.C. La entrada a una de las cuevas lleva una inscripción con el nombre Tobías, en arameo. Tobías el amonita era parte de una familia de esta región.

El tercer oponente de Nehemías, Gesem el árabe, se menciona en una inscripción en algunos cuencos de plata encontrados en Tell el-Maskhuta, en el Delta oriental de Egipto, fechados hacia el siglo V a.C. En la inscripción se puede leer: «Lo que Qaynu hijo de Gasmu, rey de Cedar, trajo como ofrenda a Han-Ilat». Han-Ilat era una diosa egipcia. Gasmu es Gesem el árabe. Cedar fue uno de los doce hijos de Ismael, hijo de Abraham.[1]

CÓMO ENCAJA NEHEMÍAS EN LA HISTORIA DE DIOS

1. Prólogo: creación, caída del hombre y necesidad de redención
2. Dios construye Su nación (2000–931 a.C.)
3. Dios educa a Su nación (931–586 a.C.)
4. Dios preserva un remanente fiel (586–6 a.C.)
5. Dios compra la redención y comienza el reino (6 a.C. al 30 d.C.)
6. Dios extiende el reino a través de la iglesia (30 d.C. [?])
7. Dios consuma la redención y confirma Su reino eterno
8. Epílogo: un cielo nuevo y una Tierra nueva

✗ CRISTO EN NEHEMÍAS

Nehemías fue un líder clave en la restauración del pueblo de Dios de Babilonia a Jerusalén. Hizo un llamado a demostrar una lealtad incondicional al trabajo en cuestión; de la misma manera que lo hizo Jesús cuando expresó: «El que no es conmigo, contra mí es; y el que conmigo no recoge, desparrama» (Luc. 11:23).

PRINCIPIOS BÁSICOS DE LA COSMOVISIÓN CRISTIANA

Enseñanza sobre Dios

Dios actúa a favor de Su pueblo para que sea capaz de lograr Sus propósitos. Él obra a través de reyes y envía buenos líderes (como Esdras y Nehemías). Además, Dios no cambia, a pesar de los cambios que ocurran en las circunstancias de Su pueblo. El mismo Dios que se dignó en revelarse a sí mismo, mil años antes en el Monte Sinaí, como el Dios que hace pactos (aprox. 1446 a.C.), todavía quería que Israel estuviera en una relación de pacto con Él (10:29).

Enseñanza sobre la humanidad

Nehemías muestra que en realidad solo hay dos clases de personas: los que se oponen a Dios y Sus propósitos, y los que se identifican con Dios y Sus propósitos. De la misma manera evidente en este Libro (como en Levítico), encontramos el concepto de que la santidad de Dios requiere que Su pueblo redimido viva de diferente manera a los paganos que los rodean. A pesar de que Esdras y Nehemías cumplen diferentes roles personales, cada uno ilustra a alguien totalmente comprometido con Dios y a quien Dios usó para lograr los propósitos del reino.

Enseñanza sobre la salvación

Nehemías enseña la doctrina de la salvación de forma tan clara como cualquier Libro del AT. No existe en este Libro una confesión de pecado más profunda en el ámbito de la comunidad que la de Nehemías 9: la salvación significa reconocer y apartarse de la maldad para aferrarse firmemente a Dios.

CARACTERÍSTICAS LITERARIAS

GÉNERO Y ESTILO LITERARIO

Principalmente las memorias de Nehemías en primera persona y listas oficiales, escritas en hebreo

El Libro de Nehemías tiene las secciones más largas en primera persona (donde el escritor utiliza «yo» y «mí») que cualquier otro Libro narrativo en la Escritura. Los capítulos 1–7 y 12:27–13:30 parecen ser copiados de «Las memorias de Nehemías». El material en los capítulos 8–10 habla de la predicación de Esdras, que constituye un material adicional de un testigo ocular si Esdras, en efecto, escribió esta obra.

En la Biblia hebrea, Esdras-Nehemías fue colocado en la tercera sección, los Escritos (*Ketuvim*), en lugar de la Ley o los Profetas. Muchos estudiosos de la Biblia creen que 1 y 2 Crónicas (originalmente un solo Libro) y Esdras-Nehemías fueron compuestos por un mismo autor, designado como el «cronista», tal vez el propio Esdras. Todos los Libros tienen una perspectiva postexílica común, comparten una inclinación a presentar listas, les gusta describir las fiestas israelitas y se centran en gran medida en el templo y en los trabajadores del templo (sacerdotes y levitas). También comparten características inusuales del vocabulario, tales como llamar al templo «La casa de Dios» (más de 60 veces en estos Libros) y la referencia a los «porteros» (guardas de la puerta) más de 30 veces. Además, el final de Crónicas es igual al comienzo de Esdras.

UN PRINCIPIO A SEGUIR EN LA VIDA

Confesión y arrepentimiento (Neh. 9:38; 10:28-29)

Cuando descubrimos áreas específicas en nuestras vidas que no están en armonía con la voluntad de Dios, debemos confesar nuestros pecados y responder con corazones arrepentidos.

REFERENCIAS

1. Kenneth A. Kitchen, *On the Reliability of the Old Testament* [Sobre la veracidad del Antiguo Testamento] (Grand Rapids, MI: Eerdmans, 2003), 74–75.

El título en español, que proviene de la Biblia hebrea, corresponde al nombre de la heroína de la historia.

TEXTO CLAVE: 4:14B

¿Y quién sabe si para esta hora has llegado al reino?

TÉRMINO CLAVE: «PROVIDENCIA»

Este Libro es famoso porque no menciona directamente a Dios. Sin embargo, no es posible entender la historia por separado de la notable presencia y providencia de Dios para con Su pueblo; por muy invisible que a veces Él parece ser.

RESUMEN DE UNA SOLA FRASE

Ester, una belleza judía que el rey persa Asuero seleccionó para convertirse en su nueva reina, salvó a los judíos del complot del malvado Amán, por lo que su pariente Mardoqueo estableció la fiesta judía anual de Purim.

La Mequilá de Ester, un rollo de pergamino, elaborado de un animal *kosher*.

CONTEXTO HISTÓRICO ORIGINAL

AUTOR Y FECHA DE ESCRITURA

Anónimo, tal vez Mardoqueo cerca del 465 a.C.

El Libro es anónimo; pero según la tradición judía, el autor fue Mardoqueo. No hay ninguna razón por la que no se crea que él compuso el Libro, ya que fue un testigo ocular de todo lo sucedido (o tuvo acceso directo a los testigos oculares). Como primer ministro de Asuero, él es un candidato idóneo para añadir este incidente a los archivos oficiales persas (9:32; 10:2). El escritor tenía mucho talento para desarrollar la trama y la tensión narrativa, y escribió con gran habilidad literaria.

PÚBLICO INICIAL Y DESTINATARIO

Los exiliados judíos que vivían en Persia

Los primeros en escuchar a Ester fueron los judíos en Persia en algún momento después de que la Fiesta de Purim se había convertido en una costumbre establecida. Por este tiempo, el pueblo postexílico de Israel había adoptado el nombre de «judío», pues el término *judío(s)* aparece con más frecuencia en el Libro de Ester que en el resto del AT combinado.

ORIGEN

En general, el Libro de Ester fue motivado por el deseo de preservar los orígenes de la Fiesta de Purim. Dado que el autor es anónimo, el motivo específico no está claro.

EL MENSAJE DE DIOS EN ESTER

PROPÓSITO

Ester conserva, en primer lugar, los orígenes históricos de la fiesta judía de Purim. En segundo lugar, ilustra el cuidado providencial de Dios para las personas comprometidas con Él, en medio de desafíos abrumadores a su fe. En este sentido, Ester tiene una función similar a Rut, uno de los dos Libros bíblicos que lleva el nombre de una mujer; sin embargo, los personajes de Ester y Rut son un estudio de contrastes: la primera fue una judía poderosa y rica que vivió siempre fuera de la tierra prometida y se convirtió en la esposa de un rey pagano; la segunda fue una gentil humilde y pobre que se trasladó a la tierra prometida y se convirtió en antepasada de los reyes de Israel. Las personas que en la actualidad leen y estudian el Libro de Ester deben disfrutarlo por sí mismo, en el contexto del AT.

A PRIMERA VISTA

El banquete de Asuero

Los acontecimientos de Ester tuvieron lugar durante el reinado de Asuero (hebreo), comúnmente identificado con Jerjes I (485–464 a.C.). La ubicación es Susa, la estación invernal de los reyes persas (Neh. 1:1; Dan. 8:2). Asuero convocó a un prolongado banquete que duró 180 días, durante el cual mostró el esplendor del Imperio persa. Este culminó en un banquete de siete días con comidas opulentas. En el séptimo día, «estando el corazón del rey alegre del vino» este llamó a la reina Vasti a presentarse ante él y los invitados del banquete para así poder alardear de la belleza de ella. Pero Vasti se negó y por ello perdió su posición real.

Ester se convierte en reina

Se buscó una sustituta para Vasti y la mujer elegida fue Ester; una joven judía cuyo primo y tutor legal, Mardoqueo, posiblemente sirvió al rey como portero. En un momento anterior, Mardoqueo había descubierto un complot para matar a Asuero. Los dos culpables fueron colgados en la horca y el heroísmo de Mardoqueo quedó registrado.

Complot de Amán

Amán agagueo (quien parece ser identificado como un descendiente de Agag, rey de los amalecitas) fue nombrado primer ministro de Persia. Enfurecido por la negativa de Mardoqueo a inclinarse ante él, Amán comenzó a conspirar contra Mardoqueo y todos los judíos. Después que Amán hizo que el monarca persa firmara un decreto para la destrucción de los judíos en un día señalado, Mardoqueo y todos los judíos lamentaron su muerte inminente. Amán, al igual que el rey, desconocían aún los antecedentes étnicos de Ester.

Mardoqueo apela a Ester

Mardoqueo le pidió a Ester que se presentara ante el rey. Él le recordó que, como judía, no escaparía y que podría ser que «para esta hora» Dios le había permitido llegar a la posición de reina de Persia. Ester, después de ayunar y orar, arriesgó su vida al entrar en la sala del trono del rey sin ser invitada. Después que el rey le extendió el cetro real, ella solicitó la presencia del mismo en un banquete preparado en su honor. También Amán fue invitado; mientras tanto, este estaba ocupado fraguando la muerte de Mardoqueo y construyendo una horca en la que tenía la intención de colgarlo.

Mardoqueo honrado

Una noche, el rey sufría de insomnio. Se levantó y empezó a leer el libro que registraba los acontecimientos diarios. En ese registro leyó sobre la fidelidad de Mardoqueo al poner de manifiesto el complot anterior contra su vida. Entonces, el rey se propuso honrar a Mardoqueo y obtuvo el consejo de Amán con respecto a lo que se debía hacer con el varón cuya honra deseaba el rey. Pensando que había

151

prescrito su propio tratamiento, Amán descubrió, para su disgusto, que los altos honores que sugirió los recibiría Mardoqueo de parte suya.

El complot de Amán revelado

En el segundo día del banquete, Ester reveló el complot de Amán al rey, quien luego fue colgado en la horca que él había preparado para Mardoqueo. Después de eso, enviaron otro decreto en el que se les permitía a los judíos defenderse a sí mismos. En el día señalado, los judíos obtuvieron la victoria.

La Fiesta de Purim

Se estableció una fiesta anual para celebrar estos dos días. La fiesta fue nombrada Purim debido a la *Pur* (suerte) que echó Amán para determinar la fecha en que los judíos serían asesinados. El propósito de la fiesta era una conmemoración al malvado complot de Amán que recayó «sobre su cabeza». Con el fin de promover la fiesta, Ester le añadió su autoridad a una carta conjunta con Mardoqueo que fue repartida.

El Libro concluye como empezó, con la descripción del poder y la influencia del reino de Asuero. También rinde homenaje a Mardoqueo por su contribución al bienestar de su pueblo y del Imperio persa. La grandeza de Mardoqueo reivindicó a los judíos como pueblo, cuya herencia no era una amenaza para los gentiles; sino que más bien, el imperio disfrutó de paz a través de Mardoqueo y los judíos.

LA VERACIDAD DE ESTER

Muchos eruditos dudan de la historicidad de los acontecimientos descritos en el Libro porque no hay evidencia fuera de la Biblia sobre algunos personajes, hechos y costumbres que se describen en él. Por consiguiente, estos eruditos prefieren no declarar el Libro como histórico. Algunos han sugerido que Ester es un cuento de sabiduría, un romance histórico, una narración festiva, una novela cuyos personajes centrales son judíos que viven fuera de su tierra natal, un sermón con una moraleja, una crónica de la corte persa o incluso una comedia al estilo griego.

Muchos otros eruditos no son tan escépticos sobre la relación del Libro con la historia. Estos señalan que Vasti bien puede ser el nombre hebreo de la cruel y obstinada reina Amestris, esposa de Jerjes durante este tiempo. La diferencia en la escritura se ha atribuido a la falta de ciertas vocalizaciones en hebreo, que hace difícil de pronunciar el nombre griego. Ciertamente, el personaje de Vasti se asemeja al de la Amestris histórica.

Además, la situación histórica en Persia durante este tiempo está estrechamente vinculada a los acontecimientos descritos en Ester. Con la ayuda de destacados historiadores griegos tales como Heródoto y Ctesias y de los registros persas descubiertos durante las excavaciones arqueológicas, es posible reconstruir una historia de este período sin hacer referencia a los registros bíblicos. Estos registros permiten a los eruditos reconstruir el siguiente orden de los acontecimientos.

Las revueltas en el imperio hacia el final de la vida de Darío (Egipto en 486-484 a.C. y Babilonia en 484 a.C.) requirieron una respuesta aplastante de parte de su hijo Jerjes en 484 a.C. Tras estas victorias, Jerjes celebró un banquete en Susa para las personas influyentes de su reino como preparación para su plan de invasión a Grecia. Esto puede coincidir con el banquete que se menciona en Ester 1:5. Jerjes fracasó en su intento de derrotar Grecia. La guerra se decidió gracias a la victoria naval de los griegos sobre Persia en Salamina en el 480 a.C. Jerjes regresó a su casa derrotado y participó en una serie de intrigas en el harén. La búsqueda de una nueva reina, descrita en el capítulo 2 de Ester, encaja bien dentro de este período de tiempo. D. J. A. Clines ha resaltado que muchos detalles de la vida persa registrados en Ester son confirmados por fuentes ajenas a la Biblia. Estos datos confirmados incluyen la extensión del imperio bajo Jerjes desde la India hasta Etiopía (Est. 1:1), el consejo de siete nobles (1:14), el eficiente sistema postal (3:13; 8:10), el seguimiento de registros oficiales diarios, incluidos los registros de los benefactores del rey (2:23; 6:8), el uso del ahorcamiento como una forma de castigo capital (2:23; 5:14; 7:10), la práctica de hacer reverencia ante los reyes y nobles (3:2), la creencia en los días de suerte (3:7), colocar coronas en las cabezas de los caballos reales (6:8) y echarse sobre el lecho en las comidas (7:8).

El Libro de Ester tiene por finalidad que el lector crea que los acontecimientos sucedieron realmente tal como se describen. El autor los ubicó dentro del gobierno de un rey específico, Asuero/Jerjes (Est. 1:1). Él relacionó acontecimientos con fechas específicas (por ej., el «tercer año» del reinado de Asuero, 1:3; «en el mes décimo, que es el mes de Tébet, en el año séptimo de su reinado», 2:16; «En el mes primero, que es el mes de Nisán, en el año duodécimo del rey Asuero», 3:7). Y relacionó el establecimiento de la Fiesta de Purim con los acontecimientos en el Libro (9:16). Es difícil imaginar que el autor inventara una historia para explicar el origen de Purim.

CÓMO ENCAJA ESTER EN LA HISTORIA DE DIOS

1. Prólogo: creación, caída del hombre y necesidad de redención
2. Dios construye Su nación (2000–931 a.C.)
3. Dios educa a Su nación (931–586 a.C.)
4. Dios preserva un remanente fiel (586–6 a.C.)
5. Dios compra la redención y comienza el reino (6 a.C. al 30 d.C.)
6. Dios extiende el reino a través de la iglesia (30 d.C. [?])
7. Dios consuma la redención y confirma Su reino eterno
8. Epílogo: un cielo nuevo y una Tierra nueva

CRISTO EN ESTER

Aunque el nombre de Dios no se menciona en Ester, en ninguna parte de la Escritura se hace más evidente el cuidado de Dios por Su pueblo. Antes de Su arresto, Jesús oró: «Cuando estaba con ellos en el mundo, yo los guardaba en tu nombre; a los que me diste, yo los guardé, y ninguno de ellos se perdió, sino el hijo de perdición, para que la Escritura se cumpliese» (Juan 17:12).

PRINCIPIOS BÁSICOS DE LA COSMOVISIÓN CRISTIANA

Enseñanza sobre Dios

El Libro revela la providencia de Dios al cuidar de Su pueblo del pacto. Aunque muchos males (incluyendo la oposición satánica) puedan venir contra el pueblo de Dios, nunca sucede nada más allá de la capacidad de Dios para hacer cumplir que «A los que aman a Dios, todas las cosas les ayudan a bien, esto es, a los que conforme a su propósito son llamados» (Rom. 8:28).

Enseñanza sobre la humanidad

La vileza de Amán demuestra la depravación humana en su máxima expresión; la integridad de Mardoqueo muestra el enorme bien que una persona puede hacer. La historia de Ester (como la de José en Génesis) demuestra que cuando el pueblo de Dios se enfrenta a circunstancias difíciles, debe actuar con valor y arriesgarse por una causa justa, en lugar de rendirse ante el «destino» o a la «mala suerte».

Enseñanza sobre la salvación

Dios llevará a cabo Sus propósitos redentores. Si el edicto de Amán para destruir a los judíos hubiera tenido éxito, la llegada del supremo libertador de los judíos, Jesús el Mesías-Rey, se habría puesto en peligro. El plan de Dios para salvar no puede ser frustrado y Él siempre ha tomado la iniciativa para traer salvación.

CARACTERÍSTICAS LITERARIAS

GÉNERO Y ESTILO LITERARIO

Una narrativa histórica escrita en excelente hebreo

Ester es una narrativa cuidadosamente elaborada, pero sus acontecimientos realmente ocurrieron. En las Biblias en español se posiciona como el último de los Libros históricos del AT. En las Escrituras hebreas se colocó en la tercera sección, los Escritos o *Ketuvim* (las otras dos secciones son la Ley y los Profetas). Entre los Escritos era uno de los cinco rollos. Cada uno de estos cinco rollos llegó a estar relacionado con una de las fiestas de Israel y se leía públicamente durante esa fiesta. Por supuesto, Ester fue identificado con Purim, un festival de finales de invierno que se originó en el siglo v a.C. y que los judíos todavía celebran anualmente como una fiesta menor.

El hebreo de Ester está cuidadosamente pulido, pero los traductores griegos (siglo ii a.C.) se sintieron aparentemente inquietos por la falta de referencia a Dios. Por lo tanto, cuando tradujeron Ester del hebreo al griego, insertaron más de un centenar de versículos que con frecuencia se referían a Dios. Sin embargo, los protestantes han aceptado como Escritura del AT solo los textos que tenían un original hebreo.

Los *hamantashen* son pasteles de tres picos con una variedad de relleno que se degustan durante la fiesta judía de Purim. Están diseñados para parecerse a las orejas de Amán, enemigo derrotado de los judíos.

UN PRINCIPIO A SEGUIR EN LA VIDA

Actos de fe desinteresados (Est. 4:10-17)

Si afirmamos que Cristo es nuestro ejemplo, debemos estar dispuestos a sacrificar nuestras propias necesidades por el bien de los demás.

Primer capítulo de un pergamino escrito a mano del Libro de Ester, con el puntero del lector. El Libro de Ester se lee dos veces en Purim, el día catorce del mes judío de Adar. La primera lectura es en la tarde del Purim y la segunda en la mañana siguiente. Las sinagogas son normalmente lugares solemnes; sin embargo, para esta fiesta los niños se visten con el traje de su personaje favorito de Purim. Cuando se lee el Libro de Ester, al mencionar el nombre de Amán, la congregación lo abuchea y hacen girar objetos que producen ruido llamados *gragers* (matracas).

El Libro de Ester se desarrolla en la fortaleza de Susa, una de las cuatro capitales del Imperio persa, que también incluía Ecbatana, Persépolis y Babilonia.

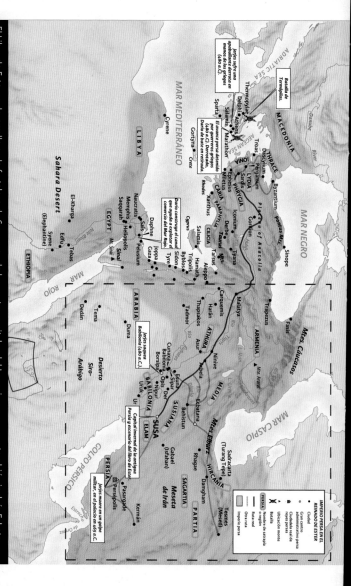

Jerjes sufre una aplastante derrota en manos de los griegos (480 a.C.).

El avance persa detenido por guerreros griegos (480 a.C.). Derrotado, Darío III boca se retirada.

Batalla de Termópilas.

Darío construye el canal que ayuda a explotar el comercio del Mar Rojo.

Jerjes saquea Babilonia (484 a.C.).

Capital invernal de la antigua Persia escenario del libro de Ester.

Jerjes muere en un golpe militar, en el palacio en 465 a.C.

MAR MEDITERRÁNEO

MAR NEGRO

MAR CASPIO

MAR ROJO

GOLFO PÉRSICO

MACEDONIA

THRACE

LIBYA

Sahara Desert

EGYPT

ETHIOPIA

ARABIA

Desierto Siro-Arábigo

ARMENIA

ATHURA

MEDIA

SUSIANA

ELAM

BABILONIA

PERSIA

SACARTIA

PARTIA

HIRCANIA

Meseta de Irán

MES. ELBURZ

Mts. Cáucaso

IMPERIO PERSA EN EL REINADO DE ESTER

JOB

El título en español es el nombre del personaje central de la narrativa y el orador principal en los diálogos poéticos. El título proviene de la Biblia hebrea.

TEXTO CLAVE: 1:21

Desnudo salí del vientre de mi madre, y desnudo volveré allá. Jehová dio, y Jehová quitó; sea el nombre de Jehová bendito.

TÉRMINO CLAVE: «SUFRIMIENTO»

El Libro de Job explora el problema del sufrimiento humano a pesar de la bondad y el poder de Dios. Las preguntas de por qué la gente sufre y por qué continúa el mal, han sido tema de intensa meditación a lo largo de los siglos. Job es el principal tratamiento bíblico de este problema.

Los diez hijos de Job estaban celebrando en la casa de su hermano mayor cuando «... un gran viento vino del lado del desierto y azotó las cuatro esquinas de la casa...» (1:19).

RESUMEN DE UNA SOLA FRASE

Después de que Job, quien era un hombre perfecto y recto, perdiera repentinamente su familia, su salud y sus posesiones, él y sus amigos dialogaron en profundidad sobre las razones de sus sufrimientos; no obstante, solo Dios tenía la última palabra y al final restituyó las pérdidas de Job.

CONTEXTO HISTÓRICO ORIGINAL

AUTOR Y FECHA DE ESCRITURA

Anónimo, tal vez durante el gobierno de Salomón, cerca del 950 a.C.

El Libro es anónimo. El uso frecuente de «Dios» (Jehová) por parte del autor en las secciones en prosa, sugiere que él escribió desde una perspectiva nacional israelita. Puede haber sido escrito en cualquier momento en el milenio entre Moisés y el final del período del AT (1400-400 a.C.). El florecimiento de la cultura hebrea bajo

Las Pléyades. Brillante agrupación de seis o siete estrellas visibles ubicadas en el hombro de la constelación de Tauro (Job 9:9; 38:31; Amós 5:8). La derivación del nombre se ha remontado a las siete hijas de Atlas y Pleione en la mitología griega, al adjetivo *pleos*, que sugiere la «plenitud» del grupo de estrellas, o al verbo *pleo* (navegar) por la utilidad de estas en la navegación.

Salomón, particularmente a la luz de la conexión de Salomón con la literatura sapiencial, sugiere una fecha durante o poco después de Salomón.

PÚBLICO INICIAL Y DESTINATARIO

El pueblo de Israel

No se indican los oyentes originales y solo se puede hacer una sugerencia general.

ORIGEN

El Libro no plantea qué fue lo que impulsó su escritura. Sin duda, los acontecimientos se produjeron siglos antes del nacimiento del escritor. Aunque algunos registros de los varios discursos pueden haber sobrevivido para que el autor los utilizara como fuentes, únicamente la revelación divina pudo dar a conocer el material de los capítulos 1 y 2.

EL MENSAJE DE DIOS EN JOB

PROPÓSITO

En la Escritura, Job constituye el más pleno desarrollo de la cuestión a la que los teólogos y filósofos denominan «el problema del mal» o «teodicea». En pocas palabras, la cuestión es la siguiente: ya que los seres humanos, especialmente los que aparentan ser inocentes, sufren el dolor y el mal, entonces, ¿qué clase de Dios existe? La lógica sugiere una de tres respuestas: 1) Dios es justo, pero no es lo suficientemente poderoso como para evitar el sufrimiento; 2) Dios es Todopoderoso, pero no es realmente bueno y tiene elementos de maldad en Su naturaleza; o 3) la víctima merece todo el dolor y el mal y Dios los envía (en otras palabras, los verdaderamente inocentes no sufren).

Ante la perspectiva bíblica, estas respuestas son inaceptables. Job revela un escenario más amplio de lo que la humanidad puede observar. El conflicto de los siglos entre Dios y Satanás tiene que demostrar, al final, tanto la justicia como la supremacía de Dios. Él permite que los inocentes sufran para demostrar que Él recibe la gloria en Su soberanía, incluso cuando Su pueblo sufre y persevera en la fe sin entender por qué. Desde una perspectiva meramente humana, la respuesta es que no hay una respuesta al problema del mal. Desde una perspectiva divina, la contestación es que Dios recibe la gloria incluso cuando el mal es permitido. (La muerte de Cristo es la respuesta suprema de Dios al problema del mal). Aquellos que en la actualidad estudian Job deben interpretarlo desde la perspectiva de su propósito original.

A PRIMERA VISTA

El Libro de Job tiene las características de un drama, con un prólogo (1–2) y un epílogo (42:7-17) que encierra tres ciclos de discursos poéticos entre Job y sus tres amigos (caps. 3–27), un hermoso poema sapiencial de Job (cap. 28), las observaciones finales de Job (caps. 29–31.), los discursos misteriosos de Eliú (caps. 32–37.), los discursos de Dios desde el torbellino (38:1–41:34) y la respuesta de Job (42:1-6).

Prólogo

El prólogo describe el escenario para el drama subsiguiente. Job era un hombre rico, perfecto y recto, temeroso de Dios y apartado del mal (1:1-5). Dios se encontraba satisfecho con Job; sin embargo, Satanás desafió la motivación de la justicia de Job al expresar que, en efecto, Job es justo porque Dios lo había bendecido grandemente. Satanás desafió a Dios para que le quitara el cerco de protección a Job y, de esta manera, se mostrase como realmente era. Él permitió el reto, pero limitó el poder de Satanás a la familia de Job y a sus posesiones (1:6-12). En rápida sucesión, Satanás destruyó todas las posesiones de Job, incluso a sus hijos. Sin embargo, Job no culpó a Dios, ni cuestionó Su integridad (1:13-22). En aquel momento Satanás desafió a Dios para que le permitiera atacar la salud personal de Job. El Señor estuvo de acuerdo, pero no permitió que le quitara la vida (2:1-6). Sin previo aviso, una nefasta enfermedad cayó sobre Job; no obstante, aun así se negó a culpar a Dios (2:7-10). Los amigos de Job estaban conmocionados y consternados; sin embargo, vinieron a alentarlo y ofrecerle su ayuda (2:11-13). En este momento Job demostró una fe tradicional al aceptar el sufrimiento como inevitable y soportarlo pacientemente.

Tres ciclos de discursos

Lo que sigue son tres ciclos de discursos entre Job y sus amigos. Desde el prólogo, los lectores tienen una perspectiva cuasiomnisciente, pues eran conscientes de la conversación entre Dios y Satanás, de la que ni Job ni sus amigos son conscientes.

Los tres amigos le recordaron a Job un punto de vista comúnmente aceptado. Si las personas son justas, Dios las bendice; si no son bendecidas o si sufren, es a causa del pecado en su vida. Este tema se expresa de diversas maneras. Los amigos instaron a Job a examinar más de cerca su vida, ya que estaban seguros de encontrar un pecado o varios por los que Job tenía que arrepentirse. Durante todo este tiempo Job protestó que él no había pecado. Estaba seguro de poder demostrar su inocencia si se le daba una oportunidad justa para exponer su defensa ante Dios (caps. 3–27).

Eliú

En este momento, un joven llamado Eliú se levantó para hablar y pronunció cuatro discursos, en cada uno de los cuales intentó justificar las acciones de Dios. En primer lugar, Eliú sostuvo que Dios habla a todas las personas, por lo tanto, a pesar de que él era un hombre joven, tenía todo el derecho a hablar e incluso contaba con el entendimiento para hacerlo (32:1–33:33). En segundo lugar, reiteró la opinión de que Dios era justo y por ende Job merecía todo lo que le había acontecido (34:1-37). En tercer lugar, trató de demostrar que Dios honra a los justos y condena a los orgullosos (35:1-16). En cuarto lugar, rogó a Job que aceptara lo que le había sucedido como una expresión de la disciplina de Dios, que se arrepintiera y que buscara

ón, constelación que lleva el nombre de un gigante cazador griego que, según el mito, fue
lo y colocado en los cielos. Job 38:31 tal vez alude a este mito. Dios es descrito continuamente
no el Creador de la constelación de Orión (Job 9:9; Amós 5:8). El plural del término hebreo para
n es traducido como *luceros* en Isaías 13:10. En su interrogatorio a Job, el Señor le preguntó:
odrás tú atar los lazos de las Pléyades, o desatarás las ligaduras de Orión?».

Su perdón humildemente (36:1–37:24). Por último, Eliú se dio cuenta de que Job no lo estaba escuchando realmente, por lo que dejó de hablar.

Desde el torbellino

De repente, desde el centro de un torbellino, Dios comenzó a hablar y le mostró a Job las maravillas de la creación. Ahora, en Su presencia, Job no interrogó a Dios. El Señor, en efecto, puso a Job en el estrado y le preguntó si ahora lo iba a corregir (38:1–40:2). Job, que había sido rápido para hablar, quedó ahora prácticamente sin palabras en la presencia del Señor (40:3-5). Dios preguntó a Job: «¿Invalidarás tú también mi juicio? ¿Me condenarás a mí, para justificarte tú?» (40:8). Luego Dios señaló dos de Sus asombrosas criaturas: el behemot y el leviatán. Esta experiencia hizo que Job comprendiera que había estado muy equivocado en su perspectiva de Dios y en los reclamos que había hecho: «De oídas te había oído; mas ahora mis ojos te ven. Por tanto me aborrezco, y me arrepiento en polvo y ceniza» (42:5-6).

Job restaurado

Dios estaba contento con Job y sus respuestas. Sin embargo, reprendió a los tres amigos y les ordenó que pidieran a Job que orara por ellos (42:7-9). Entonces el Señor restauró todas las posesiones de Job e incluso le dio más hijos (42:10-17). Al final Job encontró sentido a la vida, no en las actividades intelectuales o incluso en sí mismo, sino en experimentar a Dios y confiar en Él.

LA VERACIDAD DE JOB

¿En realidad vivió Job e hizo las cosas que el Libro afirma que sucedieron; o todo esto es solo una buena historia? ¿Es el Libro de Job pura ficción como algunas de las historias de víctimas inocentes, conservadas en la literatura antigua de Mesopotamia, Egipto y de otros lugares? Estas otras historias pueden ser más que ficción; podrían ser historias de acontecimientos reales. Por otra parte, los esfuerzos por equiparar a Job con, o basar el relato de las tribulaciones de Job en tales fuentes antiguas del Cercano Oriente, han demostrado ser infructuosos.

La ausencia de datos contradictorios convincentes sugiere que una audiencia justa de las evidencias, apunta a la existencia de un hombre real llamado Job. Ciertamente, el estilo de la declaración inicial respecto a Job (1:1) es muy similar a la del padre de Samuel, Elcana (1 Sam. 1:1), cuya existencia histórica no es puesta en duda seriamente. Además, Ezequiel vincula a Job con otras dos figuras históricas, Moisés y Daniel (Ezeq. 14:14,20). Jacobo, el hermano de Jesús, aparentemente aceptó la historia tanto de Job y del trato del Señor para con él, como de los hechos concernientes a los profetas que sufrieron en su servicio por el Señor (Sant. 5:10-11).

Otro campo de crítica en relación a Job tiene que ver con su perspectiva teológica, clasificada por algunos como rudimentaria. Los críticos afirman que el Libro presenta a Dios como un soberano que está interesado únicamente en Su poder y control y no en la difícil situación de Sus criaturas. Tampoco puede ser el Dios bueno y misericordioso de las posteriores Escrituras hebreo-cristianas, porque Él no parece interesarse en la situación de Job, y no se muestra dispuesto a aliviar su sufrimiento hasta que haya demostrado Su dominio sobre toda la creación y las criaturas, incluyendo a Job.

Esta perspectiva no logra ver una gran parte de la presentación de Dios en el Libro. Desde el principio se nota que Dios es consciente de Job y de su integridad perfecta (1:8; 2:3), se preocupa por la vida de Job (1:12; 2:6) y se deleita en él.

CÓMO ENCAJA JOB EN LA HISTORIA DE DIOS

Job no encaja en la narrativa del reino de Dios. El Libro ofrece una visión atemporal para el pueblo de Dios en cualquier época de la historia.

⟨✗ CRISTO EN JOB

En sus grandes pérdidas y sufrimientos, Job clama por un mediador que se sitúe entre él y Dios. Cristo es la respuesta a ese clamor del corazón. «Porque hay un solo Dios, y un solo mediador entre Dios y los hombres, Jesucristo hombre» (1 Tim. 2:5).

«¿Cazarás tú la presa para el león? ¿Saciarás el hambre de los leoncillos, Cuando están echados en las cuevas, o se están en sus guaridas para acechar?» (Job 38:39-40).

PRINCIPIOS BÁSICOS DE LA COSMOVISIÓN CRISTIANA

Enseñanza sobre Dios

Job revela a Dios en Su corte celestial (Isa. 6 y Ezeq. 1 se pueden comparar). El Libro muestra que Dios permite que un adversario (Satanás) desafíe Su justicia soberana, pero al final Dios recibe la gloria. La expectativa de Job de un Redentor venidero (19:25) se cumplió en Jesucristo. El trabajo creativo del Espíritu de Dios es evidente en textos tales como Job 33:4.

Enseñanza sobre la humanidad

Las secciones en prosa de Job (caps. 1–2 y 42) muestran que el comportamiento humano se manifiesta ante los poderes sobrenaturales. Las secciones poéticas (caps. 3–41) muestran que el razonamiento humano, sin importa cuán lógico parezca, por sí solo nunca puede penetrar la mente de Dios. Job y sus consejeros llegaron solo a la verdad parcial sobre el sufrimiento, y fue solo cuando Dios se reveló, que la insuficiencia de la sabiduría humana se hace evidente.

Enseñanza sobre la salvación

Job 1 es consistente con Génesis en mostrar a un cabeza de familia que ofrece sacrificios por los pecados de los propios miembros de su familia. La confesión de fe personal de Job anticipa la venida de Cristo y la resurrección (19:25-26).

CARACTERÍSTICAS LITERARIAS

GÉNERO Y ESTILO LITERARIO

Literatura sapiencial, que enfatiza diálogos en poesía, enmarcados por un prólogo y un epílogo narrativos, escrita en hebreo difícil

El Libro de Job pertenece al tipo literario llamado «sabiduría especulativa» que exploraba las grandes cuestiones de la existencia humana. Otros textos del antiguo Cercano Oriente son comparables a Job, por ej.: el texto egipcio «Admoniciones de Ipuwer» o el mesopotámico «Alabaré al señor de la sabiduría». Sin embargo, la sabiduría israelita, basada en el temor del Señor, superaba a la de otras naciones. Job fue colocado en la tercera sección, «Escritos» (*Ketuvim*), del canon hebreo.

El prólogo (caps. 1–2) y el epílogo (cap. 42) narrativos son marcos necesarios para el extenso cuerpo del Libro. Los diálogos y monólogos poéticos (caps. 3–41) fueron compuestos en su totalidad en forma de paralelismo hebreo que se encuentra en los otros Libros de sabiduría y Salmos (así como en otros lugares en el AT). Ver *Género y estilo literario* de **PROVERBIOS** para obtener más información sobre el paralelismo hebreo.

El vocabulario y el estilo hebreos fueron tan difíciles para los traductores griegos de Job (siglo II a.C.) que omitieron la traducción de una serie de líneas, lo que sugiere una fecha aún anterior para la composición de Job.

UN PRINCIPIO A SEGUIR EN LA VIDA

Una perspectiva eterna (Job 19:23-27)

Aunque es posible que en la Tierra nunca sepamos por qué le suceden cosas malas a la gente buena, debemos orar por gracia y fortaleza para creer que en la eternidad todo se aclarará.

El título en español se basa en el nombre que los traductores griegos dieron a este Libro en el siglo II a.C. El nombre podría traducirse como «Canciones». El título original hebreo es *Tehillim*, «Himnos» o «Alabanzas».

TEXTO CLAVE: 150:6

Todo lo que respira alabe a JAH. Aleluya.

TÉRMINO CLAVE: «ALABANZA»

El Salterio se convirtió en el himnario de Israel. No todos los salmos eran himnos (canciones en honor a Dios o sobre Él), pero la alabanza a Dios era su tema principal.

En Salmos 1 se presenta la puerta de entrada a esta colección inspirada, conocida como «los dos caminos». El proceso de aventar (separar la paja del grano) es una imagen acertada de los dos caminos y sus consecuencias. Los otros 149 salmos brindan más detalles sobre este tema, y lo hacen de diversas maneras.

RESUMEN DE UNA SOLA FRASE

Dios, el Rey verdadero y glorioso, es digno de toda alabanza, acción de gracias y confianza en cualquier ocasión de la vida personal o comunitaria.

CONTEXTO HISTÓRICO ORIGINAL

AUTOR Y FECHA DE ESCRITURA

Muchos autores, quizás compilado finalmente cerca del 400 a.C.

En los títulos de más de 70 salmos se menciona a David, un notable músico y poeta (1 Sam. 16:23; 2 Sam. 1:17). Tanto Asaf como «los hijos de Coré» escribieron varios salmos. Otros autores nombrados son: Moisés, Salomón, Hemán y Etán. De estos, Moisés fue el más antiguo (1400 a.C.). Algunos salmos pueden haber sido compuestos después de que Israel regresó del exilio.

Salmos 122, el tercero de quince «Cánticos de ascenso gradual». Estos salmos probablemente se cantaban en las procesiones de peregrinación, en la celebración de tres fiestas anuales. Es posible que se cantaran al subir los quince pasos que conducían al templo.

La colección creció gradualmente con el tiempo; por ejemplo, el «Libro primero» (Salmos 1–41) pudo haberse completado a principios de la época de Salomón. La «Colección Asaf» (Sal. 73–83) y los «Cánticos de ascenso gradual» (Sal. 120–134) se añaden quizá en conjunto. La compilación final probablemente no se realizó hasta después de terminado el segundo templo.

PÚBLICO INICIAL Y DESTINATARIO

Los israelitas que vivían en su tierra

Cada uno de los 150 salmos fue dirigido a un público en particular. A veces el título del salmo es sugerente; por ejemplo, los «Cánticos de ascenso gradual» (120-134) fueron evidentemente compuestos como canciones para que los viajeros israelitas las entonaran a medida que subían (literalmente) a Jerusalén. El Salterio en su forma final fue diseñado como «El himnario del judaísmo del segundo templo».

ORIGEN

Solo catorce salmos proporcionan un origen histórico en el título (3; 7; 18; 30; 34; 51; 52; 54; 56; 57; 59; 60; 63; 142). Para otros, el contenido es sugerente pero no concluyente. A los editores finales de la colección los motivó la necesidad de preservar los salmos que tenían. Muchos eruditos creen que estos compusieron los Salmos 1; 2 y 150 como introducción y conclusión formales del Salterio.

EL MENSAJE DE DIOS EN SALMOS

PROPÓSITO

El propósito de los poemas individuales, así como de todo el proceso de recopilación para el Salterio, fue preservar las palabras inspiradas de los compositores israelitas cuando expresaban los altibajos de su relación con Dios. Sus poemas fueron preservados para guiar al pueblo de Dios en épocas posteriores en cuanto a la forma de acercarse a Él, independientemente de las situaciones que experimentaran. Por lo tanto, hay cánticos de júbilo y alabanza de exaltación, cánticos de respeto a la Palabra de Dios, cánticos de confianza cuando el mal prevalece, cánticos de confesión y otras expresiones de verdadera religión. Aunque los salmos contienen doctrina, profecía y enseñanza, su propósito principal era ser cantados a Dios como expresiones de deleite en Él. En la actualidad, el pueblo de Dios debe usar los salmos a la luz de su propósito original.

A PRIMERA VISTA

Tradicionalmente, el Libro ha sido dividido en cinco secciones que corresponden a los cinco Libros de Moisés, cada sección termina con una doxología.

Estas divisiones pueden sugerir que los «Libros» fueron independientes durante un tiempo. (Nótese que los Salmos 14 y 53 son similares y se encuentran en diferentes «Libros»). Algunos salmos también se pueden agrupar de acuerdo a su función; por ejemplo, los Cánticos de ascenso gradual (Sal. 120–134), probablemente los cantaban los israelitas en su camino a las tres fiestas que se celebraban en Jerusalén. Otro grupo de salmos (Sal. 93; 96–99) celebran la soberanía divina del Señor sobre el universo.

Un pastor del Medio Oriente que guía a sus ovejas. La Biblia menciona a los pastores y el pastoreo más de 200 veces. Los pastores conducían a las ovejas a los pastos y al agua (Sal. 23) y las protegían de los animales salvajes (1 Sam. 17:34-35). También guardaban sus rebaños durante la noche ya sea a la intemperie (Luc. 2:8) o en corrales (Sof. 2:6) donde contaban las ovejas al entrar (Jer. 33:13). El término pastor llegó a designar no solo a las personas que criaban ovejas, sino también a reyes (2 Sam. 5:2) y al mismo Dios (Sal. 23; Isa. 40:11). Profetas posteriores se refirieron a los líderes de Israel como pastores (Jer. 23; Ezeq. 34).

Los eruditos han debatido durante siglos sobre las formas y clasificaciones de los salmos individuales. El Libro de los Salmos contiene himnos (Sal. 145–150), lamentos (Sal. 38–39), cánticos de agradecimiento (Sal. 30–32.), salmos reales (Sal. 2; 110), salmos de entronización (Sal. 96; 98), salmos penitenciales (Sal. 32; 38; 51) y salmos didácticos o sapienciales (Sal. 19; 119).

Un *lamento* puede ser expresado por la comunidad (por ej., Sal. 44; 74; 79) o por el individuo (Sal. 22; 38; 39; 41; 54). En ambos casos son oraciones o clamores elevados a Dios en medio de situaciones de angustia. Las diferencias están relacionadas con las clases de problemas y las experiencias de salvación. Para la comunidad, el problema puede ser un enemigo; para un individuo puede ser una enfermedad. El modelo básico incluye una invocación a Dios, una descripción de la(s) queja(s) del peticionario, un recuerdo de experiencias pasadas de salvación (por lo general lamentos comunitarios), peticiones, una respuesta divina (u oráculo) y, para concluir, un voto de alabanza.

Los *salmos de acción de gracias* también son pronunciados por la comunidad (Sal. 106; 124; 129) y el individuo (Sal. 9; 18; 30). Estos salmos están relacionados con los lamentos que son respuestas a la liberación que tuvo lugar después de la angustia. Son expresiones de alegría y formas más completas de la promesa de alabanza hecha en medio del lamento.

El *himno* (Sal. 8; 19; 29) se parece más en su estilo a una canción de alabanza como se canta en las formas modernas de adoración. Estos salmos son exclusivamente litúrgicos y podrían cantarse de manera antifonal; algunos tienen estribillos que se repiten (Sal 8; 136). El himno normalmente incluye un llamado a la alabanza. Luego, el salmo describe las razones para alabar a Dios. La estructura no es tan clara como en otros tipos de salmos.

A algunos salmos se los considera *salmos reales* (Sal. 2; 18; 20) y tienen que ver con el rey terrenal de Israel. Una vez más, estos generalmente se los considera como salmos mixtos. Eran utilizados para celebrar la coronación del rey y pueden haber incluido un oráculo para el monarca. En algunos casos (como en el Sal. 72), se hacían oraciones para interceder a favor del rey.

Los *salmos de coronación* son otra clase de salmo mixto que celebra el reinado de Jehová (Sal. 96–99). Ellos están estrechamente relacionados con los himnos; la principal diferencia es que se celebra a Jehová como rey sobre toda la creación.

Los *salmos penitenciales* son expresiones de contrición y arrepentimiento. El salmista suplica ser restaurado a una relación correcta con Dios (Sal. 38; 51).

Un último tipo de salmo es el *salmo sapiencial*. Esta clase tiene forma y estilo poéticos, pero se distingue por su contenido y una tendencia hacia lo proverbial. Estos salmos contemplan cuestiones de teodicea (Sal. 73), celebran la Palabra de Dios (la Torá; Sal. 119) o abordan dos formas diferentes de vida: la de los justos o la de los malos (Sal. 1).

Algunos salmos mixtos indican que estos no son perfecta o fácilmente categorizados. Sin embargo, la identificación ayuda al lector a saber qué clase de salmo está leyendo, con un posible contexto original o un contexto actual adecuado para la adoración.

Estas clasificaciones no deberían tomarse de manera demasiado estricta. No son moldes rígidos.

Las expresiones y sentimientos religiosos genuinos que se encuentran en los salmos pueden, a veces, intersectar con muchas de estas clasificaciones, o incluso trascenderlas. Unos pocos salmos (25; 34; 37; 111; 112; 119; 145) están dispuestos en acróstico según el alfabeto hebreo, probablemente para ayudar a memorizarlos.

LA VERACIDAD DE SALMOS

El Salterio no se completó hasta ya avanzada la historia de Israel (en la época postexílica). Sin embargo, este contiene himnos escritos en un período de cientos de años. Muchos salmos individuales son mucho más antiguos que el Libro entero.

Evidencia de los sobrescritos

Una fuente primaria de información sobre la fecha y la autoría de los salmos individuales son los sobrescritos que se encuentran encima de muchos salmos. Según estos, entre los autores se encuentran David, los hijos de Coré, Asaf, Moisés y Salomón. Otros salmos, entre ellos algunos de los «Cánticos de ascenso gradual» (Sal. 120–134) y de los «Salmos de alabanza» (Sal. 146–150) son anónimos. Estos títulos, si se consideran en sentido literal, fecharían a muchos de los salmos a principios del siglo X (Salmos de David) y al menos uno en el siglo XV (Sal. 90).

Significado y veracidad de los sobrescritos

No obstante, algunos eruditos se preguntan si el propósito de los sobrescritos es atribuir autoría a los salmos. La frase *ledawid* que se usa con frecuencia en los sobrescritos de los salmos podría significar *por David*, aunque también podría significar *para David*; pero la mayoría de los eruditos admiten que la palabra significa *por David*. No hay ninguna razón para pensar que se trata de algún tipo de dedicación. Una cuestión más seria es si los sobrescritos son fiables. Algunos eruditos creen que fueron añadidos en una fecha posterior y no son más que conjeturas que carecen de valor histórico real. No obstante, hay buenas razones para creer que los sobrescritos son confiables. Muchos de los sobrescritos de los salmos, se refieren a incidentes en la vida de David sobre los cuales Samuel y Crónicas no plantean nada. Por ejemplo, el sobrescrito del Salmo 60 menciona las batallas con Aram Naharaim, Aram Soba y Edom. Sería extraño que en el período postexílico tardío, los rabinos inventaran esto. Otro ejemplo es el sobrescrito del Salmo 7, que habla de un cierto «Cus, el benjamita», a quien se lo menciona solo aquí en el AT. Si los sobrescritos fueran inventos posteriores, cabría esperar que hicieran más alusión a los incidentes de la vida de David mencionados en Samuel. Muchos de los títulos de los salmos contienen términos musicales técnicos, cuyos significados ya se desconocían en el momento en que el AT fue traducido al griego. Por ejemplo, *lammenasseah*, «al músico principal» se traduce erróneamente «hasta el final» en la Septuaginta, la traducción griega precristiana del AT. Varios de estos términos todavía no se entienden. Los sobrescritos incluyen palabras oscuras o difíciles, por ejemplo: *títulos de canciones* («Al-tasjith», «Jonath-elem-rejokim», «Aijeleth Shahar», «Shoshan-nim», «Shushan-eduth» y «Majalath»); *instrumentos musicales o términos técnicos* («Neginoth» y «Sheminith»); *grupos musicales o cantantes* («Asaf»; «Hijos de Coré»; «Hemán ezraíta»; «Etán ezraíta»), y los *tipos de salmos* (cánticos de ascenso gradual que probablemente cantaban los peregrinos en su camino a Jerusalén; Masquil, posiblemente un salmo de instrucción o meditación; Mictam; Shiggaión). La terminología antigua y las referencias a los grupos antiguos y acontecimientos pasados dan a entender que los títulos son muy antiguos. Esto afirma la confianza en su veracidad.

La autoría davídica de los salmos

Muchos eruditos han afirmado que David no escribió los salmos que se le atribuyen. Pero no hay razones históricas por las que David no pudo haber sido autor de esos salmos. David tenía reputación de cantor y fiel servidor del Señor, y nada en su vida es incompatible con ser un salmista. Una dificultad es que algunos de los salmos de David parecen referirse al templo (por ej., 27:4), el cual no existía en su época. Pero términos como «casa del Señor», «lugar santo» y «casa de Dios» se utilizan regularmente con relación a la tienda de reunión y no tienen que ser tomados como referencias al templo de Salomón (ver Ex. 28:43; 29:30; Jos. 6:24; Jue. 18:31). Ciertamente David pudo haber escrito los salmos que se le atribuyen.

Fecha de Salmos

Críticos anteriores fecharon muchos de los salmos en una época avanzada de la historia de Israel, algunos incluso los fechan en el período de los Macabeos. Sin embargo, por dos razones esto ya no es posible. En primer lugar, las canciones y los himnos ugaríticos muestran paralelismos con muchos de los salmos. Las formas gramaticales y poéticas son similares. La tradición ugarítica de escritura de himnos es antigua (antes del siglo XII) e implica que muchos de los salmos pueden ser antiguos también. En segundo lugar, en los Rollos del Mar Muerto se encontró una copia fragmentada del siglo II de la colección bíblica de los salmos. Esto demuestra que sin duda los salmos fueron compuestos mucho antes del siglo II, ya que debe haber pasado mucho tiempo para que los salmos escritos fueran reconocidos como Escritura y para que el salterio fuera organizado. Por lo tanto, no hay razón para fechar tardíamente todos los salmos. En términos generales, estos pueden ser fechados en tres grandes períodos: 1) *Preexílico*. Estos salmos son muy similares a las canciones ugaríticas, a los salmos reales y a los que mencionan al reino del norte.

2) *Exílico*. Este incluye las canciones lúgubres que lamentan la caída de Jerusalén y piden venganza sobre los edomitas y otros. 3) *Postexílico temprano*. Estos salmos, como en Salmos 119, enfatiza la ley escrita.

CÓMO ENCAJA SALMOS EN LA HISTORIA DE DIOS

Salmos no encaja en la narrativa del reino de Dios. Es un recurso atemporal para el pueblo de Dios en su adoración al Dios vivo.

CRISTO EN SALMOS

En Salmos se profetiza tanto la primera como la segunda venida de Cristo. Por ejemplo, en Salmos 22 se vislumbra la crucifixión y en Salmos 2 se anhela el tiempo en que Su reino sea reconocido universalmente.

PRINCIPIOS BÁSICOS DE LA COSMOVISIÓN CRISTIANA

Enseñanza sobre Dios

Los Salmos muestran a Dios como Creador. Él es también Redentor y Hacedor de pactos. Estos están llenos de alabanzas a los atributos de Dios. El Espíritu es el agente activo de Dios para lograr Sus propósitos (Sal. 51:11 e Isa. 63:10-11 son los únicos pasajes del AT que se refieren al Espíritu Santo por nombre).

Enseñanza sobre la humanidad

La enseñanza esencial de Salmos sobre la raza humana es que Dios desea y permite a las personas alabarlo y darle gracias. Los seres humanos alcanzan su máximo potencial solo cuando buscan gozo y satisfacción en el Creador y no en la creación. Salmos resaltan los extremos de la existencia humana. En Salmos 8 se muestra la gloria de la humanidad como hechura de Dios. Por otro lado, los muchos salmos que mencionan a los enemigos de Dios y de Su pueblo, muestran la vergonzosa pecaminosidad en la que las personas pueden caer.

Enseñanza sobre la salvación

La cita de Salmos 32:1-2 que Pablo hace en Romanos 4:7-8 demuestra que la justificación por la fe era igual en los tiempos del AT como en los tiempos del NT. Otros pasajes, tales como Salmos 51, confirman que la perspectiva de los salmistas era que el Dios del pacto inicia la salvación y esta era Su regalo para aquellos que confiaban en Su *jésed* (que suele traducirse «misericordia», «bondad» o «benevolencia»).

CARACTERÍSTICAS LITERARIAS

GÉNERO Y ESTILO LITERARIO

Una antología de poesía escrita en hebreo en honor al Dios de Israel y a la fe de Israel

El estilo poético de Salmos tiene mucho en común con la poesía de todas las culturas, el empleo abundante de lenguaje figurado e hipérboles que son el resultado del uso profundo de la imaginación. ¿Quién puede olvidar la metáfora: «Jehová es mi pastor» (23:1) o la personificación: «Los ríos batan las manos» (98:8)? Ver *Género y estilo literario* en **PROVERBIOS** para obtener más información sobre el paralelismo hebreo. Salmos era el primer Libro de los Escritos (*Ketuvim*), la tercera sección del canon hebreo. Jesús se refirió a esta organización en tres partes en Lucas 24:44: «Era necesario que se cumpliese todo lo que está escrito de mí en la ley de Moisés, en los profetas y en los salmos».

UN PRINCIPIO A SEGUIR EN LA VIDA

Proclamar las alabanzas de Dios (Sal. 147)

Cuando adoramos, debemos cumplir el propósito primordial al cual Dios nos ha llamado: proclamar Sus alabanzas.

«Como el padre se compadece de los hijos, se compadece Jehová de los que le temen. Porque él conoce nuestra condición; se acuerda de que somos polvo» (Sal. 103:13-14).

▲ «División del Mar Rojo» por Dr. Lidia Kozenitzky. «El mar lo vio, y huyó… ¿Qué tuviste, oh mar, que huiste? ¿Y tú, oh Jordán, que te volviste atrás? (Sal. 14:3,5). Desde el punto de vista histórico y teológico, este es el acontecimiento más importante del AT. Más de un centenar de veces en todas las partes del AT, excepto en la literatura sapiencial, Jehová es proclamado «Jehová tu Dios, que te saqué de la tierra de Egipto, de casa de servidumbre». Israel recordó el éxodo como la obra poderosa de redención de Dios, lo celebraba en sus credos (Deut. 26:5-9; 1 Sam. 12:6-8) y lo cantaba en su adoración (Sal. 78; 105; 106; 114; 135; 136).

▶ Ilustración de Israel en el Monte Sinaí de Gerard Hoet (1648-1733). «Los montes saltaron como carneros, los collados como corderitos. ¿Qué tuviste, oh mar, que huiste? […] Oh montes, ¿por qué saltasteis como carneros, y vosotros, collados, como corderitos? A la presencia de Jehová tiembla la tierra, a la presencia del Dios de Jacob, el cual cambió la peña en estanque de aguas, y en fuente de aguas la roca» (Sal. 114:4-8).

El título más largo es la traducción del nombre que se encuentra en las Biblias Latinas (*Liber Proverbiorum*). En hebreo el título era «Proverbios de Salomón». Salomón fue nombrado como el principal contribuyente. Proverbio (*mashál* en hebreo) puede traducirse como «máxima» o «dicho sabio».

TEXTO CLAVE: 3:5-6

Fíate de Jehová de todo tu corazón, y no te apoyes en tu propia prudencia. Reconócelo en todos tus caminos, y él enderezará tus veredas.

TÉRMINO CLAVE: «SABIDURÍA»

Este Libro muestra al pueblo de Dios cómo vivir la vida con sagacidad: «El principio de la sabiduría es el temor de Jehová» (1:7). Estos principios para la vida cotidiana combinan el sentido común con la debida reverencia a Dios, lo cual da como resultado la verdadera sabiduría. La sabiduría (en hebreo *jokmáh*) va más allá de los

«Salomón» del pintor español, Pedro Berruguete. A Salomón se le recuerda por tener 3000 proverbios y 1005 canciones en su repertorio (1 Rey. 4:32). Es difícil saber con precisión el papel que Salomón y su corte pueden haber tenido en el inicio del proceso que culminó con el Libro de Proverbios. Este proceso se puede comparar con la forma en que los salmos de autoría davídica condujeron finalmente al Libro de Salmos. En Israel la sabiduría era considerada salomónica casi por definición. Por lo tanto, los títulos de 1:1 y 10:1 no son exclusivamente declaraciones de autoría según el sentido moderno. La sabiduría de Salomón se ilustra en la Biblia mediante el relato de las dos rameras que afirmaban ser la madre del único niño sobreviviente (1 Rey. 3:16) y por la visita de la reina de Sabá (1 Rey. 10).

conocimientos teóricos y llega a las directrices prácticas para enfrentar con éxito los problemas difíciles de la vida.

RESUMEN DE UNA SOLA FRASE

Aquellos que siguen el diseño sabio de Dios para la vida (particularmente en las áreas de la pureza sexual y la integridad de labios), evitan los peligros en los que otros caen y disfrutan de la vida en la Tierra, tal como Dios la diseñó para que la viviéramos.

CONTEXTO HISTÓRICO ORIGINAL

AUTOR Y FECHA DE ESCRITURA

Principalmente Salomón, pero también otros, cerca del 950-700 a.C.

Salomón gobernó sobre Israel cerca del 970–931 a.C. Él «compuso tres mil proverbios, y sus cantares fueron mil cinco» (1 Rey. 4:32); muchos de estos proverbios fueron preservados en este Libro. Salomón escribió la primera sección (1:8–9:18) y la segunda sección (10:1–22:16). Más de dos siglos después, eruditos que trabajaban para el rey Ezequías compilaron otros proverbios de Salomón (25:1–29:27). Hombres sabios anónimos escribieron los proverbios recogidos en 22:17–24:22. Otros dos, desconocidos fuera de este Libro, aportaron secciones cortas: Agur (30:1-33) y el rey Lemuel (31:1-9). Es evidente que el compilador final de Proverbios escribió el prólogo, donde indica el propósito del Libro (1:1-7), y el epílogo sobre la mujer virtuosa (31:10-31).

Salomón puede haber plasmado por escrito sus propios proverbios antes del 930 a.C. Las contribuciones posteriores podrían haber sido terminadas cerca del 700 a.C. Algunos eruditos creen que el Libro de Proverbios no fue editado en su forma final hasta después de que los judíos regresaran de su exilio en Babilonia, tal vez en el siglo v a.C.

PÚBLICO INICIAL Y DESTINATARIO

El pueblo israelita que vivía en su propia tierra

Los primeros oyentes fueron los hijos de Israel que vinieron a admirar la sabiduría de su gran rey Salomón (1 Rey. 3:28). Según 1 Reyes 4:29-34, representantes de las naciones vecinas vinieron a Jerusalén para oír la sabiduría divinamente inspirada de Salomón.

ORIGEN

Cuando Dios le dijo a Salomón en el comienzo de su reinado que pidiera lo que quisiera, él pidió «sabiduría y ciencia» para gobernar adecuadamente al pueblo israelita (2 Crón. 1:10). Dios se las concedió, y con el transcurso de los años la sabiduría de Salomón se hizo legendaria, de modo que «era mayor la sabiduría de Salomón que la de todos los orientales, y que toda la sabiduría de los egipcios» (1 Rey. 4:30). Es posible que Salomón escribiera la mayor parte de los proverbios durante sus primeros años como rey, antes de que sus muchas mujeres extranjeras lo desviaran (1 Rey. 11:1).

EL MENSAJE DE DIOS EN PROVERBIOS

PROPÓSITO

Proverbios ofrece principios positivos y negativos para una vida exitosa, independientemente de la situación de la persona. El Libro aplica a la vida cotidiana los grandes mandamientos de amar a Dios sobre todas las cosas y amar al prójimo como a uno mismo (Lev. 19:18; Deut. 6:5). Debido a que las enseñanzas proverbiales, por su naturaleza, expresan lo que funciona en las relaciones humanas, ellas no pueden ser tratadas como absolutos ni como profecías. El Libro asume (pero no lo menciona explícitamente) el pacto y la redención o la historia de Israel. Vivir bien significa disfrutar de relaciones exitosas ahora, sin importar lo que haya pasado en la historia o lo que depare el futuro.

A PRIMERA VISTA

Como mencionamos anteriormente, Proverbios es una colección de varios libros. Sin embargo, los proverbios muestran una cosmovisión unificada de una rica complejidad. Proverbios 1–9 introduce esta cosmovisión y presenta sus principales temas. Los dichos cortos de Proverbios 10–31 han de entenderse a la luz de los primeros nueve capítulos.

El principio y el fin de la sabiduría es temer a Dios y evitar el mal (1:7; 8:13; 9:10; 15:33). El mundo es un campo de batalla entre la sabiduría y la insensatez, la rectitud y la maldad, el bien y el mal. Este conflicto se personifica en la Dama Sabiduría (1:20-33; 4:5-9; 8; 9:1-6) y en la Ramera Insensatez (5:1-6; 6:23-35; 7; 9:13-18). Ambas «mujeres» ofrecen amor e invitan a sus hogares a los jóvenes sencillos (como los que estaban en la escuela real) para que prueben sus mercancías. La invitación de la Sabiduría es para vida (8:34-36); la seducción de la Insensatez conduce a la muerte (5:3-6; 7:22-27; 9:18).

Misteriosamente, la Dama Sabiduría habla en lugares públicos y ofrece sabiduría a todo aquel que quiere escuchar (1:20-22; 8:1-5; 9:3). La Sabiduría no se oculta, sino que se muestra para todos los que la buscan. Algunos eruditos consideran que la Sabiduría es un atributo de Dios, que se muestra especialmente en la creación (3:19-20; 8:22-31). Sin embargo, expresado de forma más precisa, la Sabiduría se revela en la creación. Es decir, Dios ha puesto un orden sabio en la creación que le habla a la humanidad del bien y del mal, e insta a los seres humanos a acercarse al bien y a apartarse del mal. Esto no es solo la «voz de la experiencia», sino la revelación general de Dios que habla con autoridad a todas las personas. El mundo no está en silencio, sino que habla del Creador y Su voluntad (Sal. 19:1-2; 97:6; 145:10; 148; Job 12:7-9; Hech. 14:15-17; Rom. 1:18-23; 2:14-15).

Esta perspectiva elimina cualquier fractura entre la fe y la razón, entre lo sagrado y lo secular. La persona que conoce a Dios también conoce que cada centímetro de vida fue creado por Dios y le pertenece. Las experiencias en el mundo sirven para que la persona de fe mire a Dios.

Por lo tanto, la persona sabia «teme a Dios» y también vive en armonía con el orden de Dios para la creación. El perezoso tiene que aprender de la hormiga porque el trabajo de esta se encuentra en sintonía con el orden de las estaciones (Prov. 6:6-11; comp. 10:5).

LA VERACIDAD DE PROVERBIOS

Fecha y autoría

El texto afirma que las cuatro unidades que componen los proverbios son de autoría de Salomón, editados por los escribas de Ezequías, de Agur y de Lemuel tal como lo aprendido de su madre. Esto significa que la mayor parte de los proverbios

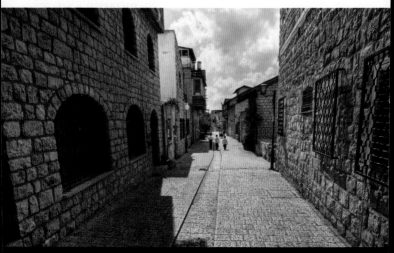

«La sabiduría clama en las calles, alza su voz en las plazas; clama en los principales lugares de reunión; en las entradas de las puertas de la ciudad dice sus razones. ¿Hasta cuándo, oh simples, amaréis la simpleza, y los burladores desearán el burlar, y los insensatos aborrecerán la ciencia?» (Prov. 1:20-22).

(1–29) son esencialmente de Salomón. Aun así, muchos eruditos modernos creen que estas colecciones se compilaron mucho después de Salomón. Algunos creen que Proverbios no fue escrito hasta más de 500 años después de Salomón, aunque otros fechan las colecciones en la última monarquía, alrededor de 300 años después de Salomón. Sin embargo, no existe evidencia sólida que nos obligue a rehusar la afirmación bíblica de que Salomón escribió la mayor parte del Libro. Algunos han alegado que pasajes como Proverbios 8 son demasiado avanzados en pensamiento como para provenir de Salomón. No obstante, en textos del antiguo Cercano Oriente aparecen otros trabajos avanzados y complejos de la literatura sapiencial que son muy anteriores a la época de Salomón. Además, en la Biblia leemos que el reinado de Salomón constituyó una especie de florecimiento de la sabiduría en el antiguo Israel y que Salomón estaba en la vanguardia del movimiento (1 Rey. 10:1-9). Al ser este el caso, no es extraño que la más grandiosa literatura sapiencial israelita provenga de este período.

Kenneth Kitchen, un egiptólogo de la Universidad de Liverpool, realizó un análisis estructural de Proverbios. Una de sus conclusiones fue que Proverbios 1–24 constituyen una sola unidad literaria, con características que la sitúan en la primera parte del primer milenio a.C. Paralelismos con Proverbios 1–9, encontrados en la literatura sapiencial egipcia temprana, refuerzan aún más esta afirmación. Anteriormente se creía que los capítulos 1–9 apoyaban una fecha de composición muy posterior a Salomón.[1]

Agur y Lemuel pueden ser seudónimos de personas que, de no ser por esto, no serían conocidas; aunque es más probable que Agur y Lemuel fueran simplemente sabios sobre los cuales no tenemos ninguna otra información. Debido a que no conocemos la identidad de los autores, no podemos conocer las fechas de composición. Pero no hay ninguna razón para fechar estas secciones muy tardíamente. Del mismo modo, aunque no podemos tener seguridad sobre cuándo apareció por primera vez el actual Libro de Proverbios, el reinado de Ezequías (716-687 a.C.) puede ser una conjetura razonable (25:1).

CÓMO ENCAJA PROVERBIOS EN LA HISTORIA DE DIOS

Proverbios no encaja en la narrativa del reino de Dios. Sin embargo, el Libro proporciona sabiduría atemporal para el pueblo de Dios en cualquier época de la historia.

✝ CRISTO EN PROVERBIOS

La sabiduría como un atributo de Dios es representada en forma de una persona en Proverbios. A la luz del NT sabemos que la Sabiduría es Jesucristo, la

Palabra por medio de la cual el universo fue creado y es sustentado (Juan 1:1; Heb. 1:3).

PRINCIPIOS BÁSICOS DE LA COSMOVISIÓN CRISTIANA

Enseñanza sobre Dios

En Proverbios, Dios es Aquel que estableció el mundo, para que los que viven según Sus principios encuentren bendición y éxito. La virtud más sublime es «el temor de Jehová».

Enseñanza sobre la humanidad

Proverbios demuestra que los seres humanos pueden vivir de una manera correcta o incorrecta, de una manera sabia o insensata. La manera correcta no es la manera más fácil, pero los que viven por ella reciben una gran recompensa. Todas las relaciones en la vida pueden regirse por las sabias enseñanzas de este Libro.

Enseñanza sobre la salvación

Proverbios da por sentado el pacto de Dios, pero no enseña sobre él directamente. Sin duda, esto sirve para demostrar que la sabiduría que proviene del pueblo de Dios es superior a la sabiduría que viene de otros y da como resultado mayor bendición; incluso sin hacer referencia explícita a los poderosos hechos de Dios a favor de Su pueblo.

CARACTERÍSTICAS LITERARIAS

GÉNERO Y ESTILO LITERARIO

Literatura sapiencial que enfatiza refranes cortos, escrita enteramente en poesía hebrea

La gente del antiguo Cercano Oriente sentía gran admiración por los sabios que recopilaban y publicaban pautas para una vida exitosa. La literatura sapiencial era de dos tipos: proverbial (como el presente Libro, que plantea principios para vivir correctamente) y especulativa (tales como Job o Eclesiastés, que medita sobre cuestiones profundas de la existencia humana). Tanto los mesopotámicos como los egipcios desarrollaron tradiciones de sabiduría. Sin embargo, la sabiduría israelita, afirmada en el temor de Jehová, superó a la de otras naciones. Proverbios fue colocado en la tercera sección, los Escritos *(Ketuvim)*, del canon hebreo. Típicamente la poesía hebrea tenía dos (a veces tres) versos que son paralelos en la idea (en lugar de en la rima). En el paralelismo *sinónimo*, el segundo verso repite la esencia del primero, con palabras diferentes (ver 5:7). En el paralelismo *antitético*, el segundo verso indica lo contrario del primero (ver 10:3). El paralelismo *sintético* ocurre cuando do el segundo verso parte del primero sin repetición o contraste (ver 31:15).

UN PRINCIPIO A SEGUIR EN LA VIDA

Sabiduría de corazón (Prov. 1:4; 2:2)

Para caminar en la voluntad de Dios, tenemos que permitir que Su Palabra penetre en más profundo de nuestro ser.

REFERENCIAS

1. «Parallels From Egypt and Mesopotamia» [Paralelismos de Egipto y Mesopotamia], consultado el 16 de diciembre de 2016. http://bible.ucg.org/bible-reading-program/pdf/brp0609.pdf.

Los traductores griegos titularon así este Libro en el siglo II a.C. Fue su traducción del título hebreo, *Qoheleth*, «Predicador» o «Maestro». «Eclesiastés» significa «individuo que congrega a la gente», similar a *ekklesía*, «asamblea».

TEXTO CLAVE: 1:2 (QUE ES SIMILAR A 12:8)

Vanidad de vanidades, dijo el Predicador; vanidad de vanidades, todo es vanidad.

TÉRMINO CLAVE: «VANIDAD» (INUTILIDAD O ABSURDO)

El término hebreo *hebel* significaba literalmente «aliento» o «vapor», y se refería a algo sin sentido o algo absurdo o inútil. El término aparece más de 30 veces en el Libro.

RESUMEN DE UNA SOLA FRASE

Aunque los seres humanos pueden acumular muchas cosas, lograr mucho y alcanzar gran sabiduría, nada de esto aprovecha, y en última instancia carece de sentido, a menos que uno haya vivido en el temor de Dios y en obediencia a Él.

«Tiempo de plantar» (Ecl. 3:2b)

CONTEXTO HISTÓRICO ORIGINAL

AUTOR Y FECHA DE ESCRITURA

Probablemente Salomón, tal vez cerca del final de su reinado, alrededor del año 935 a.C.

El autor se llamó a sí mismo *Qoheleth*, «Predicador» o «Maestro» en el sentido de alguien que reúne personas con el fin de instruirlas. También era «hijo de David, rey en Jerusalén» (1:1). Tanto la tradición judía como la cristiana han identificado al autor como Salomón, y la perspectiva de un anciano experimentado es certera (ver 12:1-7).

Por otra parte, varios elementos en el texto indican que el Libro es obra de un escritor diferente y posterior a Salomón. El estilo hebreo es inusual y se considera tardío; la referencia a «todos los que fueron antes de mí en Jerusalén» (2:9) parece extraña para Salomón, el segundo rey israelita de Jerusalén. El escritor también expresó puntos de vista negativos sobre los gobernantes (ver 4:13; 5:8-9; 7:19; 8:2-3); algo difícil de imaginar que proceda de Salomón.

Puede ser, como se hace evidente en el caso de Proverbios, que Salomón fuera el autor principal del material, pero que un editor desconocido lo ampliara y revisara en un momento posterior, tal vez hasta finales del siglo V a.C. No hay nada en el Libro que Salomón no haya podido escribir, y ciertamente ningún personaje del AT encaja mejor en la descripción de alguien que «enseñó sabiduría al pueblo… y compuso muchos proverbios» (12:9, ver 1 Rey. 4:32). Para más información sobre la autoría y la fecha de composición, ver *La veracidad de Eclesiastés* más adelante.

PÚBLICO INICIAL Y DESTINATARIO

El pueblo israelita que vivía en su propia tierra

Los primeros oyentes fueron los israelitas que fueron a admirar la sabiduría de Salomón (1 Rey. 3:28). Según 1 Reyes 4:29-34, representantes de las naciones vecinas fueron a escuchar la sabiduría divinamente inspirada de Salomón.

ORIGEN

Salomón reinó aproximadamente entre los años 970–931 a.C. El origen preciso para Eclesiastés no se conoce. Las enseñanzas de este Libro provienen de finales del reinado de Salomón, después de haber experimentado todo lo que la vida podía ofrecerle y encontrarse considerando una vez más la pregunta: «¿qué sentido tiene todo esto?». (Es evidente que el Libro de Proverbios muestra la sabiduría de Salomón en una época anterior de su reinado).

EL MENSAJE DE DIOS EN ECLESIASTÉS

PROPÓSITO

Eclesiastés responde a la pregunta: ¿cuál es el significado de la vida? La manera en que *Qoheleth* («el Maestro») presenta sus argumentos, tenía como propósito demostrar con detalles el fracaso de las respuestas ofrecidas por aquellos que viven la vida «debajo del sol», es decir, apartados de la religión revelada. Los *materialistas* encuentran el propósito de la vida en las muchas posesiones o logros. Los *sensualistas* descubren el significado en el placer físico (la comida, el sexo, la emoción, la aventura). Los *eruditos* buscan el propósito mediante la investigación intelectual (sabiduría). Todas estas respuestas son «vanidad de vanidades», «futilidad absoluta» o «totalmente sin sentido». El significado de la vida no puede ser *descubierto*; solo Dios puede *revelarlo*. La vida es breve; el juicio se acerca; Dios es soberano. La respuesta de *Qoheleth* es revelación divina: «El fin de todo el discurso oído es este: Teme a Dios, y guarda sus mandamientos; porque esto es el todo del hombre. Porque Dios traerá toda obra a juicio, juntamente con toda cosa encubierta, sea buena o sea mala» (12:13-14).

A PRIMERA VISTA

Al principio Eclesiastés no parece tener una estructura. El Libro no sigue los estándares modernos de fijar una jerarquía para los temas. No obstante, una lectura cuidadosa muestra que Eclesiastés se mueve cuidadosamente entre un grupo de temas seleccionados que incluyen la riqueza, la política, la sabiduría, la muerte y el

«Tiempo de llorar» (Ecl. 3:4)

envejecimiento. A medida que el Libro avanza y retoma estos y otros temas, una declaración completa surge gradualmente.

Introducción (1:1-2)

El versículo uno da título a la obra, y el versículo dos expone el tema. Las palabras *vanidad*, *futilidad* o *sin sentido* son traducciones a la palabra hebrea *hebel*, que originalmente significaba *aliento*. De *aliento* surge la idea de algo que es insustancial, transitorio y de valor efímero.

Sobre el tiempo (1:3-11; 3:1-15a; 11:7–12:7)

La naturaleza en su totalidad se encuentra en constante movimiento; sin embargo, no va a ninguna parte. Esta es una parábola de la vida humana; es un gran frenesí de actividad que no logra nada permanente. No solo eso, sino que en este mundo no hay nada nuevo. Nuestra existencia en este mundo es una mezcla de alegría y tristeza, armonía y conflicto, vida y muerte. Cada uno de estos tiene su propio momento, y nosotros, como criaturas del tiempo, debemos conformarnos con las limitaciones temporales propias del ciclo de la vida (3:1-15a).

Sobre la sabiduría (1:12-18, 2:12-17; 6:10–7:6; 7:11-29)

La educación y las actividades intelectuales no satisfacen nuestras necesidades más profundas. La tarea del intelectual (procurar comprender la vida) es en sí misma un esfuerzo inútil. Tanto el sabio como el necio morirán. Por supuesto, los sabios pasan por la vida con una mejor comprensión de lo que está por venir que los necios, pero ninguno puede escapar de la muerte (2:12-17). Aun así, es mejor pasar por la vida con sobriedad y comprensión que en una búsqueda tonta del placer (6:10–7:6). El *Qoheleth* compara la sabiduría con la riqueza y considera mejor a la sabiduría porque no desaparece en tiempos difíciles (7:11-14).

Sobre la riqueza (2:1-11,18-26; 4:4-8; 5:10–6:9; 7:11-14; 10:18-20; 11:1-6)

Muchas personas se dedican a trabajar incesantemente por el bienestar de sus hijos. Sin embargo, estos bien pueden simplemente desperdiciar todo lo que sus padres lucharon para acumular (2:18-26). Los dos proverbios que aparecen en 4:5-6 se oponen uno al otro con el fin de proporcionar equilibrio en la vida. La pereza conduce a la pobreza y a la autodestrucción, pero es mejor estar contento con lo que uno tiene que pasar la vida afanándose para tener más posesiones. El trabajo en sí posee valor. El trabajador tiene más paz y duerme mejor que el rico (5:10–6:9). A pesar de que Eclesiastés no recomienda la búsqueda de riquezas, sí favorece la inversión sabia y el trabajo diligente. Es mejor reconocer que todas las cosas están en manos de Dios y seguir con nuestro trabajo con un ojo atento a todas las posibles contingencias (11:1-6).

Sobre la política (3:15b-17; 4:1-3,13-16; 5:8-9; 7:7-10; 8:1–9:6; 9:13–10:20)

Eclesiastés expresa consternación ante la corrupción generalizada en los lugares de poder político, pero asegura que algún día Dios juzgará esto (3:15b-17). El poder político y la popularidad que lo acompaña son de corta duración. Aquellos que se mantienen durante mucho tiempo en el poder tienden a ser inflexibles y, por tanto, vulnerables. Pero la lucha en su totalidad (un interminable juego al «rey de la colina») es inútil (4:13-16).

La corrupción de los funcionarios del gobierno es algo que ocurre a nivel universal y no debería sorprender a nadie; pero la anarquía no es la respuesta (5:8-9). Muchos de los que tienen poder lo usan implacablemente para su propio beneficio, y la situación a menudo se agrava porque esta gente parece quedar impune. Tal vez, este es el problema más inquietante de la vida.

Sobre la muerte (3:18-22; 8:1–9:6)

Eclesiastés afirma que nadie que compare el cuerpo de un animal muerto con un cadáver humano, puede encontrar evidencia alguna de que el ser humano, a diferencia del animal, es inmortal. La idea de que las personas no tienen «preeminencia» o ventaja sobre los animales asombra a muchos lectores, pero esto no significa que somos en todos los aspectos como los animales, ni contradice al resto de la Biblia. Lo que significa es que ni los animales ni aun los seres humanos tienen poder sobre la muerte. Para los cristianos esto solo debería acercarnos más a Cristo, quien mediante Su resurrección conquistó la muerte (3:18-22).

Sobre la amistad (4:9-12)

En todas las dificultades y decepciones de la vida, pocas cosas ofrecen una satisfacción más real y perdurable que la verdadera amistad. Un amigo es un consuelo en momentos de necesidad y una ayuda en los problemas. El versículo 11 no se refiere a las relaciones sexuales, sino al calor que dos compañeros de viaje comparten en una noche fría en el desierto. Al mismo tiempo, puede dar a entender que el mejor amigo en la vida debe ser nuestro cónyuge.

Sobre la religión (5:1-7; 7:15-29)

Los necios dan por sentado que conocen todo sobre Dios y que son capaces de complacerlo. La piedad y la sabiduría verdaderas reconocen las limitaciones tanto de nuestra comprensión de Dios, como de nuestra capacidad para complacerlo con nuestros actos. La actitud de temor hacia Dios que Eclesiastés recomienda (5:7) es en realidad dependencia de la gracia de Dios y el reconocimiento de que los beneficios que recibimos de Él son solo por Su misericordia.

Sobre el mal (8:1-9:6)

Una de las observaciones más inquietantes de la vida es que los buenos y los malos enfrentan el mismo destino. Sin embargo, esto no debe conducir al cinismo, sino que debería profundizar nuestra fe en que solo Dios conoce el fin desde el principio y solo Él puede al final arreglar todas las cosas.

Sobre el contentamiento (9:7-12; 11:7–12:7)

Esta sección está dividida en dos partes: consejos a la juventud, y un poema sobre el envejecimiento y la muerte. Eclesiastés aconseja a los jóvenes que empleen su breve tiempo de vigor juvenil en cosas que produzcan gozo y no ansiedad; no obstante, ellos no son libres para comportarse de forma insensata e inmoral. La conciencia del juicio divino y la naturaleza fugaz de la juventud deben gobernar siempre sus decisiones.

Conclusión (12:8-14)

La sabiduría verdadera proviene de Dios y vale la pena adquirirla; no obstante, hay que tener cuidado de las actividades académicas interminables. Algunos lectores sienten que el llamado final al temor de Dios no es compatible con todo lo que le precede, pero de hecho, es la conclusión perfecta. En última instancia, la búsqueda de riqueza, conocimiento y poder político no satisface y conduce al juicio divino. La vida es corta y está llena de misterios. Todos nuestros intentos de dar sentido a la vida son infructuosos; por lo tanto, la respuesta sabia es aferrarse a Dios y a Su gracia.

LA VERACIDAD DE ECLESIASTÉS

A menudo surgen dos preguntas respecto al Libro de Eclesiastés. La primera es si el Libro fue escrito por Salomón; y la segunda es si el Libro es coherente con el resto de la Escritura. En cuanto a la primera pregunta, muchos eruditos consideran que Eclesiastés es un libro tardío, escrito entre los años 400 y 100 a.C., y que, por lo tanto, Salomón no lo escribió, pues él vivió en el siglo X a.C. El argumento principal con respecto a la autoría salomónica de Eclesiastés, es que el texto contiene algunas palabras que no aparecen en otros escritos hasta varios cientos de años después de Salomón. Esto tiene su importancia, pero basar un argumento en evidencias lingüísticas es algo muy difícil. Dado que contamos con un número limitado de textos provenientes del antiguo Cercano Oriente, es difícil determinar cuándo una palabra dada puede haber entrado en el lenguaje corriente.

Se puede afirmar que existen evidencias de que el autor de Eclesiastés estaba familiarizado con ciertos textos clásicos de Mesopotamia (*Epopeya de Gilgamesh*) y de Egipto (*Canto del arpista*), que fueron escritos antes de la época de Salomón. No obstante, el Libro no evidencia familiaridad con la literatura posterior, como los textos griegos clásicos del siglo V a.C. y otros posteriores. Esto inclina la balanza a favor de considerar a Salomón como el autor de Eclesiastés y crea problemas a la posición de que Eclesiastés fue escrito entre los años 400 y 100 a.C.

Respecto a la segunda pregunta, muchos lectores se inquietan por la actitud aparentemente cínica del Libro («vanidad de vanidades», afirma 1:2), por su aparente negación de la vida después de la muerte (por ej., 3:19-20), por sus recomendaciones de comer, beber y disfrutar la vida (por ej., 5:18; 10:19) y por su actitud aparentemente indiferente en cuanto a la moralidad (por ej., 7:2).

La palabra traducida como «vanidad» podría interpretarse como «inútil» o «efímero». Literalmente significa «aliento» y supone que algo solo tiene valor efímero y luego se evapora, como una bocanada de aire. En hebreo, la palabra aparece dos veces en una construcción que se traduce al español como una intensificación («aliento de alientos» o «vanidad absoluta»). El Libro no plantea que todo es inútil, sino que todo es efímero y pasa rápidamente. Nada debajo del sol dura para siempre.

Eclesiastés parece rechazar la idea de una vida después de la muerte. Sin embargo, lo que está cuestionando pueden ser las ideas materialistas de la vida después de la muerte que predominaban en el antiguo Egipto, donde la gente pensaba que un hombre poderoso después de muerto podía seguir disfrutando de sus posesiones, sus mujeres y los servicios de sus esclavos. En pocas palabras, esta teología no tomaba en serio lo irreversible de la muerte física (las grandes pirámides de los faraones eran expresiones de esta perspectiva). El «Canto del arpista» egipcio, escrito unos 1000 años antes de la época de Salomón, critica esta negativa a enfrentar el significado de la muerte y revela algunos paralelos sorprendentes con Eclesiastés. (Salomón tenía vínculos culturales con Egipto, pues estuvo casado con la hija de un gobernante egipcio, 1 Rey. 3:1). La teología bíblica, en contraste con la «sabiduría» egipcia, toma la muerte en serio y la considera «el postrer enemigo» (1 Cor. 15:26). Es solo por una obra de Dios (la resurrección de Jesús) que podemos vencer su irreversibilidad (1 Cor. 15:55-56).

Al afirmar que es apropiado que una persona coma, beba y encuentre satisfacción en la vida «porque esta es su parte» (3:22; 5:18), el autor no quiere decir que esta es la única recompensa de la vida y que no hay vida después de la muerte. Estas cosas son la recompensa del trabajo de una persona, y uno debe sacar tiempo para disfrutar algunos placeres sencillos.

CÓMO ENCAJA ECLESIASTÉS EN LA HISTORIA DE DIOS

Eclesiastés no encaja en la narrativa del reino de Dios. Sin embargo, el Libro proporciona sabiduría atemporal para el pueblo de Dios en cualquier época de la historia.

✚ CRISTO EN ECLESIASTÉS

Eclesiastés ofrece una imagen gráfica de la futilidad y la vanidad de la vida apartada de Dios. Para subrayar esta verdad, Jesús utiliza la imagen de una vid con sus pámpanos: «Yo soy la vid, vosotros los pámpanos; el que permanece en mí, y yo en él, éste lleva mucho fruto; porque separados de mí nada podéis hacer» (Juan 15:5).

PRINCIPIOS BÁSICOS DE LA COSMOVISIÓN CRISTIANA

Enseñanza sobre Dios

En Eclesiastés se hace referencia a Dios simplemente como «Dios» *(Elohim)* o «Creador». Él no es llamado «el Señor» o «Señor» (Jehová). Esto resalta a Dios en relación con toda la humanidad (su Creador y Aquel ante quien los seres humanos en última instancia darán cuentas), a diferencia de Dios en relación a Israel como el pueblo del pacto.

Enseñanza sobre la humanidad

Eclesiastés tiene una visión optimista de la capacidad humana apartada de Dios. Los materialistas, los sensualistas y los eruditos por igual pueden alcanzar metas valiosas que traen satisfacción temporal y que tienen apariencia de significado. Sin embargo, el Libro es pesimista en cuanto a la capacidad de las personas para comprender su verdadero propósito sin ayuda de la revelación divina. Por sí solos, los seres humanos nunca tendrán respuestas correctas a la pregunta: ¿por qué estoy aquí?

«Acuérdate de tu Creador en los días de tu juventud, antes que vengan los días malos, y lleguen los años de los cuales digas: No tengo en ellos contentamiento» (Ecl. 12:1).

Enseñanza sobre la salvación

En Eclesiastés se habla de la salvación en términos del temor (reverencia, sobrecogimiento, respeto) apropiado de Dios (ver 3:14; 5:7; 8:12; 12:13). En última instancia, solo aquellos que temen a Dios, y guardan Sus mandamientos (12:13) dan evidencia de experimentar la salvación, la cual, como la existencia misma, proviene del Creador. El significado de la vida humana se manifiesta cuando las personas redimidas magnifican la gloria de Dios al temerle y obedecerle gozosamente.

CARACTERÍSTICAS LITERARIAS

GÉNERO Y ESTILO LITERARIO

Literatura sapiencial compuesta en una mezcla de prosa y poesía, escrita en un hebreo poco común

La literatura sapiencial antigua se dividía en dos tipos: proverbial (como el Libro de Proverbios, que plantea principios para vivir bien) y especulativa (como Job o el presente Libro, que medita sobre cuestiones profundas de la existencia humana). En el canon hebreo, Eclesiastés fue colocado en la tercera sección, los Escritos o *Ketuvim* (las otras dos secciones son la Ley y los Profetas). Entre los Escritos era uno de los cinco rollos. Cada uno de estos cinco rollos se relacionó con una de las fiestas de Israel y se leía públicamente durante ese festival. Eclesiastés fue identificado con *Sucot*, «tabernáculos» o «enramadas», un tiempo alegre en el que se celebraba la culminación de todos los trabajos agrícolas. El estilo hebreo es marcadamente diferente a todo el resto del AT.

UN PRINCIPIO A SEGUIR EN LA VIDA

Vida sin Dios (Ecl. 1:1-11)

Aunque en esta vida somos capaces de lograr muchas cosas maravillosas, nuestro enfoque principal debe ser la eternidad.

EL CANTAR DE LOS CANTARES DE SALOMÓN

EL CANTAR DE LOS CANTARES O CÁNTICOS

El título hebreo es *Shir Hashirim*, «Cantar de los cantares», que significa «el mejor de los cantos». Debido a que 1:1 menciona a Salomón, la versión Reina-Valera 1960 incluye su nombre en el título. *Cánticos* proviene del latín *cantĭcum*.

TEXTO CLAVE: 6:3

Yo soy de mi amado, y mi amado es mío; él apacienta entre los lirios.

TÉRMINO CLAVE: «AMOR»

El Cantar de los Cantares es un libro poético de amor romántico. Los amantes (la novia y el novio) se refieren el uno al otro de manera apasionada. Ella lo llama «mi amado», un término que aparece más de 20 veces; él la llama «mi amiga».

RESUMEN DE UNA SOLA FRASE

La novia y el novio (o la esposa y el esposo) celebran con pasión exuberante el maravilloso regalo, dado por Dios, del amor que comparten, al describir las dimensiones íntimas de este amor: físicas, emocionales y espirituales.

«Morena soy, oh hijas de Jerusalén, pero codiciable, como las tiendas de Cedar como las cortinas de Salomón. No reparéis en que soy morena, porque el sol me miró. Los hijos de mi madre se airaron contra mí; me pusieron a guardar las viñas» (Cant. 1:5-6).

CONTEXTO HISTÓRICO ORIGINAL

AUTOR Y FECHA DE ESCRITURA

Probablemente Salomón, tal vez próximo al comienzo de su reinado, cerca del 965 a.C.
El autor escribió la más exquisita poesía romántica de la Biblia, y se aprecia con claridad la perspectiva de una joven pareja cautivada mutuamente. La inscripción (1:1) así como la tradición judeocristiana identificaron al autor como Salomón. Según 1 Reyes 4:32: «Sus cantares fueron mil cinco». Muchos creen que las frases de amor puras y apasionadas de este Libro tuvieron que ser escritas temprano en su vida, antes de que contrajera matrimonio con un gran número de mujeres (1 Rey. 11:1-8).

Algunos eruditos han argumentado que el título es una dedicatoria a Salomón (en lugar de una declaración de autoría), y les resulta difícil imaginar que un rey polígamo escribiera una celebración tan hermosa de amor monógamo. Aunque sus argumentos sobre una posterior autoría anónima tienen mérito, no hay razones para que un Salomón joven no fuera capaz de escribir el Cantar en su totalidad. Para más detalles sobre la autoría y la fecha de la composición, ver *La veracidad del Cantar de los Cantares* más adelante.

PÚBLICO INICIAL Y DESTINATARIO

Los israelitas que vivían en su tierra
Los primeros oyentes fueron el pueblo israelita que admiraba los proverbios y las canciones de su gran rey Salomón (1 Rey. 4:32).

ORIGEN

Los eruditos mantienen diversas opiniones sobre lo que motivó la composición de este Libro. Existen dos explicaciones principales. Algunos creen que describe un romance perfecto y que se compuso para un acontecimiento dentro de la realeza, como por ejemplo, una boda real. Según este criterio, la novia y el novio no constituían meros individuos, sino «todas las novias» y «todos los novios», lo que representaba las posibilidades del romance humano con todos sus desafíos y glorias. Otros han argumentado que este poema de Salomón, versa sobre un romance y un matrimonio verdadero e históricos entre una doncella anónima (llamada la «sulamita», 6:13) y su amado (ya sea el propio Salomón o un amante anónimo). El primer criterio sobre su origen parece ser el más indicado.

EL MENSAJE DE DIOS EN EL CANTAR DE LOS CANTARES

PROPÓSITO

Muchas porciones de la Biblia abordan la sexualidad humana y hay varios mandamientos divinos que regulan el matrimonio, el adulterio, el divorcio y la inmoralidad sexual. En la Escritura, aparte de este Libro, poco se dice sobre si un hombre y una mujer deben disfrutar o simplemente sobrellevar el romance. En la tradición de la antigua literatura sapiencial del Cercano Oriente, el Cantar de los Cantares explora una de las «cuestiones importantes» de la vida. Sin duda alguna, el poema responde a la interrogante: ¿deben un esposo y su esposa disfrutar la dimensión amorosa de su relación? La respuesta es, ¡por supuesto que sí! El amor erótico es una parte maravillosa y normal del matrimonio y debe disfrutarse como un regalo de Dios, aunque las personas, con frecuencia, lo profanan o distorsionan. Sorprendentemente, el orador predominante es la esposa, cuyo deleite en las

«Como el manzano entre los árboles silvestres, así es mi amado entre los jóvenes; bajo la sombra del deseado me senté, y su fruto fue dulce a mi paladar» (Cant. 2:3).

intimidades demuestra que la visión bíblica del sexo no es ni negativa ni reprimida. No resulta exagerado llamar a este Libro «El manual bíblico del romance para el matrimonio». El pueblo de Dios debería disfrutar hoy del Cantar de los Cantares a la luz de su propósito original.

A PRIMERA VISTA

El Cantar de los Cantares es una canción de amor que tiene tres protagonistas: un hombre, una mujer y un coro de mujeres. En Cantares, que comienza en 1:2, el novio, la novia y el coro se turnan de forma alternada para entonar sus partes, pero no siguen una secuencia uniforme. En ocasiones resulta difícil saber quién está cantando un determinado verso.

En el pasado, muchos proponían una interpretación alegórica del Cantar de los Cantares porque consideraban que una simple canción de amor no tenía cabida en la Biblia y que, a menos que fuera alegorizada, no se podría encontrar en ella ningún mensaje teológico. Sin embargo, esta preocupación es errónea. El Cantar de los Cantares comunica aspectos que poseen un importante significado sin necesidad de convertirlo en algo que no es.

En primer lugar, la Biblia tiene el propósito de servir de guía en todos los aspectos de la vida, así que Cantares aborda temas universales de la vida humana: el amor, el matrimonio y la sexualidad. Las personas necesitan dirección y enseñanza en cuanto al cultivo del amor conyugal, del mismo modo que necesitan orientación en cualquier otra área. Cantares enseña que esta relación amorosa es tanto física como verbal. Reiteradamente los amantes expresan el deseo y disfrute mutuos. Para muchas parejas, la incapacidad de expresar su amor constituye un problema bastante complejo.

En segundo lugar, aunque Cantares enseña por ejemplo y no por imposición, su mensaje es claro: el amor que la pareja compartía era exclusivo y de total compromiso (7:10). Por tanto, esta representación ideal descarta el sexo fuera del matrimonio, así como todas las perversiones y abusos contra la relación sexual, tales como la promiscuidad y la homosexualidad.

En tercer lugar, El Cantar de los Cantares celebra el amor entre el hombre y la mujer como algo que es legítimo y hermoso, incluso en un mundo caído y pecaminoso. De esta forma, el Libro ofrece un testimonio significativo de la gracia de Dios. Aunque somos pecadores, Él nos indica que la relación amorosa es algo que debemos apreciar y disfrutar. Si la Biblia solo se limitara a establecer prohibiciones y advertencias en esta área, pudiéramos suponer que toda sexualidad es mala por naturaleza y que debe suprimirse por completo, excepto para procrear. Pero como el Cantar de los Cantares aparece en la Biblia, entendemos que la sexualidad no tiene nada de malo en sí, sino el mal uso y el abuso del sexo. En Cantares vemos que el amor verdadero entre el hombre y la mujer, y el consiguiente afecto físico, es algo bueno y tierno.

En cuarto lugar, El Cantar de los Cantares es distinto a sus antiguos homólogos del Cercano Oriente en un aspecto significativo: no convierte la sexualidad en un ritual sagrado. En la antigüedad abundaban los ritos de fertilidad y la prostitución religiosa. Al acto sexual se le concedía significado religioso. El Cantar de los Cantares no contiene nada de esto. El amor romántico entre el hombre y la mujer es un gozo, pero un gozo que pertenece solo a este mundo. De esta manera, la Biblia evita las dos trampas de la religión humana. No condena el amor como algo innatamente malo y peligroso (como lo hacen las sectas legalistas) ni lo eleva a un estatus de acto religioso (como lo hacen las sectas y las religiones sensuales). Por tanto, el Cantar de los Cantares debe tomarse tal y como es: una canción de amor y una afirmación del valor que tiene el vínculo entre un hombre y una mujer. De esta forma, el Libro hace un gran aporte a nuestra apreciación de la creación de Dios.

LA VERACIDAD DEL CANTAR DE LOS CANTARES

Los eruditos tradicionales afirman que Salomón es el autor de Cantares basados en 1 Reyes 4:29-34, y fechan el texto alrededor del 900 a.C. En el AT, a Salomón común-mente se lo asocia con la poesía, la sabiduría y la horticultura, algo que reafirma la visión tradicional de su autoría. Su nombre aparece seis veces en el Libro.

El título probablemente nos da a entender que Salomón lo escribió; pero tam-bién pudiera entenderse que era solo una parte de la colección de Salomón y que quizás fue escrito por un cantante de la corte. No obstante, muchos eruditos creen que Cantares se escribió tardíamente en la historia de Israel (500–100 a.C.) y por lo tanto este rey o sus contemporáneos no pudieron haberlo escrito (961–922 a.C.). De modo que es importante ver qué evidencia existe para fechar el Libro. La mayo-ría de los eruditos que consideran Cantares como una obra tardía, lo hacen porque parte del vocabulario encontrado en él parece ser incompatible con fechas anterio-res. Por ejemplo, muchos argumentan que la palabra hebrea *pardés* («paraíso») en 4:13, se deriva del vocablo persa *pairidesa* o del griego *parádeisos*. El razonamiento es que resulta difícil que el idioma hebreo tomara prestada una palabra del persa o del griego en fechas tan tempranas como los días de Salomón. Sin embargo, la palabra *pardés* («paraíso») puede provenir de una raíz sánscrita que es mucho más antigua que el persa o el griego. Además, muchos vocablos a los que se les confería un origen arameo tardío, han resultado ser más antiguos de lo que originalmente se pensaba.

La imagen poética del Cantar de los Cantares refleja una era de gran prosperidad. Tal hecho también apoya la creencia de que fue escrito en los días de Salomón. Solo en aquel entonces, Jerusalén poseía las especias, los perfumes, los lujos, las grandes cantidades de oro, de mármol y de piedras preciosas que se mencionan en el Libro (Cant. 5:14-15, ver 1 Rey. 10:14-22). Por supuesto, se puede objetar que estos son solo símiles y que no demuestran que el escritor realmente vivió en una época en que estas cosas eran comunes. Pero resulta dudoso que un poeta usara imágenes descritas con tal exactitud de detalle y que estas no formaran parte de su propio marco de referencia y experiencia.

CÓMO ENCAJA EL CANTAR DE LOS CANTARES EN LA HISTORIA DE DIOS

El Cantar de los Cantares no encaja en la narrativa del reino de Dios, pero brinda una sabiduría atemporal para Su pueblo con respecto al plan de Dios en cuanto al amor entre esposos y esposas.

CRISTO EN EL CANTAR DE LOS CANTARES

Pablo toma el amor entre un esposo y su esposa como una imagen del amor de Cristo hacia Su esposa, la Iglesia (Ef. 5:32).

PRINCIPIOS BÁSICOS DE LA COSMOVISIÓN CRISTIANA

Enseñanza sobre Dios

Dios no se nombra directamente en este Libro. No aparece ninguno de Sus nombres habituales como: Dios, Señor, El Señor o El Todopoderoso. Se hace referencia a Él de manera indirecta como el Creador que concibió el amor romántico entre el marido y la mujer, algo que se expresa en el relato de la primera pareja que se unió para formar una sola carne (Gén. 2:18-25).

Enseñanza sobre la humanidad

El Cantar de los Cantares celebra la gloria de las bendiciones del casamiento que sí son posibles para los seres humanos, a pesar de los muchos obstáculos para alcanzar el verdadero amor. El clímax del Libro muestra cuán fuerte y maravilloso es el amor romántico: «Las muchas aguas no podrán apagar el amor, ni lo ahogarán los ríos. Si diese el hombre todos los bienes de su casa por este amor, de cierto lo menospreciarían» (8:7).

Enseñanza sobre la salvación

El Libro no enseña directamente sobre la redención. Si el amor de un esposo por su esposa puede ser tan enriquecedor y gratificante como lo describe, cuánto mayor será el amor de Dios por Su amado pueblo (ver Apoc. 21:9).

CARACTERÍSTICAS LITERARIAS

GÉNERO Y ESTILO LITERARIO

Literatura sapiencial, que enfatiza el valor del amor romántico, escrita totalmente en forma de poesía hebrea

Aunque algunos eruditos han cuestionado si el Libro es propiamente «literatura sapiencial», este responde a una de las grandes interrogantes de la vida: ¿deben un esposo y su esposa disfrutar de la dimensión erótica de su relación? (Ver argumentación anterior en *Propósito*). Como tal, el Libro pertenece a la categoría literaria «sabiduría especulativa». Las imágenes poéticas son exquisitas, lujosas y delicadas, aunque los amantes modernos no puedan apreciar plenamente las metáforas vívidas del antiguo Cercano Oriente (ver 4:1-7; 5:10-16; 6:4-10; 7:1-10). Los versos de la poesía son cortos, y el estilo hebreo es apropiado para el tema.

En el canon hebreo este Libro fue colocado en la tercera sección, los Escritos o *Ketuvim* (las otras dos secciones son la Ley y los Profetas). Entre los Escritos constituía el primero de los cinco rollos, cada uno de los cuales llegó a asociarse con una de las fiestas de Isarel y se leía publicamente durante ese festival. El Cantar de los Cantares estaba asociado a la *Pesaj* («la Pascua»). Aunque tal relación parece extraña, esto puede comprenderse a la luz de la interpretación alegórica judía del Libro. Se decía que su significado más profundo (y verdadero) era su declaración del amor de Dios por Israel, del cual la mayor evidencia histórica fue el éxodo durante la pri-

«Ponme como un sello sobre tu corazón, como una marca sobre tu brazo; porque fuerte

mera Pascua. También los cristianos del período medieval aceptaron tal opinión, pero modificada y vista como una alegoría del amor de Cristo por la Iglesia. Hoy, por lo general, los eruditos de la Biblia consideran tales lecturas alegóricas como una interpretación errónea de los teólogos que no quieren apreciar los elementos francamente eróticos del Libro como una realidad literaria.

UN PRINCIPIO A SEGUIR EN LA VIDA

Amor íntimo (Cant. 1:1-11)

Los hombres y las mujeres que se unen en matrimonio deben disfrutar al máximo la dimensión sexual de su relación.

Este Libro debe su nombre a la persona que lo compuso, Isaías, el profeta israelita de Judá que vivió en el siglo VIII. Su nombre en hebreo significa «Jehová salva».

TEXTO CLAVE: 1:19-20

Si quisiereis y oyereis, comeréis el bien de la tierra; si no quisiereis y fuereis rebeldes, seréis consumidos a espada; porque la boca de Jehová lo ha dicho.

TÉRMINO CLAVE: «JUICIO»

La visión del trono celestial que tuvo Isaías, lo llevó a proclamar los cargos que Dios tenía contra la nación ante el trono terrenal de ellos en Jerusalén. Aunque el juicio divino era inevitable, Isaías ofreció esperanza, fortaleza y un futuro glorioso para el reino del Señor.

RESUMEN DE UNA SOLA FRASE

Isaías profetizó que debido a la obstinada y continua idolatría de Judá, Dios la iba a enviar al cautiverio babilónico, aunque Él mismo los restauraría por gracia (a través de la obra de Su Siervo, quien cargaría con los pecados por medio de Su muerte), de manera que Su reino sería eterno en los nuevos cielos y la nueva Tierra.

CONTEXTO HISTÓRICO ORIGINAL

AUTOR Y FECHA DE ESCRITURA

Isaías, posiblemente compilado en su totalidad cerca del 680 a.C.

Debido al mensaje de buenas noticias que aparece en la última sección de su libro, el autor ha sido llamado «El evangelista del antiguo pacto». Isaías, hijo de Amoz, era evidentemente nativo de Jerusalén. Según la tradición judía, provenía de una familia noble. Tenía una esposa y al menos dos hijos cuyos nombres eran simbólicos: «Un remanente volverá» y «ellos se apresuran al despojo, se dan prisa a la presa» (Sear-jasub y Maher-salal-hasbaz, 7:3; 8:3). Es posible que haya sufrido el martirio al ser aserrado por la mitad (ver Heb. 11:37). Los reyes que este profeta mencionó gobernaron durante más de un siglo, del 792 al 686 a.C. Los años de influencia de este profeta fueron cerca del 740–700 a.C.

Durante los últimos dos siglos, la crítica textual ha argumentado que los capítulos 40–66 fueron escritos necesariamente en épocas posteriores a Isaías. Estos capítulos se centran en el retorno del exilio babilónico (que no ocurrió hasta siglos después de su muerte) y mencionan a Ciro (44:28; 45:1), el rey persa que permitió

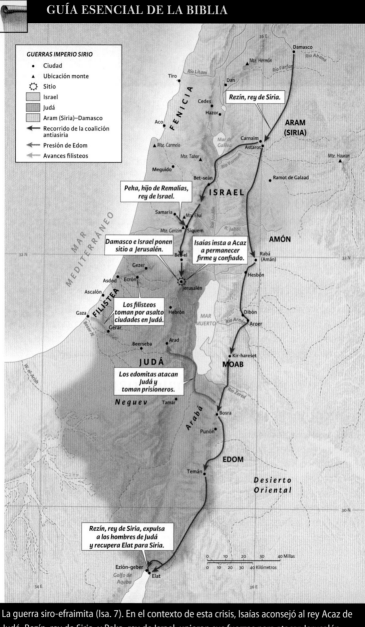

GUERRAS IMPERIO SIRIO
- Ciudad
- ▲ Ubicación monte
- ✧ Sitio
- Israel
- Judá
- Aram (Siria)–Damasco
- ← Recorrido de la coalición antisiria
- ← Presión de Edom
- ← Avances filisteos

Rezín, rey de Siria.

Peka, hijo de Remalías, rey de Israel.

Damasco e Israel ponen sitio a Jerusalén.

Isaías insta a Acaz a permanecer firme y confiado.

Los filisteos toman por asalto ciudades en Judá.

Los edomitas atacan Judá y toman prisioneros.

Rezín, rey de Siria, expulsa a los hombres de Judá y recupera Elat para Siria.

La guerra siro-efraimita (Isa. 7). En el contexto de esta crisis, Isaías aconsejó al rey Acaz de Judá. Rezín, rey de Siria, y Peka, rey de Israel, unieron sus fuerzas para atacar Jerusalén. También en dicho contexto, Isaías profetizó el nacimiento de Emanuel (7:10-25).

el regreso de los exiliados judíos (Esd. 1:1-2). Por ello, los capítulos 40–55 son considerados como «Deutero-Isaías» (un profeta desconocido con una perspectiva exílica) y los capítulos 56–66, como «Trito-Isaías» (un profeta postexílico desconocido). El argumento principal que sostiene este criterio parece radicar en que la Escritura no contiene profecías predictivas verdaderas. Para los estudiantes de la Biblia, quienes aceptan que Dios reveló a Sus profetas detalles específicos del futuro lejano, no hay razón para dudar que Isaías escribió todo el Libro que lleva su nombre. Para una argumentación adicional sobre la autoría y la fecha de composición, ver más adelante *La veracidad de Isaías*.

PÚBLICO INICIAL Y DESTINATARIO
El pueblo de Judá en la época de Isaías

Los primeros oyentes fueron las personas que vivían en Judá aproximadamente a finales del siglo VIII a.C.

ORIGEN

El origen específico de algunas partes de Isaías está bastante claro; por ejemplo, la coalición sirio-israelita contra Judá (734–732 a.C.) fue el motivo por el que se escribiera el capítulo 7; y la invasión de Senaquerib a Judá (701 a.C.) motivó la composición de los capítulos 36–39. El último acontecimiento que puede fecharse en la vida de Isaías es el asesinato de Senaquerib (681 a.C.). Para ese entonces el profeta era un anciano, ya que había sido comisionado cerca del 740 a.C., el año de la muerte del rey Uzías. Isaías no revela qué lo motivó a compilar el Libro.

EL MENSAJE DE DIOS EN ISAÍAS

PROPÓSITO

Este Libro contiene las profecías de inspiración divina que este profeta hizo durante su ministerio de más de 40 años, y que estaban destinadas originalmente al pueblo de Judá cuando enfrentaba las invasiones asirias. Debido a la rebelión y a la idolatría, el reino iba a ser destruido; aunque los individuos podían arrepentirse y buscar al Señor.

La última parte de Isaías (40–66) está dirigida realmente a las generaciones posteriores. Por una parte, consolaría a los exiliados que regresaban a su tierra después del cautiverio babilónico (finales del siglo VI a.C.); por otra parte, les habla a todas las generaciones posteriores del pueblo del Señor que anhelan la revelación del reino de Dios a todo el mundo en su plena santidad y justicia.

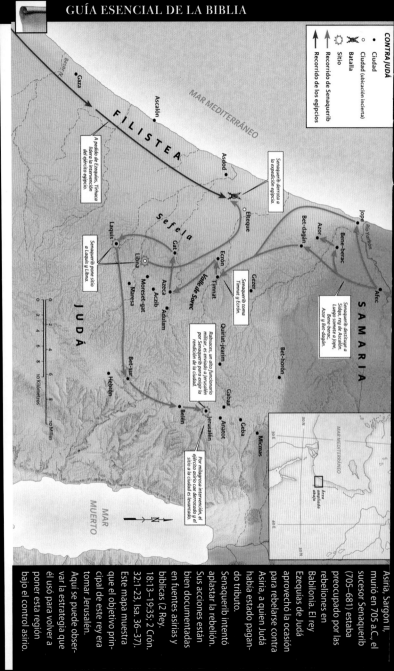

CONTRA JUDÁ

- ○ Ciudad
- ○ Ciudad (ubicación incierta)
- ⚔ Batalla
- ⛯ Sitio
- ⬆ Recorrido de Senaquerib
- ⬆ Recorrido de los egipcios

MAR MEDITERRÁNEO

FILISTEA
Sefela
JUDÁ
SAMARIA
MAR MUERTO

A pedido de Ezequías, Tirhaca lidera la intervención del ejército egipcio.

Senaquerib derrota a la expedición egipcia.

Senaquerib destituye a Sidqa, rey de Ascalón. Luego somete a Jope, Bene-berac, Azor y Bet-dagán.

Senaquerib toma Timnat y Ecrón.

Senaquerib pone sitio a Laquis y Libna.

Rabsaces, un alto funcionario militar, es enviado a Jerusalén por Senaquerib para exigir la rendición de la ciudad.

Por milagrosa intervención, el ejército asirio cae derrotado y el sitio a la ciudad es levantado.

Gaza, Ascalón, Asdod, Elteque, Gat, Libna, Laquis, Azeca, Aczib, Adulam, Moreset-gat, Maresa, Bet-sur, Hebrón, Belén, Jerusalén, Quiriat-jearim, Timnat, Ecrón, Gezer, Bene-berac, Azor, Jope, Atec, Bet-dagán, Bet-horón, Gabaa, Geba, Anatot, Micmas

Valle de Sorec

Río Yarcón

Área ampliada

0 2 4 6 8 10 Kilómetros
0 2 4 6 8 10 Millas

Asiria, Sargón II, murió en 705 a.C., el sucesor Senaquerib (705–681) estaba preocupado por las rebeliones en Babilonia. El rey Ezequías de Judá aprovechó la ocasión para rebelarse contra Asiria, a quien Judá había estado pagando tributo. Senaquerib intentó aplastar la rebelión. Sus acciones están bien documentadas en fuentes asirias y bíblicas (2 Rey. 18:13–19:35; 2 Crón. 32:1-23; Isa. 36–37). Este mapa muestra que el objetivo principal de este rey era tomar Jerusalén. Aquí se puede observar la estrategia que él usó para volver a poner esta región bajo el control asirio.

A PRIMERA VISTA

La amenaza asiria

Isaías vivió y profetizó en un tiempo de enormes cambios en el antiguo Cercano Oriente. A principios del siglo VIII a.C., tanto Israel como Judá eran regiones prósperas y seguras que se encontraban bajo el gobierno de Jeroboam II (793–753 a.C.) en el norte, y el de Uzías (792–740) en el sur. La última mitad del siglo VIII fue testigo del inicio de una política de expansión y conquista del Imperio asirio. Esto dio lugar a la destrucción del reino del norte y al debilitamiento del reino del sur, el cual se convirtió en tributario del imperio.

El llamado de Isaías

Sin duda, los cambios ya estaban en marcha antes de la muerte de Uzías, pero su deceso constituyó un momento crucial en la historia de Judá. Ese fue el año en que el profeta, mientras adoraba en el templo, vio al Santo de Israel en Su majestuoso esplendor. En la presencia del Señor, Isaías comprendió la magnitud de su propio pecado y cómo Dios deseaba expiar y limpiar su pecado. El resultado de este encuentro fue que Él comisionó a Isaías para que fuera Su profeta ante un pueblo rebelde (6:1-13).

Juicio y consolación

Isaías se divide frecuentemente en dos secciones principales: «El libro del juicio» (caps. 1–39) y «El libro de la consolación» (caps. 40–66). Si bien las razones para tal división son comprensibles, este amplio bosquejo no logra captar la estructura dinámica del Libro. En ambas secciones de Isaías, el lector descubrirá un patrón alternativo de juicio y consolación.

El profeta comienza con el juicio; el escenario es una corte de justicia. Dios es el fiscal y Judá es el acusado. El cielo y la Tierra son llamados a presenciar las acusaciones que Él hace contra el pueblo de Su pacto (1:2-15). Pero de manera repentina, a esto le sigue una invitación llena de gracia (1:18-20). En el capítulo siguiente, Isaías proyecta una visión de paz para Jerusalén y para las naciones del mundo que buscan el conocimiento del Señor, el cual Él ha revelado a través del pueblo de Su pacto (2:1-4). De esta manera, tanto el juicio como la consolación están presentes en el comienzo de la profecía.

Confianza

Uno de los temas principales de Isaías es el llamado a las personas a confiar en Dios. En tiempos de Uzías, Judá era rica y poderosa, así que era propensa a confiar en el poder militar y en la fortaleza económica de la nación (2:7-8), en lugar de poner su confianza en el Señor. Más tarde, en la época de Acaz (caps. 7–11; comp. 2 Crón. 28) y Ezequías (caps. 28–39; comp. 2 Rey. 18–19), Judá no era tan poderosa y los asirios ejercían su soberanía en todas las naciones del Cercano Oriente. En tales circunstancias, Israel tendía a apoyarse en las alianzas políticas con Asiria (2 Crón. 28), con Egipto (30:1-6; 31:1-9) o con Babilonia (39:1-8) en lugar de confiar en el Señor. Así que, para motivar a sus oyentes a que se apoyaran en Dios, Isaías dejó constancia de un himno donde proclamaba que él confiaría solo en Jehová (12:2). La oportunidad de manifestar esta confianza llegó más tarde, cuando el general asirio (el Rabsaces) cuestionó si en realidad Ezequías confiaba en Dios (36:7). Aunque tuvieron que enfrentar grandes adversidades, Isaías y Ezequías le pidieron al Señor que los librara (37:16-20); y en vez de rendirse se apoyaron en Él.

Obediencia

Dios quiere siervos que lo exalten y que sigan Sus instrucciones. Acaz no estaba dispuesto a doblar sus rodillas y servirle (7:1-12). Incluso el justo rey Ezequías batalló en su interior en cuanto a servir al Señor completamente sin buscar la ayuda de otras naciones (caps. 30–31). La razón fundamental para servir a Dios implica reconocer Su soberanía sobre todos los acontecimientos que ocurren en el mundo. Su exaltación por encima de todos los demás dioses y naciones, se confirma en muchos pasajes sobre ídolos de madera que no pueden hablar, caminar, dialogar o predecir el futuro. El Señor es superior a estos trozos de madera (44:6-20). Él es el primero y el postrero; no hay Dios fuera de Él (45:5-7,14,18,21). Incluso los dioses babilonios serían incapaces de proteger al pueblo de Babilonia (46:1-11).

El Siervo

Los israelitas eran siervos ciegos que no seguían a Dios (42:18-22), pero Él levantaría a un verdadero Siervo que vendría a establecer justicia en la Tierra (42:1-4; al igual que el Mesías 9:6-7), y a ser por luz y por pacto a las naciones (42:6-7; 49:6-7). Este Siervo sería azotado, herido y sufriría por los pecados de los demás (50:4-9; 53:1-9), porque cargaría el pecado de ellos para traer el perdón de muchos otros (53:5,10-12). Más tarde, por medio de la gracia transformadora del Señor, Israel y las otras naciones se unirían para adorarlo y desempeñarse como Sus siervos fieles (60:1-9; 65:1-16) en Su glorioso reino.

Esperanza y advertencia

A lo largo de este Libro las naciones paganas de este mundo son vistas como enemigas del Señor, rebeldes y orgullosas (caps. 13–23). Pero Isaías proclamó que en un día futuro todas ellas vendrán a Sion para adorarlo (2:2-4; 14:1-3; 19:18-25). Llegarán con regalos para alabarlo (60:4-14) e incluso algunas de ellas servirán como sacerdotes y levitas (66:18-20). Aquellas naciones que no se sometan a Dios, ni le adoren experimentarán los terribles efectos de Su ira (34:1-15; 63:1-6); y en vez de disfrutar de los nuevos cielos y la nueva Tierra, sufrirán los tormentos de un lugar donde el fuego y el gusano nunca mueren (66:22-24). Estos argumentos informan al lector sobre los caminos de Dios, motivan al alma confiada a exaltarlo y advierten al pecador que deseche su orgullo. Los planes de Su reino están determinados, así que todos deben elegir a quién servirán.

LA VERACIDAD DE ISAÍAS

A pesar de que existen afirmaciones contrarias, el Libro presenta muchos indicios de haber sido escrito por el profeta Isaías, quien ministró en Judá durante los reinados de Uzías, Jotam, Acaz y Ezequías, y durante los primeros años en los que Manasés fue corregente con Ezequías (Isa. 1:1). Las introducciones a los capítulos 1; 2–12; y 13–24 comienzan con inscripciones que identifican el contenido de estos capítulos con palabras, visiones u oráculos de Isaías. Además, dichos capítulos describen acontecimientos de su vida: su llamado al ministerio (6:1-8); su relación con Acaz en el estanque de Jerusalén (7:3) los acontecimientos relacionados con un hijo que tuvieron él y su esposa (8:1-4); un período de tres años en los que el profeta sirvió como señal al andar casi desnudo (20:1-6); y el ánimo que le dio a Ezequías durante el asedio de Jerusalén por parte de Senaquerib en el 701 a.C. (36:1–39:8).

En 1892, Bernhard Lauardus Duhm, erudito alemán del AT, publicó una traducción con comentario sobre Isaías en la cual expuso la opinión de que el profeta no había sido el único autor del Libro que lleva su nombre. Según Duhm, el Libro no es una sola obra, sino realmente tres profecías: Primera de Isaías (caps. 1–39), Segunda de Isaías (caps. 40–55) y Tercera de Isaías (caps. 56–66). La teoría de Duhm ha influido de manera considerable en estudios posteriores de Isaías. Como resultado, estas tres secciones del texto han sido estudiadas por separado.

Estudios recientes se han centrado en la gran unidad temática que se observa a lo largo del Libro. Aquellos que mantienen la posición de que Isaías tiene múltiples autores, explican que la unidad temática y estilística es el resultado de una hábil edición y no de la obra de un solo autor. Unos pocos sostendrían que Isaías escribió cada palabra de manera personal. Más bien, este punto de vista sostiene que los mensajes provienen del profeta, y dejan abierta la posibilidad de que sus discípulos organizaron o escribieron más tarde sus oráculos. Existen variadas razones que apoyan la perspectiva de un único autor.

Uno de los argumentos para dividir el texto en partes está relacionado con cuestiones estilísticas. Los defensores de la división argumentan que el estilo y el vocabulario varían de sección a sección. Estas diferencias estilísticas sí existen; sin embargo, se ha exagerado la importancia de las mismas. Al considerar las diferencias en la perspectiva histórica, el contenido y los temas, se pueden esperar alteraciones estilísticas, especialmente si las secciones pertenecen a diferentes períodos en la vida de Isaías. En los cuarenta y tantos años de ministerio del profeta, los acontecimientos y las percepciones pudieron con facilidad crear cambios de estilo.

Aunque hay diferencias, también existen muchas similitudes entre las secciones del Libro. Con frecuencia en él se utilizan varias imágenes: luz y tinieblas (5:20,30; 9:2; 42:16; 50:10; 59:9; 60:1-3); ceguera y sordera (6:10; 29:10,18; 32:3; 42:7,16-19; 43:8; 44:18; 56:10); los seres humanos como flores que se marchitan (1:30; 40:6-7;

64:6); Dios como un alfarero y el ser humano como una vasija (29:16; 45:9; 64:8). Además, el nombre propio del Señor en Isaías es «el Santo de Israel». Esta expresión aparece 31 veces en la Escritura, de las cuales 25 aparecen en este Libro. Cuando aparece en 2 Reyes 19:22, es precisamente el profeta quien la pronuncia. En Isaías este nombre aparece doce veces en los capítulos 1–39, y trece veces en 40–66, lo que indica una continuidad de pensamiento a lo largo de todo el Libro.

El NT incluye citas y referencias a Isaías en varias ocasiones. En ninguna de ellas se indica que el Libro deba dividirse. Por ejemplo, Juan 12:38-40 alude tanto a Isaías 53:1 como a Isaías 6:10, y de esta manera indica que el profeta es quien habla en ambos textos. Del mismo modo, los Rollos del Mar Muerto clarifican la unidad del Libro. Entre los descubrimientos en Qumrán había una copia completa del texto. Resulta interesante la ubicación en particular de Isaías 40. El capítulo 39 termina en la penúltima línea de la página. El capítulo 40 comienza en la última línea. Si alguna vez hubo una división entre los capítulos 39 y 40, los copistas de Qumrán no lo indicaron. Sin embargo, existe una división de tres líneas en blanco después del capítulo 33, y el capítulo 34 comienza en la siguiente página. Por consiguiente, los Rollos del Mar Muerto no resuelven el problema de la división de este Libro, sino más bien lo complican.

A muchos intérpretes les resulta difícil o imposible aceptar que Isaías sea el autor de los capítulos 40–66, debido a que los tiempos de sus profecías se encuentran enmarcados en el futuro, muchos años después de su muerte. Sin embargo, una de las principales características de Jehová en los capítulos 40–55 es Su soberanía en

La Inscripción de Siloé. Esta inscripción en hebreo fue descubierta en 1880. Relata sobre unos trabajadores que cavaron un acueducto bajo Jerusalén para traer las aguas de la Fuente de Gihón hasta el Estanque de Siloé. Los excavadores comenzaron la obra en diferentes extremos de la enorme roca caliza, y lograron llegar a unos pocos centímetros de encontrarse unos con otros al dar golpes en la roca, y tal vez seguir una fisura natural en esta estructura.

túnel de Ezequías, el canal por el cual las aguas de la Fuente de Gihón fluían hacia la ciudad.

la historia, Su conocimiento de lo que Él hará y Su capacidad de comunicarse a través de Sus profetas. Esto es lo que distingue a Jehová de los demás dioses.

> *Traigan, anúnciennos lo que ha de venir; díganos lo que ha pasado desde el principio, y pondremos nuestro corazón en ello; sepamos también su postrimería, y hacednos entender lo que ha de venir. Dadnos nuevas de lo que ha de ser después, para que sepamos que vosotros sois dioses; o a lo menos haced bien, o mal, para que tengamos qué contar, y juntamente nos maravillemos (41:22-23).*

Si uno cree que un profeta de Jehová puede predecir acontecimientos en un futuro lejano (como la destrucción de Jerusalén y el retorno del exilio) sin vivir en ese período, entonces los problemas históricos del Libro de Isaías no requieren autores adicionales que escriban en épocas exílicas y postexílicas.

La tradición judía hace referencia a Isaías en Eclesiástico (180 a.C.):

> Con el poder del espíritu vio el fin de los tiempos,
> y consoló a los afligidos de Sión.
> Hasta la eternidad reveló el porvenir
> y las cosas ocultas antes que sucedieran.[1]

CÓMO ENCAJA ISAÍAS EN LA HISTORIA DE DIOS

1. Prólogo: creación, caída del hombre y necesidad de redención
2. Dios construye Su nación (2000–931 a.C.)
3. Dios educa a Su nación (931–586 a.C.)
4. Dios preserva un remanente fiel (586–6 a.C.)
5. Dios compra la redención y comienza el reino (6 a.C. al 30 d.C.)
6. Dios extiende el reino a través de la iglesia (30 d.C. [?])
7. Dios consuma la redención y confirma Su reino eterno
8. Epílogo: un cielo nuevo y una Tierra nueva

⚲ CRISTO EN ISAÍAS

Este es el único Libro del AT que profetiza el nacimiento virginal de Cristo (7:14) y que lo anuncia como el Siervo sufriente (52:13–53:12).

PRINCIPIOS BÁSICOS DE LA COSMOVISIÓN CRISTIANA

Enseñanza sobre Dios

Dios espera que Su pueblo cumpla Sus requerimientos. Él está indignado por el pecado y lo juzgará. Sin embargo, Él es también Dios de ayuda y de esperanza.

Isaías ofrece una perspectiva del Señor que incluye ambos aspectos: el juicio y el consuelo. El Libro es famoso por sus profecías detalladas de Cristo, especialmente de Su nacimiento (7:14; 9:6-7) y Su muerte (53). El Espíritu empoderará al Siervo y también a los demás siervos del Señor (11:2; 32:15; 42:1; 44:3; 61:1).

Enseñanza sobre la humanidad

Aparte de sus enseñanzas generales de que los hombres son pecadores caídos a quienes Dios debe redimir, el Libro ofrece vislumbres personales sobre la vida de dos personas que el Señor usó. Isaías muestra que Él puede llamar y usar a alguien que posee una buena educación. La sección sobre Ezequías (caps. 36–39) muestra a un gobernante que valoraba más la confianza en Dios que el éxito militar o económico.

Enseñanza sobre la salvación

En Isaías la salvación se basa en el perdón de pecados por parte de Dios (1:18; 6:5-6). El pasaje sobre el Siervo sufriente (52:13–53:12) es la profecía bíblica más detallada sobre la muerte vicaria de Jesús, y los escritores del NT la citaron con frecuencia. Sin embargo, la salvación al final incluye la restauración de Sion (cap. 62), así como de las naciones (cap. 60). El objetivo es que las naciones publiquen «alabanzas de Jehová» (60:6). Esto se llevará a cabo en el estado eterno (Isa. 65:17; comp. Apoc. 21:1).

CARACTERÍSTICAS LITERARIAS

GÉNERO Y ESTILO LITERARIO

Profecías y algunas narraciones históricas escritas en excelente poesía y prosa hebrea
El virtuosismo de la profecía hebrea radicaba en que era tanto «declarativa» como «predictiva». La esencia del mensaje profético era la clara expresión: «Así dice Jehová». Isaías incluye los tres elementos clásicos de la profecía: 1) hace un llamado a las personas a que se vuelvan de sus pecados ante el inminente juicio divino, 2) hay predicciones de acontecimientos cercanos (como la caída de Damasco), y 3) hay predicciones de acontecimientos lejanos (como la venida del Siervo del Señor).

El Libro es de poesía hebrea en su mayor parte. La sección principal en prosa (la narración sobre el rey Ezequías; caps. 36–39), hace una hábil transición que va de los desafíos que Judá tuvo que enfrentar ante los asirios hasta los que más tarde afrontaría ante los babilonios. Isaías era un maestro del vocabulario y del estilo hebreo. Su libro contiene un vocabulario más amplio que cualquier otro Libro del AT, y usó especialmente la técnica literaria de la personificación, por ejemplo, cuando el sol se confunde o los montes prorrumpen en alabanzas (24:23; 44:23). En las Escrituras hebreas este Libro era el primero de los cuatro «Profetas Posteriores».

«Como aquel a quien consuela su madre, así os consolaré yo a vosotros, y en Jerusalén tomaréis consuelo» (66:13).

UN PRINCIPIO A SEGUIR EN LA VIDA
La historia redentora de Dios (Isa. 52:13–53:12)
Cuando presentamos el mensaje redentor, debemos usar pasajes del AT para apoyar y aclarar la verdad del NT.

REFERENCIAS

1. Ecclesiasticus 48:24-45, *New English Bible*, *Apocrypha* [Nueva version en inglés de la Biblia, los apócrifos], citado en Barry A. Webb, *The Message of Isaiah* [El mensaje de Isaías] (Downers Grove, IL: InterVarsity Press, 1996), 37.

JEREMÍAS

El Libro lleva el nombre de su compositor, Jeremías, el profeta israelita de Judá que vivió entre los siglos VII y VI a.C. Probablemente su nombre en hebreo significa «Jehová exalta» o «Jehová derriba».

¿Por qué gritas a causa de tu quebrantamiento? Incurable es tu dolor, porque por la grandeza de tu iniquidad y por tus muchos pecados te he hecho esto.
He aquí que vienen días, dice Jehová, en los cuales haré nuevo pacto con la casa de Israel y con la casa de Judá.

«Palabra de Jehová que vino a Jeremías, diciendo: Levántate y vete a casa del alfarero, y allí te haré oír mis palabras. Y descendí a casa del alfarero, y he aquí que él trabajaba sobre la rueda. Y la vasija de barro que él hacía se echó a perder en su mano; y volvió y la hizo otra vasija, según le pareció mejor hacerla. Entonces vino a mí palabra de Jehová, diciendo: ¿No podré yo hacer de vosotros como este alfarero, oh casa de Israel? dice Jehová. He aquí que como el barro en la mano del alfarero, así sois vosotros en mi mano, oh casa de Israel» (Jer. 18:1-6).

TÉRMINO CLAVE: «MALDICIÓN»

Jeremías fue el auténtico «profeta del juicio final». Él llamaba a las personas al arrepentimiento, pero su mensaje principal era que Judá había caído bajo la maldición de Dios y estaba condenada a marchar al exilio babilónico por su negativa a apartarse del pecado.

RESUMEN DE UNA SOLA FRASE

Angustiado por la carga de su llamado profético y por el rechazo a su mensaje, el profeta fue testigo de aquello que él había advertido: el cautiverio babilónico; sin embargo, profetizó la restauración misericordiosa de Dios a través del nuevo pacto.

Cisterna en Avdat, Israel. Jeremías utilizó la imagen de una cisterna para trasmitir la condición espiritual de Judá. «Porque dos males han hecho mi pueblo: me dejaron a mí, fuente de agua viva, y cavaron para sí cisternas, cisternas rotas que no retienen agua» (Jer. 2:13). Aquí y en 14:3, las cisternas rotas simbolizan a los dioses paganos que no pueden dar o mantener la vida.

CONTEXTO HISTÓRICO ORIGINAL

AUTOR Y FECHA DE ESCRITURA

Jeremías, posiblemente compilado en su totalidad cerca del 585 a.C.

Debido a su angustia personal por la cautividad futura, a Jeremías con frecuencia se le ha llamado «el profeta llorón». Este profeta, hijo del sacerdote Hilcías, era natural de Anatot, un pueblo cercano a Jerusalén en el territorio de Benjamín. Dios le pidió que no se casara y que no tuviera hijos (16:2). Su llamado profético se produjo aproximadamente en el 626 a.C., cuando aún era joven (1:6). Su mensaje sobre el juicio venidero provocó su aislamiento y lo expuso al peligro una y otra vez. Durante 40 años proclamó la Palabra del Señor en Judá y permaneció allí, incluso después de la caída de Jerusalén. De acuerdo con el capítulo 43, Jeremías fue llevado por la fuerza a Egipto, lugar donde es probable que haya muerto. Aunque muchos eruditos de la crítica textual creen que algunas porciones fueron escritas por otros profetas anónimos, no hay una razón de peso para dudar que Jeremías fue el autor de todo el Libro.

PÚBLICO INICIAL Y DESTINATARIO

El pueblo de Judá en la época de Jeremías

Los primeros oyentes fueron los reyes y las personas que vivieron en Judá durante los 40 años antes del cautiverio babilónico. Algunas partes se destinaron originalmente a los judíos que vivieron justo después de la caída de Jerusalén.

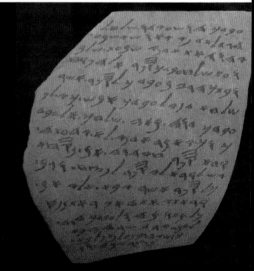

Réplica de una de las 21 cartas que se encontraron cerca o en las ruinas de Laquis entre 1935 y 1938. Las llamadas cartas de Laquis eran inscripciones en vasijas de almacenamiento que datan del 588–586 a.C., período durante el cual los babilonios atacaban las ciudades fortificadas de Judá, incluyendo Jerusalén. Las cartas de Laquis proporcionan un registro de estos hechos que sirven de complemento al relato de Jeremías.

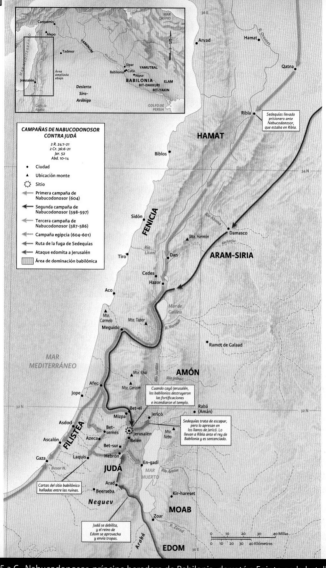

CAMPAÑAS DE NABUCODONOSOR CONTRA JUDÁ

2 R. 24:1-21
2 Cr. 36:6-21
Jer. 52
Abd. 10-14

- Ciudad
- ▲ Ubicación monte
- ✧ Sitio
- ← Primera campaña de Nabucodonosor (604)
- ← Segunda campaña de Nabucodonosor (598-597)
- ← Tercera campaña de Nabucodonosor (587-586)
- ← Campaña egipcia (604-601)
- ← Ruta de la fuga de Sedequías
- ← Ataque edomita a Jerusalén
- Área de dominación babilónica

Sedequías llevado prisionero ante Nabucodonosor, que estaba en Ribla.

Cuando cayó Jerusalén, los babilonios destruyeron las fortificaciones e incendiaron el templo.

Sedequías trata de escapar, pero lo apresan en los llanos de Jericó. Lo llevan a Ribla ante el rey de Babilonia y es sentenciado.

Cartas del sitio babilónico halladas entre las ruinas.

Judá se debilita, y el reino de Edom se aprovecha y envía tropas.

En el 605 a.C., Nabucodonosor, príncipe heredero de Babilonia, derrotó a Egipto en la batalla de Carquemis. Babilonia era entonces el poder dominante en la región. La rebelión de Judá contra una más poderosa Babilonia, trajo como resultado tres incursiones contra Judá, dirigidas por Nabucodonosor, quien subió al trono cuando su padre, Nabopolasar, muriera poco después de la batalla de Carquemis.

ORIGEN

Este Libro registra sus orígenes en forma de obra literaria más que cualquier otra obra profética. Varios pasajes manifiestan explícitamente que Jeremías ordenó escribir sus profecías en rollos; por ejemplo, en 25:13; 30:2; 36:2; 45:1; 51:60. Resulta de especial interés la amarga historia del desprecio que Joaquín mostró por la Palabra de Dios al quemar uno de los pergaminos del profeta (cap. 36). «Baruc, hijo de Nerías» fue el asistente personal de Jeremías, quien escribió algunas de las palabras del Libro (45:1). Como él acompañó al profeta a Egipto (43:6), ambos pueden haber trabajado juntos en la compilación final del Libro, que es el más largo de la Biblia compuesto por un solo autor.

EL MENSAJE DE DIOS EN JEREMÍAS

PROPÓSITO

Este Libro contiene las profecías divinamente inspiradas que el profeta anunció durante su extenso ministerio y muchas de sus experiencias personales. En un principio, las profecías fueron para personas de Judá que enfrentaban las invasiones y que luego sufrieron el cautiverio babilónico. Estos experimentaban la maldición predicha en Deuteronomio 27 por haber rechazado el pacto. Aunque Jeremías profetizó el juicio, también predijo que el exilio duraría cierto tiempo, que Babilonia caería, y que luego de la ira divina, la salvación vendría.

A PRIMERA VISTA

Panorama general

Jeremías no está organizado cronológicamente como un todo, aunque parece existir alguna organización en este aspecto. Ninguna teoría ha alcanzado un consenso general, pero varios recursos (como el tema, el estilo, la audiencia y la retórica) se unen para explicar ciertas conexiones. El Libro a menudo se considera una antología de unidades proféticas que fueron compiladas y combinadas en diferentes momentos, sin una intención marcada.

Estructura de Jeremías: una propuesta

Recientemente, Richard Patterson hizo una propuesta práctica al decir que las profecías fueron dispuestas de acuerdo con el llamado divino del profeta a profetizar a las naciones (1:4-19) y a Judá en particular (1:13-19). Patterson identifica una doble estructura en el Libro que invierte tales prioridades: los capítulos 2–24 se centran en Jeremías y su pueblo, y los capítulos 25–51, en Jeremías y las naciones. En ambos extremos aparecen la descripción del llamado y la comisión profética del capítulo 1, y el apéndice histórico en el capítulo 52. Las dos secciones principales comienzan cada una con una subsección que establece el tema (2:1–3:5 y 25:1-38) seguida de una subsección que lo desarrolla (3:6–23:40 y 26:1–51:58) y una señal que concluye la sección (24:1-10 y 51:59-64).

Las llamadas confesiones de Jeremías (11:18-23; 12:1-4; 15:10-21; 17:14-18; 18:19-23; 20:7-18) están dispersas a lo largo de los capítulos 11–20. Los oráculos de esperanza (caps. 30–31) interrumpen las historias sobre Jeremías (caps. 26–45). Las palabras contra los reyes (21:11–22:30) y contra los profetas (23:9-40) parecen ser colecciones independientes.

LA VERACIDAD DE JEREMÍAS

En estos días es común que la crítica textual descarte la idea de que Dios pueda hablar directamente con alguien. Consideran que los enunciados proféticos son meros recursos literarios y asumen que las predicciones son imposibles. Ni siquiera consideran la posibilidad de que fuera cierto lo que Jeremías tenía que decir.

Sin embargo, dichas acusaciones no son algo nuevo. Jeremías enfrentó una enorme oposición durante su tiempo como profeta de Dios, y vio poco o ningún fruto de su labor. Todos despreciaron sus palabras casi con la misma rapidez con que él las dijo; pero a pesar de todo, Jeremías continuó en su ministerio.

Jeremías estaba totalmente convencido de que su mensaje provenía del Señor (Jer. 1:2-3; 2:5; 34:1). Cuando fue encarcelado (32:2; 37:15) e incluso amenazado de muerte (26:8), él no se retractó de sus profecías, ni anuló su afirmación de que estas eran un mensaje de Dios (26:12). Un hombre puede estar dispuesto a morir por algo que equivocadamente piensa que es verdad, pero rara vez morirá alguien por algo que sabe que es falso. Jeremías se encontró en una posición única para saber si sus palabras eran revelaciones divinas o no. Dada la forma en que vivió, rodeado

Bula de Baruc. Baruc, hijo de Nerías, sirvió como escriba y amigo de Jeremías. Esta bula o sello lleva inscrito su nombre. Tales sellos de arcilla se utilizaban para sellar y asegurar documentos de papiro. El documento primeramente fue atado con un cordón. Como se aprecia en la imagen, una pieza de arcilla aplastada fue presionada sobre el cordón y estampada con un sello. El fuego y los elementos dañan con facilidad los documentos de papiro, pero las bulas de arcilla, debido a su material, se vuelven incluso más resistentes bajo diversas condiciones ambientales, en especial, los incendios.

de constante oposición, podemos estar seguros de que sus palabras no son producto del delirio de un loco.

Las palabras que describen el llamado de Jeremías al ministerio: «Antes que te formase en el vientre te conocí, y antes que nacieses te santifiqué, te di por profeta a las naciones» (Jer. 1:5), han provocado que algunos piensen que el llamado del profeta y su nacimiento sean un mismo suceso. Sin embargo, no es probable que este haya sido el caso. El texto solo expresa que Dios pensó en Jeremías, planificó su vida antes de su nacimiento y que ya lo había escogido como profeta; pero su llamado tuvo lugar cuando era «un niño» (ver el v. 6, esta palabra hebrea generalmente se emplea para referirse a muchachos que aún son adolescentes). El punto importante a tener en cuenta es que el Señor escogió a Jeremías y que habló a través de él.

El amigo de Jeremías, Baruc, hijo de Nerías, fue su escriba. En 1975 una bula (sello de arcilla) de Baruc apareció en el mercado de antigüedades, en la que decía:

> Para/de Baruc //
> hijo de Nerías //
> el escriba[1]

La palabra hebrea que se traduce como *escriba*, tiene la connotación de un escribano de la corte. El arqueólogo Nahman Avigad mostró esta bula a finales de la década de 1970 y ahora se encuentra en exhibición en el Museo de Israel, Jerusalén (ver foto, pág. 218).

CÓMO ENCAJA JEREMÍAS EN LA HISTORIA DE DIOS

1. Prólogo: creación, caída del hombre y necesidad de redención
2. Dios construye Su nación (2000–931 a.C.)
3. Dios educa a Su nación (931–586 a.C.)
4. Dios preserva un remanente fiel (586–6 a.C.)
5. Dios compra la redención y comienza el reino (6 a.C. al 30 d.C.)
6. Dios extiende el reino a través de la iglesia (30 d.C. [?])
7. Dios consuma la redención y confirma Su reino eterno
8. Epílogo: un cielo nuevo y una Tierra nueva

✕ CRISTO EN JEREMÍAS

Los sufrimientos de Jeremías anticipan los de Jesús, el Mesías de Israel. Existen varios paralelos entre este profeta y Jesús. Ambos lloraron por Jerusalén (Jer. 9:1; Luc. 19:41) y ambos predijeron la inminente destrucción del templo (Jer. 7:11-15; Mat. 24:1,2).

PRINCIPIOS BÁSICOS DE LA COSMOVISIÓN CRISTIANA

Enseñanza sobre Dios

La comprensión que Jeremías poseía de Dios incluía claramente atributos como Su Omnipresencia (Él está en todas partes) y Su Omnipotencia (Él es Todopoderoso). El texto clásico es el 23:24: «¿Se ocultará alguno, dice Jehová, en escondrijos que yo no lo vea? ¿No lleno yo, dice Jehová, el cielo y la tierra?». Ni Cristo ni el Espíritu Santo aparecen explícitamente en el Libro. Sin embargo, Jesús gustaba de citar a este profeta y enseñaba que Su crucifixión establecería el «nuevo pacto» que Jeremías había anunciado (31:31-34).

Enseñanza sobre la humanidad

El Libro manifiesta tanto la maldad como la grandeza que los seres humanos son capaces de poseer. La destrucción del rollo por el rey Joacim y el maltrato del rey Sedequías hacia Jeremías (caps. 36–38) muestran la gran maldad en que los líderes políticos pueden llegar a caer. Por otra parte, se sabe más sobre el piadoso Jeremías que sobre cualquier otro profeta que haya sido escritor.

Enseñanza sobre la salvación

Los individuos en la época de este profeta, por lo menos al comienzo de su ministerio, tenían aún la posibilidad de abandonar el pecado y evitar la destrucción (7:5-7; 18:7-8). Más tarde el profeta anunció que el juicio era inevitable. La perspectiva general del Libro es que la redención ocurrirá solo después del juicio (29:10-14). El pasaje del nuevo pacto (31:31-34), el texto más largo citado en el NT (Heb. 8:8-12), avizoraba lo que Cristo lograría mediante Su venida y Su muerte, como lo demuestra el tema desarrollado de Hebreos.

CARACTERÍSTICAS LITERARIAS

GÉNERO Y ESTILO LITERARIO

Profecías y narrativas históricas escritas en una mezcla de poesía y prosa hebrea

Las profecías de Jeremías ejercen ambas funciones: son «declarativas» y también «predictivas». Jeremías incluye los tres elementos clásicos de la profecía hebrea: 1) hace un llamado a las personas a que se arrepientan de sus pecados ante el inminente juicio divino, 2) hay predicciones de acontecimientos cercanos (como la caída de Jerusalén), y 3) hay predicciones de acontecimientos lejanos (como la llegada del nuevo pacto).

El Libro es poético en su mayor parte. Las secciones en prosa se encuentran principalmente en los capítulos 7; 11; 16; 19; 21; 24–29; 32–45; 52. Las secciones biográficas se escribieron en tercera persona, quizás una evidencia del trabajo de Baruc. El estilo de Jeremías incluía la repetición de ciertas palabras como: «espada, hambre y pestilencia» (las cuales aparecen decenas de veces) y el uso de criptogramas («Sesac» nombre en clave para Babilonia en 25:26).[2] Abundan las frases memorables, por ejemplo: «¿Mudará el etíope su piel, y el leopardo sus manchas?» (13:23). En el canon hebreo, Jeremías era el segundo de los cuatro «Profetas Posteriores».

UN PRINCIPIO A SEGUIR EN LA VIDA

Preparado para servir (Jer. 1:4-19)

Aunque normalmente la edad y la experiencia son prioridades en los requisitos de Dios para el liderazgo espiritual, todos debemos estar listos para que Él nos use con el fin de lograr Sus propósitos divinos en el mundo.

REFERENCIAS

1. Paul Achtemeier, ed., *Harper's Bible Dictionary* [Diccionario bíblico Harper] (San Fransisco: Harper & Row, 1985), 95.

2. No aparece en la traducción RVR1960. Ver la versión LBLA (La Biblia de las Américas).

Palmeras y huertos cerca del lugar donde existió Babilonia (actual Irak). Jeremías escribió una carta a los exiliados que habían sido llevados a Babilonia: «Edificad casas, y habitadlas; y plantad huertos, y comed del fruto de ellos. Casaos, y engendrad hijos e hijas; dad mujeres a vuestros hijos, y dad maridos a vuestras hijas, para que tengan hijos e hijas; y multiplicaos ahí, y no os disminuyáis. Y procurad la paz de la ciudad a la cual os hice transportar, y rogad por ella a Jehová; porque en su paz tendréis vosotros paz» (29:5-7).

El título en español expresa el nombre dado por los traductores griegos de este Libro en el siglo II a.C., *Thrénoi*. El título hebreo original es simplemente la primera palabra del libro, *Eiká*, «¡Cómo!».

TEXTO CLAVE: 1:1

¡Cómo ha quedado sola la ciudad populosa! La grande entre las naciones se ha vuelto como viuda, la señora de provincias ha sido hecha tributaria.

TÉRMINO CLAVE: «LAMENTO»

Un «lamento» o «lamentación» es una expresión formal de dolor ante una pérdida o ante la muerte. Este Libro expresa la angustia que el autor sintió por la caída de Jerusalén.

RESUMEN DE UNA SOLA FRASE

Un poeta hábil y emotivo describió la devastación de la ciudad de Jerusalén (obra de los babilonios, pero en última instancia provocada por la ira del Señor contra Su pueblo), y derramó sus propias expresiones personales de dolor.

CONTEXTO HISTÓRICO ORIGINAL

AUTOR Y FECHA DE ESCRITURA

Anónimo, tal vez Jeremías, escrito poco después del año 586 a.C.

El Libro es anónimo. Tanto la tradición judía como la cristiana afirmaron que el profeta Jeremías escribió este Libro. Según 2 Crónicas 35:25, Jeremías fue un escritor de lamentos. Para más información, ver *Autor y fecha de escritura* de **JEREMÍAS**.

Por otro lado, tanto el estilo literario como parte del contenido de Lamentaciones son diferentes del Libro de Jeremías. En particular, es difícil imaginar que el compositor del Libro profético más largo de la Biblia también escribiera, «... no hay ley; sus profetas tampoco hallaron visión de Jehová» (2:9). Si Jeremías no escribió el Libro, entonces lo hizo uno de sus contemporáneos, ahora desconocido. En última instancia, no hay razón para que Jeremías no pudiera haber escrito el Libro. Si fue él, esto confirma su reputación como «el profeta llorón».

Debido a que el Libro expresa emociones tan fuertes, es casi seguro que fue compuesto poco después de la destrucción de Jerusalén, y antes de que los judíos volvieran del exilio en el 536 a.C. Para más información sobre la autoría, ver *La veracidad de Lamentaciones* más adelante.

PÚBLICO INICIAL Y DESTINATARIO

Judíos testigos de la caída de Jerusalén

Si un autor anónimo escribió el Libro, entonces los exiliados recién llegados a Babilonia podrían haber sido su público. Si Jeremías escribió el Libro, entonces lo compuso para los que habían permanecido en la arruinada Jerusalén o para los que huyeron de Jerusalén hacia Egipto después del asesinato de Gedalías (Jer. 40–42).

ORIGEN

Aparte de la caída de Jerusalén, el Libro no expresa el motivo de su composición. Es posible que Lamentaciones haya sido originalmente escrito para ser leído en «El Noveno de Ab», la conmemoración anual de la destrucción del templo.

EL MENSAJE DE DIOS EN LAMENTACIONES

PROPÓSITO

Este libro afronta la destrucción de Jerusalén en varios niveles, especialmente el emocional y el teológico. Por un lado, Lamentaciones muestra que ante las pérdidas y la muerte, la aflicción profunda constituye una respuesta adecuada. Por otro lado, muestra que los profetas que habían hecho la advertencia de «arrepiéntanse o serán destruidos», después de todo habían dado un mensaje verdadero de parte de

Jeremías lamenta la destrucción de Jerusalén de Rembrandt Harmenszoon van Rijn (1606–1669).

Dios. El pueblo de Dios que en la actualidad estudia Lamentaciones debe abordarlo con su propósito original en mente, pero también puede ayudarle a expresar su propia aflicción en tiempos de angustia.

A PRIMERA VISTA

Lamentaciones 1–4 son acrósticos en forma alfabética. Debido a que en el alfabeto hebreo hay 22 letras, los capítulos 1, 2 y 4 tienen 22 versículos, cada versículo comienza con una letra sucesiva del alfabeto. El capítulo 3 tiene 66 versículos porque a cada letra del alfabeto se le asignan tres versículos sucesivos. (El capítulo 5 también tiene 22 versículos, pero no está compuesto en forma de acróstico). El autor pudo haber utilizado el acróstico en forma alfabética para controlar y restringir el dolor que, de otra manera, correría desenfrenadamente o para expresar su dolor por completo de la A hasta la Z, como diríamos nosotros.

Los hechos de la caída de Jerusalén se narran en 2 Reyes 25 y en Jeremías 52; en el Libro de Lamentaciones se expresa la emoción. Al igual que Job, Lamentaciones lucha con el problema del mal. Como Ezequiel, este Libro expresa lo que sucede cuando Dios deja Su templo, Su ciudad y Su pueblo. En todo momento se reconoce que Judá mereció el castigo; lo cual es coherente con la maldición en Deuteronomio 28:15-68. No obstante, junto con este reconocimiento de culpa hay un llamado a que el castigo termine, como en los salmos de lamento, y un llamado a que los enemigos que lo ejecutaron sean a su vez castigados (Lam. 4:22), como en los salmos imprecatorios y Habacuc 1:12-17.

LA VERACIDAD DE LAMENTACIONES

El Libro no indica quién fue su autor, pero desde la antigüedad se le atribuye tradicionalmente a Jeremías. Algunos eruditos encuentran razones para dudar de esta perspectiva, mientras que otros la defienden.

Los siguientes factores favorecen la autoría de Jeremías: 1) Hay similitudes entre Lamentaciones y Jeremías en el tenor, la teología, los temas, el lenguaje y las imágenes (comp. Lam. 1:15 y Jer. 8:21; Lam. 1:2 y Jer. 30:14). 2) Al igual que el Libro de Jeremías, Lamentaciones afirma que Judá debe someterse al exilio porque se lo merece (Lam. 1:5, 3:27-28; Jer. 29:4-10), pero hay esperanza de restauración (Lam. 3:21-33; 4:22; 5:19-22, Jer. 29:11-14). 3) Ambos Libros indican que los profetas y los sacerdotes comparten con el pueblo la culpa del pecado de la nación (Lam 2:14; 4:13; Jer. 14:14; 23:16).

Según parece, un testigo presencial de la destrucción de Jerusalén escribió Lamentaciones, y el profeta Jeremías fue uno de estos testigos (Lam. 2:6-12; Jer. 39:1-14). Sabemos que Jeremías escribió un lamento en memoria de Josías (2 Crón. 35:25); por lo tanto, es totalmente posible que también escribiera estos lamentos.

La canonicidad de Lamentaciones nunca ha sido puesta en duda seriamente. La

Biblia en español, como la griega y la latina, coloca Lamentaciones después de Jeremías, probablemente por razones de autoría y de contenido histórico.

CÓMO ENCAJA LAMENTACIONES EN LA HISTORIA DE DIOS

1. Prólogo: creación, caída del hombre y necesidad de redención
2. Dios construye Su nación (2000–931 a.C.)
3. Dios educa a Su nación (931–586 a.C.)
4. Dios preserva un remanente fiel (586–6 a.C.)
5. Dios compra la redención y comienza el reino (6 a.C. al 30 d.C.)
6. Dios extiende el reino a través de la iglesia (30 d.C. [?])
7. Dios consuma la redención y confirma Su reino eterno
8. Epílogo: un cielo nuevo y una Tierra nueva

⊂⊃ CRISTO EN LAMENTACIONES

Lamentaciones muestra la ira de Dios derramada sobre la ciudad que Él ama, de la misma forma que Su ira fue derramada más tarde sobre Su Hijo amado. A menudo Lamentaciones 1:12 ha sido aplicado a Cristo cuando sufría en la cruz: «¿No os conmueve a cuantos pasáis por el camino? Mirad, y ved si hay dolor como mi dolor que me ha venido; porque Jehová me ha angustiado en el día de su ardiente furor».

PRINCIPIOS BÁSICOS DE LA COSMOVISIÓN CRISTIANA

Enseñanza sobre Dios

La santidad de Dios hizo que Él destruyera Jerusalén por sus muchos pecados. Sin embargo, en el centro mismo del Libro, el autor enfatizó la misericordia y la fidelidad de Dios (3:22-26). El texto más citado es 3:22-23: «Por la misericordia de Jehová no hemos sido consumidos, porque nunca decayeron sus misericordias. Nuevas son cada mañana; grande es tu fidelidad». No hay ninguna referencia específica a Cristo ni al Espíritu Santo.

Enseñanza sobre la humanidad

Debido a que los seres humanos son agentes morales responsables ante Dios, serán castigados por sus pecados. La destrucción de Jerusalén y del templo, constituye el principal acontecimiento del AT que muestra que la rebelión contra Dios no puede prolongarse indefinidamente. Sin embargo, debido a que Dios hizo a la humanidad a Su imagen, esta es capaz de experimentar emociones que incluyen tristeza y desesperación. Incluso cuando la pérdida es merecida, las expresiones intensas de dolor son una parte normal de la experiencia humana.

Enseñanza sobre la salvación

A pesar del dolor manifestado, la fe en Dios del autor no vaciló (ver 3:26). La firme confianza del autor en Dios en medio de una catástrofe nacional y un desastre personal; lo convierte en uno de los mayores héroes de la fe que se encuentran en la Escritura.

CARACTERÍSTICAS LITERARIAS

GÉNERO Y ESTILO LITERARIO

Un lamento escrito en poesía hebrea con características acrósticas

La gente del antiguo Cercano Oriente a menudo componía lamentos en momentos de tragedia. Un ejemplo temprano es «Lamentación por la ciudad de Ur» (sumerio). El AT tiene muchos ejemplos: El «Cántico del Arco» de David (2 Sam. 1:19-27), los salmos de lamento (por ej., Sal. 44; 60; 88) y las expresiones de los profetas (Isa. 63–64; Ezeq. 19; Amós 5; Miq. 1).

Todo el Libro es poesía hebrea, y más que en otro libro, la poesía parece tener un ritmo o métrica definida. Muchos de los versos siguen la métrica *qináh* (lamento): versos de cinco tiempos, divididos en tres tiempos y luego en dos. Un ejemplo es 5:14:

«Los ancianos / no se ven más / en la puerta, (3 tiempos)
los jóvenes / dejaron sus canciones» (2 tiempos)

«Esto recapacitaré en mi corazón, por lo tanto esperaré. Por la misericordia de Jehová no hemos sido consumidos, porque nunca decayeron sus misericordias. Nuevas son cada mañana; grande es tu fidelidad» (Lam. 3:21-23).

En las Biblias en español, Lamentaciones se encuentra después de Jeremías, según la tradición griega. En las Escrituras hebreas, este Libro fue colocado en la tercera sección, los Escritos o *Ketuvim*. Entre los Escritos, era uno de los cinco rollos *(Megillot)*. Lamentaciones se convirtió en el pergamino que se leía públicamente en «El Noveno de Ab», un solemne recordatorio judío anual de la destrucción tanto del templo de Salomón (586 a.C.) como del segundo templo (70 d.C.). El mes de Ab corresponde a julio-agosto.

UN PRINCIPIO A SEGUIR EN LA VIDA
La fidelidad de Dios (Lam. 3:22-27, 31-33)

Debido a nuestra relación con Dios a través del Señor Jesucristo, hemos de estar confiados en que tenemos una herencia eterna garantizada por la presencia del Espíritu Santo en nuestra vida.

Ezequiel, primer plano del portal sur de la fachada de la Catedral Notre-Dame de Amiens (Francia).

Ezequiel, el profeta israelita del siglo VI a.C. que fue exiliado a Babilonia, le ha dado su nombre a este Libro como su autor. Su nombre significa «Dios es mi fortaleza».

TEXTO CLAVE: 38:23

Y seré engrandecido y santificado, y seré conocido ante los ojos de muchas naciones; y sabrán que yo soy Jehová.

TÉRMINO CLAVE: «VISIONES»

El Libro está escrito en torno a tres «visiones de Dios» que Ezequiel recibió (1:1; 8:3; 40:2). La primera visión reveló la gloria de Dios (caps. 1–3); la segunda, el juicio de Dios (caps. 8–11); la tercera, el pueblo de Dios y el templo idealizado (caps. 40–48).

La visión de Ezequiel, por Francisco Collantes (1599–1656).

RESUMEN DE UNA SOLA FRASE

Desde el exilio en Babilonia, las sorprendentes visiones de Ezequiel y sus acciones simbólicas alarmantes fueron profecías para enseñarles a los israelitas el plan soberano de Dios sobre ellos en la historia de Su reino, de manera que «sabrán que yo soy Jehová».

CONTEXTO HISTÓRICO ORIGINAL

AUTOR Y FECHA DE ESCRITURA

Ezequiel, quizás compilado finalmente hacia el 570 a.C.

Ezequiel, hijo de Buzi, nació en una familia sacerdotal y creció en Judá. De joven adulto fue llevado cautivo por los babilonios en el 597 a.C. y deportado junto con el rey Joaquín y otras 10.000 personas (2 Rey. 24:14-17). Se estableció en Tel-Aviv cerca del Río Quebar. A sus 30 años fue llamado como profeta (1:1-3). Era casado, pero su esposa murió de repente, justo antes de la caída final de Jerusalén (24:15-18). Dios llamó a Ezequiel «hijo de hombre» («ser humano») más de 90 veces.

Las extrañas visiones y las acciones simbólicas de Ezequiel lo marcaron como poco común para su época como para los patrones modernos. Su mensaje no fue bien recibido (3:25; 33:31-32). Algunos eruditos actuales han sugerido incluso que padecía de una enfermedad mental. Otros aceptan que Ezequiel escribió partes del Libro, pero que se hicieron muchas inclusiones de edición en fecha posterior. Ezequiel es la única obra profética escrita por completo en primera persona. Los eruditos que aceptan el testimonio de la Escritura tal y como esta lo establece, continúan afirmando que Ezequiel, bajo inspiración divina, compuso todo el Libro. Él quizás compiló la obra poco después de la última profecía fechada (571 a.C.; 29:17-21).

PÚBLICO INICIAL Y DESTINATARIO

Los exiliados israelitas que vivían en Babilonia

Los primeros oyentes fueron israelitas exiliados junto con Ezequiel. Para el tiempo de la primera visión de Ezequiel, habían pasado cinco años, de modo que el pueblo había comenzado a establecerse en una tierra extranjera. Después de la caída final de Jerusalén, los exiliados recién llegados también escucharon el mensaje del profeta.

ORIGEN

Los mensajes que Dios le dio a Ezequiel fueron iniciativa de Dios, no del profeta. En algunas ocasiones, Dios le pidió que afirmara su rostro contra alguien y profetizara contra esta persona. Sus referencias a fechas específicas en las cuales él recibió mensajes son: 1:1-2; 8:1; 20:1-2; 24:1; 26:1; 29:1,17; 30:20; 31:1; 32:1,17; 40:1. Ezequiel no expresó el motivo de la compilación de todo el Libro.

EL MENSAJE DE DIOS EN EZEQUIEL

PROPÓSITO

Este Libro preserva las profecías de inspiración divina que Ezequiel tuvo durante su ministerio de más de 20 años. En un principio estas profecías fueron para los israelitas que fueron exiliados a Babilonia poco antes de la caída final de Judá. Ezequiel advirtió que la destrucción de Jerusalén de parte de Dios era inminente, pero que Él respondería a las personas con base en su relación con Él. Ezequiel también anticipó el tiempo futuro en el que Dios actuaría de forma decisiva para que Israel y todas las naciones conocieran que solo el Señor es Dios.

A PRIMERA VISTA

Aunque muchas de las profecías de Ezequiel estaban dirigidas a la población en Jerusalén o a naciones extranjeras, sus principales oyentes eran compatriotas exiliados en Babilonia. Antes del 586 a.C. los ancianos de la comunidad acudieron a su casa para escuchar una palabra de Dios (8:1; 14:1; 20:1); esperaban el anuncio de su inminente regreso a Jerusalén. Sin embargo, los exiliados se negaron a reconocer que estaban en esa condición por causa de su rebelión contra el Señor.

Juicio sobre Judá

La estrategia retórica de Ezequiel en los capítulos 4–24, fue destruir las ilusiones de seguridad al declarar los pecados del pueblo. Él les expuso que lejos de ser inocentes en este «divorcio», eran culpables y habían traído calamidad sobre ellos mismos. Aunque el orden en que se presentan estos temas principales parece ser un poco ocasional, todas estas profecías tenían el objetivo de destruir los cuatro pilares sobre los cuales ellos habían puesto su seguridad. De forma sistemática, él debilitó la validez de su confianza en las promesas eternas de Dios de un pacto inmutable y sin condiciones (por ej. 15:1-8; 16:1-60), de la posesión eterna e incondicional de la tierra (4:1-3; 6:1-14; 7:1-27; 11:1-23), de los reyes davídicos como símbolo irrevocable de Su compromiso con ellos (12:1-16; 17:1-24; 19:1-14) y de Jerusalén como el lugar de habitación eterno de Dios (8:1–10:22; 24:16-17). Con mucho valor él declaró que no podían pecar sin impunidad. Por el contrario, dentro del pacto estaban las advertencias de juicio si ellos persistían en la rebelión (Lev. 26; Deut. 28). Esta era la palabra eterna que Dios con certeza cumpliría. No solo las promesas eran eternas, sino también el juicio por la ingratitud y la desobediencia.

Juicio sobre las naciones

Cuando Jerusalén cayó en el 586 a.C., el mensaje de Ezequiel cambió. El juicio había llegado, y él fue probado como verdadero profeta. No solo Jerusalén fue juzgada, sino que las naciones alrededor de Judá tampoco escaparían del juicio de Dios. Esta sección contiene profecías contra siete naciones específicas. Aunque todas las direcciones de la brújula están representadas, Tiro (hacia el norte) y Egipto (hacia el sur) reciben una atención especial. La amplia distribución geográfica de las naciones que se mencionan, al igual que el uso del simbólico número siete, transmiten un sentido de plenitud. Además de juzgar a estas siete naciones, por último, el Señor derrotaría la conspiración mundial bajo el liderazgo de Gog de la tierra de Magog (caps. 38–39). Puesto que esta profecía no corresponde a ningún acontecimiento histórico conocido, es mejor entenderla como un hecho aún en espera de su cumplimiento.

Restauración

Ezequiel 36:22–38 es el centro teológico de la profecía de restauración. Ezequiel resume el proceso. Después de que el Señor limpiara la tierra, Él reuniría al pueblo una vez más y lo llevaría de regreso a la tierra prometida. Entonces cambiaría sus corazones de piedra por corazones de carne, y pondría en ellos Su Espíritu para que anduvieran en Sus caminos y experimentaran Su generosa bendición.

El nuevo templo

Ezequiel también declaró que Dios restauraría a Israel a una posición y bienestar total como el pueblo de Su pacto. Irónicamente, él fundamentó esa esperanza en las promesas de Dios que tantas veces había mostrado como base falsa de seguridad en los capítulos 1–24. Su profecía de restauración muestra que aquellas antiguas promesas son eternas en verdad. Las deportaciones no eran la última decisión: Israel tenía que regresar a la tierra prometida de sus padres, la realeza davídica sería restaurada y Dios, una vez más, habitaría en medio de ellos y nunca más los abandonaría (caps. 40–48).

LA VERACIDAD DE EZEQUIEL

Debido a la extraña naturaleza de la primera visión de Ezequiel, las personas de buena intención a menudo dejan de leer el Libro sin siquiera llegar a la narración del llamamiento. Si bien se han propuesto muchas teorías con respecto al significado de esta visión, esta cobra un perfecto sentido si se interpreta en el contexto de la iconografía del antiguo Cercano Oriente. Daniel Block expresa: «Prácticamente todos los rasgos de la carroza real celestial se han corroborado en imágenes y relieves del mundo antiguo. Aunque las imágenes pueden resultar confusas en nuestros días, en los de Ezequiel tenían pleno sentido».[1] Para una comunidad que ha perdido su camino espiritual y su confianza en el Señor, Dios se abrió paso y declaró que Él permanecía soberano absoluto y glorioso sobre todas las cosas. El asolamiento de Jerusalén llevado a cabo por Nabucodonosor no era una señal de la superioridad de Marduk sobre Jehová; él vino como agente de Jehová. Dios se apartó del templo (caps. 8–11) pero se le apareció a Ezequiel muy lejos, en una tierra extranjera pagana e impura.

CÓMO ENCAJA EZEQUIEL EN LA HISTORIA DE DIOS

1. Prólogo: creación, caída del hombre y necesidad de redención
2. Dios construye Su nación (2000–931 a.C.)
3. Dios educa a Su nación (931–586 a.C.)
4. Dios preserva un remanente fiel (586–6 a.C.)
5. Dios compra la redención y comienza el reino (6 a.C. a 30 d.C.)
6. Dios extiende el reino a través de la iglesia (30 d.C. [?])
7. Dios consuma la redención y confirma Su reino eterno
8. Epílogo: un cielo nuevo y una Tierra nueva

CRISTO EN EZEQUIEL

La expresión «hijo de hombre» se usa más de 90 veces en Ezequiel. Dios utiliza ese término para dirigirse al profeta. «Hijo de Hombre» es la expresión que Jesús usa para referirse a sí mismo. La frase tiene dos significados diferentes. En primer lugar, designa simplemente a un ser humano. En segundo lugar, se refiere a un ser divino. Cuando se usa para referirse a Jesús, contiene ambos significados.

PRINCIPIOS BÁSICOS DE LA COSMOVISIÓN CRISTIANA

Enseñanza sobre Dios

Todo lo que Dios hace en beneficio de las personas es al final por causa de Su nombre o gloria (20:14; 36:22; 39:7). Él es Soberano absoluto en los asuntos de todos los pueblos y naciones. Las profecías de un rey davídico que vendría, que se cumplieron en Cristo, están esparcidas por todo el Libro (17:22-24; 37:24-28). En el futuro, el Espíritu Santo capacitaría al pueblo de Dios para obedecer Sus leyes desde su corazón (36:27; 39:29).

Enseñanza sobre la humanidad

Uno de los pasajes bíblicos más claros sobre la responsabilidad de cada individuo delante de Dios es Ezequiel 18. Esto se declara de manera conocida en 18:4: «El alma que pecare, esa morirá». Ezequiel representa alguien a quien Dios usó en un tiempo de crisis y cuya vida familiar íntima se volvió un símbolo del trato de Dios con Su pueblo (24:15-18).

Enseñanza sobre la salvación

Ezequiel muestra las dimensiones colectivas e individuales de la salvación. El capítulo 18 enseña que el hijo malvado de padres justos morirá (18:10-13). Una persona que muestra el fruto de justicia, aun cuando sus padres son perversos, vivirá (18:14-17). De forma colectiva, la salvación es el acto soberano del Espíritu de Dios, quien da aliento de vida a las personas muertas espiritualmente («huesos secos»), les da vida espiritual y los capacita para seguir los caminos de Dios.

CARACTERÍSTICAS LITERARIAS

GÉNERO Y ESTILO LITERARIO

Profecías que incluyen visiones y acciones simbólicas, escritas principalmente en prosa hebrea, pero con un toque poético.

Las profecías de Ezequiel son tanto «declarativas» como «predictivas». Ezequiel incluye los elementos clásicos de la profecía hebrea: 1) un llamado a las personas a apartarse de sus pecados, 2) predicciones de acontecimientos cercanos (como la destrucción del templo, cap. 24) y 3) predicciones de sucesos de un futuro lejano (como la llegada del nuevo templo, caps. 40–48).

Las tres visiones de Ezequiel (caps. 1–3; 8–11; 40–48) son un tipo especial de profecía. La primera «declara» la gloria de Dios; la segunda «predice» un desastre próximo; la tercera «predice» una bendición futura. Más que ningún otro profeta, Ezequiel realizó acciones con significado simbólico, las cuales luego interpretaba. Las más conocidas de estas son el acostarse sobre un solo lado (cap. 4), el afeitarse la cabeza con un cuchillo (cap. 5), y el no poder hacer duelo por su esposa (cap. 24). Ezequiel también expresó varias parábolas. Los capítulos 7; 17; 19; 21; 24; 26–32 son las principales secciones poéticas; el resto está en prosa hebrea.

UN PRINCIPIO A SEGUIR EN LA VIDA

El único Dios verdadero (Ezeq. 6–7)

Debemos evitar toda forma de idolatría y reconocer que solo hay un Dios.

REFERENCIAS

1. Daniel I. Block, s.v. «Ezequiel, Libro de», *Diccionario bíblico ilustrado Holman, Revisado y aumentado* (Nashville, TN: B&H Publishing Group, 2014), 595.

Daniel, el profeta israelita del siglo VI exiliado a Babilonia, dio su nombre a este Libro como compositor. En hebreo su nombre significa «Dios juzga» o «Dios es juez».

TEXTO CLAVE: 4:3

¡Cuán grandes son sus señales, y cuán potentes sus maravillas! Su reino, reino sempiterno, y su señorío de generación en generación.

TÉRMINO CLAVE: «REINOS»

Este Libro contrasta todos los reinos terrenales, tanto los de la época de Daniel como los del futuro, con el glorioso reino eterno de Dios. De todos los Libros del Antiguo Testamento, Daniel ofrece la perspectiva de reino más claramente definida.

RESUMEN DE UNA SOLA FRASE

Daniel demostró una confianza extraordinaria en Dios y reveló Sus planes futuros, no solo para su época, sino también para el período macabeo en adelante, hasta el tiempo en que el Hijo del Hombre establezca plenamente el reino de Dios.

CONTEXTO HISTÓRICO ORIGINAL

AUTOR Y FECHA DE ESCRITURA

Daniel, tal vez compilado finalmente cerca del 530 a.C.

El Libro es técnicamente anónimo, aunque gran parte se registra como las memorias de Daniel escritas en primera persona. Según la creencia judía general y la cristiana temprana, Daniel escribió el Libro. En Mateo 24:15 Jesús afirmó este punto de vista.

Durante los últimos dos siglos, la crítica textual en general ha rechazado que un autor del siglo VI haya sido capaz de escribir relatos detallados de acontecimientos que ocurrirían cientos de años en el futuro. Por lo tanto, un profeta anónimo que vivió en la era macabea (siglo II a.C.) tiene que haber escrito grandes partes del Libro. La premisa básica de esta opinión crítica parece ser que la Escritura no contiene una profecía predictiva verdadera. Para los eruditos de la Biblia que aceptan que el Señor dio revelaciones específicas de un futuro lejano a Sus profetas, no hay razón para dudar que Daniel escribió todo el Libro que lleva su nombre.

PÚBLICO INICIAL Y DESTINATARIO

Israelitas exiliados que vivían en Babilonia

Los primeros oyentes fueron israelitas que habían sido llevados al exilio junto con Daniel. Después de la caída final de Jerusalén, los exiliados recién llegados también habrían escuchado el mensaje de Daniel. Cuando las últimas profecías de Daniel tuvieron lugar, Babilonia ya había caído, y era tiempo para que los exiliados pudieran regresar a su tierra natal (9:2).

ORIGEN

El primer ministerio de Daniel tuvo lugar en su juventud, por órdenes de Nabucodonosor (caps. 1–4). Durante los últimos años de Babilonia, Dios comenzó a manifestar visiones del futuro (caps. 7–8), y luego Daniel fue llamado para interpretar la escritura en la pared (cap. 5). El encuentro de Daniel con los leones (cap. 6) y sus visiones finales del futuro (caps. 9–12) llegaron cuando era un hombre sumamente anciano, poco después de que los persas conquistaran Babilonia.

EL MENSAJE DE DIOS EN DANIEL

PROPÓSITO

Este Libro conserva las profecías divinamente inspiradas que Daniel hizo durante su largo ministerio de más de 60 años. El Libro contempla el reino de Dios a través de tres lentes: la lente del presente, la lente del siglo II a.C. (el período macabeo) y la lente futura de la consumación del reino de Dios.

A PRIMERA VISTA

Historia

La primera división de Daniel (caps. 1–6) consiste en material histórico y algunas profecías (cap. 2). Daniel fue llevado de Judá a Babilonia en el año 605 a.C. junto con otros jóvenes de la nobleza. Él y sus amigos recibieron instrucción en las artes, las letras y la sabiduría en la capital babilónica. Estos jóvenes sirvieron a Nabucodonosor (604–562 a.C.) y al mismo tiempo mantuvieron su integridad (1:9-16), incluso a riesgo de sus propias vidas (3:1-30). Daniel escaló alto entre los sabios de Babilonia. Dios le reveló a Daniel la historia futura (2:31-45), le demostró Su poder para liberar a los Suyos (3:8-30) y le dio una lección vívida sobre los peligros del orgullo (4:28-37). Nabucodonosor se vio obligado a reconocer la soberanía del Dios de Daniel. El Señor también mostró Su soberanía a los gobernantes posteriores. Él anunció de manera dramática la caída de Belsasar por su arrogancia e irreverencia con los vasos del templo (5:22-24). Daniel le demostró a Darío el poder de Dios para liberar a Sus siervos fieles, incluso de las peores crisis (6:1-28).

Profecía

La segunda división (caps. 7–12) contiene historia y mensajes apocalípticos a la vez. Mediante las visiones de Daniel, el Señor demostró Su soberanía sobre la historia. Los imperios humanos se levantan y caen, pero en última instancia el Señor destruye la oposición de los gentiles a Su programa y establece Su reino en la Tierra.

En la sección apocalíptica, Daniel enfatizó la persona y la obra del Mesías (por ej., 7:13-14; 9:24-27). La escatología fue un tema prominente en las profecías de Daniel. Los creyentes experimentarán tribulación en los últimos días (7:21,25; 9:27; 12:1), pero el Mesías aparecerá y establecerá un reino glorioso y eterno (2:44-45; 7:13-

El banquete de Belsasar, por Rembrandt Harmenszoon van Rijn (1606-1669). Belsasar hizo que llevaran los vasos de oro que fueron sacados del templo en Jerusalén a un banquete con 1000 de sus nobles. Mientras bebían vino en estos vasos, alababan a sus propios dioses. De repente, los dedos de una mano de hombre escribieron un mensaje críptico en la pared del palacio (Dan. 5:1). Cuando los videntes de Babilonia fueron incapaces de interpretar la escritura, llamaron a Daniel, el hebreo, quien interpretó el mensaje para el rey. El mensaje significaba que el reino le sería quitado a Belsasar y dado a los medos y a los persas (Dan. 5:28). Según Daniel 5:30, Belsasar fue muerto la misma noche de este incidente.

14,26-27; 9:24). En este maravilloso mundo nuevo, los santos serán recompensados y honrados (12:2-3).

LA VERACIDAD DE DANIEL

Los críticos afirman que el lenguaje del Libro, la teología, la colocación en las Escrituras hebreas con los Escritos, no con los Profetas, y las inexactitudes sobre los acontecimientos históricos antes del siglo II, exigen una fecha tardía de composición. Los evangélicos responden a esto con argumentos como los siguientes:

1. La razón por la que Daniel no fue colocado en los Escritos no fue la composición tardía del Libro, ni que se dudara de las credenciales proféticas del autor. En Qumrán, el centro religioso de donde provienen los Rollos del Mar Muerto, la profecía gozó de una prominencia inusual, y tanto la Septuaginta como Josefo (*Contra Apión*, 1.8) clasificaron a Daniel entre los Profetas. Al parecer, los responsables de establecer el orden de la Biblia hebrea no incluyeron el Libro en la sección profética porque Daniel fue mayormente un estadista, no un predicador a la nación de Israel como Isaías o Jeremías.

2. Los descubrimientos arqueológicos han confirmado en muchos casos la veracidad del Libro (por ej., la existencia de Belsasar). Después de un análisis minucioso, se descubre que las presuntas inexactitudes históricas no existen ni tienen explicaciones razonables.

3. El hebreo de Daniel es coherente con una fecha en el siglo VI (se asemeja al hebreo de Ezequiel), y su arameo muestra paralelismos sorprendentes con el de los Papiros Elefantinos, también escritos en arameo imperial y fechados en el siglo V a.C. Por el contrario, el arameo del Libro no se ajusta a muestras posteriores del lenguaje encontradas en Qumrán (por ej., el Génesis Apócrifo).

4. Contra la afirmación de que Daniel usa préstamos persas y griegos que exigen una fecha tardía, se puede aseverar que Daniel completó su Libro después de la conquista persa de Babilonia e incluso sirvió en la administración persa. Las expresiones persas constituyen una evidencia sólida para indicar una fecha de composición no mucho después del exilio babilónico, puesto que son palabras persas antiguas que dejaron de usarse cerca del 300 a.C.

Los argumentos a favor de la perspectiva tradicional incluyen estos puntos:

1. Los escritores del NT y el propio Jesús aceptaron el entendimiento tradicional de la profecía (ver Mat. 24:15 = Mar. 13:14; Mat. 26:64 = Mar. 14:62 = Luc. 22:69; Heb. 11:33-34).

2. El Libro declara haber sido escrito por Daniel (ver Dan. 7:1; 12:4); ser el relato de un individuo histórico que experimentó el exilio y vivió en Babilonia, y ser una predicción de acontecimientos futuros (por ej., Dan. 2:29-45; 7:2,15-27; 8:15-26; 9:24-27; 10:14; 11:2—12:4).

3. Uno de los ocho manuscritos de Daniel descubierto en Qumrán (4QDan^c) ha sido fechado aproximadamente en el 125 a.C. y puede haber sido escrito antes. Algunos eruditos han argumentado que si Daniel hubiese sido escrito solo 40 años antes, no habría existido tiempo suficiente para que el Libro de Daniel ganara tan amplia aceptación.

4. La Septuaginta fue la traducción griega del AT realizada en Alejandría (Egipto), la cual llegó a ser ampliamente utilizada por los judíos de la diáspora. Los eruditos generalmente coinciden en que al menos el Pentateuco (los primeros cinco libros) fue traducido a mediados del siglo III a.C., pero es probable que todos los Libros de la Biblia hayan sido traducidos al griego simultáneamente. Si es así, es imposible que Daniel haya sido compuesto en el siglo II a.C. Según el punto de vista crítico, solo 30 años después de ser escrito, Daniel fue recibido en el canon y llevado a Alejandría, aproximadamente a 500 kilómetros (300 millas) de distancia, donde fue traducido al griego. Tal propuesta parece improbable.

5. Ezequiel, el profeta del siglo VI, mencionó a Daniel tres veces en su Libro (Ezeq. 14:14,20; 28:3), lo que constituye una verificación aparentemente clara de la perspectiva tradicional. Sin embargo, la crítica textual insiste en que Ezequiel se refería a un héroe mitológico llamado Daniel que aparece en la antigua épica ugarítica «La leyenda de Aqhat». Un argumento decisivo contra tal teoría es que el Daniel ugarítico era un idólatra; difícilmente un modelo de fidelidad al Dios de Israel. Ezequiel debe haberse referido al autor del Libro de Daniel. Si es así, la historicidad de Daniel y su Libro parecería quedar establecido.

CÓMO ENCAJA DANIEL EN LA HISTORIA DE DIOS

1. Prólogo: creación, caída del hombre y necesidad de redención
2. Dios construye Su nación (2000–931 a.C.)
3. Dios educa a Su nación (931–586 a.C.)
4. Dios preserva un remanente fiel (586–6 a.C.)
5. Dios compra la redención y comienza el reino (6 a.C. al 30 d.C.)
6. Dios extiende el reino a través de la iglesia (30 d.C. [?])
7. Dios consuma la redención y confirma Su reino eterno
8. Epílogo: un cielo nuevo y una Tierra nueva

⚓ CRISTO EN DANIEL

En una de las visiones de Daniel, «con las nubes del cielo venía uno como un hijo de hombre» (7:13). Esta es una profecía de la segunda venida de Cristo, en la cual Él recibirá gloria y dominio sobre todas las naciones.

PRINCIPIOS BÁSICOS DE LA COSMOVISIÓN CRISTIANA

Enseñanza sobre Dios

Dios es a la vez revelador de secretos y soberano del universo. Su propósito fundamental es dar dominio al hijo del hombre (7:13-14), algo que se cumplió en Jesús, quien se llamó deliberadamente «Hijo del Hombre». Daniel fue reconocido como alguien que poseía «el espíritu de los dioses santos» (4:8,9,18; 5:11), pero esto parece distar mucho de una referencia clara al Espíritu Santo.

Reconstrucción de la Avenida de las Procesiones y la Puerta de Ishtar. Ambas se encuentran entre las estructuras más famosas de Babilonia. Las inscripciones de Nabucodonosor II han posibilitado comprender el Festival de Año Nuevo, del cual la Avenida de las Procesiones y la Puerta de Ishtar eran parte integral.

Enseñanza sobre la humanidad

Daniel y sus amigos modelaron lo que es vivir como pueblo de Dios en un mundo pagano. Los reyes del Libro (Nabucodonosor, Belsasar y Darío) son vistos como agentes de Dios. Los personajes verdaderamente malvados se predicen, pero también ellos, involuntariamente, son agentes de Dios. La declaración más clara del AT sobre una futura resurrección corporal es Daniel 12:2-3.

Enseñanza sobre la salvación

Daniel 9:26 («Y después de las sesenta y dos semanas se quitará la vida al Mesías») se refiere a la crucifixión de Cristo a favor de Su pueblo. Algunos eruditos creen que Daniel 9:27 predice la primera venida de Cristo, cuando estableció el nuevo pacto que trajo consigo el fin de los sacrificios de animales. (Otros eruditos creen que el pacto al que se hace referencia no lo establecerá Cristo, sino el Anticristo poco antes de la segunda venida de Jesús). En cualquier caso, Daniel 9:24 anticipa «la justicia perdurable».

CARACTERÍSTICAS LITERARIAS

GÉNERO Y ESTILO LITERARIO

Profecías que incluyen visiones e interpretaciones, escritas parcialmente en hebreo y parcialmente en arameo

Daniel, en sus profecías, «declara» poco y «predice» mucho. Él predijo acontecimientos cercanos (como la destrucción de Babilonia) y otros lejanos (como la venida del Hijo del Hombre). El Libro fue escrito en dos idiomas. Los capítulos 1 y 8–12, escritos en hebreo, tratan con el pueblo de Dios y su futuro. Los capítulos 2–7, escritos en arameo (el lenguaje comercial internacional de la época), se ocupan de los reinos del mundo mientras estos siguen su rumbo sin reconocer al Dios verdadero.

En las Biblias en español, Daniel viene después de Ezequiel como uno de los «Profetas Mayores», y sigue el orden de los traductores griegos. En las Escrituras hebreas, este libro fue colocado en la tercera sección, los Escritos o *Ketuvim*. La traducción griega añadió secciones que no tenían un original en hebreo. Los católicos romanos consideran bíblicas estas «Adiciones a Daniel», pero los protestantes creen que simplemente constituyen partes interesantes de los apócrifos.

UN PRINCIPIO A SEGUIR EN LA VIDA

Historia profética (Dan. 2; 7–8, 11:1-35)

Debemos entender que el Espíritu Santo en ocasiones inspiró a los profetas a registrar la historia profética que se ha cumplido antes de nuestra época, para que tomemos en serio acontecimientos futuros que aún han de cumplirse.

Sitio tradicional de la tumba de Daniel en Susa (Irán). Daniel fue llevado de Jerusalén a Babilonia cerca del año 605 a.C., cuando era un adolescente. Sirvió a reyes babilónicos y persas, incluyendo a Darío I. Daniel vivió más de 100 años. La tradición más ampliamente aceptada es que fue enterrado en Susa, la capital de invierno del Imperio persa, el escenario de los acontecimientos del Libro de Ester que tuvieron lugar unos 50 años después.

Oseas, el profeta del siglo VIII que ministró a Israel, reino del norte, dio su nombre a este Libro como compositor. En hebreo su nombre significa «salvación».

TEXTO CLAVE: 1:10

Con todo, será el número de los hijos de Israel como la arena del mar, que no se puede medir ni contar. Y en el lugar en donde les fue dicho: Vosotros no sois pueblo mío, les será dicho: Sois hijos del Dios viviente.

TÉRMINO CLAVE: «INFIDELIDAD»

La infidelidad conyugal de Gomer, esposa de Oseas, se convirtió en un símbolo que Oseas solía proclamar en su mensaje. El pueblo del reino del norte se había vuelto infiel al Señor al vincularse con la adoración a Baal, pero Dios anhelaba recuperarlos.

El Valle de Jezreel y el Monte de Gilboa. El Señor le dijo a Oseas que le pusiera a su primer hijo Jezreel, que significa «Dios siembra». «Y le dijo Jehová: Ponle por nombre Jezreel; porque de aquí a poco yo castigaré a la casa de Jehú por causa de la sangre de Jezreel, y haré cesar el reino de la casa de Israel. Y en aquel día quebraré yo el arco de Israel en el valle de Jezreel» (1:4-5).

RESUMEN DE UNA SOLA FRASE

El matrimonio de Oseas con una esposa adúltera y los hijos que ella engendró, demostraban de forma gráfica el «matrimonio» de Dios con Israel, Su pueblo espiritualmente adúltero, que debe responder a Su amor de pacto y arrepentirse o enfrentar un juicio severo.

CONTEXTO HISTÓRICO ORIGINAL

AUTOR Y FECHA DE ESCRITURA

Oseas, tal vez cerca del 715 a.C.

Oseas era contemporáneo con Isaías y Miqueas. Hijo de Beeri, Oseas procedía evidentemente de Israel, el reino del norte. Ver *Origen* más adelante para obtener información sobre el matrimonio de Oseas. El Libro no menciona el cumplimiento de las profecías de Oseas contra Israel, pero fue testigo de la caída de Samaria y del

El Monte Tabor (Os. 5:1). Uno de los lugares donde se practicaba la religión falsa. Oseas llama a los sacerdotes y al rey a prestar atención y a saber que su infidelidad promiscua traerá el juicio de Dios.

reino del norte. Dado que sus profecías también incluyen llamamientos al arrepentimiento dirigidos a Judá, se cree que su último ministerio fue dirigido a este pueblo después de la caída del reino del norte. Probablemente compiló su Libro durante ese tiempo.

PÚBLICO INICIAL Y DESTINATARIO

Los israelitas que vivían en el reino del norte

El público inicial de Oseas fue el pueblo que vivía en el reino del norte, también llamado Efraín o Samaria, a mediados del siglo VIII a.C.

ORIGEN

El trágico matrimonio de Oseas con Gomer (quien abandonó al profeta y se convirtió en esclava solo para ser adquirida nuevamente por su propio marido) es una de las grandes historias de amor, pero difícilmente un romance, en la Escritura. Gomer tuvo tres hijos: Jezreel («Dios siembra o esparce»; varón), Lo-ruhama («sin compasión»; mujer) y finalmente Lo-ammi («no sois mi pueblo», varón). Es posible que los dos últimos hijos fueran engendrados por uno de los amantes de Gomer; si así fue, la historia personal de Oseas es mucho más patética. Las experiencias matrimoniales de Oseas y los nombres de sus hijos fueron ordenados por el Señor. Aparte de esto, no se puede dar ningún motivo preciso para sus profecías; no obstante, está claro que él habló en el nombre del Señor. Nadie sabe con exactitud lo que llevó a Oseas a compilar sus escritos al final de su largo ministerio.

EL MENSAJE DE DIOS EN OSEAS

PROPÓSITO

Este Libro conserva las profecías divinamente inspiradas que Oseas hizo durante su ministerio de más de 35 años. (Él y Amós fueron los únicos profetas escritores que se enfocaron en Israel, el reino del norte). Oseas advirtió a Israel que debido a la rebelión e idolatría, su reino se enfrentaba a la destrucción; sin embargo, Dios aún amaba a Su pueblo del pacto.

A PRIMERA VISTA

Las dos divisiones principales de este Libro son el matrimonio del profeta (Os. 1–3) y sus mensajes (Os. 4–14).

El matrimonio de Oseas

Los tres primeros capítulos establecen un paralelismo entre el Señor y Oseas. Ambos son esposos amorosos de esposas infieles. El ministerio profético de Oseas comenzó con las desconcertantes instrucciones de Dios para que él buscara una esposa entre las mujeres promiscuas de Israel (aparentemente había muchas, ver 4:14). Esto no es ninguna parábola ni una visión, sino instrucciones reales con respecto a un matrimonio literal que le daría a Oseas la perspectiva de Dios sobre Israel.

Los mensajes de Oseas

Los tres hijos de Oseas, cuyos nombres constituían mensajes dirigidos a Israel, sirven como un preludio a la segunda división principal del Libro, que presenta sus acusaciones y hace un llamado a arrepentirse en cada uno de los primeros tres capítulos. Ciertamente, el Libro termina con una nota esperanzadora (Os. 14), pero la mayoría de los oráculos en los capítulos 4–13 tienen un enfoque de juicio. El tema predominante del Libro es el amor (el pacto de fidelidad): el continuo amor de Dios por Su pueblo rebelde y el amor voluble de Israel por Dios.

LA VERACIDAD DE OSEAS

Oseas profetizó en los últimos años del reino del norte (750–722 a.C.). Una de las consecuencias importantes de sus profecías es mostrar escritos anteriores del AT con los que él estaba familiarizado y que se consideraban fidedignos. Mark Rooker ha demostrado que Oseas conocía los Libros de Génesis, Éxodo, Levítico, Números, Deuteronomio, Josué y porciones de Reyes, y que se inspiró en ellos para sus profecías.

Esta evidencia desacredita la opinión de que estos documentos del AT no fueron escritos hasta después del exilio babilónico. Estos documentos no solo existían en el siglo VIII, sino que eran considerados escritos fidedignos, y sirvieron de fundamento tanto para el juicio como para la esperanza futura que Oseas proclamó.

CÓMO ENCAJA OSEAS EN LA HISTORIA DE DIOS

1. Prólogo: creación, caída del hombre y necesidad de redención
2. Dios construye Su nación (2000–931 a.C.)
3. Dios educa a Su nación (931–586 a.C.)
4. Dios preserva un remanente fiel (586–6 a.C.)
5. Dios compra la redención y comienza el reino (6 a.C. al 30 d.C.)
6. Dios extiende el reino a través de la iglesia (30 d.C. [?])
7. Dios consuma la redención y confirma Su reino eterno
8. Epílogo: un cielo nuevo y una Tierra nueva

⊂✗ CRISTO EN OSEAS

Mateo narra la historia de cuando José y María llevaron al niño Jesús a Egipto para escapar de la ira de Herodes. Después de la muerte de este último, la familia de Jesús regresó a Nazaret. Mateo citó Oseas 11:1 para mostrar el paralelismo entre el llamado de Dios a Israel y Su llamado a Jesús: «De Egipto llamé a mi hijo» (Mat. 2:15).

PRINCIPIOS BÁSICOS DE LA COSMOVISIÓN CRISTIANA

Enseñanza sobre Dios

La doctrina de Oseas sobre Dios se basa principalmente en la analogía de una relación esposo-esposa. El Señor es celoso y no tolerará para siempre que Su pueblo «ansíe» a otras deidades. Él tiene que juzgar la infidelidad. Al mismo tiempo, Su amor por Su pueblo del pacto permanece para siempre, y un día Efraín (Israel, el reino del norte) será sanado de su rebeldía (cap. 14). Mateo reconoció la nota histórica de Oseas sobre el éxodo de Israel de Egipto, como una imagen que anunciaba la salida de Jesús de Egipto (Hech. 11:1, Mat. 2:15). El Espíritu no está presente de forma directa en el Libro.

Enseñanza sobre la humanidad

El adulterio de Gomer y la idolatría de Israel muestran cuadros bastante sombríos de vergüenza y pecaminosidad humanas. El amor excepcional de Oseas por Gomer proporciona un contraste muy fuerte, y muestra algo de lo que significa experimentar el amor de Dios.

Enseñanza sobre la salvación

El texto más claro de este Libro sobre la naturaleza de la salvación se encuentra en 6:6: «Porque misericordia quiero, y no sacrificio, y conocimiento de Dios más que holocaustos». Ofrecer sacrificios de animales sin un sentimiento interno de amor a Dios y al prójimo nunca fue parte de la perspectiva bíblica de la salvación. La palabra hebrea *jésed* denota lealtad a Dios, así como acciones de compasión hacia los demás.

CARACTERÍSTICAS LITERARIAS

GÉNERO Y ESTILO LITERARIO

Profecías y algunas narraciones históricas, escritas principalmente en poesía hebrea

Las profecías de Oseas son tanto «declarativas» como «predictivas». Él incluye los tres elementos clásicos de la profecía hebrea: 1) hace un llamado a las personas a que se arrepientan de sus pecados ante el juicio divino, 2) hay predicciones de acontecimientos cercanos (como la caída de Samaria), y 3) hay predicciones de acontecimientos lejanos (como la llegada de condiciones ideales de tiempos de paz).

La mayor parte del Libro es poesía hebrea. Las secciones en prosa se limitan a los capítulos 1 y 3, que es la narración sobre el matrimonio y los hijos de Oseas. El estilo hebreo revela a un autor con habilidades retóricas. En las Biblias en español, Oseas es el primero de los doce Profetas Menores; «menores» en el sentido de que son más cortos que Isaías, Jeremías o Ezequiel. En el canon hebreo, los Profetas Menores pertenecía a la compilación de Libros llamada «Los Doce». De esta forma, «Los Doce» fue el último Libro de los Profetas Posteriores (después de Isaías, Jeremías y Ezequiel). Estos cuatro Profetas Posteriores equilibraron los cuatro Profetas Anteriores en la Biblia hebrea (Josué, Jueces, Samuel y Reyes).

UN PRINCIPIO A SEGUIR EN LA VIDA

La novia inmaculada de Cristo (Os. 1:1-3)

Como creyentes que hemos sido elegidos por Dios, debemos parecernos cada vez más a Cristo, hasta que seamos presentados ante Él en las bodas del Cordero.

«Devorado será Israel; pronto será entre las naciones como vasija que no se estima» (8:8).

JOEL

Joel, un profeta israelita (por lo demás desconocido) que ministró a Judá, dio su nombre a este Libro como compositor. Su nombre en hebreo significa «Jehová es Dios».

TEXTO CLAVE: 1:4

Lo que quedó de la oruga comió el saltón, y lo que quedó del saltón comió el revoltón; y la langosta comió lo que del revoltón había quedado.

TÉRMINO CLAVE: «LANGOSTA»

Joel describió un enjambre de langostas que devoraba las cosechas en Judá. Él percibía a estos insectos como un ejército enviado por Dios para juzgar a Su pueblo por sus pecados.

RESUMEN DE UNA SOLA FRASE

Joel proclamó que el pueblo de Judá debería interpretar la severa plaga de langostas como un adelanto del «día de Jehová», el cual es «muy terrible» (2:11) y consumiría a las naciones paganas, pero también al infiel Judá a menos que el pueblo se arrepintiera.

«Lo que quedó de la oruga comió el saltón, y lo que quedó del saltón comió el revoltón; y la langosta comió lo que del revoltón había quedado» (Joel 1:4).

CONTEXTO HISTÓRICO ORIGINAL

AUTOR Y FECHA DE ESCRITURA

Joel, tal vez en el siglo IX o V a.C.

Aunque en el AT hay muchos hombres llamados Joel, el profeta que lleva este nombre es conocido únicamente por este Libro. Él solo se identificó como el «hijo de Petuel» y no mencionó su ciudad natal ni a los reyes de su ministerio. Debido a sus frecuentes referencias a Jerusalén (seis veces en 73 versículos), es posible que haya vivido allí. No se conocen otros detalles personales de su vida.

PÚBLICO INICIAL Y DESTINATARIO

El pueblo de Judá que vivía en Jerusalén

Los primeros oyentes eran personas y sacerdotes que vivían en Judá, tal vez cerca del 800 a.C. o alrededor del 500 a.C.

ORIGEN

Los enjambres de langostas eran una amenaza constante para los agricultores del antiguo Cercano Oriente. Grandes enjambres compuestos por millones de estas criaturas podían despojar los campos de todo lo verde en un corto período de tiempo. Las etapas sucesivas de la vida de la langosta, o bien cuatro variedades de langostas que Joel mencionó en 1:4 y 2:25, muestran que esta era una plaga de larga duración. Las langostas simbolizaban perfectamente a un ejército humano invasor que podía causar una destrucción total. Ya en Éxodo 10, las langostas eran una plaga enviada por Dios, como lo era el enjambre en los días de Joel (ver también Apoc. 9). Dios usó la plaga de langostas de los días de Joel como ocasión para advertir sobre un día en que el desastre sería aún mayor.

EL MENSAJE DE DIOS EN JOEL

PROPÓSITO

Este Libro conserva las profecías divinamente inspiradas que Joel hizo durante su ministerio a Judá. Aunque la época en que ministró no está definida, el pueblo evidentemente asumía que en el venidero «día de Jehová» el juicio de Dios se ejecutaría sobre las naciones paganas, y no sobre el pueblo de Dios. Joel proclamó que esta perspectiva era incorrecta. El pueblo de Judá sería restaurado solo después de haber sido juzgado y de arrepentirse de sus pecados.

A PRIMERA VISTA

El uso de la repetición que Joel hace, le da al Libro la apariencia de una serie de puertas plegables; en algunos casos, puertas dentro de otras. Como Duane Garrett ha demostrado, la estructura general del Libro equilibra la sección sobre la plaga de langostas (1:1-20) con una sección sobre la restauración física de la tierra (2:21-27). La profecía de un ejército invasor (2:1-11) hace balance con la promesa de la destrucción de ese mismo ejército (2:20). En el centro se encuentra el muy destacado llamado al arrepentimiento y la promesa de renovación (2:12-19). Pero esta estructura equilibrada se superpone a otra. La profecía de la destrucción del ejército invasor (2:20) también concuerda con la profecía final de la venganza del Señor contra todas las naciones (3:1-21). Por último, la seguridad de la restauración física de la tierra mediante la lluvia (2:21-27) se equilibra con la promesa de la restauración espiritual del pueblo mediante el derramamiento del Espíritu de Dios (2:28-32).

El Valle de Josafat se menciona solo en Joel (3:12). Esta pintura de Thomas Seddon (1854) muestra el Valle con el Monte de los Olivos a la derecha y Jerusalén a la izquierda. Según la tradición, la *Colina del mal abogado* es el lugar donde el sumo sacerdote Caifás y sus colegas decidieron arrestar a Jesús.

LA VERACIDAD DE JOEL

En Oriente Medio la langosta (*Orthoptera*, familia *Acrididae*) se multiplica periódicamente en cantidades astronómicas. A medida que se mueve por la tierra, el enjambre devora toda la vegetación, alta y baja. El AT hebreo utiliza palabras diferentes
para describir a este insecto en sus diversas etapas de vida, desde el huevo hasta la
larva y luego el insecto adulto. La langosta es una excelente fuente de proteínas
(Lev. 11:21-22; Mar. 1:6), y puede consumirse de varias maneras (cruda, hervida,
asada). La plaga de langostas se usa como símbolo de cómo será el juicio de Dios
(Joel 2:1,11,25; Apoc. 9:3,7; comp. Ex. 10:3-20; Deut. 28:38). La imagen de la plaga
de langostas también fue usada para simbolizar el ser aplastado por un ejército
grande y poderoso (Jue. 6:5; Isa. 33:4; Jer. 46:23; 51:27; Joel 2:20; Nah. 3:15). En otras
obras de literatura del antiguo Cercano Oriente se utilizan imágenes similares.

CÓMO ENCAJA JOEL EN LA HISTORIA DE DIOS

1. Prólogo: creación, caída del hombre y necesidad de redención
2. Dios construye Su nación (2000–931 a.C.)
3. Dios educa a Su nación (931–586 a.C.)
4. Dios preserva un remanente fiel (586–6 a.C.)
5. Dios compra la redención y comienza el reino (6 a.C. al 30 d.C.)
6. Dios extiende el reino a través de la iglesia (30 d.C. [?])
7. Dios consuma la redención y confirma Su reino eterno
8. Epílogo: un cielo nuevo y una Tierra nueva

⸙ CRISTO EN JOEL

Pedro y Pablo enseñaron que las profecías sobre el «día de Jehová» se aplicaban a
la segunda venida de Jesús (1 Tes. 5:2; 2 Ped. 3:10). Joel también profetizó la venida
del Espíritu de Dios sobre toda carne: «Y profetizarán vuestros hijos y vuestras hijas;
vuestros ancianos soñarán sueños, y vuestros jóvenes verán visiones» (2:28). Según
Pedro, esta predicción comenzó a cumplirse en el día de Pentecostés, cuando los
seguidores de Jesús fueron llenos del Espíritu Santo (Hech. 2:16-21).

PRINCIPIOS BÁSICOS DE LA COSMOVISIÓN CRISTIANA

Enseñanza sobre Dios

Dios es un juez justo, y en el venidero «día de Jehová» traerá una devastación segura y rápida sobre todos los que se han opuesto a Él; pero también «perdonará a su
pueblo» (2:18).

Enseñanza sobre la humanidad

Joel declaró explícitamente que las tendencias del pueblo de Dios a suponer que ellos son inmunes al juicio de Dios son erróneas. Aunque el juicio de Dios destruirá por completo a las naciones paganas (3:1-13), también será un momento crucial que Su pueblo debe atravesar, en camino a la bendición final.

Enseñanza sobre la salvación

Este breve Libro contiene dos pasajes profundos sobre la salvación. El primero es: «Y todo aquel que invocare el nombre de Jehová será salvo» (2:32, comp. Rom. 10:13). En el segundo pasaje, Joel describe el arrepentimiento como un acto de rasgarse el corazón, en vez de acciones externas tales como rasgarse la ropa (2:12-14).

CARACTERÍSTICAS LITERARIAS

GÉNERO Y ESTILO LITERARIO

Profecía escrita totalmente en poesía hebrea

A pesar de ser una de las obras proféticas más cortas, este Libro incluye dos de los elementos clásicos de la profecía hebrea: 1) un llamado a las personas a que se arrepientan de sus pecados, y 2) predicciones de acontecimientos lejanos (el venidero día de Jehová).

La poesía de Joel es vívida y visual. También usa el sarcasmo; por ejemplo, cuando Dios convoca a las naciones a reunirse para su propia destrucción (3:9-11). Cuando se hace un llamado a las armas, Joel usa lo contrario a las imágenes pacíficas de Isaías y Miqueas: «Forjad espadas de vuestros azadones, lanzas de vuestras hoces; diga el débil: Fuerte soy» (3:10).

En las Biblias en español, Joel es el segundo de los doce Profetas Menores. En el canon hebreo, pertenecía a la compilación de Libros llamada «Los Doce». (Para más información ver *Género y estilo literario* de **OSEAS**).

UN PRINCIPIO A SEGUIR EN LA VIDA

El Espíritu Santo (Joel 2:28-32)

Cuando cada uno de nosotros recibe al Señor Jesucristo como Salvador personal, debemos apropiarnos de la promesa de que todos somos bautizados por el Espíritu Santo en el cuerpo espiritual de Cristo, la Iglesia.

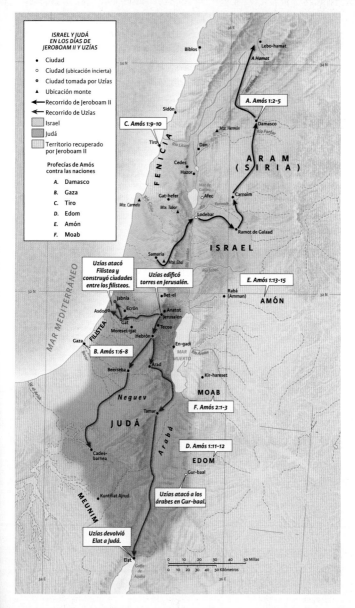

ISRAEL Y JUDÁ
EN LOS DÍAS DE
JEROBOAM II Y UZÍAS

- Ciudad
- Ciudad (ubicación incierta)
- Ciudad tomada por Uzías
- Ubicación monte
- Recorrido de Jeroboam II
- Recorrido de Uzías
- Israel
- Judá
- Territorio recuperado por Jeroboam II

Profecías de Amós
contra las naciones

A. Damasco
B. Gaza
C. Tiro
D. Edom
E. Amón
F. Moab

A. Amós 1:2-5

C. Amós 1:9-10

E. Amós 1:13-15

B. Amós 1:6-8

F. Amós 2:1-3

D. Amós 1:11-12

Uzías atacó Filistea y construyó ciudades entre los filisteos.

Uzías edificó torres en Jerusalén.

Uzías atacó a los árabes en Gur-baal.

Uzías devolvió Elat a Judá.

Lebo-hamat
A Hamat
Biblos
Sidón
Damasco
Mte. Hermón
Río Farfar
FENICIA
Tiro
Dan
Cedes
Hazor
Mte. Carmelo
Gat-hefer
Afec
Carnaim
Mte. Tabor
Lodebar
Ramot de Galaad
Samaria
Mte. Ebal
ISRAEL
ARAM (SIRIA)
Río Litani
Río Cisón
Río Jaboc
Río Yarmuk
Mar de Galilea
Bet-el
Rabá (Amman)
AMÓN
Jabnia
Ecrón
Asdod
Anatot
Jerusalén
Gat
Moreset-gat
Tecoa
Gaza
Hebrón
FILISTEA
En-gadi
Río Arnón
MAR MEDITERRÁNEO
Beerseba
Arad
MAR MUERTO
Kir-hareset
Neguev
Tamar
MOAB
JUDÁ
Araba
EDOM
Cades-barnea
Gur-baal
Kuntilat Ajrud
MEUNIM
Elat
Golfo de Aqaba

0 10 20 30 40 50 Millas
0 10 20 30 40 50 Kilómetros

Este Libro debe su nombre a la persona que lo compuso, Amós, el profeta de Judá que dirigió sus mensajes al reino del norte de Israel durante el siglo VIII. En hebreo su nombre significa «carga, pesado» o «el portador de una carga».

TEXTO CLAVE: 5:24

Pero corra el juicio como las aguas, y la justicia como impetuoso arroyo.

TÉRMINO CLAVE: «JUSTICIA»

Amós proclamó la indignación que Dios sentía contra las naciones paganas y el pueblo de Israel por los muchos actos de injusticia de ambos. Dios hace responsables de practicar la justicia social a todas las personas de todas las naciones, incluso a aquellas que no lo reconocen como Señor.

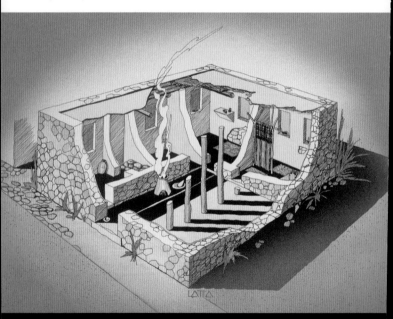

Reconstrucción de una casa del siglo VIII a.C. en Israel (Amós 3:15; 6:11). Las excavaciones arqueológicas en el área corroboran la existencia de la sociedad de Samaria y del reino del norte en el siglo VIII. Las casas de los estratos del siglo X son similares. Los estratos del siglo VIII muestran un gran contraste entre las amplias casas de los más ricos y las pequeñas estructuras en las que vivían los pobres.

RESUMEN DE UNA SOLA FRASE

Aunque Amós profetizó contra las naciones alrededor de Israel, incluyendo Judá, su mensaje principal fue contra Israel, que debía arrepentirse de la injusticia y de la idolatría, o de lo contrario, Dios los condenaría al exilio, aunque después nuevamente les brindara Su favor.

CONTEXTO HISTÓRICO ORIGINAL

AUTOR Y FECHA DE ESCRITURA

Amós, posiblemente alrededor del 750 a.C.

Amós fue contemporáneo de Jonás. Era nativo de Tecoa, una pequeña ciudad situada a unos 16 kilómetros (10 millas) al sur de Jerusalén. Era una persona del campo, boyero y recolector de higos silvestres (sicómoros) de profesión. En realidad, no estaba entrenado para la obra religiosa: «No soy profeta, ni soy hijo de profeta» (7:14). No se sabe nada de su vida familiar. Es evidente que les predicó a las ciudades del norte de Samaria (capital de Israel, 3:12; 4:1) y a Bet-el (un importante centro de idolatría, 7:13). Lo más seguro es que el mensaje de Amós fuera tan sorprendente y tan bien recibido como lo sería el de un niño campesino de Nebraska que predicara en Manhattan. Es posible que su ministerio haya sido corto, circunscrito al período de «dos años antes del terremoto» (1:1), un acontecimiento al que alude Zacarías 5:14. Se estima que el año 750 a.C. es el más probable.

PÚBLICO INICIAL Y DESTINATARIO

Los israelitas que vivían en el reino del norte

Los primeros oyentes de Amós fueron las personas que vivían en el reino del norte de Israel a mediados de los 700 a.C.

ORIGEN

La única explicación que este profeta ofreció sobre el motivo de su ministerio profético fue: «Así me ha mostrado Jehová el Señor» (7:1,4; 8:1) y «Vi al Señor» (9:1). Afirmó «dice Jehová» 21 veces. Registró solo un incidente personal durante su ministerio, y fue su enfrentamiento con Amasías, el sacerdote de Bet-el (7:10-17). Amós no explicó qué lo había llevado a escribir sus profecías.

EL MENSAJE DE DIOS EN AMÓS

PROPÓSITO

Este Libro contiene las profecías de inspiración divina que Amós hizo a lo largo de su ministerio de duración indefinida. (Él y Oseas fueron los únicos profetas escritores que dirigieron sus mensajes al reino del norte de la nación de Israel). En los días de Amós, los habitantes del reino del norte se sentían seguros en los aspectos político, económico y religioso. Él proclamó que esta era una falsa seguridad. En lo político, Asiria pronto se afirmaría como la mayor amenaza para Israel; en lo económico, los buenos tiempos habían conducido a la corrupción social, la violencia y la injusticia, y en lo religioso, la adoración al Señor había sido afectada por la idolatría. Amós advirtió que la injusticia, la inmoralidad y la idolatría traerían el juicio divino a manera de exilio.

A PRIMERA VISTA

El profeta y sus profecías

El Libro de Amós comienza con una introducción que proporciona ciertos datos sobre el profeta y el contexto histórico en el que profetiza (1:1-2).

Juicio

Le siguen siete oráculos contra las naciones vecinas de Israel (1:3–2:5); cada uno comienza con la frase «Así ha dicho Jehová». Después de condenarlas, Amós profetiza contra Israel (2:6-14).

Cinco sermones

La tercera sección del Libro ofrece un relato detallado de la indignación de Dios contra Su pueblo escogido (3:1–6:14). Amós alentó a las personas a vivir según los

Árbol sicómoro en Tel Aviv, Israel. Amasías, el sacerdote de Bet-el, le dijo a Amós que se marchara a Judá y que profetizara allí en lugar de hacerlo en Israel. Amós respondió que no era profeta ni tampoco hijo de profeta, sino boyero y recolector de higos silvestres (sicómoros) (Amós 7:10-17).

estándares del pacto y las condenó por no reflejar dicho pacto en sus vidas diarias. Estaba preocupado por aquellos que «No saben hacer lo recto» (3:10). Bastante severa fue su palabra de juicio contra las primeras damas de Samaria, quienes alentaban la injusticia y la violencia de sus esposos. El profeta dice de ellas: «Oprimís a los pobres y quebrantáis a los menesterosos, que decís a vuestros señores: Traed, y beberemos» (4:1). Debido a la injusticia y la incapacidad de unir la auténtica experiencia religiosa con la conciencia social, Amós declaró que la nación ya estaba muerta. Se le podían cantar lamentos fúnebres a Israel: «Cayó la virgen de Israel, y no podrá levantarse ya más; fue dejada sobre su tierra, no hay quien la levante» (5:2). Para todos los que se sentían cómodos y aparentemente «reposados en Sion, y [...] confiados en el monte de

Una plomada de albañil. «He aquí el Señor estaba sobre un muro hecho a plomo, y en su mano una plomada de albañil. Jehová entonces me dijo: ¿Qué ves, Amós? Y dije: Una plomada de albañil. Y el Señor dijo: He aquí, yo pongo plomada de albañil en medio de mi pueblo Israel; no lo toleraré más» (7:7-8).

Samaria» (6:1), su única esperanza descansaba en la renovación de una auténtica experiencia religiosa que condujera a una vida de justicia y de rectitud que inundaran la tierra (5:24). A los que rechazaran esto, solo les quedaba el juicio: «Prepárate para venir al encuentro de tu Dios, oh Israel» (4:12).

Cinco visiones

La cuarta sección contiene las visiones de Amós (caps. 7–9), que pueden haber sido las revelaciones más tempranas que el profeta anunció. Las dos primeras visiones (langostas y sequía, es decir, «fuego») describen acontecimientos que declaran la paciencia y la misericordia del Señor. Las dos siguientes (la plomada y la canasta de frutas) emplean el juego de palabras. El punto es que el tiempo de Su paciencia y misericordia ha terminado; los santuarios apóstatas de Israel serán destruidos, y la dinastía de Jeroboam terminará. La cuarta visión sobre el final de Israel viene precedida por el argumento de que la falta de justicia de la nación, fue lo que provocó que se encontraran a punto de ser destruidos. Este día será de terror y de gran sufrimiento, porque Dios abandonará a Israel. En la visión final (y paroxística), Amós vio al Señor de pie junto al falso altar de la falsa religión que sostenía al falso reinado de Jeroboam (ver 1 Rey. 12:25–13:3).

Restauración

La última sección es una profecía de restauración (9:11-15). Este oráculo final de salvación recoge y combina pequeños manantiales más tempranos de claves y mensajes redentores (3:12; 4:6-12; 5:3,4,6,14-15; 7:1-6; 9:8-9) con un gran río de celebración. «El tabernáculo caído de David» se refiere al reino que se le prometió a David, quien había sufrido años de desobediencia y juicio (ver 2 Sam. 7:5-16; Isa. 1:8-9; 9:6-7; 16:5; Jer. 23:5; 33:15-17; Ezeq. 34:23-24; 37:24-25; Os. 3:5; Zac. 12:8–13:1; Luc. 1:32). El reencuentro entre los reinos del norte y del sur está implícito; «posean el resto de Edom» significa que los gentiles, representados por Edom, el archiene-migo de Israel, serán incluidos en el pueblo de Dios.

LA VERACIDAD DE AMÓS

Parece ser que el terremoto que se menciona en Amós 1:1 coincidió con el principio de su ministerio y probablemente proporcionó la primera lección objetiva para sus mensajes. Seguramente fue bastante fuerte ya que se lo alude como un recuerdo terrorífico, más de 200 años después, en Zacarías 14:5. En sus excavaciones en Hazor, que comenzaron en 1955, Yigael Yadin encontró evidencias de un terremoto durante ese período que se estima haya tenido una magnitud aproximada de 8,0 en la escala de Richter.

CÓMO ENCAJA AMÓS EN LA HISTORIA DE DIOS

1. Prólogo: creación, caída del hombre y necesidad de redención
2. Dios construye Su nación (2000–931 a.C.)
3. Dios educa a Su nación (931–586 a.C.)
4. Dios preserva un remanente fiel (586–6 a.C.)
5. Dios compra la redención y comienza el reino (6 a.C. al 30 d.C.)
6. Dios extiende el reino a través de la iglesia (30 d.C. [?])
7. Dios consuma la redención y confirma Su reino eterno
8. Epílogo: un cielo nuevo y una Tierra nueva

CRISTO EN AMÓS

Amós proclamó la justicia del Señor y le pidió al pueblo escogido que abandonaran su iniquidad y se volvieran a Dios. Jesús, que vivía en consonancia con los altos estándares de la justicia divina, dijo a Sus seguidores que Él no vino para abolir la ley, como una expresión de la justicia de Dios. Más bien vino a cumplir los justos requisitos de Dios.

PRINCIPIOS BÁSICOS DE LA COSMOVISIÓN CRISTIANA

Enseñanza sobre Dios

Dios es soberano. Él levanta y derriba naciones. Es también un Dios que se revela personalmente y que revela Sus planes a «sus siervos los profetas» (3:7). Por lo tanto, Él se ha revelado como el Juez de todos, tanto del pueblo pagano como de Su pueblo. Y no solo esto, sino que también es el Dios que tiene un futuro maravilloso para Su pueblo cuando al final, Él mismo los restaure (9:11-15).

Enseñanza sobre la humanidad

Las personas de la época de Amós tenían la universal tendencia humana a hacer el mal en vez del bien. Con frecuencia, esto se evidencia en la imparcialidad y la pasividad religiosa (4:4-5). Por otra parte, ¡Dios salvará a la humanidad! Él expresa que tanto Israel como «aquellos sobre los cuales es invocado mi nombre» (9:12), experimentarán un día bendiciones sin límites. (Pedro declaró que los gentiles habían comenzado a cumplir esta profecía al aceptar a Jesús como su Salvador, Hech. 15:5-18).

Enseñanza sobre la salvación

En Amós, la redención está basada por completo en la iniciativa de Dios. Él les recuerda que ellos son «toda la familia que hice subir de la tierra de Egipto» y afirma: «A vosotros solamente he conocido de todas las familias de la tierra» (3:1-2). Lo que El Señor desea es que las personas redimidas vivan en justicia y obediencia. Los rituales y festivales religiosos, incluso aquellos que Él ordenó, no pueden sustituir una correcta relación con Dios (5:21-24).

CARACTERÍSTICAS LITERARIAS

GÉNERO Y ESTILO LITERARIO

Profecías y una breve narración, escritas principalmente en poesía hebrea

Amós pudiera ser el primer profeta escritor que completó su ministerio (puede ser que Joel lo precediera). Incluye todos los elementos de la profecía: un claro «así dice Jehová», y son tanto «declarativas» como «predictivas». El anuncio de Amós de que Dios despreciaba las acciones del pueblo llevaba implícito un llamado al arrepentimiento. Más adelante predijo tanto acontecimientos cercanos (por ej., la caída de Samaria) como lejanos (tales como la futura restauración «del tabernáculo caído de David» [9:11]).

Excepto por 7:10-16, el Libro está escrito como una vigorosa poesía hebrea. Este profeta creó sorprendentes imágenes verbales, desde su ovación inicial («Jehová rugirá desde Sion» [1:2]) hasta su audaz referencia a las mujeres de Samaria («vacas de Basán» [4:1]). Sus capítulos de apertura son memorables por el uso repetido de la fórmula «Por tres pecados de _____ y por el cuarto, no revocaré su castigo» (1:3,6,9,11,13; 2:1,4,6).

En las Biblias en español, Amós es el tercero de los doce Profetas Menores. En el canon hebreo pertenecía a la compilación de Libros llamada «Los Doce». (Para más información, ver *Género y estilo literario en* **OSEAS**).

UN PRINCIPIO A SEGUIR EN LA VIDA

La prosperidad material (Amós 6:4-7)

Nunca debemos inferir que la prosperidad material y el poder político son indicativos de que Dios aprueba nuestro estilo de vida.

Este Libro debe su nombre a la persona que lo compuso, Abdías, el profeta israelita del siglo VI que dirigió sus mensajes contra Edom. En hebreo su nombre significa «siervo de Jehová».

TEXTO CLAVE: 15

Porque cercano está el día de Jehová sobre todas las naciones; como tú hiciste se hará contigo; tu recompensa volverá sobre tu cabeza.

TÉRMINO CLAVE: «EDOM»

El pueblo de Edom descendía de Esaú, quien vivió al sureste de Israel. La ira de Dios contra Edom por sus pecados es el único tema de este Libro.

RESUMEN DE UNA SOLA FRASE

Abdías profetizó que Dios iba a destruir a la nación de Edom debido a su orgullo y violencia (en particular por desdeñar el infortunio de Judá), y que al final «el reino será de Jehová».

Las cuevas en Edom. «La soberbia de tu corazón te ha engañado, tú que moras en las hendiduras de las peñas, en tu altísima morada; que dices en tu corazón: ¿Quién me derribará a tierra?» (Abd. 3).

CONTEXTO HISTÓRICO ORIGINAL

AUTOR Y FECHA DE ESCRITURA

Abdías, quizás cerca del 585–550 a.C.

Abdías no identificó a su padre ni a ningún rey, ni dejó huellas personales en su profecía. Si en realidad el contexto para el ministerio de Abdías fueron las invasiones babilónicas a Judá, entonces él fue contemporáneo con Jeremías. Los eruditos solo pueden emitir un criterio lógico sobre la fecha de composición. El Libro pudo haber sido escrito en el período posterior a las dos primeras invasiones babilónicas, pero antes del desastre final del 586, o luego de que Jerusalén y el templo fueran arrasados en ese mismo año.

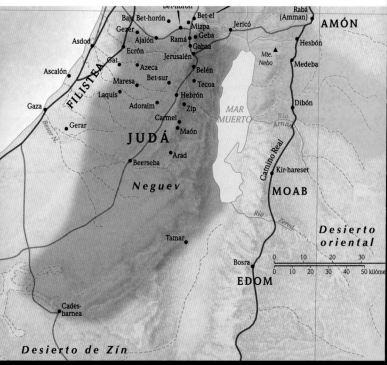

Los israelitas consideraban a los edomitas como vecinos cercanos, incluso más cercanos a ellos que los amonitas y los moabitas. Los edomitas eran descendientes de Esaú, el hermano de Jacob. El Camino Real, una de las principales rutas internacionales, atravesaba Bosra y conectaba a Edom con Damasco.

PÚBLICO INICIAL Y DESTINATARIO

El pueblo edomita del «Monte Seir» y el pueblo de Judá del «Monte de Sion»

Los primeros oyentes de Abdías fueron evidentemente los descendientes de Esaú. Sin embargo, en última instancia esto era un mensaje para los descendientes de Jacob (es decir, la gente que vivía en Jerusalén y en sus alrededores). La razón por la que los israelitas preservaron este Libro como parte de su canon de la Escritura se debe, al menos en parte, a este que contenía un mensaje relevante para ellos.

ORIGEN

Existió un odio antiguo e implacable entre los israelitas y los edomitas, que se remontaba a la rivalidad entre sus respectivos patriarcas, Jacob y Esaú (Gén. 27; 32–33). Los descendientes de Esaú se habían establecido al sureste del Mar Muerto, y desde allí habían causado problemas a los israelitas, tanto en los últimos días de Moisés como en los días del rey Saúl (Núm. 20; 1 Sam. 22). Ahora habían demostrado una vez más su hostilidad contra una nación cuya identidad étnica no era muy diferente de la suya propia.

El Libro de Abdías fue motivado por revelación divina y declara de forma explícita que su origen es una «visión» enviada del cielo. El profeta no tenía duda de que sus palabras simplemente transmitían el mensaje de Dios: «Jehová el Señor ha dicho así» (v.1).

EL MENSAJE DE DIOS EN ABDÍAS

PROPÓSITO

Este Libro conserva las profecías divinamente inspiradas que Abdías hizo durante su (quizás) breve ministerio. Estas profecías cumplían un doble propósito. En primer lugar, tenían la intención de advertir al pueblo de Edom sobre su castigo venidero. En segundo lugar, constituían un estímulo para que el pueblo de Judá creyera que Dios castigaría a uno de sus enemigos por sus pecados contra el pueblo del Señor.

A PRIMERA VISTA

Juicio sobre Edom

Abdías comienza con una fórmula de mensajero profético la cual indica que es Dios quien envía el mensaje. Los versículos 2-9 emiten el veredicto divino. Dirigiéndose a Edom, Dios prometió derrotar a esos superhombres y derrocar a la capital de la montaña, Bosra, que reflejaba su enorme arrogancia. Los aliados de Edom los decepcionarían, y ni su famosa sabiduría ni sus guerreros podrían salvarlos. Esto parece anticipar la penetración de los nabateos desde el desierto oriental y su conquista final del territorio tradicional de Edom. El final del versículo 1 parece ser un informe del profeta sobre una coalición de grupos vecinos que ya planeaban atacar a Edom.

El pecado de Edom

El catálogo de los crímenes de Edom (vv. 10-14) constituye la acusación que justificaba el veredicto de castigo emitido por Dios. La idea fundamental es que Judá había sido víctima del «día de Jehová» cuando Dios intervino en el juicio y ellos habían bebido la copa de la ira de Dios (vv. 15-16; comp. Lam. 1:12; 2:21).

El día de Jehová

En la teología del AT, el concepto del día de Jehová abarca no solo al pueblo de Dios, sino también a sus vecinos no menos malvados. Esta dimensión más amplia se refleja en los versículos 15-16 (comp. Lam. 1:21). La caída de Edom debía desencadenar este acontecimiento escatológico en el que se restauraría el orden a un mundo desaforado. Entonces vendría la vindicación del pueblo de Dios, no solo por ellos, sino para que sirvieran como testigos terrenales de Su gloria; y así «el reino será de Jehová» (Abd. 21).

Al igual que el Libro de Apocalipsis, que proclama la caída del opresor Imperio romano, el objetivo de Abdías es mantener la fe en el gobierno moral de Dios y la esperanza en el triunfo final de Su justa voluntad. Esto trae un mensaje pastoral a los corazones sufrientes de que Dios está en el trono y cuida a los Suyos.

LA VERACIDAD DE ABDÍAS

A primera vista parecería que la cronología en el Libro de Abdías está desorganizada. Él advirtió a los edomitas que no llevaran a cabo su (futura) traición contra Judá (Abd. 10-14), pero justo después de esa advertencia, él pronunció juicio por lo que Edom (y otras naciones) ya había hecho contra Jerusalén. ¿Por qué advertir a Edom que no haga algo y luego anunciar que ya lo había llevado a cabo? Posiblemente Abdías escribió la advertencia antes del ataque y un tiempo después plasmó el anuncio del juicio. Sin embargo, es más probable que él declarara las advertencias de esta manera para producir un efecto retórico. Abdías expuso las transgresiones pasadas de Edom contra Jerusalén de una manera mucho más vívida al colocarse a sí mismo en la escena y exigir, por decirlo así, que los edomitas cesaran su conducta perversa. En realidad, esta era una técnica literaria común empleada en otros Libros proféticos (ver Isa. 14:29; Lam. 4:21; Os. 9:1; Amós 3:9; Miq. 7:8; Nah. 2:1).

¿Cuándo traicionó Edom al pueblo de Jerusalén (Abd. 13-14)?

Una posibilidad verosímil es la invasión de los babilonios bajo Nabucodonosor en 586 a.C. En este acontecimiento catastrófico, los babilonios capturaron Jerusalén y quemaron el templo; por lo tanto, este sería el contexto más probable para el

Libro de Abdías. Los edomitas tendrían que haberse aliado a Judá (Jer. 27:1-11), pero se pusieron de parte de los babilonios (Sal. 137:7, Ezeq. 25:12; 35:7).

La descripción de Abdías es tan vívida que es muy posible que él haya escrito su Libro poco después de la caída de Jerusalén. También predijo la caída de Edom como un acontecimiento futuro, por lo que debe haber compuesto el Libro antes de finales del siglo vi a.C., cuando Edom fue destruido. Al analizar toda la evidencia, se puede llegar a la posible conclusión de que Abdías escribiera el Libro entre 585 y 550 a.C.

CÓMO ENCAJA ABDÍAS EN LA HISTORIA DE DIOS

1. Prólogo: creación, caída del hombre y necesidad de redención
2. Dios construye Su nación (2000–931 a.C.)
3. Dios educa a Su nación (931–586 a.C.)
4. Dios preserva un remanente fiel (586–6 a.C.)
5. Dios compra la redención y comienza el reino (6 a.C. a 30 d.C.)
6. Dios extiende el reino a través de la iglesia (30 d.C. [?])
7. Dios consuma la redención y confirma Su reino eterno
8. Epílogo: un cielo nuevo y una Tierra nueva

✕ CRISTO EN ABDÍAS

Abdías profetizó que Edom sería juzgado y destruido por su orgullo contra Dios y la traición contra Su pueblo. Herodes el Grande, quien gobernó Judea en la época en que nació Jesús, tenía ascendencia edomita. La antigua traición de Edom contra Israel se manifiesta en el intento de Herodes de matar a Jesús cuando tenía menos de dos años de edad.

PRINCIPIOS BÁSICOS DE LA COSMOVISIÓN CRISTIANA

Enseñanza sobre Dios

En Abdías se manifiesta la justicia de Dios al tratar con el pecado humano. Su prometida destrucción de Edom se fundamentaría en el criterio que se destaca en el *Texto clave*.

Enseñanza sobre la humanidad

Por un lado, Abdías continúa con el énfasis bíblico de que solo hay dos clases de personas: las que pertenecen al «Monte de Sion» (el pueblo del pacto de Dios) y todo el resto. Por otro lado, el Libro muestra que cuando Dios juzgue a la gente y a las naciones, Él tendrá pruebas suficientes para condenarlas sobre la base de su (mal) trato a los demás.

Enseñanza sobre la salvación

En Abdías la salvación se aborda desde la perspectiva de la liberación final de Su pueblo, la cual se basa en Su cuidado soberano: «Mas en el monte de Sion habrá un remanente que se salve» (v. 17). No se plantea nada sobre la conversión personal.

CARACTERÍSTICAS LITERARIAS

GÉNERO Y ESTILO LITERARIO

Una profecía breve escrita en poesía hebrea

Abdías es uno de los tres Libros proféticos cuyo público inicial no era parte del pueblo de Dios. (Los otros dos son Jonás y Nahum, los cuales profetizaron contra Nínive, la capital asiria). Su Libro «declara» los pecados de Edom y el desagrado del Señor al respecto. Luego «predice» la ruina venidera de Edom y la grandeza final del reino de Dios. Los intérpretes están en desacuerdo en cuanto a si la predicción de la destrucción de Edom se cumplió en el período intertestamentario o si aún espera un cumplimiento al final de los tiempos.

Arco nabateo en Bosra (Edom). En la época del NT un pueblo de origen árabe conocido como los nabateos había establecido un imperio comercial con su centro en el antiguo territorio edomita al este del Valle de Aravá. Su ciudad principal era Petra, y toda la región al sureste del Mar Muerto había llegado a ser conocida como Nabatea.

Todo el Libro está escrito en poesía hebrea. En las Biblias en español, Abdías es el cuarto de los doce Profetas Menores. En el canon hebreo pertenecía a la compilación de Libros llamada «Los Doce». (Para más información ver *Género y estilo literario* en **OSEAS**).

UN PRINCIPIO A SEGUIR EN LA VIDA

Humildad como la de Cristo (Abd. 1-14)

Para evaluar nuestra relación con Dios, debemos tener en cuenta la medida en que demostramos verdadera humildad y compasión en todos nuestros propósitos y relaciones.

JONÁS

Este Libro debe su nombre a quien fue su personaje principal y compositor, Jonás, el profeta israelita del siglo VIII que dirigió su mensaje contra Nínive. Su nombre en hebreo significa «paloma».

TEXTO CLAVE: 4:11

¿Y no tendré yo piedad de Nínive, aquella gran ciudad donde hay más de ciento veinte mil personas que no saben discernir entre su mano derecha y su mano izquierda, y muchos animales?

TÉRMINO CLAVE: «PEZ»

Aunque el tema del Libro no es el pez en sí, el incidente más emocionante y extraordinario es cuando el «gran pez» se traga a Jonás. Esto es lo que mantiene vivo el interés por el Libro y lo convierte en el más conocido de todos los Profetas Menores.

RESUMEN DE UNA SOLA FRASE

Después de que Jonás desobedeció la orden que Dios le había dado de ir y predicar en Nínive, por lo cual un pez se lo tragó, fue obediente al Señor y predicó en dicha ciudad, lo que trajo por resultado que toda ella se arrepintiera y se volviera a Dios.

CONTEXTO HISTÓRICO ORIGINAL

AUTOR Y FECHA DE ESCRITURA

Jonás, posiblemente alrededor del 780 a.C.

El Libro es anónimo. Por otra parte, según la común creencia judía y del cristianismo temprano, fue Jonás quien escribió esta narración en la cual él era la figura central. Si es así, lo más probable es que escribiera el relato de su ministerio poco después de finalizarlo.

Este profeta fue contemporáneo de Amós. Lo único que se conoce de su pasado es que su padre se llamaba Amitai y era de Gat-hefer, un pueblo de Israel situado inicialmente en la porción tribal de Zabulón (Jos. 19:13). La crítica textual descarta la historicidad de este relato, por tanto, supone que el Libro fue compuesto por un escritor desconocido, quizás después de que los judíos regresaron del exilio.

PÚBLICO INICIAL Y DESTINATARIO

Las personas del reino del norte que vivían en Samaria y sus alrededores

Aunque el pueblo de Nínive escuchó y reaccionó al mensaje de Jonás, el Libro fue escrito para beneficio del pueblo de Israel. Según 2 Reyes 14:25, Jonás desarrolló un ministerio profético en tiempos de Jeroboam II, presumiblemente en los comienzos de su reinado.

ORIGEN

El Libro no relata el motivo por el que fue escrito. Es, en lo fundamental, narrativo, a diferencia de todos los otros profetas mayores y menores. La única profecía que aparece es la advertencia de Jonás: «De aquí a cuarenta días Nínive será destruida» (3:4).

EL MENSAJE DE DIOS EN JONÁS

PROPÓSITO

Jonás fue el «profeta misionero». Este Libro contiene las experiencias de un predicador reticente que, de todos los profetas, tuvo los resultados más positivos de forma visible. El pueblo de Israel había olvidado que el Señor se preocupa por todas las personas. Dios quería que Israel lo proclamara ante las demás naciones: «Cantad

Jonás es devuelto por el gran pez, por Jan Brueghel el Viejo (1568-1625).

entre las gentes su gloria, y en todos los pueblos sus maravillas» (1 Crón. 16:24). Aunque los habitantes de Nínive eran un enemigo político (y un siglo después destruirían el reino del norte), no estaban exentos de la misericordia del Señor. El Libro enseña que las personas más improbables y malvadas del mundo pueden responder favorablemente cuando se les da la oportunidad de conocer al único Dios verdadero. También enseña que la salvación es un asunto de perdón inmerecido, una verdad que Su pueblo olvida algunas veces.

A PRIMERA VISTA

El Libro de Jonás se considera «una obra maestra de la retórica» y un «modelo de arte literario, marcado por la simetría y el equilibrio». Sus cuatro capítulos se dividen en dos partes, cada una comienza con la orden del Señor de predicar en Nínive (1:1-2; 3:1-2).

Jonás huye

Para evitar su misión divina, el profeta trató de alejarse lo más posible de Nínive. La ciudad quedaba a unos 800 kilómetros (500 millas) al este, por lo que se dirigió a Tarsis, probablemente lo que hoy es España, el lugar más lejano que conocía hacia el occidente, a unos 3200 kilómetros (aprox. 2000 millas). Sin embargo, Dios envió una tormenta y luego un gran pez para hacerlo regresar. Los marineros mostraron más compasión por Jonás que la que él mostró por Nínive (1:1-16).

Jonás ora

Jonás pensó que su vida había terminado cuando lo arrojaron por la borda. De pronto se encontró en el vientre de un pez enorme. El salmo de oración que Jonás

A Jonás no le agradaba la orden de ir a Nínive y predicar el arrepentimiento. Los asirios adoraban al vicioso dios Asur y a muchos otros dioses. La brutalidad y la crueldad asiria eran legendarias. Un relieve del Palacio de Asurbanipal en Nínive muestra cómo los soldados asirios sometían a los prisioneros a diferentes tipos de torturas.

pronunció fue una expresión de agradecimiento al Señor por haberle salvado la vida. Aunque el profeta estaba agradecido por su propia liberación, mostraba una actitud diferente hacia el rescate de Nínive. Si se tiene en cuenta su rebelión en el capítulo 1, su ira en el capítulo 4 y la forma en que respondieron a Dios los marineros paganos en 1:14-16, el voto de agradecimiento de Jonás en 2:8-9 suena bastante egoísta. Además, en su oración el profeta no confiesa su pecado ni expresa arrepentimiento. Los «tres días y tres noches» de 1:17 aludían a la noción popular en aquella época de que el viaje a la tierra de los muertos *(Seol)* tardaba ese tiempo. Así que, cuando el pez lo rescató fue como si lo hubiera rescatado de la muerte (Mat. 12:39-40). El pez devolvió a Jonás en Jope, el lugar de donde el profeta había salido en un principio.

Jonás predica

Jonás llegó a la gran ciudad de Nínive. Después de predicar solo un día y no tres como se esperaba, las personas se arrepintieron (3:1-10). El mensaje que este profeta llevaba de parte de Dios no pedía, de manera explícita, que hubiera un arrepentimiento. Más bien, les advertía a los ninivitas que habían enfurecido al Dios de Jonás y que el castigo se acercaba. Ellos no supusieron que podrían aplacarlo, sino que se arrepintieron con humildad, expresando que solo de esa manera «se apartará del ardor de su ira» (3:9; ver 1:6), y así lo hizo. Cuando observamos que el Señor envió a un profeta, les dio un plazo de 40 días, les advirtió primeramente y luego pospuso la destrucción de Nínive, comprendemos que Su mensaje de juicio fue condicional (ver Jer. 18:7-10).

Jonás se enfurece

Este profeta despreciaba tanto a los ninivitas que prefería morir antes que vivir sabiendo que les había ayudado a escapar de la destrucción. Aún esperaba que Dios le diera a la ciudad lo que se merecía, así que esperó y observó. A través del incidente de la calabacera y el gusano (que Él envió, al igual que el viento y el pez en el cap. 1), el Señor reprendió a Jonás por su doble moral. El profeta estaba preocupado por una planta temporal que le daba sombra, pero no por las 120.000 personas de Nínive, quienes, a pesar de su limitado conocimiento, habían confiado en Dios (4:1-11).

LA VERACIDAD DE JONÁS

Desde el siglo XIX d.C., muchos han considerado a Jonás como una parábola o una ficción didáctica, como si se tuviera que descartar la veracidad de un relato cuando ha sido escrito con maestría literaria o menciona acontecimientos milagrosos. No obstante, si este relato, que en su esencia es histórico, fuera juzgado de antihistórico tomando en cuenta dichos argumentos, entonces habría que juzgar de igual forma la mayor parte de la Biblia. No tiene sentido poner en tela de juicio si en realidad un gran pez se tragó a Jonás, sin cuestionar si Dios en verdad puede comunicarse con un profeta. Todos los aspectos relacionados con el encuentro del hombre con Dios son un milagro. Jonás es claramente didáctico; pero Jesús no lo presentó ni lo interpretó como ficción (comp. Mat. 12:40-41). También, como Frank Page ha señalado: «Si una de las lecciones de Jonás, como la mayoría admite, es que Dios ejerce Su soberanía por encima de las acciones humanas y que responde a las mismas, ¿cómo podemos emplear un método para explicarlo, que niegue dicho mensaje al descartar la posibilidad de los milagros?». Pudiéramos entonces cuestionar la probabilidad de que el antiguo Israel haya producido y aceptado como Escritura (inspirada) un relato de ficción en el cual los dos personajes principales eran un profeta histórico y Jehová en persona.

Algunos han señalado que el Libro tuvo un origen tardío y que se descuidó la veracidad del mismo, lo que trajo por consecuencia presuntas inexactitudes históricas. Un ejemplo es que 3:3 describe a Nínive más grande de lo que sabemos que fue. Es descrita, literalmente, como una «ciudad grande en extremo, de tres días de camino». Aunque con frecuencia se dice que esto significa que para recorrerla eran necesarios tres días de viaje, el punto es tal vez que Jonás requeriría unos tres días de estancia para difundir el mensaje que el Señor le había dado. Este sería el caso en particular si la «gran ciudad» de Nínive se refiriera a «Nínive ciudad grande en extremo», es decir, Nínive y las ciudades circundantes. Un segundo ejemplo es que la designación «rey de Nínive» (3:6) no era la forma común en que los asirios se referían a su rey. Esto es cierto, pero irrelevante, ya que no tenemos ninguna razón para suponer que el Libro de Jonás fue escrito por los asirios, sino por los judíos, que a veces se referían a sus reyes de esta manera (1 Rey. 21:1; 2 Rey. 1:3).

CÓMO ENCAJA JONÁS EN LA HISTORIA DE DIOS

1. Prólogo: creación, caída del hombre y necesidad de redención
2. Dios construye Su nación (2000–931 a.C.)
3. Dios educa a Su nación (931–586 a.C.)
4. Dios preserva un remanente fiel (586–6 a.C.)
5. Dios compra la redención y comienza el reino (6 a.C. a 30 d.C.)
6. Dios extiende el reino a través de la iglesia (30 d.C. [?])
7. Dios consuma la redención y confirma Su reino eterno
8. Epílogo: un cielo nuevo y una Tierra nueva

✚ CRISTO EN JONÁS

Algunas multitudes que escucharon a Jesús le pidieron señales. Él les dijo que la única señal que les daría sería la de Jonás. Como Jonás estuvo en el vientre del pez por tres días, asimismo Jesús estuvo en el sepulcro por tres días y luego resucitó (Luc. 11:29-32).

PRINCIPIOS BÁSICOS DE LA COSMOVISIÓN CRISTIANA

Enseñanza sobre Dios

Jonás revela a Dios como el Creador. Su soberanía lo abarca todo, desde las tormentas y los peces del mar hasta las plantas y los gusanos de la tierra. El Libro también muestra que Él es amoroso y compasivo. La pregunta sin responder con la que Dios termina el Libro (ver *Texto clave*) tiene por finalidad hacer que los lectores piensen sobre cómo Su misericordia incluye a todas «las naciones».

Enseñanza sobre la humanidad

La enumeración que Dios hace de la gran ciudad de Nínive muestra que cada vida humana es valiosa ante Sus ojos. Jonás estaba lleno de contradicciones, se le conoce principalmente por su desobediencia al Señor, por enojarse con el éxito de su ministerio, por ser un creyente que se preocupaba más por las «comodidades de la criatura» que por las personas que mueren sin conocer a Dios. De esta manera, constituye un claro ejemplo de que el Señor puede usar personas imperfectas y reacias para cumplir Sus planes.

Enseñanza sobre la salvación

Jonás demuestra el principio de que aquellos a quienes el Señor salva, encuentran la liberación al escuchar Su palabra. Si no se proclama la palabra de Dios, ya sea de buena o mala gana, ya sea parcial o totalmente, no habrá salvación. El apóstol Pablo (que también conocía las tormentas en el Mar Mediterráneo) preguntaría más tarde: «¿Cómo, pues, invocarán a aquel en el cual no han creído? ¿Y cómo creerán en aquel de quien no han oído? ¿Y cómo oirán sin haber quien les predique?» (Rom. 10:14).

CARACTERÍSTICAS LITERARIAS

GÉNERO Y ESTILO LITERARIO

Relato compacto escrito en hebreo

Aunque este Libro no contiene casi ninguno de los elementos de la profecía hebrea (ver, por ejemplo, *Género y estilo literario* en **ISAÍAS**), aparece entre los proféticos por dos razones. Primero: su personaje central era un profeta (2 Rey. 14:25); segundo: hizo un llamado al arrepentimiento. No contiene predicciones en absoluto. Tiene paralelos literarios con el Libro de Rut o con las historias de Elías o Eliseo, que también constituyen relatos compactos (ver 1 Rey. 17–2 Rey. 8).

Puesto que para tomar el relato como histórico es necesario creer el asombroso milagro de la supervivencia de Jonás en el vientre del pez y, por otra parte, el no declarado arrepentimiento de Nínive, la mayoría de los especialistas en crítica textual sugieren que el Libro pertenece a un género diferente. Se le han propuesto distintos géneros: una parábola o alegoría del amor de Dios; es decir, que resulta ficticio de una manera u otra. Sin embargo, Jesús mismo afirmó que Jonás fue tragado por un pez y que Nínive se arrepintió (Mat. 12:39-41), por lo que no pueden existir dudas de que los acontecimientos que este Libro relata son verídicos. Si uno cree en la soberanía de Dios sobre la naturaleza y la historia, entonces Él puede intervenir de forma sobrenatural cuando le plazca.

Todo el Libro está escrito en prosa hebrea, excepto la oración de Jonás. En las Biblias en español, Jonás es el quinto de los doce Profetas Menores. En el canon hebreo pertenecía a la compilación de Libros llamada «Los Doce». (Para más información, ver *Género y estilo literario* en **OSEAS**).

UN PRINCIPIO A SEGUIR EN LA VIDA

Transparencia (Jon. 1:1-12)

Cuando desobedecemos a Dios voluntariamente y sufrimos las consecuencias, debemos ser sinceros y honestos para confesar nuestros pecados.

MIQUEAS

Este Libro debe su nombre a la persona que lo compuso, Miqueas, el profeta israelita de Judá que vivió en el siglo VIII. En hebreo su nombre significa «¿Quién como Jehová?».

TEXTO CLAVE: 3:8

Mas yo estoy lleno de poder del Espíritu de Jehová, y de juicio y de fuerza, para denunciar a Jacob su rebelión, y a Israel su pecado.

TÉRMINO CLAVE: «IDOLATRÍA»

El pecado fundamental de Judá era la idolatría: un rechazo a la «Primera Tabla» de los Diez Mandamientos (los primeros cuatro mandamientos). Esto trajo corrupción, violencia y muchos otros pecados: un rechazo a la «Segunda Tabla» (los últimos seis mandamientos).

RESUMEN DE UNA SOLA FRASE

Aunque Miqueas también profetizó contra Israel, su mensaje principal fue contra Judá, quien tenía que arrepentirse de la idolatría e injusticia, de lo con-

«Por esto lamentaré y aullaré, y andaré despojado y desnudo; haré aullido como de chacales, y lamento como de avestruces. Porque su llaga es dolorosa, y llegó hasta Judá» (1:8-9).

trario iría al exilio, pero luego sería restaurado a una bendición divina bajo el Legislador de Belén.

CONTEXTO HISTÓRICO ORIGINAL

AUTOR Y FECHA DE ESCRITURA

Miqueas, quizás alrededor del 700 a.C.

Miqueas fue contemporáneo con Isaías y Oseas. Era del pequeño pueblo de Moreset, probablemente Moreset-gat al sur de Judá (1:14). No se conoce casi nada de su vida personal. Él vio el cumplimiento de sus predicciones sobre la caída de Samaria ante los asirios. Miqueas también presenció el gran avivamiento religioso que Ezequías inició, el cual detuvo por casi un siglo el cumplimiento de sus profecías sobre la inminente caída de Jerusalén. Así que es uno de los pocos profetas cuyas profecías de juicio fueron atendidas. Es probable que haya escrito sus profecías durante los últimos años de Ezequías.

PÚBLICO INICIAL Y DESTINATARIO

Las personas de Judá que vivieron durante la vida de Miqueas

Los primeros oyentes fueron personas que vivían en Jerusalén casi al final de los años 700 a.C.

ORIGEN

El origen específico de las profecías de Miqueas se desconoce. Sin embargo, se establece el período de corrupción religiosa y social presente durante el reinado de Acaz (ver 2 Rey. 16). De acuerdo a Jeremías 26:18, Ezequías se arrepintió en respuesta a las palabras de Miqueas 3:12, una profecía de la caída de Jerusalén. El avivamiento religioso que Ezequías instituyó, marcó un retorno genuino a la adoración al Señor. (Luego Isaías trabajó con Ezequías cuando el ejército asirio al mando de Senaquerib sitió Jerusalén en el 701 a.C. y Dios de forma milagrosa guardó la ciudad, Isa. 36–37). Miqueas no expresó lo que motivó la recopilación de sus escritos.

EL MENSAJE DE DIOS EN MIQUEAS

PROPÓSITO

Este Libro preserva las profecías de inspiración divina que Miqueas expresó durante su ministerio de al menos 20 años. Estas profecías eran en un principio para el pueblo de Judá que enfrentaba las invasiones asirias. Miqueas advirtió que la oposición de Dios contra Judá (e Israel) era tan severa por causa de la idolatría e injusticia. Sus reinos serían destruidos (aun cuando los individuos pudieran arrepentirse y buscar al Señor). Al igual que Isaías, su colega Miqueas miró más allá de la cautividad asiria de Israel y de la cautividad babilónica de Judá, hacia el tiempo en el que serían perdonados y restaurados en justicia, y vivirían bajo el reinado del Legislador davídico que Dios enviaría.

A PRIMERA VISTA
Del desastre a la liberación

La destrucción de Israel por parte de Dios (772 a.C.) debido a su idolatría debía haber sido una señal para Judá, y la destrucción de ambos debía ser una señal para todas las naciones de que el tiempo de la retribución estaba cerca. Miqueas se entristeció por la terrible calamidad que vendría sobre Judá por su rebelión, un castigo que incluía el exilio de algunos de sus habitantes a Babilonia. Miqueas 2:1-11 condena a aquellos que preparan y llevan a cabo conspiraciones inescrupulosas para robar casas y tierras ancestrales a través de la justicia pervertida. La pena inevitable sería una calamidad, que involucraría la pérdida de toda su tierra, y más importante, la exclusión del culpable de la futura asamblea del redimido pueblo de Dios. Aquellos que querían esconder o justificar su comportamiento malvado trata-

Belén desde cerca del camino de Hebrón en Jerusalén. «Pero tú, Belén Efrata, pequeña para estar entre las familias de Judá, de ti me saldrá el que será Señor en Israel; y sus salidas son desde el principio, desde los días de la eternidad» (5:2).

ron de silenciar a Miqueas y a otros verdaderos profetas. Aquellos que despojaron a los indefensos serían expulsados por el Señor.

De los depredadores a los pastores

Miqueas denunció a los líderes corruptos de Israel que se aprovechaban del pueblo de Dios. Las peticiones de auxilio al Señor no serían de ayuda para ellos. Jueces, sacerdotes y profetas abandonaron su responsabilidad con la verdad y usaron sus posiciones para ganancia personal.

Sin embargo, Miqueas, fortalecido por el Espíritu de Dios, declaró la verdad que incluía la destrucción, la oscuridad y el silencio que vendrían ante la separación de Dios de ellos. En contraposición al mensaje de corrupción y ruina (cap. 3) está el mensaje de la gloriosa exaltación (caps. 4–5). Pero aún allí, la liberación en un futuro cercano o lejano alternaba con la dura experiencia de la situación presente de Israel. Miqueas retorna al sitio de Jerusalén por Senaquerib y a la humillación del rey Ezequías (5:1). Luego se vuelve hacia el futuro (al exilio babilónico e incluso a la venida del Mesías). Dios estaba obrando para transformar la humillación en una gloriosa victoria a través del reinado del Mesías, quien vino no de una soberbia Jerusalén, sino de una insignificante Belén (5:2; ver Mat. 2:4-8). «Belén, tan insignificante para ser mencionada por el cartógrafo del Libro de Josué o en el catálogo de Miqueas de las ciudades de defensa de Judá…, es hoy, de forma increíble, el centro de peregrinaje de todo el mundo y es universalmente renombrada porque Jesucristo cumplió este versículo».[1]

De la oscuridad a la luz

La última sección comienza con una denuncia contra Israel en forma de demanda (6:1-8). Israel es acusado de olvidar los actos de justicia del Señor y de perder el sentido de genuina devoción a Él. Aunque ellos trataron de comprar el favor de Dios con sacrificios rituales, la primera demanda del Señor era de justicia, misericordia y obediencia humilde (v. 8; ver Isa. 5:7; Os. 4:1; 6:6; 12:6; Amós. 5:24). Una vez más Miqueas cambia la acusación y sentencia por lamento (7:1-6). Aquel que robaba la integridad de Israel regresaría vacío. Miqueas testificó (v. 7) lo que el remanente justo debía hacer en medio del juicio de Dios: ellos debían orar y buscar con expectativa la liberación del Señor que sería el fruto de Su juicio (ver Hab. 3:1-2). Él concluye con una canción de victoria (7:8-20). El canto del mar que hizo Moisés en Éxodo 15:11: «¿Quién como tú, oh Jehová, entre los dioses? ¿Quién como tú, magnífico en santidad, terrible en maravillosas hazañas, hacedor de prodigios?». Así como Dios lanzó a los egipcios a las profundidades del mar (Ex. 15:4-5; Neh. 9:11) Él echa fuera nuestros pecados.

LA VERACIDAD DE MIQUEAS

Muchos eruditos de la Biblia consideran las secciones principales de Miqueas como si hubiesen sido escritas durante o después del exilio en el 586 a.C., en vez de por el profeta del siglo VIII de quien toma nombre el Libro. Bruce Waltke asevera que «no existe una razón convincente para expresarse en contra de la autenticidad de ninguna de las profecías del profeta Miqueas en el Libro que lleva su nombre».[2] Él observa que la gramática de Miqueas es preexílica. Además los conceptos teológicos de Miqueas se pueden encontrar también en documentos que por lo general se consideran preexílicos. Las presuposiciones con las que se lee Miqueas pueden afectar la interpretación de ese texto. Si la profecía predictiva es desechada en un principio, entonces los momentos visibles donde esta aparezca en el texto tendrán que ser explicados como algo escrito después del acontecimiento.

CÓMO ENCAJA MIQUEAS EN LA HISTORIA DE DIOS

1. Prólogo: creación, caída del hombre y necesidad de redención
2. Dios construye Su nación (2000–931 a.C.)
3. Dios educa a Su nación (931–586 a.C.)
4. Dios preserva un remanente fiel (586–6 a.C.)
5. Dios compra la redención y comienza el reino (6 a.C. a 30 d.C.)
6. Dios extiende el reino a través de la iglesia (30 d.C. [?])
7. Dios consuma la redención y confirma Su reino eterno
8. Epílogo: un cielo nuevo y una Tierra nueva

⤢ CRISTO EN MIQUEAS

Miqueas repite (4:1-5) la promesa mesiánica de Israel (2:2-4) y se enfoca en la exaltación del templo de Dios como un lugar de adoración para todas las naciones y en el fin de la guerra. Israel andará en el nombre del Señor (4:5). Esto es posible porque Dios visitará una vez más el lugar de nacimiento de David en Belén y traerá un nuevo Rey eterno (5:2-5a; comp. Mat. 2:6).

PRINCIPIOS BÁSICOS DE LA COSMOVISIÓN CRISTIANA

Enseñanza sobre Dios

La ira de Dios en respuesta a la idolatría y a toda forma de pecado humano contra otros (violencia, corrupción, explotación), se pone de manifiesto en este Libro. Las cautividades asiria y babilónica fueron el resultado de la justicia de Dios. Sin embargo, Él es también un Dios misericordioso que no retiene el enojo para siempre. Al final Él «echará en lo profundo del mar todos nuestros pecados» (7:19). El nacimiento de Cristo en Belén está profetizado de forma específica (5:2). El Espíritu de Dios estuvo presente para darle poder al profeta (3:8).

Enseñanza sobre la humanidad

Miqueas describió un cuadro oscuro de la humanidad como todos en extremo propensos a la maldad. Las personas, tanto pequeñas como grandes, pasaban la noche maquinando el mal (2:1). La única esperanza era la intervención divina, que ocurriría cuando Dios personalmente apacentara Su rebaño (2:12).

Enseñanza sobre la salvación

En Miqueas la salvación es ante todo corporativa. Está basada en el perdón de Dios de los pecados (7:18-20) y la restauración de Su pueblo bajo el reinado del Rey que vendría. Sin embargo, hay una dimensión individual. Aquellos en una correcta relación con Dios en este tiempo la muestran en la forma en que viven ahora, y se refleja en el versículo quizás más amado de este Libro: «Oh hombre, él te ha declarado lo que es bueno, y qué pide Jehová de ti: solamente hacer justicia, y amar misericordia, y humillarte ante tu Dios» (6:8).

CARACTERÍSTICAS LITERARIAS

GÉNERO Y ESTILO LITERARIO

Profecías escritas por completo en poesía hebrea

Las profecías de Miqueas son tanto «declarativas» como «predictivas». Él incluye los tres elementos clásicos de la profecía hebrea: 1) hace un llamado a las personas a que se arrepientan de sus pecados ante el juicio divino (que en realidad sucedió), 2) predice acontecimientos cercanos (como la caída de Samaria), y 3) predicciones de eventos lejanos (como el nacimiento en Belén del Legislador que vendría).

El estilo poético de Miqueas alterna entre ataques fuertes contra los pecados y la promesa de una restauración futura. En muchas ocasiones él usa «yo» para expresar las propias palabras de Dios (cap. 6); en ocasiones el «yo» es su propia voz (cap. 7). Es también conocido por citar tanto a los falsos profetas (2:6-7) como a las naciones que se convertirán (4:2).

UN PRINCIPIO A SEGUIR EN LA VIDA

La verdadera adoración espiritual (Miq. 6:3-4,8)

Debemos permitirle al Espíritu Santo desarrollar cualidades interiores que reflejen el carácter del Señor Jesucristo.

REFERENCIAS

1. Bruce K. Waltke, *Micah: An Introduction and Commentary,* Tyndale Old Testament Commentaries [Miqueas: Una introducción y comentario, Comentario del Antiguo Testamento Tyndale] (Downers Grove, IL: InterVarsity Press, 1988), 183.

2. Bruce K. Waltke, *A Commentary on Micah* [Comentario sobre Miqueas] (Grand Rapids, MI: Eerdmans, 2007), 13.

Este Libro debe su nombre a la persona que lo escribió, Nahum, profeta israelita del siglo VII que dirigió sus mensajes contra Nínive. En hebreo su nombre significa «consuelo».

TEXTO CLAVE: 1:2

Jehová es Dios celoso y vengador; Jehová es vengador y lleno de indignación; se venga de sus adversarios, y guarda enojo para sus enemigos.

TÉRMINO CLAVE: «NÍNIVE»

Nínive fue la capital de Asiria, la superpotencia mundial de los años 600 a.C. La atención de este Libro se centra en la ira de Dios contra Nínive por sus pecados. Nahum, el profeta del juicio de Dios, siguió a Jonás, el profeta de la misericordia de Dios; y ambos dirigieron sus mensajes a Nínive.

RESUMEN DE UNA SOLA FRASE

Nahum profetizó que Dios destruiría a Nínive debido a su maldad y violencia; y que nunca volvería a levantarse.

CONTEXTO HISTÓRICO ORIGINAL

AUTOR Y FECHA DE ESCRITURA

Nahum, tal vez cerca de 650 a.C.

Nahum no identificó a su padre ni a ningún rey, ni dejó huellas personales en su profecía. Él afirma ser de Elcos, una ciudad por lo demás desconocida. Si Nahum profetizó poco después de la caída de No-amón (Tebas; 3:8), entonces el rey de Judá fue el idólatra Manasés, quien reinó por un largo período de tiempo. Este «Acab de Judá» se convirtió en vasallo de Asiria (2 Crón. 33:11-13) cuando esta nación se encontraba en su cúspide más arrogante e imperialista bajo Asurbanipal (669–627). Si se toma en cuenta la evidencia, el Libro de Nahum podría haber sido finalizado en el año 650, pero esto es simplemente una buena estimación.

PÚBLICO INICIAL Y DESTINATARIO

Las personas en Nínive o tal vez las personas en Judá

Quizás los primeros oyentes de Nahum fueron los propios ninivitas. Posiblemente el profeta viajó allí para dar su mensaje, tal como Jonás lo había hecho para una generación anterior. Sin embargo, en última instancia, este era un mensaje para el pueblo de Dios. La razón por la que el pueblo de Judá preservó este Libro como parte de su canon de la Escritura se debe, al menos en parte, a que este contenía un mensaje relevante para ellos.

ORIGEN

Asiria había aterrorizado al mundo antiguo durante mucho tiempo; había conquistado Samaria y No-amón (Tebas), y parecía invencible. Nahum no describió el momento específico para su profecía aparte de que esta vino como «la visión de Nahum». Al igual que los otros profetas, él estaba completamente consciente del origen divino de su ministerio.

EL MENSAJE DE DIOS EN NAHUM

PROPÓSITO

Este Libro conserva las profecías divinamente inspiradas que Nahum hizo durante su (quizás) breve ministerio. Estas profecías cumplían un doble propósito. En primer lugar, tenían la intención de advertir al pueblo de Nínive sobre su castigo venidero. En segundo lugar, constituían un estímulo para que el pueblo que vivía en el reino de Judá, creyera que Dios castigaría a su gran enemigo por sus pecados contra el pueblo del Señor.

A PRIMERA VISTA

El Guerrero divino

Nahum fue el único profeta cuyo mensaje se centró exhaustivamente en la venidera condenación de Nínive (1:1). De esta manera se complementa el Libro de Jonás, en el cual el juicio de Dios contra Nínive no se llevó a cabo. El Señor es presentado como Guerrero divino (1:2-8), que derrota al impío. Se hace énfasis en el carácter de Dios, pues Su venganza demuestra Su celo y poder, y Su protección para los fieles demuestra Su bondad y compasión. El Señor es cual esposo que defiende a su esposa de aquellos que le robarían el cariño de ella.

Nínive atacada

El profeta había sido transportado en una visión a la torre de vigilancia de Nínive, donde fue testigo de los ejércitos de los babilonios (que se vestían de rojo; ver 2:3; Ezeq. 23:14) y de los medos que atacaban, invadían y saqueaban la ciudad de Nínive. Sin embargo, en un sentido real, el atacante (o el que dispersaba) era el Señor. Nahum retrató vívidamente la confusión y el pánico de una ciudad bajo ataque. Según un antiguo relato histórico griego, Nínive cayó cuando el Río Tigris se desbordó y derribó las murallas de la ciudad, e inundó la ciudad (1:8; 2:6).

SUPREMACÍA ASIRIA SIGLO VII

- • Ciudad moderna
- • Ciudad
- ▲ Ubicación monte
- ✧ Sitio
- ↓ Campañas de Esar-hadón (aprox. 671-669 a.C.)
- ↓ Campañas de Asurbanipal II (aprox. 667-663 a.C.)
- Imperio asirio en su apogeo

Esar-hadón asiste a los medos contra elamitas y cimerios.

Manasés en cadenas ante el rey asirio.

Esar-hadón reconstruye Babilonia.

Asurbanipal saquea Tebas, el Imperio asirio alcanza su apogeo (Nah. 3:10-13).

Durante más de un siglo los asirios parecían haber tenido un reinado imparable; no obstante, ahora Dios respondía. Su juicio es comparado a una tormenta que se aproxima. Tal vez el pueblo de Judá dudaba de la justicia de Dios, ya que Asiria no parecía tener restricciones. Sin embargo, Dios disipó esta idea a través de Nahum.

GUÍA ESENCIAL DE LA BIBLIA

La caída de Nínive

Después de la descripción de la caída de Nínive, aparece una burla que comienza como un lamento fúnebre por una muerte merecida. Varios juegos de palabras ayudan a que este retrato visionario del juicio tenga su efecto. Antes se afirmaba «... no hay fin de las riquezas y suntuosidad de toda clase de efectos codiciables» (2:9), mas ahora solo se encontraba «... multitud de muertos, y multitud de cadáveres; cadáveres sin fin...» (3:3). También se plantea que: «A causa de la multitud de las fornicaciones de la ramera de hermosa gracia [...] Nínive es asolada...» (3:4,7). El Señor promete una humillación total para una ciudad que una vez fue orgullosa y que confiaba en sus fortificaciones. Al igual que Tebas, ahora Nínive está desolada (3:8).

LA VERACIDAD DE NAHUM

La profecía de Nahum cita la caída de Tebas (3:8-10) a manos de los asirios como un hecho histórico (663 a.C.). Esta conquista tuvo lugar durante el reinado de Asurbanipal, quien dejó registradas las siguientes palabras:

> Esta ciudad, en su totalidad, la conquisté con la ayuda de Assur e Ishtar. Plata, oro, piedras preciosas, toda la riqueza del palacio, ricas telas, lino precioso, magníficos caballos, hombres y mujeres de autoridad, dos obeliscos de espléndido ámbar con un peso de 2500 talentos; arranqué las puertas de los templos de sus bases y las llevé a Asiria. Con este pesado botín salí de Tebas. Contra Egipto y Kush he levantado mi lanza y mostrado mi poder. Con manos llenas volví a Nínive, en buena salud.[1]

Nínive no fue destruida hasta el 612 a.C. Nahum usó a Tebas como ejemplo de la vulnerabilidad de una ciudad aparentemente segura. Esta mención habría sido más efectiva cuanto más cercana estuviera en el tiempo a la destrucción de No-amón. En la época de Jeremías y Ezequiel, Tebas había sido reconstruida. Esto favorece la idea de que la profecía de Nahum es predictiva y no simplemente una descripción de la caída de Nínive en 612 a.C.

CÓMO ENCAJA NAHUM EN LA HISTORIA DE DIOS

1. Prólogo: creación, caída del hombre y necesidad de redención
2. Dios construye Su nación (2000–931 a.C.)
3. Dios educa a Su nación (931–586 a.C.)
4. Dios preserva un remanente fiel (586–6 a.C.)
5. Dios compra la redención y comienza el reino (6 a.C. a 30 d.C.)
6. Dios extiende el reino a través de la iglesia (30 d.C. [?])
7. Dios consuma la redención y confirma Su reino eterno
8. Epílogo: un cielo nuevo y una Tierra nueva

Reconstrucción de un palacio en Nínive. Nahum profetizó la caída de esta ciudad de riqueza y poder inigualables, construida para soportar un asedio de 20 años. Nínive cayó cuando los Ríos Tigris y Khosr desbordaron sus riberas. La inundación resultante destruyó parte de la muralla de la ciudad. Los babilonios entraron por la brecha en la muralla, invadieron la ciudad y la destruyeron por fuego. Desde el 612 a.C. hasta el siglo XIX d.C., Nínive estuvo perdida bajo capas de polvo acumuladas.

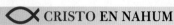 CRISTO EN NAHUM

Nahum le dijo a Judá que buscara un mensajero que llevara la buena noticia de la caída de Asiria, y proclamara así la paz al mundo (1:15). El NT ve a Jesucristo como el Mensajero supremo de Dios, que predica la paz de Dios para el mundo (Hech. 10:36). Así como Dios es Aquel que amenaza el mar y agosta los ríos (1:4), también Jesús reprende el mar y calma la tormenta (Mat. 8:26).

PRINCIPIOS BÁSICOS DE LA COSMOVISIÓN CRISTIANA

Enseñanza sobre Dios

En Nahum, la ira de Dios contra toda afrenta a Su santidad se muestra de manera plena. Él es paciente, pero esto no debe malinterpretarse como debilidad. Su prometida destrucción de Nínive era necesaria debido a los atributos divinos señalados en el *Texto clave* citado anteriormente.

Enseñanza sobre la humanidad

Por un lado, este Libro muestra que los seres humanos pueden lograr grandes cosas aparte de Dios. La civilización asiria estaba muy avanzada económica y militarmente. Por otro lado, los asirios eran crueles y malvados, lo cual es una abominación a Dios. El Libro muestra que Dios no reconoce como grande (o buena) a ninguna persona o nación que mida el éxito aparte de la obediencia a Él.

Enseñanza sobre la salvación

En Nahum, la salvación se aborda desde la perspectiva de la liberación final de Su pueblo, la cual se basa en Su cuidado soberano: «Jehová es bueno, fortaleza en el día de la angustia; y conoce a los que en él confían» (1:7).

CARACTERÍSTICAS LITERARIAS

GÉNERO Y ESTILO LITERARIO

Una profecía breve escrita en poesía hebrea

Nahum está escrito en poesía hebrea. Su estilo es vívido, con excelente uso de metáforas y descripciones gráficas. En las Biblias en español, Nahum es el séptimo de los doce Profetas Menores. En el canon hebreo pertenecía a la compilación de Libros llamada «Los Doce». (Para más información ver *Género y estilo literario* en **OSEAS**).

UN PRINCIPIO A SEGUIR EN LA VIDA

La paciencia de Dios (Nah. 3:19)

Cuando nos sintamos tentados a creer que Dios es cruel y carente de compasión, debemos recordar Su extraordinaria paciencia y Su comunicación continua, tanto con Su pueblo Israel como con las naciones gentiles.

REFERENCIAS

1. André Dollinger, «The destruction of Thebes by Ashurbanipal» [La destrucción de Tebas por Asurbanipal], consultado el 11 de enero de 2017. http://www.reshafim.org.il/ad/egypt/the_destruction_of_thebes.htm#rem5.

Este Libro debe su nombre a la persona que lo compuso, Habacuc, el profeta israelita del siglo VII que ministró a Judá. Es posible que su nombre esté relacionado con el verbo hebreo «abrazar» o con una planta asiria llamada *hambakuku*.

TEXTO CLAVE: 2:4

He aquí que aquel cuya alma no es recta, se enorgullece; mas el justo por su fe vivirá.

TÉRMINO CLAVE: «DIÁLOGO»

El Libro relata un diálogo entre el profeta y Dios. El profeta le hizo preguntas a Dios sobre Sus caminos, y Dios respondió. El Libro muestra una manera piadosa de llevar nuestras preocupaciones a Dios cuando Sus caminos nos parecen incomprensibles.

RESUMEN DE UNA SOLA FRASE

Cuando Habacuc le hizo preguntas a Dios sobre la naturaleza del mal y su castigo, la respuesta de Dios fue revelarle Su justicia y soberanía; luego el profeta respondió en adoración y fe.

CONTEXTO HISTÓRICO ORIGINAL

AUTOR Y FECHA DE ESCRITURA

Habacuc, tal vez cerca del año 610 a.C.

Aparte de este Libro, nada se conoce sobre Habacuc. Él no identificó a su padre ni a su pueblo de origen. Debido a los detalles que incluyó en cuanto a la situación militar internacional, se puede afirmar casi con toda seguridad que Habacuc profetizó aproximadamente a finales del siglo VII. Como tal, fue contemporáneo de Jeremías y Sofonías, y es probable que viviera para ver cumplida su profecía de la conquista caldea de Judá (con la quema de Jerusalén y el templo en el 586). Si se toma en cuenta la evidencia, el Libro de Habacuc podría haber sido terminado en el año 610 (después de que Babilonia conquistara Asiria, pero antes de la muerte del rey Josías o de la batalla de Carquemis), pero esto es simplemente una buena estimación.

PÚBLICO INICIAL Y DESTINATARIO

Las personas en Judá que vivían durante la época de Habacuc

Los primeros oyentes fueron los reyes y las personas que vivían en la tierra de Judá durante los años anteriores al cautiverio babilónico.

ORIGEN

Habacuc no expresó lo que le motivó a escribir su Libro. Él registró el diálogo privado que sostuvo con Dios y su respuesta personal a modo de relato escrito para beneficio del pueblo. Debido a que el último capítulo contiene notaciones litúrgicas (3:1,19), esos versículos probablemente fueron incluidos en los servicios de adoración en el templo.

EL MENSAJE DE DIOS EN HABACUC

PROPÓSITO

Este Libro preserva las oraciones y diálogos divinamente inspirados de Habacuc. Estos se originaron como una conversación cara a cara entre el profeta y Dios, pero en ella sin duda se reflejan el tipo de preguntas que muchas personas justas de Judá que vivían en la época de Habacuc también se hacían. Los justos de todos los tiempos pueden hacerse preguntas similares. En la actualidad, el pueblo de Dios se

«Porque he aquí, yo levanto a los caldeos, nación cruel y presurosa, que camina por la anchura de la tierra para poseer las moradas ajenas. Formidable es y terrible; de ella misma procede su justicia y su dignidad […] y volarán como águilas que se apresuran a devorar» (Hab. 1:6-8b).

beneficiará al escuchar las respuestas de Dios a las preguntas de Habacuc: 1) ¿por qué parece que el mal queda impune durante tanto tiempo? y 2) ¿por qué Dios a veces reprende un mal menor mediante el envío de un mal mayor?

A PRIMERA VISTA

La solución impactante de Dios

El Libro comienza con un clamor a Dios: «¿Hasta cuándo?». El discurso inicial es un lamento por la violencia desenfrenada y la injusticia reinantes en Judá (1:1-4). Habacuc estaba seguro de que Dios ya estaba obrando y que pronto vería los resultados (v. 5). La violencia y la injusticia de Judá serán retribuidas por un pueblo experto en brutalidad. Si Judá no teme a Dios, pronto temerían al enemigo que Él enviaría contra ellos.

Castigo

El profeta sabía que, a causa del pacto de Dios con Israel, Su juicio sobre ellos sería más redentor que destructivo; pero la idea de que el Dios Santo podría usar la maldad para castigar la maldad, era intolerable (1:12-17). Después de desnudar su corazón ante Dios, Habacuc se posicionó para ver y escuchar la respuesta de Dios (2:1). Dios le dijo a Habacuc que escribiera la visión. A pesar de que Dios usaría a los babilonios para escarmentar a Su pueblo, los babilonios no quedarían sin castigo. Habacuc fue llamado a confiar y a ser paciente (2:4).

Relieve de la puerta de Babilonia, realizado durante el reinado de Nabucodonosor II, cuando el Imperio neobabilónico estaba en su apogeo. La Puerta de Ishtar, construida por Nabucodonosor II, era una estructura de ladrillo vidriado decorada con figuras de toros y dragones, símbolos de Adad el dios de las tormentas y las lluvias, y de Marduk.

Salmo de confianza

Habacuc 3:3-15 nos muestra un cuadro poético de la salvación que Dios extendió a Su pueblo para sacarlo de Egipto (ver Ex. 15). Aquí se mezclan metáforas de las obras de Dios tomadas de muchos pasajes de la Escritura. Habacuc 3:16 narra cómo el salmista acepta confiadamente que Dios está activo en su propia época como lo estuvo en el pasado. Él estaría «quieto» mientras esperaba el castigo de Dios contra los tiranos. Habacuc reconoció que era un día de espera, no de acción.

LA VERACIDAD DE HABACUC

Los únicos indicios para determinar la fecha de la profecía provienen de 1) la queja de Habacuc sobre una gran maldad e iniquidad en Judá (1:2-4) y 2) la profecía de una invasión babilónica (1:5-11). Desde el año 687 a.C. hasta su arrepentimiento (quizás en 648 a.C.), Manasés llevó a Judá a uno de sus peores momentos de maldad (ver *Autor y fecha de escritura* de **NAHUM**, pág. 281). Bajo su hijo Amón, de 642 a 640 a.C., la maldad volvió a predominar en Judá, algo que prosiguió en cierta medida hasta que la reforma de Josías comenzó cerca de 628 a.C. Después de la muerte de Josías en el año 609 a.C., Judá rápidamente abandonó las importantes reformas de Josías y continuó su desastrosa política de apostasía bajo los reyes Joacáz (609 a.C.), Joacim (609–597 a.C.), Joaquín (598–597 a.C.) y Sedequías (597–587 a.C.). De

Al norte de la puerta, la carretera estaba llena de figuras vidriadas de leones caminando. Se pensaba que este relieve de un león, el animal relacionado con Ishtar, diosa del amor y la guerra, protegía la calle; su diseño repetido servía de guía para las procesiones rituales desde la ciudad hasta el templo.

esta forma, los períodos de tiempo para la composición del Libro que mejor se ajustan al primer indicio son 687–648, 642–628 y 609–587 a.C.

Un comentario sobre Habacuc 1–2 fue encontrado en la primera cueva en Qumrán en 1948. Este hecho hace poco probable la propuesta de que Habacuc no fue escrito hasta el tiempo de Alejandro Magno.

CÓMO ENCAJA HABACUC EN LA HISTORIA DE DIOS

1. Prólogo: creación, caída del hombre y necesidad de redención
2. Dios construye Su nación (2000–931 a.C.)
3. Dios educa a Su nación (931–586 a.C.)
4. Dios preserva un remanente fiel (586–6 a.C.)
5. Dios compra la redención y comienza el reino (6 a.C. a 30 d.C.)
6. Dios extiende el reino a través de la iglesia (30 d.C. [?])
7. Dios consuma la redención y confirma Su reino eterno
8. Epílogo: un cielo nuevo y una Tierra nueva

Mausoleo de Habacuc en Tuyserkán (Irán). Existen varias tradiciones extrabíblicas con respecto al lugar donde Habacuc se encuentra enterrado. Dos de estos sitios están en Israel y el que se muestra en la fotografía se encuentra en Irán. La tradición que une a Habacuc con el Imperio persa, afirma que él fue capturado por los babilonios en el templo de Jerusalén y fue llevado a Babilonia, donde permaneció prisionero hasta que Ciro el Grande derrotó a los babilonios y lo liberó. Habacuc luego fue a Ecbatana donde murió y fue enterrado.

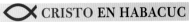 CRISTO EN HABACUC

Habacuc quedó sobrecogido ante la santidad y el poder de Dios. Su reacción ante la presencia de Dios (3:16) es similar a la del apóstol Juan cuando el Cristo resucitado se le apareció en la isla de Patmos (Apoc. 1:17).

PRINCIPIOS BÁSICOS DE LA COSMOVISIÓN CRISTIANA

Enseñanza sobre Dios

Las respuestas que Dios le dio al profeta lo señalan como el Revelador de la verdad. Las revelaciones que Dios hizo se centran en Su soberanía absoluta sobre la historia humana. La pasión de Habacuc era un interés por que la gloria del nombre de Dios fuera conocida entre todos los pueblos: «Su gloria cubrió los cielos, y la tierra se llenó de su alabanza» (3:3).

Enseñanza sobre la humanidad

Sin revelación divina, el razonamiento humano nunca entenderá los caminos de Dios; siempre serán un misterio. Es adecuado que las personas le pidan revelación a Dios, pero deben esperar las respuestas divinas a sus preguntas. Cuando Dios se revela, los seres humanos deben reconocer Sus perfecciones mediante adoración y alabanza.

Enseñanza sobre la salvación

El apóstol Pablo citó dos veces Habacuc 2:4 («mas el justo por su fe vivirá») como evidencia de la doctrina de la justificación por fe en el AT (Rom. 1:17, Gál. 3:11). El sello distintivo del pueblo de Dios ha sido siempre la confianza constante y perseverante en Él para recibir liberación. Los versículos finales del Libro constituyen un himno de fe en el Dios que salva, e incluyen esta notable confesión: «Con todo, yo me alegraré en Jehová, y me gozaré en el Dios de mi salvación» (3:18).

CARACTERÍSTICAS LITERARIAS

GÉNERO Y ESTILO LITERARIO

Diálogo profético, ayes y oraciones escritas en poesía hebrea

Como escritor profético, Habacuc incluyó materiales en un formato inusual, aunque también elementos clásicos de «declaración» y «predicción». Su «declaración» incluía grandes afirmaciones sobre los atributos de Dios, así como ayes dirigidos a los malvados (ver especialmente 2:9-17). Su «predicción» se enfocó tanto en acontecimientos cercanos (la devastación de Judá a manos de los caldeos, cumplida en 586 a.C.), así como el acontecimiento lejanos en tiempo sobre la destrucción de Caldea (cumplido en el 539 a.C. por los persas).

Todo el Libro está escrito en poesía hebrea. El estilo de Habacuc pone de manifiesto que su mayor preocupación era el honor del nombre de Dios (1:12; 3:3). En las Biblias en español, Habacuc es el octavo de los doce Profetas Menores. En el canon hebreo pertenecía a la compilación de Libros llamada «Los Doce». (Para más información ver *Género y estilo literario* en **OSEAS**).

UN PRINCIPIO A SEGUIR EN LA VIDA

Salvados por la fe (Hab. 2:1-4)

Aunque no conocemos las respuestas a todas las preguntas de la vida, debemos asegurarnos de que por la fe hemos recibido el don de Dios de la vida eterna.

Este Libro debe su nombre a la persona que lo compuso, Sofonías, el profeta de Judá que vivió en el siglo VII. En hebreo su nombre significa «Jehová oculta».

TEXTO CLAVE: 3:17

Jehová está en medio de ti, poderoso, él salvará; se gozará sobre ti con alegría, callará de amor, se regocijará sobre ti con cánticos.

TÉRMINO CLAVE: «DÍA DE JEHOVÁ»

Sofonías predijo el día de Jehová como un tiempo de ruina para Jerusalén. El inicio de este día se manifestó con la caída de Judá ante Babilonia; y su cumplimiento final reside en el futuro, en el contexto del regreso de Cristo.

RESUMEN DE UNA SOLA FRASE

Aunque Sofonías profetizó un juicio venidero contra las naciones, su mensaje principal fue contra Judá, cuyos pecados eran tan graves que ellos serían llevados al exilio en «el día de Jehová», pero luego serían restaurados en justicia.

«Acontecerá en aquel tiempo que yo escudriñaré a Jerusalén con linterna, y castigaré a los hombres que reposan tranquilos como el vino asentado, los cuales dicen en su corazón: Jehová ni hará bien ni hará mal» (Sof. 1:12).

CONTEXTO HISTÓRICO ORIGINAL

AUTOR Y FECHA DE ESCRITURA

Sofonías, quizás alrededor del 625 a.C.

Sofonías fue contemporáneo con Jeremías y Habacuc. Se identificó a sí mismo con una genealogía más completa que ningún otro profeta (1:1), y ministró durante el reinado de Josías. Era el tataranieto de un cierto Ezequías, probablemente el famoso rey. De ser así, Sofonías pertenecía a la familia real. (El rey Josías era el bisnieto de Ezequías). Los ataques de Sofonías contra los pecados de la élite (príncipes, sacerdotes, jueces y falsos profetas), sugieren que estaba bien familiarizado con los poderosos y que tenía verdadera valentía (ver 3:3-5). Las maldades de Judá que él describe, encajan con la corrupción religiosa que fue eliminada con las reformas de Josías. Si Sofonías predicó poco antes del 622 a.C. (como parece probable), entonces contribuyó en gran medida a las reformas del gobierno de Josías.

PÚBLICO INICIAL Y DESTINATARIO

Las personas de Judá que vivieron durante el tiempo de Sofonías

Los primeros oyentes fueron los reyes y las personas que vivían en Judá unos 40 años antes de la cautividad babilónica.

ORIGEN

Se desconoce el momento específico de las profecías de Sofonías. Él solo establece que la «palabra de Jehová» vino a él (1:1). Sin embargo, como se expresó con anterioridad, su mensaje encaja con el período de corrupción religioso y social durante la primera etapa del reinado de Josías (ver 2 Rey. 22–23). El avivamiento que Josías instituyó, marcó un retorno genuino a la adoración al Señor. Sofonías no expresó lo que motivó la recopilación de sus escritos.

EL MENSAJE DE DIOS EN SOFONÍAS

PROPÓSITO

Este Libro preserva las profecías de inspiración divina que Sofonías declaró durante su ministerio a Judá, por alrededor de cuatro décadas previas a la caída de Jerusalén ante Babilonia. Él expresó que la venida del «día de Jehová» supondría el juicio de Dios sobre Su pueblo y sobre las naciones paganas. Luego Dios restauraría un remanente de Su pueblo que lo adoraría para siempre como el Rey de Israel.

A PRIMERA VISTA

El Libro de Sofonías tiene una triple estructura regida por tres exhortaciones: callar (1:7), congregarse y buscar a Jehová (2:1-3) y esperar (3:8).

En la primera sección la exhortación se encuentra entre dos anuncios de la ira del Señor. Las exhortaciones dan inicio a la segunda y tercera sección.

Callar (1:1-18)

La profecía comienza en 1:2-6 con un anuncio de destrucción total para toda la «tierra» (1:2-3) que también incluía a Judá (1:4-6). El argumento es que, si el día del juicio de toda la Tierra está cerca, entonces Dios ciertamente juzgará a Su pueblo. El mandato a «callar» (1:7a) era usado con frecuencia en presencia de una persona o acontecimiento de gran importancia (Núm. 13:30; Jue. 3:19; Neh. 8:11; Hab. 2:20; Zac. 2:13). La perspectiva de un derramamiento tan horrendo de ira divina, exige absoluto silencio.

Buscar a Jehová (2:1-3:7)

Buscar a Jehová pudiera referirse a desear una palabra de revelación de parte de Él (1:6) o volverse a Él en arrepentimiento. Es lo opuesto a ser indiferentes al Señor o a abandonarlo. Judá era culpable de ambas cosas, y por consiguiente el Señor había apartado Su rostro (o favor) de ellos (ver 1:6; Ex. 33:7; Deut. 4:29; 2 Crón. 7:14; Jer. 29:13; Os. 3:5; 5:6,15; 7:10). Buscar al Señor de forma genuina también significa buscar la rectitud y la humildad.

Esperar (3:8-20)

Ante tal deprimente cuadro de corrupción humana, Sofonías exhortó a los creyentes a «esperar» a que el Señor viniera como testigo para derramar Su ira contra todos los pueblos, y purificar un remanente que buscara refugio en Él. El término «esperar» al Señor significa «anhelarlo» (Job 3:21; Isa. 30:18) y depositar nuestra esperanza con confianza solo en Él (Sal. 33:20; Isa. 8:17; 64:4). El propósito de Dios era sacar de entre las naciones un pueblo unido que lo adorara. El Libro concluye con un canto de alabanza, una exhortación a la Jerusalén restaurada a regocijarse en la redención del Señor.

LA VERACIDAD DE SOFONÍAS

Sofonías es fechado durante el reinado del rey Josías (1:1), quien se convirtió en rey de Judá a la edad de ocho años en el 640 a.C. Él empezó a «buscar al Dios de David su padre» ocho años después, y cuatro años más tarde comenzó una reforma espiritual de la tierra, cerca del 628 a.C. (2 Crón. 34:3). La reforma se tornó más ferviente en el 621 a.C. cuando se descubrió en el templo «el libro de la ley» (2 Crón. 34:8-33). Es probable que Sofonías tuviera una gran influencia en el joven rey y, por lo tanto, antecede a la reforma. Si el «Ezequías» que aparece como antepasado de Sofonías es el rey que tenía ese nombre, esto explicaría el registro del Libro del linaje de Sofonías hasta la cuarta generación. Su conexión familiar le habría dado acceso al rey. La profecía de Sofonías es una unidad bien elaborada con similitud estructural a Isaías y Ezequiel.

CÓMO ENCAJA SOFONÍAS EN LA HISTORIA DE DIOS

1. Prólogo: creación, caída del hombre y necesidad de redención
2. Dios construye Su nación (2000–931 a.C.)
3. Dios educa a Su nación (931–586 a.C.)
4. Dios preserva un remanente fiel (586–6 a.C.)
5. Dios compra la redención y comienza el reino (6 a.C. a 30 d.C.)
6. Dios extiende el reino a través de la iglesia (30 d.C. [?])
7. Dios consuma la redención y confirma Su reino eterno
8. Epílogo: un cielo nuevo y una Tierra nueva

✚ CRISTO EN SOFONÍAS

Sofonías anunció que el Rey de Israel estaba en medio de ellos (3:15). Jesús fue crucificado como EL REY DE LOS JUDÍOS (Mar. 15:26). Así como Judá no reconoció la presencia del Rey divino en sus circunstancias, muchos líderes judíos fueron incapaces de reconocer la presencia de Dios en Jesucristo.

PRINCIPIOS BÁSICOS DE LA COSMOVISIÓN CRISTIANA

Enseñanza sobre Dios

Dios es justo y celoso por Su pueblo. En la venida del «día de Jehová» Él traerá justicia sobre todos los que se han opuesto a Él mediante una vida de violencia y

La fortaleza en Asdod, una de las ciudades más importantes de los filisteos. Esta fortificación en el Mediterráneo fue construida durante la antigua era árabe (640–1099 d.C.) Sofonías profetizó juicio sobre Israel y las naciones a su alrededor, que incluía los filisteos (2:4-7), los moabitas, los amonitas (2:8-11), los etíopes (2:12), y los asirios (2:13-15). Sofonías llamó a todas las naciones a arrepentirse y volverse justos y humildes.

traición, incluso aquellos que proclamaron que le pertenecían a Él. Aunque no hay una predicción directa de Cristo o de la venida del Espíritu Santo, los cristianos han entendido que la profecía de Sofonías del día en que «Jehová es Rey de Israel en medio de ti...» (3:15) se refiere a Jesús.

Enseñanza sobre la humanidad

Sofonías muestra la tendencia general que tienen los seres humanos al mal. Todo tipo de personas (jerosolimitanos, filisteos, moabitas, asirios y etíopes) serán condenados por igual debido a sus pecados contra Dios. La arrogancia, la opresión y la violencia merecen el juicio de Dios, sin importar las personas o las naciones que los hayan cometido.

Enseñanza sobre la salvación

Debido al énfasis de Sofonías en el día de Jehová, su comprensión de la salvación se enfoca en la subsecuente bendición de Dios sobre el remanente justo de Israel. Sin embargo, la restauración por parte de Dios, del pueblo del pacto, también significa que todas las naciones de la Tierra lo conocerán: «Para que todos invoquen el nombre de Jehová, para que le sirvan de común consentimiento» (3:9; comp. Apoc. 21:24-26).

CARACTERÍSTICAS LITERARIAS

GÉNERO Y ESTILO LITERARIO

Profecías escritas por completo en poesía hebrea

Las profecías de Sofonías son tanto «declarativas» como «predictivas». Él incluye los tres elementos clásicos de la profecía hebrea: 1) hace un llamado a las personas a que se arrepientan de sus pecados ante el juicio divino (que de hecho sucedió); 2) predicciones de acontecimientos cercanos (como la caída de Judá y Jerusalén); y 3) predicciones de acontecimientos lejanos (como la restauración de un remanente en justicia).

Todo el Libro está escrito en poesía hebrea. El estilo poético de Sofonías es en general sombrío: el venidero día de Jehová será muy difícil; y el castigo seguro y severo. Por otra parte, se vislumbran rayos de luz cuando él habla de la llegada del tiempo de renovación. En las Biblias en español, Sofonías es el noveno de los doce Profetas Menores. En el canon hebreo este Libro pertenecía a la compilación de Libros llamada «Los Doce». (Para más información ver *Género y estilo literario* de **OSEAS**).

UN PRINCIPIO A SEGUIR EN LA VIDA

Juicio con compasión (Sof. 2:1-3)

Cuando hablamos del juicio venidero de Dios, nuestro propósito principal siempre debe ser animar a las personas que no se han arrepentido a que conozcan al Señor Jesucristo como Salvador personal.

◄ Darío I (521–486 a.C.) también conocido como Darío Histaspes o El Grande, fue tanto cruel como generoso en extremo. Tomó el poder tras la muerte de Cambises II, hijo de Ciro. Este es el Darío de Esdras (Esd. 4–6; Hag. 1–2; Zac. 1–8), bajo su gobierno el templo de Jerusalén fue reconstruido, y culminado en el sexto año de su reinado. Continuó la política de Ciro de restaurar a las personas sin franquicia que eran víctimas de las conquistas asirias y babilónicas. Confirmó la autorización de Ciro y también proveyó para el mantenimiento del templo.

▼ Darío dejó un registro de su ascendencia, linaje y victorias sobre los enemigos, en lo que se conoce como la Inscripción de Behistún. Esta impresionante inscripción está esculpida en una enorme roca que se encuentra a unos 100 metros (330 pies) sobre el suelo, localizada de forma estratégica en la intersección de los caminos que conectan Babilonia y Ecbatana, las capitales de los Imperios babilonio y medo. La inscripción está hecha en escritura cuneiforme en tres lenguas: persa antiguo, elamita y babilonio. Henry S. Rawlinson (1810–1895), arriesgó muchísimo su vida y escaló este inmenso risco para copiar y luego descifrar las tres traducciones. El trabajo de Rawlinson abrió el camino de las lenguas con escritura cuneiforme para los eruditos, de la misma forma que la Piedra de Rosetta fue la clave para entender los jeroglíficos egipcios.

▶ Una vista detallada de una parte de la Inscripción de Behistún.

Este Libro debe su nombre a la persona que lo escribió, Hageo, el profeta del siglo VI que regresó a Judá del exilio babilónico. En hebreo su nombre significa «festivo».

TEXTO CLAVE: 1:8

Subid al monte, y traed madera, y reedificad la casa; y pondré en ella mi voluntad, y seré glorificado, ha dicho Jehová.

TÉRMINO CLAVE: «REEDIFICACIÓN»

El enfoque principal de este Libro es la reedificación del templo judío en Jerusalén después del regreso del cautiverio babilónico.

RESUMEN DE UNA SOLA FRASE

Cuando Hageo proclamó el mandato de Dios de reedificar el templo, con la promesa divina de que la gloria del segundo templo sería mayor que la del primero, el pueblo obedeció con un corazón dispuesto.

CONTEXTO HISTÓRICO ORIGINAL

AUTOR Y FECHA DE ESCRITURA
Hageo, cerca del 520 a.C.

Hageo fue contemporáneo con Zacarías, pero se conoce muy poco sobre él. No registró su linaje ni su ciudad natal. Probablemente fue uno de los exiliados de Babilonia que regresó a Judá en la década del 530. No obstante, él sí precisó las fechas de las cuatro ocasiones en que «vino palabra de Jehová» a él (1:1; 2:1,10,20). En los equivalentes modernos, estas fechas son: 1) 29 de agosto del 520 a.C.; 2) 17 de octubre del 520 a.C.; y 3) 18 de diciembre del 520 a.C. Según Esdras 6:14, Hageo vio la culminación exitosa de su ministerio en la terminación del templo. Es posible que él escribiera sus mensajes a medida que los recibió, y que los compilara poco después.

PÚBLICO INICIAL Y DESTINATARIO
Los israelitas en Jerusalén después de que regresaron del exilio

Los oyentes y destinatarios originales están planteados de forma clara. El público inicial fue el pueblo de Jerusalén que había regresado del exilio. En particular, el gobernador Zorobabel, y el sumo sacerdote Josué, recibieron algunas de las exhortaciones de Hageo.

ORIGEN

Esdras 4–5 describe la oposición que los exiliados que regresaban enfrentaron cuando intentaron reedificar el templo. Sin embargo, esta oposición se convirtió en una excusa para la inactividad. Durante más de quince años, predominó la inercia. Dios levantó a Hageo para sacar a los judíos de ese estado.

EL MENSAJE DE DIOS EN HAGEO

PROPÓSITO

Este Libro conserva los sermones divinamente inspirados que Hageo dio durante su ministerio en los últimos meses del año 520 a.C. Originalmente, estas profecías fueron para el pueblo de Judá que recién llegaba del cautiverio babilónico y estaba apático en cuanto a llevar a cabo su deber primario: restablecer la verdadera adoración a Dios en Su templo. A diferencia de la mayoría de los profetas bíblicos, obedecieron el mensaje de Hageo, y se conservaron sus sermones como un recordatorio permanente de su ministerio. Desde una perspectiva más amplia, se puede afirmar que el templo, la comunidad judía y una Jerusalén estable fueron circunstancias significativas para la venida de Jesús, más de cinco siglos después.

A PRIMERA VISTA

Los babilonios destruyeron Jerusalén y el templo en el 587 a.C. En octubre de 539 a.C., Ciro el persa conquistó Babilonia, y poco después anunció que el pueblo de Judá podía regresar a su hogar ancestral. Incluso él prometió ayudarlos a reconstruir su templo como parte de una política general de restaurar los centros religiosos extranjeros.

Medita cuidadosamente en tus caminos

Los líderes y el pueblo de Judá habían permitido que la oposición externa, el desaliento y el egoísmo les impidieran terminar la tarea de reedificar el templo del Señor (1:2-4; 2:3). El mandamiento del Señor a través de Hageo fue «reedificar la casa» para el agrado y la gloria de Dios (1:8).

Considera las promesas del Señor

El Señor aseguró el éxito a Su pueblo mediante Su presencia (1:13-14; 2:4-5). También les prometió que recompensaría su renovada labor y dedicación a Él mediante el derramamiento de Su gloria, Su paz (2:6-9) y Su bendición en el templo (2:18-19). Finalmente, Dios prometió restaurar el trono davídico en la Tierra a través de un descendiente de Zorobabel (2:20-23).

LA VERACIDAD DE HAGEO

Eugene Merrill ha comentado que con excepción del profeta Ezequiel, ningún autor bíblico ha fechado sus actividades y mensajes con tanta precisión como Hageo y

Zacarías. El mensaje de Dios vino por primera vez a Hageo en el segundo año del rey persa Darío Histaspes (522–486 a.C.), el día primero del mes sexto. Los descubrimientos arqueológicos, junto con datos astronómicos, nos permiten traducir esta fecha al 29 de agosto de 520 a.C. Los cuatro mensajes de Hageo ocurren dentro de un marco cronológico que va desde esta fecha hasta el 18 de diciembre de 520 a.C.

CÓMO ENCAJA HAGEO EN LA HISTORIA DE DIOS

1. Prólogo: creación, caída del hombre y necesidad de redención
2. Dios construye Su nación (2000–931 a.C.)
3. Dios educa a Su nación (931–586 a.C.)
4. Dios preserva un remanente fiel (586–6 a.C.)
5. Dios compra la redención y comienza el reino (6 a.C. a 30 d.C.)
6. Dios extiende el reino a través de la iglesia (30 d.C. [?])
7. Dios consuma la redención y confirma Su reino eterno
8. Epílogo: un cielo nuevo y una Tierra nueva

✦ CRISTO EN HAGEO

A través de Hageo el Señor plantea que hará temblar los elementos de la creación y también a las naciones. Entonces las naciones vendrán a adorar en el nuevo templo que Dios llenará de Su gloria (2:6-7). Simeón vio en el niño Jesús una luz para las naciones gentiles y gloria para Israel (Luc. 2:32).

PRINCIPIOS BÁSICOS DE LA COSMOVISIÓN CRISTIANA

Enseñanza sobre Dios

Dios desea que Su pueblo lo glorifique (ver *Texto clave*). Debido a esto, Él tiene el derecho a prescribir lo que le agrada. En la época de Hageo, el interés del Señor era ser adorado correctamente en Su templo.

Enseñanza sobre la humanidad

Por un lado, las personas a las que Hageo se dirigió necesitaban ser reprendidas. Estaban bajo una maldición divina debido a su inactividad con respecto a los asuntos de Dios. El problema no era tanto que fueran activamente malvadas, sino que estaban pasivas cuando debían haberse mostrado apasionadas. Por otro lado, el Libro muestra que la gente puede ser impulsada a hacer cosas correctas, pero incluso esto debe partir de una iniciativa de Dios: «Y despertó Jehová […] el espíritu de todo el resto del pueblo...» (1:14).

Enseñanza sobre la salvación

Las personas que regresaron del exilio fueron sanadas de la idolatría que llevó a sus antepasados al cautiverio. Hageo revivió una prioridad de la era de la monarquía davídica: la necesidad de un templo como lugar de adoración para los redimidos.

CARACTERÍSTICAS LITERARIAS

GÉNERO Y ESTILO LITERARIO

Sermones proféticos escritos en prosa hebrea

Aunque Hageo fue claramente un profeta postexílico, sus profecías son tanto «declarativas» como «predictivas» en la manera clásica de los profetas hebreos: 1) hacen un llamado a las personas a que se arrepienta de sus pecados (en este caso, el pecado de despreocupación por el templo) y 2) tienen predicciones de acontecimientos lejanos (tales como la gloria que vendría al segundo templo).

El Libro está escrito en prosa hebrea en lugar de poesía. En las Biblias en español, Hageo es el décimo de los doce Profetas Menores. En el canon hebreo, pertenecía a la compilación de Libros llamada «Los Doce». (Para más información ver *Género y estilo literario* en **OSEAS**).

UN PRINCIPIO A SEGUIR EN LA VIDA

Responsabilidad del liderazgo (Hag. 1:1-11)

Los líderes espirituales en la iglesia han de modelar y enseñar la voluntad de Dios.

El anillo de sellar de Keops, rey de Egipto a principios del siglo XXVI a.C. El anillo de sellar simboliza la autoridad de la persona. La palabra de Jehová a Zorobabel de que Él le haría Su anillo de sellar (Hag. 2:23) indica que Zorobabel tendría la autoridad para actuar como el gobernante davídico legítimo de Dios.

Este Libro debe su nombre a la persona que lo escribió, Zacarías, el profeta del siglo VI que regresó a Judá del exilio babilónico. En hebreo su nombre significa «Jehová recuerda».

TEXTO CLAVE: 8:3

Así dice Jehová: Yo he restaurado a Sion, y moraré en medio de Jerusalén; y Jerusalén se llamará Ciudad de la Verdad, y el monte de Jehová de los ejércitos, Monte de Santidad.

TÉRMINO CLAVE: «JERUSALÉN»

Este Libro se enfoca en la ciudad de Jerusalén, la cual aún yacía en ruinas en los días de Zacarías. Se tienen en mente la reconstrucción de la ciudad a corto plazo, y el destino eterno y final de Jerusalén como el lugar en el cual Dios se deleita.

RESUMEN DE UNA SOLA FRASE

Por medio de visiones nocturnas y revelaciones proféticas, Zacarías predijo el bienestar de Jerusalén como la ciudad santa y amada de Dios, en la cual el Rey (también llamado el RENUEVO Siervo de Dios) entraría montado sobre un asno.

«Después saldrá Jehová y peleará con aquellas naciones, como peleó en el día de la batalla. Y se afirmarán sus pies en aquel día sobre el monte de los Olivos, que está en frente de Jerusalén al oriente; y el monte de los Olivos se partirá por en medio, hacia el oriente y hacia el occidente, haciendo un valle muy grande; y la mitad del monte se apartará hacia el norte, y la otra mitad hacia el sur» (Zac 14:3-4).

CONTEXTO HISTÓRICO ORIGINAL

AUTOR Y FECHA DE ESCRITURA

Zacarías, quizás cerca del 518 a.C.

Zacarías era contemporáneo con Hageo. Lo único que en realidad se conoce sobre él es que era hijo de Berequías, nieto de Iddo (1:1). Es probable que fuera uno de los exiliados que regresó a Judá en los años 530. Él fechó dos de sus visiones, esto dio lugar a los eruditos para que integrasen su ministerio con el de Hageo. Su llamado inicial ocurrió en octubre o noviembre del 520 (1:1); las ocho visiones nocturnas sucedieron el 15 de febrero del 519 (1:7); un tercer mensaje vino el 7 de diciembre del 518. Casi con toda certeza se sabe que Zacarías no vivió para ver los muros de Jerusalén reconstruidos (en el 445 a.C., unos 75 años después de su primer llamado).

La mayor parte de la crítica textual ha sostenido la opinión de que Zacarías 9–14 fue escrito por un profeta desconocido y posterior, un «Deutero-Zacarías», con un estilo y perspectiva diferentes. (Esto es equivalente al argumento para un «Deutero-Isaías». Ver *Autor y fecha de escritura* de **ISAÍAS**). Sin embargo, en realidad no existen argumentos sólidos para negar que el profeta del siglo VI escribió todo el Libro. Es posible que escribiera sus mensajes a medida que los iba recibiendo, y fueron compilados un poco después.

PÚBLICO INICIAL Y DESTINATARIO

Los israelitas en Jerusalén después de que regresaron del exilio

El público inicial fue el pueblo de Jerusalén que había regresado del exilio. En particular, Zorobabel, el gobernador, y Josué, el sumo sacerdote, recibieron algunos de los mensajes de ánimo de Zacarías.

ORIGEN

Zacarías describió su llamado profético simplemente como «palabra de Jehová». Por más de quince años los judíos habían estado de regreso en Jerusalén, pero la ciudad se encontraba aún arruinada. Los muros todavía estaban desbaratados, y el pueblo dudaba sobre el futuro de la ciudad. Dios levantó a Zacarías para alentar a estos judíos con una visión del futuro glorioso de Jerusalén. Él no expresó lo que motivó a la recopilación de sus escritos.

EL MENSAJE DE DIOS EN ZACARÍAS

PROPÓSITO

El Libro preserva las profecías de inspiración divina que Zacarías recibió durante su ministerio en 520–518 a.C. (o es posible que se extendiera hasta más tarde). Estas profecías fueron en un principio para el pueblo de Judá que había retornado hacía poco de la cautividad babilónica, y estaba inseguro sobre las perspectivas futuras para la ciudad de Jerusalén, que en algún momento había sido espléndida, pero que ahora estaba en ruinas por la invasión babilónica. Su mensaje fue en esencia de ánimo: los mejores días de Jerusalén estaban en un futuro glorioso. Debido a las profecías mesiánicas de Zacarías que Jesús cumplió, la mayor gloria de Jerusalén fue que Jesús bendijo la ciudad con Su presencia.

A PRIMERA VISTA

Una característica de la profecía predictiva de los diferentes Libros de la Biblia, pero que se pone de manifiesto especialmente en Zacarías, es la capacidad de resumen. En ocasiones, las profecías próximas y distantes están tan compactas; que es difícil expresar si una predicción específica está cerca o lejos. Es como mirar las cimas de dos montañas a través de un telescopio: parecen estar juntas, pero están separadas por varios kilómetros. Las profecías de Zacarías son así. Ellas incluyen acontecimientos que van desde la época en que él vivió, hasta los días gloriosos y finales de Jerusalén.

Visiones nocturnas de Zacarías

El Libro y las visiones comienzan con un primer llamado a «volverse» o arrepentirse. Fue emitido en octubre/noviembre del 520 a.C. alrededor de un mes después de que el trabajo en el templo se había reanudado (1:1-6). La gran interrogante que enfrentaba toda la generación de la restauración era si regresarían a la fe en el Señor o repetirían los pecados de sus padres. Al parecer todas las visiones nocturnas fueron recibidas el 15 de febrero del 519 a.C., aproximadamente seis meses después de que la reconstrucción se había reiniciado (1:7–6:8). Los temas principales de las visiones nocturnas son: (1) el juicio de Dios sobre las naciones, (2) Su elección y bendición futura de Jerusalén, (3) la purificación de la tierra, (4) la reconstrucción del templo, y (5) el liderazgo de Zorobabel y Josué.

Coronación de Josué

La profecía en esta sección central y más importante del Libro (6:9–8:23) forma un vínculo entre las dos secciones más amplias. Al igual que el pasaje 3:1-10, describe un prototipo mesiánico que recibe las indicaciones de

Zorobabel, de una de las lunetas pintadas por Miguel Ángel en la Capilla Sixtina. La palabra del Señor por medio de Zacarías a Zorobabel: «No con ejército, ni con fuerza, sino con mi Espíritu, ha dicho Jehová de los ejércitos» (Zac. 4:6).

su oficio. La introducción, «la palabra del Señor vino a mí» (ocurre además solo en Jeremías y Ezequiel), también aparece en 4:8, donde introduce una profecía que promete la culminación del templo por parte de Zorobabel. En lugar de Zorobabel, aquí solo se mencionan a Josué y «el RENUEVO» (6:9-15). A Zacarías se le pide que lleve a cabo coronaciones reales (plural) y que corone a Josué. Luego las coronas deben colocarse en el templo como un recordatorio de lo que Dios iba a hacer. Esta profecía encierra tanto el cumplimiento contemporáneo como el futuro de los propósitos de Dios. La ambigüedad del pasaje con respecto al número de coronas y tronos se debe a la necesidad de Zorobabel y Josué de anunciar al Mesías, quien sería Rey y Sacerdote.

Dos profecías concernientes al reino venidero

Temas como los días ceremoniales, la santidad de la casa de Dios, la adoración universal al Señor, la reunión de los exiliados, y la repoblación de Jerusalén se presentan en los capítulos 7–8 y reaparecen en los capítulos 9–14. Es probable que estos últimos capítulos fueran escritos después de que el templo se terminó, y contienen dos profecías o mensajes divinos (caps. 9–11 y 12–14). Ambos mensajes tratan sobre el establecimiento del reino de Dios en la Tierra. Ambos describen acontecimientos futuros, algunos de los cuales se cumplieron antes de la encarnación de Jesús, otros durante el ministerio terrenal de Jesús, y otros se cumplirán cuando Él regrese. Cada profecía contiene tres secciones principales, pero la primera concluye con una cuarta sección que actúa como puente entre las dos profecías. Es la tercera de las ceremonias para designar oficios en Zacarías (ver 3:1-10; 6:9-15).

LA VERACIDAD DE ZACARÍAS

El Libro de Zacarías contiene tres fechas exactas. Las primeras dos (1:1,7) pertenecen al segundo año de Darío (Histaspes), o 520 a.C., y estas se relacionan con las profecías de Hageo. La tercera fecha (7:1) es del cuarto año de Darío, y marca el arribo de una delegación que llegó a adorar al Señor y pidió mantener un ayuno que conmemorara la caída de Jerusalén. Mientras Zacarías 1–8 trata sobre la reedificación del templo, el sacerdocio, y el futuro de Jerusalén, los capítulos 9–14 tratan en su mayor parte sobre el futuro distante y la venida del reino mesiánico. Por causa de esta división, algunos han pensado que estos últimos capítulos fueron escritos por otro autor. Sin embargo, la evidencia no respalda esta conclusión, y la unidad temática del Libro se levanta contra este argumento. Es más probable que el clima social y político del país cambiara, y como resultado, las profecías de Zacarías también cambiaron. En este caso es posible que estas profecías mesiánicas fueran dadas en algún momento alrededor del 500 a.C.

CÓMO ENCAJA ZACARÍAS EN LA HISTORIA DE DIOS

1. Prólogo: creación, caída del hombre y necesidad de redención
2. Dios construye Su nación (2000–931 a.C.)
3. Dios educa a Su nación (931–586 a.C.)
4. **Dios preserva un remanente fiel (586–6 a.C.)**
5. Dios compra la redención y comienza el reino (6 a.C. a 30 d.C.)
6. Dios extiende el reino a través de la iglesia (30 d.C. [?])
7. Dios consuma la redención y confirma Su reino eterno
8. Epílogo: un cielo nuevo y una Tierra nueva

CRISTO EN ZACARÍAS

Los Evangelios incorporan más pasajes de Zacarías que de ningún otro profeta. En Zacarías vemos el anuncio de la perforación del cuerpo de Jesús (12:10, comp. con Juan 19:34,37; Apoc. 1:7).

PRINCIPIOS BÁSICOS DE LA COSMOVISIÓN CRISTIANA

Enseñanza sobre Dios

Zacarías enfatiza la misericordia de Dios (por amor a Su nombre) sobre Su amado pueblo. Por esta razón, ellos un día habitarán para siempre con seguridad y bendición en Jerusalén. El Espíritu de Dios está presente para capacitar a sus siervos (4:6). Jesús es anunciado en varios lugares. Su entrada triunfal en Jerusalén (9:9), Su traición por treinta piezas de plata (11:12), y Su función como Pastor (13:7) y RENUEVO (3:8; 6:12).

Enseñanza sobre la humanidad

En general, Zacarías mira hacia adelante al tiempo en que el pueblo de Dios (que había sido castigado por su pecado) sería restaurado en justicia. En particular, el Libro muestra lo que Dios puede lograr por medio de individuos comprometidos a la obediencia. Estos ejemplos de personas son Zacarías el profeta, Josué el sacerdote (3:1-10) y Zorobabel el gobernador (4:6-10). Estos hombres vislumbraron la venida del Mesías, el mayor Profeta, Sacerdote y Rey.

Enseñanza sobre la salvación

Zacarías llama la atención a la futura redención del pueblo de Dios de forma corporativa, cuando vivan en la tierra seguros y el Señor habite en medio de ellos (cap. 8). Esta salvación vendrá después del «día del Señor», cuando Dios derrotará a las naciones que se han opuesto a Jerusalén (cap. 14). Todos aquellos que comparten esta salvación «serán consagrados a Jehová de los Ejércitos» (14:21).

CARACTERÍSTICAS LITERARIAS

GÉNERO Y ESTILO LITERARIO

Profecías, que incluyen visiones y palabras de Dios, escritas principalmente en prosa hebrea pero con un toque poético

Las profecías de Zacarías son tanto «declarativas» como «predictivas». El Libro incluye los tres elementos clásicos de la profecía hebrea: 1) hace un llamado a las personas a que se arrepientan de sus pecados, 2) predicen acontecimientos cercanos (como la bendición de Dios sobre Zorobabel) y 3) predicen acontecimientos lejanos (como la llegada a Jerusalén del Rey montado sobre un asno).

Al igual que Ezequiel y Daniel, Zacarías recibió visiones simbólicas como parte de su ministerio. Estas incluían tanto elementos proféticos cercanos como lejanos.

El jardín de Getsemaní en el Monte de los Olivos. La profecía de Zacarías concluye al enfocarse en la liberación de Jerusalén por parte de Dios en los últimos días y Su coronación como Rey de toda la Tierra. La derrota inicial de Jerusalén se convertirá en victoria cuando el Señor aparezca. El lugar de su mayor agonía, el jardín de Getsemaní en el Monte de los Olivos, verá Su mayor gloria (Mat. 26:30-45).

El Libro está escrito principalmente en prosa hebrea, en vez de poesía. Los capítulos 9–10 son la sección poética principal. En las Biblias en español, Zacarías es el undécimo de los doce Profetas Menores. En el canon hebreo pertenecía a la compilación de Libros llamada «Los Doce». (Para más información ver *Género y estilo literario* de **OSEAS**).

UN PRINCIPIO A SEGUIR EN LA VIDA

Un Siervo humilde (Zac. 9:9)

Aunque viene el día en que el Señor Jesucristo gobernará y reinará como Rey de reyes, debemos imitar Su vida de Siervo humilde cuando vino la primera vez.

MALAQUÍAS

Este Libro debe su nombre a la persona que lo escribió, Malaquías, el profeta del siglo V que dirigió sus mensajes a Judá. En hebreo su nombre significa «mi mensajero».

TEXTO CLAVE: 1:11

Porque desde donde el sol nace hasta donde se pone, es grande mi nombre entre las naciones; y en todo lugar se ofrece a mi nombre incienso y ofrenda limpia, porque grande es mi nombre entre las naciones, dice Jehová de los ejércitos.

TÉRMINO CLAVE: «MENSAJERO»

Malaquías, el mensajero de Dios, señaló que, aunque los verdaderos sacerdotes de Dios servían como Sus mensajeros (2:7), Dios un día enviaría a «mi mensajero» (3:1, Juan el Bautista) para preparar el camino para «el mensajero del pacto»[1] (3:1, Jesús).

RESUMEN DE UNA SOLA FRASE

Malaquías reprendió al pueblo de Dios por violaciones específicas del pacto, tales

«Mas a vosotros los que teméis mi nombre, nacerá el Sol de justicia, y en sus alas traerá salvación; y saldréis, y saltaréis como becerros de la manada» (Mal. 4:2).

como leyes concernientes a sacrificios, divorcios y diezmos, pero también profetizó la venida del Mensajero que pondría todas las cosas en orden.

CONTEXTO HISTÓRICO ORIGINAL

AUTOR Y FECHA DE ESCRITURA

Malaquías, quizás cerca de 450 o 420 a.C.

El profeta no identificó a sus padres ni a los gobernantes de su época, lo que hace imposible determinar la fecha precisa en la que vivió. Poco se sabe sobre él. Probablemente nació en la tierra de Judá después de que los exiliados comenzaran a regresar de Babilonia, en la década del 530 a.C. Posiblemente escribió sus mensajes a medida que los recibió, y los compiló poco después.

PÚBLICO INICIAL Y DESTINATARIO

Los israelitas en Judá después del exilio babilónico

El público inicial fue el pueblo de Judá de la segunda o tercera generación posterior al regreso del cautiverio, quienes se habían vuelto apáticos en su relación con Dios.

Objeto de plata forjado por un herrero. «He aquí, yo envío mi mensajero, el cual preparará el camino delante de mí; y vendrá súbitamente a su templo el Señor a quien vosotros buscáis, y el ángel del pacto, a quien deseáis vosotros. He aquí viene, ha dicho Jehová de los ejércitos. ¿Y quién podrá soportar el tiempo de su venida? ¿o quién podrá estar en pie cuando él se manifieste? Porque él es como fuego purificador, y como jabón de lavadores. Y se sentará para afinar y limpiar la plata; porque limpiará a los hijos de Leví, los afinará como a oro y como a plata, y traerán a Jehová ofrenda en justicia. Y será grata a Jehová la ofrenda de Judá y de Jerusalén, como en los días pasados, y como en los años antiguos» (Mal. 3:1-4a).

ORIGEN

Malaquías describió su profecía como «la palabra de Jehová contra Israel» (1:1). Él no mencionó visiones recibidas ni describió el mecanismo por el cual Dios le habló. Malaquías tenía una sensación tan fuerte de ser un portavoz de Dios como cualquiera de los profetas que lo habían precedido, y a menudo habló como la voz de Dios y utilizó el pronombre «yo». No expresó lo que motivó la recopilación de sus escritos.

EL MENSAJE DE DIOS EN MALAQUÍAS

PROPÓSITO

Este Libro conserva las palabras divinamente inspiradas que Malaquías recibió durante su (quizás breve) ministerio desarrollado cerca del 450 o 420 a.C. Estas profecías estaban dirigidas originalmente a la segunda o tercera generación de personas en Judá después del regreso del cautiverio babilónico. El templo estaba funcionando y la ciudad había sido reconstruida, pero la adoración y el estilo de vida de la gente se habían vuelto superficiales. Su mensaje consistía esencialmente en una acusación: como mensajero de Dios, los acusó de violaciones del pacto y puso ejemplos específicos; pero también previó un tiempo de maravillosas bendiciones.

A PRIMERA VISTA

Cuestionamiento

Malaquías presentó los pecados de Judá, y lo hizo sobre todo en los propios labios del pueblo, al citar sus palabras, pensamientos y actitudes (1:2,6-7,12-13; 2:14,17; 3:7-8,13-15). Malaquías se enfrentó con la realidad que los sacerdotes de Judá no temían al Señor, ni servían conscientemente al pueblo durante los tiempos difíciles. Este incumplimiento había contribuido a la indiferencia de Judá en cuanto a la voluntad de Dios. Echaban la culpa de sus problemas económicos y sociales a la supuesta infidelidad del Señor para con ellos, y por lo tanto la gente se trataba mutuamente de forma desleal (en especial los esposos a las esposas) y profanaba el templo mediante casamientos con mujeres paganas. El pueblo dejó de llevar los diezmos al templo.

Volverse

Malaquías llamó al pueblo a volverse de su apatía espiritual y a corregir sus actitudes incorrectas con respecto a la adoración; para lo cual debían poner su confianza en Dios con fe genuina y tenerlo como su Señor vivo. Esto incluía honrar el nombre del Señor con ofrendas puras, ser fieles a los pactos hechos con otros creyentes, especialmente el pacto matrimonial, y manifestar su arrepentimiento mediante la entrega de los diezmos.

Advertencia

Si los sacerdotes no cambiaban su comportamiento, el Señor los maldeciría, los avergonzaría y los separaría del servicio. Malaquías también anunció un día en que el Señor de la justicia vendría a depurar y a limpiar a Su pueblo. En ese tiempo, Él haría evidente la distinción entre los obedientes y los impíos, y juzgaría a los impíos.

Recordar

Malaquías fundamentó sus instrucciones sobre la base de 1) la demostración de amor del Señor por Israel (1:2), 2) su unidad espiritual y de pacto con Dios y entre ellos mismos (2:10) y 3) aquel día venidero en que el Señor también bendecirá abundantemente a los que le temen (3:1-6; 3:16–4:3).

LA VERACIDAD DE MALAQUÍAS

Aunque el Libro no está fechado mediante una referencia a un gobernante o a un acontecimiento específico, la evidencia interna, así como su posición en el canon, favorece una fecha postexílica. La referencia a un gobernador en 1:8 favorece el período persa, cuando Judá fue una provincia o subprovincia de la satrapía persa Abar Nahara, un territorio que incluía Palestina, Siria, Fenicia, Chipre y, hasta el 485 a.C., Babilonia. El templo había sido reconstruido (515 a.C.) y establecido el culto (1:6-11; 2:1-3; 3:1,10), pero habían disminuido la emoción y el entusiasmo de los cuales los profetas Hageo y Zacarías fueron los catalizadores. Los problemas sociales y religiosos que Malaquías abordó reflejan la situación descrita en Esdras 9–10 y Nehemías 5 y 13, lo cual sugiere dos posibles fechas que bien podrían ser: justo antes del regreso de Esdras (hacia el 460 a.C.) o justo antes del segundo mandato de Nehemías como gobernador (Neh. 13:6-7, aprox. 435 a.C.).

Mena de plata de una veta rica en plata. Aun así, se requiere de alta temperatura para transformar la mena en plata. Para la plata esterlina se requieren 1650 grados; para la plata pura, más de 1750 grados.

CÓMO ENCAJA MALAQUÍAS EN LA HISTORIA DE DIOS

1. Prólogo: creación, caída del hombre y necesidad de redención
2. Dios construye Su nación (2000–931 a.C.)
3. Dios educa a Su nación (931–586 a.C.)
4. Dios preserva un remanente fiel (586–6 a.C.)
5. Dios compra la redención y comienza el reino (6 a.C. a 30 d.C.)
6. Dios extiende el reino a través de la iglesia (30 d.C. [?])
7. Dios consuma la redención y confirma Su reino eterno
8. Epílogo: un cielo nuevo y una Tierra nueva

☧ CRISTO EN MALAQUÍAS

Malaquías describe a Cristo como el Sol de justicia que trae salvación a Su pueblo (4:2). Él también viene como fuego purificador para limpiar a los hijos de Leví, de manera que estos puedan traer a Jehová una ofrenda en justicia (3:2-3).

PRINCIPIOS BÁSICOS DE LA COSMOVISIÓN CRISTIANA

Enseñanza sobre Dios

Malaquías presenta la inmutabilidad de Dios (Él no cambia). Por esta razón, Sus promesas son perdurables. Además, Él es Aquel que juzga correctamente, y empieza con Su propio pueblo. Por otra parte, el Dios eterno es personal, lo cual se enfatiza en este Libro mediante el uso frecuente del pronombre «yo». Cristo es profetizado como el mensajero que limpiará tanto a los sacerdotes como al pueblo (3:1-5). El Espíritu Santo no es mencionado.

Enseñanza sobre la humanidad

Este Libro se dirige al pueblo de Dios, sin embargo, ellos estaban desalentados y desilusionados. Las promesas que los primeros profetas habían hecho sobre una época dorada parecían vacías. Esta gente ilustra que en tiempos en que Dios no parece actuar a favor de Su pueblo, es fácil llegar a dormirse en los laureles. Incluso es fácil ser apático en cuanto a obedecer los mandamientos morales específicos de Dios. Este Libro ofrece la cura de Dios para esa gente dudosa.

Enseñanza sobre la salvación

La redención en Malaquías tiene dos aspectos. El primero es la idea del pacto (mencionado seis veces). La salvación viene porque Dios la comenzó en Su pacto. El segundo aspecto es la obra del Mensajero que ha de venir. Malaquías predijo que Su venida traería limpieza: «Él es como fuego purificador, y como jabón de lavadores» (3:2). Las implicaciones de esta profecía no estarían completamente claras hasta que Jesús las cumplió mediante Su muerte expiatoria.

CARACTERÍSTICAS LITERARIAS

GÉNERO Y ESTILO LITERARIO

Argumentaciones y profecías escritas en prosa hebrea

Como escritor profético, Malaquías incluyó materiales en un formato inusual, aunque incluyó elementos clásicos que «declaran» y «predicen». Su «declaración» enfatizó los pecados del pueblo causados por su indiferencia hacia Dios. Su «predicción» se enfocó en acontecimientos distantes en el tiempo (como la venida de Juan el Bautista y de Jesús).

El Libro entero está escrito en prosa hebrea. Sin embargo, el profeta usó una serie de metáforas vívidas. En las Biblias en español, Malaquías es el último de los doce Profetas Menores. En el canon hebreo, pertenecía a la compilación de Libros llamada «Los Doce». (Para más información ver *Género y estilo literario* en **OSEAS**).

UN PRINCIPIO A SEGUIR EN LA VIDA

Segunda venida (Mal. 3:1-6)

Siempre debemos estar preparados para la segunda venida del Señor.

REFERENCIAS

1. No aparece en la traducción RVR1960. Ver la versión LBLA (La Biblia de las Américas).

Salida del sol en el mar de Galilea. «Porque desde donde el sol nace hasta donde se pone, es grande mi nombre entre las naciones; y en todo lugar se ofrece a mi nombre incienso y ofrenda limpia, porque grande es mi nombre entre las naciones, dice Jehová de los ejércitos» (Mal. 1:11).

ORIGEN, TRANSMISIÓN Y CANONIZACIÓN DE LOS LIBROS DEL NUEVO TESTAMENTO

JEREMY ROYAL HOWARD

El término *canon* se utiliza para describir la lista de Libros aprobados para su inclusión en la Biblia. Este se deriva de una palabra griega que significa «vara», como una vara recta que sirve de estándar para medir. Por lo tanto, hablar del canon bíblico es hablar de Libros acreditados, dados por Dios, cuyas enseñanzas definen la creencia y la práctica correctas. Por supuesto, solo los Libros inspirados por Dios deben recibirse como canónicos. La Biblia que tú tienes delante incluye 27 Libros en el Nuevo Testamento (NT). ¿Son estos los Libros correctos? ¿Transmiten de manera fidedigna la verdad sobre Jesucristo? Este ensayo sostiene que los 27 Libros del canon del NT son los correctos y que son totalmente confiables en su relato de la verdad sobre Jesús y Sus primeros seguidores.

Fragmento del manuscrito más antiguo del Nuevo Testamento; es del Evangelio de Juan y fue nombrado Papiro P52 de la Biblioteca Rylands.

ORIGEN Y VERACIDAD DE LA ESCRITURA DEL NUEVO TESTAMENTO

La veracidad de los Libros del NT descansa en cuestiones relacionadas con su origen: ¿fueron escritos por testigos presenciales y hombres vinculados estrechamente a ellos? ¿Fueron los autores inspirados por Dios al escribir? El cristianismo histórico ha respondido afirmativamente a estas preguntas. A pesar de que los escépticos sostienen que los Libros fueron escritos por hombres que heredaron una leyenda que se había salido de los límites de la realidad, la confianza cristiana en el NT descansa sobre un fundamento firme. A continuación, se presentan algunas evidencias que apoyan la veracidad del NT.

1. *Jesús capacitó personalmente a doce discípulos.* Al comienzo de Su ministerio, Jesús hizo lo que muchos maestros talentosos del mundo antiguo hacían: Él escogió a un pequeño grupo de hombres para que fueran Sus estudiantes oficiales. Durante aproximadamente tres años, ellos escucharon atentamente las enseñanzas de Jesús y fueron testigos de Sus hechos. Jesús fue intencional en Sus esfuerzos por enseñarles; Él utilizó herramientas eficaces de enseñanza tales como parábolas, repeticiones y medios visuales.

También les enseñó *cómo* difundir Su mensaje (Mar. 6:7-11), y luego les ordenó que entregaran sus vidas a esta tarea después de Su resurrección (Mat. 28:18-20).

A pesar de muchos altibajos en el camino hacia la comprensión, los discípulos se entregaron a la tarea de entender las enseñanzas de Jesús y recordarlas con precisión. Sin embargo, ¿cuán bien podrían recordar décadas después, cuando ellos y sus allegados escribieron los cuatro Evangelios? Tres factores indican que los discípulos no habrían tenido problemas para recordar las enseñanzas de Jesús.

Primero, se debe tener en cuenta que desde la última vez que ellos caminaron con Jesús hasta el momento en que los Evangelios fueron escritos, los discípulos se dedicaron de forma ininterrumpida a difundir la palabra sobre Jesús. Esto se convirtió en su propósito de vida. Por lo tanto, las enseñanzas de Jesús permanecieron frescas en sus mentes a través de los años mientras predicaban de ciudad en ciudad y eran desafiados continuamente a defender sus afirmaciones.

Segundo, la mayoría de nosotros en la actualidad hemos perdido el contacto con la capacidad potencial de la memoria humana. Almacenamos gran cantidad de datos, pero no en nuestras mentes sino en libros y computadoras. La falta de tales herramientas obligó a los antiguos a utilizar mejor las capacidades de almacenamiento del cerebro. Los judíos, en particular, eran impresionantes en este sentido. Como el pueblo al que Dios había revelado Su voluntad mediante palabras orales y escritas, los estudiantes judíos de religión se sentían motivados para lograr proezas hercúleas de memorización. Se decía que los estudiantes de nivel avanzado eran como grandes cajas de libros; guardaban *todo* en sus mentes. Aunque los discípulos de Jesús carecían de este nivel de formación, es cierto que desde el momento en que fueron llamados a ser estudiantes de Jesús, estuvieron conscientes de que se esperaba que ellos comprendieran y recordaran Sus enseñanzas. Fracasar en este sentido sería faltarle el respeto a su maestro, sobre todo porque ellos creían que Él era el Mesías.

Tercero, es probable que los discípulos escribieran porciones clave de las enseñanzas de Jesús muchos años antes de que se escribieran los Evangelios completos. Estos escritos habrían estado disponibles para refrescar la memoria, y posiblemente sirvieron como material fuente útil para la composición de los Evangelios (ver Luc. 1:1-4).

2. *El Espíritu Santo ayudó a los discípulos a entender y recordar*. Jesús envió el Espíritu para ayudar a Sus discípulos a comprender y recordar Sus enseñanzas (Juan 14:26), por lo que ellos no tuvieron que depender solo de sus propios esfuerzos al hablar y escribir sobre Jesús. El testimonio interno del NT muestra que los discípulos tomaron conciencia del papel del Espíritu en los escritos de todos ellos. Los judíos subrayaron la diferencia entre la Escritura inspirada y los escritos ordinarios. Los rabinos incluso afirmaban que la Escritura «contaminaba las manos», una frase

Jesús enseñó a las multitudes, pero capacitó a los doce discípulos de forma intensiva durante un período de tres años. La resurrección de Jesús y la venida del Espíritu Santo en Pentecostés, fueron los catalizadores que iluminaron las enseñanzas de Jesús y proporcionaron a los discípulos la lente para ver el poder y la coherencia de Su enseñanza.

sorprendente que motivaba a los judíos a considerar cuidadosamente sus intenciones antes de manejar la Escritura, y a decidir si estas intenciones justificaban el problema de quedar ceremonialmente impuros. Esta enseñanza desalentó el manejo irresponsable de la Escritura. Afirmar que un documento es de Dios sería blasfemo si no fuera cierto; sin embargo, esta es la afirmación que el propio NT hace. En 1 Timoteo 5:18, Pablo cita Lucas 10:7 como Escritura. De manera similar, Pedro afirma en 1 Pedro 3:15-16 que los escritos de Pablo son parte de la Escritura. Los escritos de Pedro fueron a su vez recibidos como Escritura sobre la base de su apostolado. Si bien no se puede asegurar que los autores del NT estuvieran conscientes en el momento de escribir que lo que escribían constituía parte de la Escritura inspirada (por ej., ver la declaración de propósito de Lucas en Luc. 1:1-4), ellos eran conscientes de que sí tenían la autoridad dada por Dios como mensajeros elegidos, y la iglesia recibió rápidamente sus escritos como palabras acreditadas e inspiradas por Dios.

3. *Los escritos del NT subrayan la importancia de los testigos presenciales y los hechos concretos.* Los autores del NT enfatizan el papel de los testigos presenciales y sus afirmaciones sobre las pretensiones de la verdad descansan en la realidad de los acontecimientos que describen. Por ejemplo, cuando Lucas revela sus métodos y propósitos al comienzo de su Evangelio (Luc. 1:1-4), él afirma que su Libro trata sobre «cosas que entre nosotros han sido ciertísimas», como las relatan aquellos que «lo vieron con sus ojos, y fueron ministros» de Cristo. También destaca que él investigó cuidadosamente estos asuntos antes de escribir, y que la razón que lo impulsó a hacerlo fue que su lector pudiera conocer «bien la verdad de las cosas» en las que la fe cristiana se fundamenta. Aquí tenemos a un hombre que no da lugar a leyendas, ni a medias verdades, ni a suposiciones. Su enfoque está en el Jesús real y en los acontecimientos que cambian el mundo y que no pueden ser cuestionados. Juan también enfatiza la importancia de los *hechos*. Él está seguro de lo que ha escrito y afirma que ha incluido solo una pequeña porción de las obras de Jesús (Juan 20:30; 21:24-25). Al igual que Lucas, Juan quiere que sus lectores conozcan a Jesús como Señor y que de esta forma obtengan la vida eterna (Juan 20:31; 1 Jn. 5:13). Lejos de contar leyendas sombrías, su objetivo es transmitir la verdad certera.

Lucas y Juan nos impresionan con el énfasis que hacen en la verdad, pero la aseveración más impactante de que el testimonio del NT es veraz viene del apóstol Pablo, quien se opuso implacablemente a la joven iglesia que se extendía como fuego incontrolable desde Jerusalén. Como fanático de las doctrinas fariseas y de todas las costumbres antiguas, él quiso erradicar el cristianismo. Todo esto cambió cuando el Señor resucitado se le apareció en el camino a Damasco. Al experimentar una conversión asombrosa, Pablo dedicó el resto de su vida a difundir la verdad sobre Jesús. El fundamento de la predicación de Pablo fue la resurrección de Jesús.

Más que solo un fuerte punto de predicación, Pablo entendió que la resurrección literal de Cristo constituía la base absoluta del cristianismo. Por esta razón, en 1 Corintios 15:12-19, Pablo afirmó que si la resurrección de Cristo no era un acontecimiento histórico real, el cristianismo era un mito y los cristianos unos mentirosos. ¿Cómo podía Pablo atreverse a poner en riesgo su fe y su integridad personal de esta manera? La respuesta es evidente. Como Juan, Lucas y todos los demás autores del NT, Pablo sabía que el cristianismo descansa sobre el fundamento indefectible de la realidad histórica. Podemos estar seguros de que Dios el Hijo vino en carne, habitó entre los seres humanos, capacitó a los discípulos para Su servicio, murió por nosotros en la cruz, resucitó al tercer día y luego ascendió al cielo, de donde algún día regresará en poder.

En resumen, el NT ha de ser recibido como fiable sobre la base de los siguientes hechos: Jesús capacitó a un grupo de discípulos para comprender y difundir Sus enseñanzas. Conforme al patrón establecido entre los estudiantes judíos de religión, ellos habrían tomado esta tarea con gran seriedad, lo cual incluía la memorización de las enseñanzas clave de Jesús. Durante aproximadamente una década después de la resurrección de Cristo, estos hombres mantuvieron Sus enseñanzas vivas al predicar incesantemente y preparar discípulos ávidos como Lucas y Marcos. También aceptaron a Pablo como un apóstol legítimo, después de su conversión milagrosa (Hech. 9). Luego, a partir de mediados de la década del 40, los apóstoles y sus allegados aprobados comenzaron a escribir cartas acreditadas e inspiradas por el Espíritu, las cuales circularon entre las iglesias. Los escritos de Pablo salieron primero, y después los Evangelios. Las primeras iglesias recibieron estos escritos como Escritura y se convirtieron en los estándares por los cuales se juzgaban la doctrina y la práctica cristiana.

FACTORES EN LA FORMACIÓN DEL CANON DEL NUEVO TESTAMENTO

Si uno pregunta cuándo y cómo se formó el canon, lo primero que hay que tener en cuenta es que el canon (que es una lista de Libros y no los Libros como tales) llegó a existir necesariamente *después* de que los Libros fueron escritos. De esta forma, los libros acreditados fueron Escritura inspirada antes de que existiera una lista que los identificara como tales. En segundo lugar, el canon se formó como una cuestión de consenso generalizado, y no de pronunciamiento ejecutivo. En tercer lugar, y en conformidad con los dos primeros puntos, transcurrieron varios siglos antes de que el canon surgiera como un hecho ampliamente reconocido. Los críticos toman esta aparición relativamente tardía como prueba de que los Libros no fueron inicialmente recibidos como Escritura, y que llegaron a ser considerados Libros sagrados solo porque los cristianos que vivieron posteriormente perdieron de vista cómo se originaron. Sin embargo, el desarrollo gradual del consenso canónico fue un reflejo natural de cuatro condiciones:

1. *La creación y difusión graduales de los Libros del NT*. Los Libros del NT canónico fueron escritos en un lapso de aproximadamente 50 años (45–95 d.C.). Antes de ganar la aceptación universal, cada libro recién escrito tenía que ser circulado, copiado, examinado y discutido entre las iglesias, lo cual no era un proceso rápido. Los libros escritos relativamente tarde se sometían a la clase de tratamiento que era común para los de recién aparición: eran examinados con muchísimo cuidado antes de ser aceptados entre los Libros de la vieja guardia. Además, la fe cristiana se multiplicaba rápidamente en los primeros siglos, y nuevas iglesias surgían en regiones lejanas a un ritmo que superaba la difusión de la Escritura. De esta forma, muchas iglesias primitivas tuvieron acceso a solo unos cuantos Libros del NT. Como es natural, cuando los libros nuevos llegaban a sus manos, ellos eran cautelosos para abrazarlos como bíblicos, y solo los aceptaban después de considerar y consultar cuidadosamente con iglesias que habían sido fundadas por los apóstoles.

2. *La autoridad apostólica y el canon del NT*. Las primeras iglesias fueron fundadas en su totalidad por los apóstoles y sus allegados a medida que se desplegaban desde Jerusalén, en los años posteriores a la resurrección de Jesús. Desde luego, las iglesias dependían de estos hombres para aprender sobre Jesús y la vida cristiana. Al principio, estas enseñanzas eran estrictamente orales, pero con el tiempo los apóstoles comenzaron a escribir cartas y Evangelios para las iglesias, y de esta forma proporcionaron «Libros» acreditados con el fin de guiar a los primeros cristianos en sus creencias y prácticas. Estas iglesias apostólicas estuvieron entre las primeras en recibir la Escritura tal como fueron escritas, por lo que se encontraron en una buena posición para ayudar a guiar a iglesias más nuevas en la identificación correcta de un canon del NT.

3. *La independencia relativa de cada iglesia local*. Al comienzo del cristianismo, todas las iglesias verdaderas honraban la autoridad apostólica, y sin embargo cada iglesia local era relativamente independiente de cualquier autoridad eclesiástica centralizada. Un resultado práctico de esto fue que ninguna entidad central declaró las identidades de los Libros del NT, ni forzó su uso en la adoración en los otros lugares. Es de entender que fue necesario el paso de varios siglos para que las iglesias diseminadas por todo el mapa forjaran lazos comunicativos y llegaran a un consenso común sobre el canon.

4. *La aparición de las herejías*. Cuando alguien llegaba a las iglesias y promovía ideas contrarias a las de los apóstoles, sus enseñanzas eran reconocidas como innovación no acreditada. Esto ocurrió en el siglo II con el advenimiento del llamado cristianismo gnóstico. El gnosticismo era una popular filosofía griega dualista, la cual planteaba que el mundo material fue creado por un dios malvado. Por lo tanto, los

gnósticos hacían énfasis en la meditación sobre los secretos de un reino puro e invisible, y negaban que Dios pudiera haberse encarnado como lo hizo Cristo. Un hombre llamado Marción combinó el gnosticismo con elementos cristianos y pidió a la iglesia en Roma que adoptara sus puntos de vista. Entre otras perversiones, Marción trató de convencer a los cristianos de rechazar la Escritura del AT y adherirse solo a los escritos de Pablo, más una versión muy cambiada del Evangelio de Lucas, que no mencionaba el nacimiento de Cristo. Como herederos de las enseñanzas apostólicas, los cristianos de Roma y de otros lugares sabían que las enseñanzas de Marción no se ajustaban a las doctrinas cristianas genuinas. A medida que las iglesias marcaban la distinción entre los escritos apostólicos acreditados y las innovaciones heréticas de hombres como Marción, y que los cristianos a través del Imperio romano padecían persecuciones periódicas que ponían en peligro la vida de cualquiera que abrigara la Escritura cristiana, el NT comenzó a resplandecer como un cuerpo de Libros definido y defendido. Los llamados «cristianismos alternativos», representados en obras de los siglos II y III, como *El evangelio de Tomás* y *El evangelio de Judas*, nunca fueron considerados para su adopción en el canon del NT porque se escribieron mucho después de los apóstoles, y sus enseñanzas no son compatibles con el AT ni con las tradiciones apostólicas.

Ireneo (finales del siglo II) cita 22 de los 27 Libros del NT.

Tertuliano (c. 160 a c. 220) menciona todos los Libros menos Santiago, 2 Pedro y 2, 3 Juan.

Orígenes (c. 185 a c. 254) mencionó los 27 Libros del NT y señaló que en ese momento algunos aún estaban en disputa. Ver *Etapas en el desarrollo del canon del Nuevo Testamento* en la pág. 327.

TESTIGOS ACREDITADOS DEL CANON EN LA IGLESIA PRIMITIVA

A pesar de que el canon tardó varios siglos en aparecer como una colección definitiva de Libros aprobados por la mayoría de las iglesias, es cierto que varios de los Libros fueron ampliamente reconocidos como Escritura desde mucho antes. Por ejemplo, en el año 96 d.C., Clemente de Roma citó el Sermón del Monte de Jesús (Mateo 5–7) y lo trató como Escritura. Clemente era miembro de una iglesia fundada por un apóstol, y probablemente tenía acceso en aquel tiempo a todos o a la mayoría de los 27 Libros canónicos. En el año 110 d.C., Ignacio de Antioquía, quien era discípulo de Juan, afirmó que los materiales del Evangelio eran parte de la Escritura. En 180 d.C., el famoso apologista Ireneo defendió el cristianismo apelando a la autoridad de muchos escritos del NT. Los eruditos que han examinado las obras sobrevivientes de Ireneo creen que él usó 22 de nuestros 27 Libros del NT, incluidos los cuatro Evangelios. Poco tiempo después de Ireneo, un apologista llamado Tertuliano acusó a los cristianos gnósticos de mal uso del «instrumento», un término que utilizó para referirse a la colección de Libros acreditados del NT. El hecho de referirse de esta manera a la colección de Libros del NT, demuestra que por este tiempo las iglesias principales habían identificado un conjunto bien definido de Libros como canónicos. Las únicas cartas que Tertuliano no menciona son Santiago, 1 Pedro, y 2 y 3 Juan. Unas pocas décadas más tarde, el padre de la iglesia Orígenes mencionó los 27 Libros y señaló que seis de ellos (Hebreos, Santiago, 1 Pedro, 2 y 3 Juan y Judas) eran cuestionados por algunos. Estos Libros en disputa continuaron siendo objeto de debate durante muchos siglos más, aunque la mayoría de las iglesias nunca pusieron en duda su respetada posición.

En el siglo IV, el canon del NT surgió de forma clara como un conjunto de Libros Sagrados ampliamente aceptado. En primer lugar, Eusebio de Cesarea, conocido como el padre de la historia de la iglesia, ya que él fue el primero en escribir una historia abarcadora del cristianismo, mencionó 27 Libros que las iglesias aceptaban comúnmente como Escritura del NT. Él tenía reservas en cuanto al Libro de Apocalipsis, pero en general mencionó el mismo canon que usamos en la actualidad. En el 367 d.C., el obispo de Alejandría, un hombre resuelto llamado Atanasio, escribió una carta festiva en la cual enumeró los 27 Libros del NT como Escritura. No hizo ninguna observación sobre los Libros en disputa, lo cual es un indicio de que las disputas mencionadas por Orígenes y Eusebio ya habían disminuido en importancia en aquel momento. Algo más de una década después, el renombrado erudito Jerónimo tradujo los 27 Libros del NT al latín y los incluyó en su Biblia, que comúnmente se conoce como la Vulgata. En cuanto a los Libros disputados, él estaba convencido de que su aceptación por muchos años por parte de las iglesias era evidencia de que realmente constituían parte de la Escritura. Agustín, obispo de

Hipona, estuvo de acuerdo en que los 27 eran canónicos. Sobre los Libros en cuestión, afirmó que debían ser aceptados porque la mayoría de las iglesias, especialmente aquellas a las que se les concedía gran autoridad por sus orígenes apostólicos, los habían aceptado desde hacía tiempo. Finalmente, en 393 y 397, en los Concilios de Hipona y de Cartago se llegó a la conclusión de que el canon del NT incluye de manera correcta 27 Libros, ni más ni menos.

EL CANON DESDE LA REFORMA HASTA LA ACTUALIDAD

La era de la Reforma fue una época en la que muchas creencias y prácticas se reexaminaron a la luz de la Escritura. Hombres como Lutero y Calvino anhelaban deshacerse de las tradiciones de los hombres y seguir solamente la Palabra acreditada de Dios. Este énfasis puso de manifiesto la necesidad de saber con certeza cuáles libros eran de Dios y cuáles no. Cuando Lutero publicó una traducción al alemán del NT en 1522, él incluyó los 27 Libros del canon tradicional a pesar de que dejó plasmadas algunas notas de desaprobación sobre los Libros disputados. En la tabla de contenidos, él los enumeró por separado de los Libros de autoridad innegable. Al parecer, para Lutero los Libros del NT se dividían en cánones de primera y segunda clase. Los 27 Libros en su totalidad procedían de Dios, pero él no creía que Hebreos, Santiago, Judas y Apocalipsis estuvieran a la altura de los demás. A pesar de las reservas de Lutero, la aceptación histórica por parte del cristianismo de un canon del NT compuesto por 27 Libros no fue cuestionada seriamente. En 1546 la Iglesia Católica Romana confirmó los 27 Libros en el Concilio de Trento, y cien años después los protestantes hicieron lo mismo en la Confesión de Fe de Westminster. Desde esa época en las iglesias no ha surgido ningún desafío sostenido al canon.

PRESERVACIÓN DE LOS MANUSCRITOS A TRAVÉS DE LOS SIGLOS

En las últimas décadas se ha hecho popular entre los escépticos plantear que los Libros del NT han cambiado tanto desde los días en que fueron escritos, que ya resultan irreconocibles. Afirman que personas de variados sectores (copistas aficionados, monjes desventurados, teólogos deshonestos, políticos astutos) tuvieron su oportunidad para agregar, eliminar y modificar el texto a su gusto; hechos que corrompieron la Escritura. ¡Un crítico popular es conocido por afirmar que el número total de variaciones encontradas en los manuscritos existentes, excede el número de palabras en todo el NT! Desde el punto de vista técnico, su afirmación es verdadera, pero las conclusiones que se pueden extraer de ella son mucho menos drásticas de lo que él nos quiere hacer creer. El hecho es que la gran mayoría de los cambios se detectan con facilidad, y no son más que simples errores ortográficos y

LIBROS DEL CANON

Libros (columnas): MATEO, MARCOS, LUCAS, JUAN, HECHOS, ROMANOS, 1 CORINTIOS, 2 CORINTIOS, GÁLATAS, EFESIOS, FILIPENSES, COLOSENSES, 1 TESALONICENSES, 2 TESALONICENSES, 1 TIMOTEO, 2 TIMOTEO, TITO, FILEMÓN, HEBREOS, SANTIAGO, 1 PEDRO, 2 PEDRO, 1 JUAN, 2 JUAN, 3 JUAN, JUDAS, APOCALIPSIS

Fuentes (filas):

- Citados por Ireneo (aprox. 130–200 d.C.), obispo de Lyon, en su obra *Contra las herejías*
- Mencionados en el Canon Muratorio (aprox. 170–210 d.C.), un manuscrito latino
- Mencionados por Eusebio (aprox. 260–340 d.C.), en su obra *Historia eclesiástica*, 3.25
- Mencionados por Atanasio, obispo de Alejandría, Egipto, en su trigésima novena carta pascual (367 d.C.)
- El Concilio de Cartago «cierra» la lista (397 d.C.)

*«Libros disputados» (Aún no aceptados universalmente), según Eusebio

CARTA DE UN AUTOR DESCONOCIDO

CARTAS GENERALES, O «CATÓLICAS»

LIBRO DE PROFECÍA

EVANGELIOS

LIBRO DE HISTORIA DE LA IGLESIA PRIMITIVA

CARTAS DE PABLO (probablemente recopiladas antes de finales del siglo I)

otras variaciones sin importancia que no tienen ningún impacto en el significado del NT. En los pocos lugares donde los cambios tienen potencialmente una importancia teológica, los eruditos a menudo son capaces de remontarse con confianza a la lectura original del texto. En los casos en que la lectura original es más controversial, los eruditos de la crítica textual han planteado con acierto que se podrían eliminar todos esos versículos del NT, sin desacreditar una sola doctrina vital del cristianismo. En otras palabras, ninguno de los versículos corrompidos sirve como fundamento único para las doctrinas del NT, por lo que incluso si quitáramos tales versículos de la Biblia, siempre podríamos señalar versículos no disputados que se encuentran en otras partes del NT como apoyo a la doctrina en cuestión. Desde esta perspectiva, vemos que las variaciones no son muy importantes. Una evaluación justa de la evidencia, revela que los manuscritos del NT se han conservado extraordinariamente bien a través de siglos de transmisión. Aparte de los cambios intrascendentes, los manuscritos del NT en los que nuestra traducción se basa son réplicas cercanas de los escritos originales.

CONCLUSIÓN

Las iglesias que inicialmente recibieron las cartas y los Evangelios escritos por los apóstoles y sus allegados encargados, entendieron que los escritos eran parte de la Escritura, pues provenían de hombres reconocidos como los exponentes autorizados de la vida y mensaje de Jesús. Estos escritos fueron copiados con cuidado y luego distribuidos a otras iglesias. El conocimiento entre los cristianos de los Libros aprobados aumentó con el paso de las décadas, pues las copias llegaron lentamente a iglesias que florecieron lejos de los orígenes del cristianismo en Israel. Sin embargo, es cierto que en los primeros siglos muchos cristianos devotos y sinceros quizás no tuvieron conocimiento de algunas de las obras inspiradas o incluso de varias de ellas, ya que muchas de las iglesias más recientes tenían poco o ningún acceso a la Escritura. Por lo tanto, que el canon no fuera ampliamente descrito hasta el siglo IV, no significa que el canon mismo fuera una cuestión pendiente entre los que se encontraban en una buena posición para juzgar el asunto. Después de todo, en los escritos de los primeros padres de la iglesia encontramos referencias claras a la mayoría de los Libros canónicos, y ciertamente los cristianos que adoraban en las iglesias fundadas por los apóstoles tuvieron una comprensión temprana del canon del NT, ya que sus iglesias estaban entre las que recibieron los escritos originales en el siglo I. No es exagerado afirmar que una vez que disminuyeron los obstáculos prácticos para los viajes, las comunicaciones y la diseminación de los manuscritos, el canon del NT constituido por 27 Libros alcanzó rápidamente el consenso general en la cristiandad.

Al mirar de forma retrospectiva, es evidente que todos los Libros admitidos en el canon cumplieron los siguientes criterios: a) fueron escritos por un apóstol o un allegado autorizado por los apóstoles; b) habían sido utilizados por mucho tiempo y de forma generalizada en las iglesias, especialmente en las que habían sido fundadas por los apóstoles; c) expresaban gran alabanza a Jesús, eran fieles a la tradición apostólica que se había transmitido a las iglesias y encajaban con la teología general de los otros Libros bíblicos en ambos testamentos.

En resumen, la historia de la Iglesia muestra que se prestaba muchísima atención al evaluar los libros candidatos; y que una serie de libros en nuestro canon fueron examinados repetidamente por sus méritos, demuestra esto más allá de toda duda. Nuestro canon del NT constituye una herencia bien probada y cuidadosamente protegida, en la que los cristianos pueden regocijarse y depositar toda su confianza.

Este título se ha relacionado con el primer Evangelio desde que este se conoce. Fue nombrado así porque se cree que su autor fue Mateo, el apóstol de Jesús.

TEXTO CLAVE: 16:16,18

Respondiendo Simón Pedro, dijo: Tú eres el Cristo, el Hijo del Dios viviente.
Y yo también te digo, que tú eres Pedro, y sobre esta roca edificaré mi iglesia; y las puertas del Hades no prevalecerán contra ella.

TÉRMINO CLAVE: «MESÍAS»

Este Libro muestra, con más énfasis que los otros Evangelios, el cumplimiento de Jesús de la Escritura como el Mesías prometido.

RESUMEN DE UNA SOLA FRASE

En Su vida, muerte y resurrección, Jesús cumplió las profecías sobre el Mesías judío y estableció la Iglesia.

El Herodión, palacio-fortaleza construido por Herodes el Grande, cerca de 7 km (4 millas) al sudeste de Belén, a unos 12 km (7,5 millas) de Jerusalén. Herodes fue enterrado allí. En el año 40 a.C. Herodes se retiró a Masada después de que los partos tomaran Siria. En este lugar, cerca de Belén, él enfrentó y derrotó a los partos. Para conmemorar su victoria, construyó una ciudad en el lugar de la batalla y le colocó su nombre. Herodes desempeñó un papel importante en el relato de Mateo del nacimiento y primera etapa de la vida de Jesús (2:1-23).

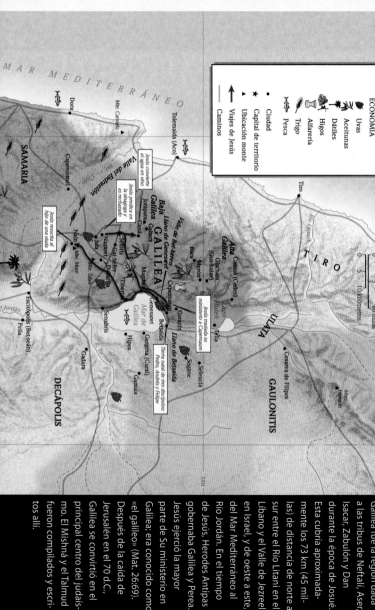

EL TIEMPO DE JESÚS

ECONOMÍA

- Uvas
- Aceitunas
- Dátiles
- Higos
- Alfarería
- Trigo
- Pesca

- • Ciudad
- ★ Capital de territorio
- ▲ Ubicación monte
- ➤ Viajes de Jesús
- Caminos

MAR MEDITERRÁNEO

Dora

Mte. Carmelo

Tolemaida (Aco)

SAMARIA

Cesarea

Capernaum

Jesús convierte el agua en vino

Jesús predica en la sinagoga y es rechazado

Valle del Esdraelón

Jotapata

Caná

GALILEA

Baja Galilea

Gabara

Llano de Genesaret

Sforis

Nazaret

Jesús resucita al hijo de una viuda

Naín

Mte. More

Mte. Tabor

Dabaritta

Jafa

Tiberias

Magdala

Gennesaret

Betsaida

Mar de Galilea

Escitópolis (Bet-seán)

Río Jordán

Pella

Senabris

Hipos

Gergesa (Cursi)

Gámala

Gádara

DECÁPOLIS

Valle de Bet-kerem

Alta Galilea

Safed

Merón

Giscala (Gus-halav)

Cades (Cedes)

Tella

Lago Huleh

Capernaum

Jesús trasladó su ministerio a Capernaum

Corazín

Tierra natal de tres discípulos: Pedro, Andrés y Felipe

Sogane

Seleucia

Río Yarmuk

TIRO

Tiro

Río Litani

ULATA

GAULONITIS

Cesarea de Filipos

Mte. Hermón

0 5 10 millas
0 5 10 Kilómetros

33N

Galilea fue la región dada a las tribus de Neftalí, Aser, Isacar, Zabulón y Dan durante la época de Josué. Esta cubría aproximadamente los 73 km (45 millas) de distancia de norte a sur entre el Río Litani en el Líbano y el Valle de Jezreel en Israel, y de oeste a este, del Mar Mediterráneo al Río Jordán. En el tiempo de Jesús, Herodes Antipas gobernaba Galilea y Perea. Jesús ejerció la mayor parte de Su ministerio en Galilea; era conocido como «el galileo» (Mat. 26:69). Después de la caída de Jerusalén en el 70 d.C., Galilea se convirtió en el principal centro del judaísmo. El Mishná y el Talmud fueron compilados y escritos allí.

CONTEXTO HISTÓRICO ORIGINAL

AUTOR Y FECHA DE ESCRITURA

Mateo, el apóstol, quizás entre el 55 y 65 d.C.

El Libro es anónimo, pero la tradición cristiana primitiva afirmó de común acuerdo que Mateo compuso este Evangelio. También se le conoció como Leví, un cobrador de impuestos («publicano») a quien Jesús llamó para ser apóstol (Mat. 9:9; Luc. 5:27). La organización y el apego por las cifras que se aprecia en este Libro señalan a un autor interesado en la precisión matemática. Muchos eruditos de los dos siglos anteriores negaron que Mateo fuera el autor de este Libro, en parte porque creían que el autor había inventado muchos de los detalles, como los milagros de Jesús. Esta invención es más difícil de explicar si el relato fue escrito por un testigo ocular de la vida de Jesús. La tradición cristiana que le otorga la autoría de este Libro a Mateo está, sin duda, en lo correcto.

Ya que muchos eruditos creen que Mateo usó como fuente de referencia el Evangelio de Marcos, Mateo debe ser fechado en el año 50 d.C. o posterior a esta fecha. Mateo cita la profecía de Jesús de la futura destrucción del templo (24:2; cumplida en el 70 d.C.), sin mencionar que esta ocurrió tal y como Jesús lo dijo. Esto lleva a muchos eruditos conservadores a la conclusión de que Mateo publicó su Evangelio antes del año 70. Sin embargo, otros aceptan la década de los 70. La crítica textual en general fecha a Mateo después del 70, quizás cerca del final del siglo I. Una estimación conservadora y bien conocida de su composición es la década entre el 55 y el 65.

PÚBLICO INICIAL Y DESTINATARIO

Los cristianos judíos que vivían probablemente en Antioquía de Siria

Mateo no menciona de forma directa a su público, pero su interés en mostrar que Jesús cumplió la Escritura nos indica que la audiencia era judeocristiana. Él comenzó su Evangelio con una genealogía que recuerda toda la historia del pueblo judío, lo cual también apunta en esta dirección. Esta perspectiva ha sido sostenida a través de toda la historia cristiana.

Antioquía de Siria es la mejor deducción. Esta importante ciudad romana tenía un número significativo de judeocristianos que hablaban griego, y que llevaban a cabo la comisión misionera dada por Jesús (Mat. 28:18-20; Hech. 11:19; 13:1-3). Además, la primera cita conocida que se hizo de este Evangelio fue hecha por Ignacio de Antioquía en tres de sus cartas a principios del siglo II.

ORIGEN

Mateo no explica qué lo motivó a escribir. La evaluación de muchos eruditos es que él compuso su Evangelio, en especial, para ayudar a los judeocristianos a interpretar a Jesús como la consumación de la Escritura. La gran mayoría de los eruditos creen que el autor fue motivado al leer el Evangelio de Marcos, además de un registro (ahora perdido) de las enseñanzas de Jesús (en ocasiones conocido como «Q»). Hay mucha evidencia para sostener el criterio de que Mateo entretejió dentro de su cuidadoso relato a Marcos, «Q», su propia investigación y los recuerdos de un testigo ocular.

Catarata en Banias, en las cercanías de Cesarea de Filipo donde Jesús hizo a Sus discípulos la famosa interrogante sobre Su identidad. Cuando Él les preguntó quién decían los hombres que Él era, ellos respondieron que las personas lo identificaban con Elías, Juan el Bautista o uno de los profetas (Mar. 8:27-33; Mat. 16:13-23). Jesús entonces les preguntó: «Y vosotros, ¿quién decís que soy yo?» (Mat.16:15). Pedro, como portavoz del grupo, respondió con su famosa declaración de que Jesús es el Cristo.

EL MENSAJE DE DIOS EN MATEO

PRÓPOSITO

El propósito original de este Evangelio fue proporcionar una declaración escrita de la redención que Dios trajo a través de Jesús, con un énfasis adecuado para los judeocristianos: *Jesús es el Mesías prometido*. El pueblo de Dios que lee y estudia Mateo en la actualidad, debe hacerlo teniendo en cuenta este propósito original.

A PRIMERA VISTA

Introducción al ministerio de Jesús

Mateo comienza su Evangelio haciendo un recuento de acontecimientos seleccionados que rodearon el nacimiento de Jesús, entre el 6 y el 4 a.C. (1:18–2:12). La genealogía establece la ascendencia de Jesús por la cual era un descendiente legítimo de David y candidato legal para el trono mesiánico (1:2-17). El resto de la introducción de Mateo comprende cinco citas del AT y una narrativa que ilustra la forma en que esos textos se cumplieron en Jesús. Mateo entonces se mueve de forma abrupta a la adultez de Jesús, y pasa por alto los años intermedios de Su vida (3:1–4:16). Los acontecimientos de esta sección preparan el escenario y culminan con el bautismo y la tentación de Jesús. Estos dos acontecimientos prepararían a Jesús para Su ministerio de aproximadamente tres años.

Desarrollo del ministerio de Jesús

«Desde entonces comenzó Jesús a predicar» marca el comienzo de Su gran ministerio público, que se desarrolló sobre todo en Galilea; «Arrepentíos, porque el reino de los cielos se ha acercado», resume Su mensaje en una frase (4:17). Con el ministerio, la muerte y la resurrección de Jesús, el reino de salvación de Dios daría inicio en los corazones y las vidas de los que se convirtieron en Sus discípulos. El reconocimiento universal de la soberanía de Dios en Jesús debe aguardar Su segunda venida, pero el reino ya ha comenzado. Él empezó a atraer hacia sí a los que serían Sus amigos y discípulos más íntimos. Mateo luego da un anticipo de la esencia del ministerio de Cristo con los términos clave: *predicar*, *enseñar* y *sanar*, lo que caracterizó Su actividad dondequiera que fue (4:17–16:20).

El Sermón del Monte: autoridad en la palabra

Quizás ninguna otra parte de la Escritura es tan conocida como el gran sermón de Jesús (5:1–7:29). Comienza con las tan amadas Bienaventuranzas que ejemplifican clásicamente cómo Dios invierte los valores del mundo. Estos valores contraculturales podrían sugerir que Jesús quería que Sus seguidores se retiraran del mundo y formaran comunidades separadas. Mateo 5:13-16 de inmediato desmiente tales ideas. Los discípulos deben ser sal y luz, al detener la decadencia y proporcionar luz para un mundo perdido y moribundo. Tales ideas radicales, como era de esperar, suscitarían la interrogante sobre la relación entre la enseñanza de Jesús y el AT. Luego Jesús abordó este tema. Él no había venido para abolir la ley, tampoco para preservarla, sino más bien para «cumplirla», para traer a cumplimiento todo lo que en un principio esta había señalado.

Jesús se enfocó en el tema de la piedad verdadera contra la piedad hipócrita. En tres ejemplos paralelos muy similares, Él trató las prácticas de la limosna, la oración y el ayuno (6:1-18). Y luego habló sobre la riqueza y el afán (6:19-34), y aquí Jesús contrastó las riquezas terrenales y transitorias con las riquezas celestiales y permanentes. Afirmó con audacia que el dinero puede ser el mayor rival de Dios que compite por la completa lealtad en nuestra vida, sobre todo para aquellos que no están en las clases más pobres de la sociedad (6:22-24).

Jesús llamó a Sus seguidores a no ser críticos en sus relaciones con los demás. Sus ilustraciones también enfatizan que una vez que hemos tratado adecuadamente con nuestros propios pecados, tenemos el derecho y la responsabilidad de evaluar el comportamiento de los demás y ayudarlos a enfrentar sus deficiencias (7:1-12).

El Monte Hermón, el lugar donde algunos eruditos creen que se produjo la transfiguración de Jesús, una semana después de la confesión de Simón Pedro en Cesarea de Filipo. Hermón, de casi 3000 metros (9100 pies) sobre el nivel del mar, es la montaña más alta en Siria. Se puede ver desde tan lejos como el Mar Muerto, a aprox. 200 km (120 millas). Cubre aproximadamente 45 km (28 millas) de largo por 24 km (15 millas) de ancho. Su cima está cubierta de nieve durante dos tercios del año. El agua de la nieve derretida fluye hacia los ríos de la región del Hauran y es la fuente principal del Río Jordán. Aunque Hermón recibe alrededor de 152 cm (60 pulgadas) de precipitaciones (rocío, nieve, lluvia) al año, prácticamente ninguna vegetación crece por encima de la línea de nieve, donde hay una ausencia casi completa de tierra,

Él concluyó con una advertencia (7:14-27). Solo hay dos respuestas posibles a la predicación de Jesús: obediencia o rechazo. El camino estrecho contra el camino ancho, el fruto bueno contra el fruto malo, y el constructor sabio contra el necio ilustran esta advertencia de tres maneras semejantes. Las profesiones de fe sin cambios apropiados de estilo de vida resultan vacías. Pero las obras en sí mismas no salvan, es necesario llevar una relación con Jesús. En el día del juicio muchos dirán «Señor, Señor» y apelarán a sus obras; Cristo les responderá: «¡Nunca los conocí!» (7:22-23).

Autoridad en hechos

Jesús demostró Su autoridad sobre las enfermedades, las catástrofes naturales, los demonios y la muerte en una serie de diez milagros (8:1–10:42). Lo que había señalado verbalmente en las enseñanzas en el monte, ahora lo manifestaba con demostraciones de poder. Sus discípulos estaban sorprendidos; «¡Aun los vientos y el mar le obedecen!» (8:27), y las multitudes estaban asombradas de que Él tuviera autoridad para perdonar pecados (9:8). Mateo mostró entonces una variedad de respuestas a la autoridad de Jesús (11:1–18:35).

De Galilea a Jerusalén

Mateo 19:1–25:46 hace la transición de Galilea a Jerusalén. Jesús presentó de manera espectacular Su autoridad real mediante Su entrada triunfal en Jerusalén (21:1-9) y con la limpieza del templo (21:10-17). Entonces, mientras enseñaba, los principales sacerdotes y los ancianos lo desafiaron con una pregunta: «¿Con qué autoridad haces estas cosas?» (21:23). Jesús respondió con parábolas y otras enseñanzas (21:28–22:46). Jesús advirtió a las personas sobre el ejemplo de los fariseos y saduceos (23:1-38). Y luego concentró Su enseñanza solo hacia Sus discípulos (24:1–25:46). Ellos pudieron recordar esto cuando Él los comisionó para que enseñaran a otros lo que Él les había enseñado.

Denario romano que porta la imagen de Tiberio César, quien reinó del 14 al 37 d.C.

De la muerte a la vida

Mateo 26:1–28:20 no presenta situaciones de enseñanza, pero narra la conspiración que terminó con la crucifixión de Jesús. En medio de la escena del juicio, a Jesús le preguntaron si era el Mesías. Jesús respondió afirmando Su autoridad: «Tú lo has dicho» (26:64). Pilato, un gentil, reconoció la autoridad real de Jesús, y colocó sobre Su cabeza, «ESTE ES JESÚS, EL REY DE LOS JUDÍOS» (27:37). El centurión gentil proclamó: «Verdaderamente éste era el Hijo de Dios» (27:54). Al igual que en la historia del nacimiento, así fue al final, el autor destaca la autoridad divina y real de Jesús, y enfatiza la inclusión de los gentiles.

Cuando el Señor resucitado declaró Su autoridad a Sus discípulos en 28:18, ellos entendieron porque habían visto Su autoridad manifestada durante el tiempo que vivieron con Él.

LA VERACIDAD DE MATEO

El Evangelio de Mateo contiene una clara evidencia de que el autor poseía un gran dominio tanto del arameo como del griego, algo que era un requisito indispensable para la mayoría de los recaudadores de impuestos. Por otra parte, el autor de Mateo utiliza el término más preciso *nómisma* para la moneda utilizada en la disputa sobre el tributo (Mat. 22:19), que el *denario* utilizado por Marcos y Lucas (Mar. 12:15; Luc. 20:24). Esta especificidad lingüística implica que el autor era versado en los detalles de dinero y finanzas, un punto que da crédito a la afirmación de que el autor era un recaudador de impuestos.

CÓMO ENCAJA MATEO EN LA HISTORIA DE DIOS

1. Prólogo: creación, caída del hombre y necesidad de redención
2. Dios construye Su nación (2000–931 a.C.)
3. Dios educa a Su nación (931–586 a.C.)
4. Dios preserva un remanente fiel (586–6 a.C.)
5. Dios compra la redención y comienza el reino (6 a.C. al 30 d.C.)
6. Dios extiende el reino a través de la iglesia (30 d.C. [?])
7. Dios consuma la redención y confirma Su reino eterno
8. Epílogo: un cielo nuevo y una Tierra nueva

✝ CRISTO EN MATEO

Cuando los sabios llegaron a Jerusalén, ellos preguntaron: «¿Dónde está el rey de los judíos, que ha nacido?» (2:2). «ESTE ES JESÚS, EL REY DE LOS JUDÍOS» (27:37) fue colocado por escrito encima de Jesús cuando fue crucificado. Mateo presenta a Jesús como Rey y Mesías de Israel. Él cita el AT más que los otros autores de los Evangelios para probar que está en lo cierto.

PRINCIPIOS BÁSICOS DE LA COSMOVISIÓN CRISTIANA

Enseñanza sobre Dios

El primer Evangelio muestra a Dios en acción, tomando la iniciativa en el cumplimiento de la Escritura sobre la venida del Mesías. Enseña sobre la Trinidad y contribuye en gran medida a la comprensión cristiana de la Deidad de Cristo. La constante referencia que Jesús hace de sí mismo como el Hijo del Hombre, juega un papel clave en la comprensión de la misión terrenal de Jesús.

Enseñanza sobre la humanidad

El autor documenta el pecado de los seres humanos en términos contundentes: tanto judíos como romanos fueron responsables de la crucifixión de Jesús. Sin embargo, también mostró que los seres humanos comprometidos a seguir a Jesús pueden lograr mucho bien. Mateo señaló la importancia de que las personas pongan su fe en Jesús; también mostró la crítica de Jesús hacia los que tienen poca fe.

Enseñanza sobre la salvación

La salvación se presenta principalmente en términos de pertenencia al reino de Dios, que ha llegado de una manera nueva en la persona de Jesús (12:28). La muerte y la resurrección de Jesús fueron los medios divinos por los cuales Dios proveyó

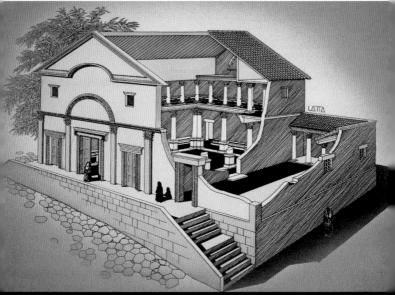

Reconstrucción de una sinagoga típica del siglo I en Israel (Mat. 12:9; 13:54; Mar. 1:21; 3:1; 5:22,35; 6:2; Luc. 4:16,33; 6:6; 7:5; Juan 6:59).

la salvación. A pesar de que durante Su vida Jesús compartió el mensaje del reino solo con los judíos, Su último acto en este Evangelio fue encargar a Sus seguidores a ir a los gentiles («todas las naciones») (28:18-20).

CARACTERÍSTICAS LITERARIAS

GÉNERO Y ESTILO LITERARIO

Un Evangelio compuesto en griego común

La pregunta, ¿en qué consisten exactamente los Evangelios en comparación con otros géneros literarios? ha sido bien discutida por los eruditos. Los Evangelios son más biografías que cualquier otro tipo de literatura antigua. Sin embargo, carecen de muchas características comunes a la biografía (tales como la atención especial a lugares y fechas), y se omiten muchos años de la vida del personaje principal. La mejor sugerencia es que los Evangelios son un género literario único que surgió con la venida del unigénito Hijo de Dios al mundo. Como tal, estos Libros se pueden

«Y cuando llegaron a un lugar llamado Gólgota, que significa: Lugar de la Calavera, le dieron a beber vinagre mezclado con hiel; pero después de haberlo probado, no quiso beberlo» (Mat. 27:33-34). Esta imagen muestra uno de los dos sitios que se cree fue el lugar de la crucifixión de Jesús.

definir como «historia kerigmática». El término griego *kérygma* significaba «proclamación», un recordatorio de que los Evangelios proclaman por escrito las buenas nuevas de Jesús, al igual que los apóstoles proclamaron oralmente las buenas nuevas y llamaron a las personas a un compromiso con Jesús. El término *historia* indica que el autor, como cada historiador, seleccionó y organizó su material para satisfacer sus propios fines.

Mateo escribió en griego común *(koiné)* que se hablaba en todo el mundo romano del siglo I. Su estilo es más conciso y más pulido que Marcos; es menos sofisticado en vocabulario y precisión que Lucas. La tradición cristiana registra que Mateo compuso materiales en hebreo o arameo, pero el presente Evangelio no tiene ningún indicio de haber sido un documento traducido.

UN PRINCIPIO A SEGUIR EN LA VIDA

La gran comisión (Mat. 28:16-20)

Puesto que el Señor Jesucristo murió y resucitó para traer salvación a todos los que creen, debemos hacer todo lo que podamos para proclamar Su mensaje al mundo entero.

Este título se ha relacionado con el segundo Evangelio desde que este se conoce. Fue nombrado así porque se cree que su autor fue (Juan) Marcos, el cristiano del siglo I que tenía especial relación con Pedro y Pablo.

TEXTO CLAVE: 10:45

Porque el Hijo del Hombre no vino para ser servido, sino para servir, y para dar su vida en rescate por muchos.

TÉRMINO CLAVE: «SIERVO»

Este Evangelio, que omite el nacimiento de Jesús y reporta pocas de Sus enseñanzas, exalta a Jesús como Aquel que sirvió de forma activa para suplir las necesidades de las personas a través de Sus hechos.

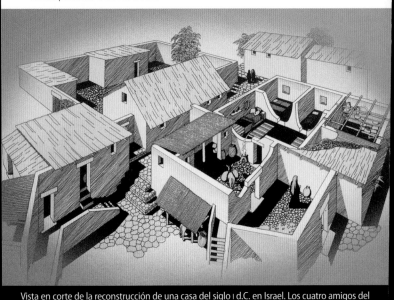

Vista en corte de la reconstrucción de una casa del siglo I d.C. en Israel. Los cuatro amigos del paralítico no serían detenidos (2:1-12). Quitaron el techo y bajaron a su amigo hasta la presencia de Jesús. La mayoría de las casas en Israel eran de un solo piso, estructuras de techos planos con una escalera afuera. El techo se utilizaba para trabajar, secar la ropa, dormir u orar. Sobre las vigas se colocaban pequeñas ramas y se cubrían con paja y lodo. Cuando los cuatro amigos hicieron la abertura en el techo, los escombros seguramente cayeron sobre la multitud que estaba debajo.

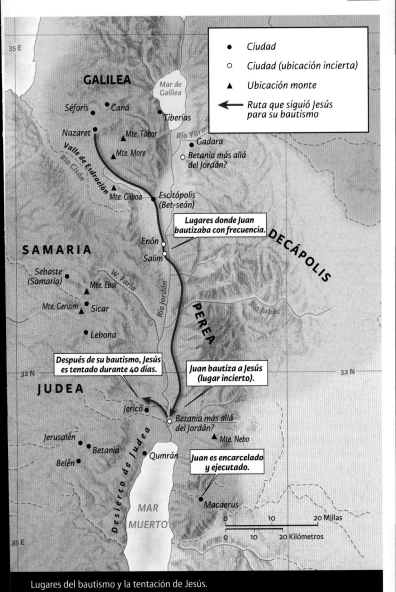

Leyenda:
- ● Ciudad
- ○ Ciudad (ubicación incierta)
- ▲ Ubicación monte
- ← Ruta que siguió Jesús para su bautismo

GALILEA

Mar de Galilea

Séforis · Caná

Tiberias

Nazaret

Mte. Tabor

Río Yarmuk

Gadara

Valle de Esdraelón

▲ Mte. More

○ Betania más allá del Jordán?

Río Cisón

▲ Mte. Gilboa

Escitópolis (Bet-seán)

Lugares donde Juan bautizaba con frecuencia.

DECÁPOLIS

Enón

SAMARIA

Salim

Sebaste (Samaria)

W. Faria

▲ Mte. Ebal

Río Jordán

PEREA

Río Jaboc

Mte. Gerizim ▲ Sicar

· Lebona

Después de su bautismo, Jesús es tentado durante 40 días.

32 N

Juan bautiza a Jesús (lugar incierto).

32 N

JUDEA

Jericó

○ Betania más allá del Jordán?

Jerusalén ·

· Betania

▲ Mte. Nebo

Belén ·

Qumrán

Juan es encarcelado y ejecutado.

Desierto de Judea

MAR
MUERTO

· Macaerus

| 0 | 10 | 20 Millas |

| 0 | 10 | 20 Kilómetros |

Lugares del bautismo y la tentación de Jesús.

343

RESUMEN DE UNA SOLA FRASE

En Su vida, muerte y resurrección, Jesús hizo las obras del Siervo (sufriente) del Señor, en especial a través de Su muerte en «rescate por muchos».

CONTEXTO HISTÓRICO ORIGINAL

AUTOR Y FECHA DE ESCRITURA

Juan Marcos, quizás entre el 50 y el 60 d.C.

El Libro es anónimo, pero la tradición cristiana primitiva afirmó de común acuerdo que Marcos compuso este Evangelio, junto con las memorias de Pedro. Él fue una figura secundaria en Hechos. Marcos se hizo tristemente célebre por haber abandonado a Pablo y a Bernabé en su primer viaje misionero (Hech. 12:25; 13:5). Más adelante hizo trabajo misionero con Bernabé y al final se ganó una vez más el favor de Pablo (Col. 4:10; 2 Tim. 4:11). En la época en que Pedro escribió su primera carta, quizás unos pocos años después de que Marcos escribiera su Evangelio, el anciano apóstol llamó a Marcos «mi hijo» (1 Ped. 5:13). Gran parte de la crítica textual niega que Marcos fue el autor o que escribió sobre la base de las memorias de Pedro; sin embargo, una serie de detalles incidentales en el Libro apoyan esta conclusión. En particular, los eruditos de la Biblia han señalado que el bosquejo que Marcos usa es idéntico al que usó Pedro en su predicación (Hech. 3:13-15; 10:36-41).

Durante los dos últimos siglos, ha surgido un consenso general, pero no universal, (entre todo tipo de eruditos, tanto críticos como conservadores, protestantes y católicos romanos) de que Marcos fue el primer Evangelio que se escribió. Las razones se centran en la cronología más elemental que Marcos presenta y el estilo de escritura en comparación con los otros Evangelios. En cualquier caso, la mayoría de los eruditos conservadores están de acuerdo con que Marcos terminó su Evangelio antes del año 70 d.C., antes de la destrucción del templo (Mar. 13:2). Una buena estimación de su composición es la década entre el 50 y el 60, cuando tanto Pedro como Marcos estaban aún vivos y con seguridad tuvieron oportunidades para colaborar en este proyecto.

PÚBLICO INICIAL Y DESTINATARIO

Probablemente los cristianos gentiles que vivían cerca de Roma

No se menciona quiénes son los oyentes y destinatarios originales, pero se aceptan sobre la base de la tradición. Ireneo y Clemente de Alejandría (ambos a finales del siglo II) identificaron a Roma como el lugar de origen. Una serie de detalles en el Evangelio apoyan esta conclusión, tales como el ritmo rápido y directo con el que se presenta a Jesús, destacado por el uso frecuente que Marcos hace de expresiones como: «inmediatamente», «al instante» o «en seguida». Muchos términos del latín también apuntan en esta dirección.

ORIGEN

Los eruditos han debatido durante mucho tiempo los factores humanos que llevaron a la composición de este Evangelio. Francamente, esto es toda una cuestión de conjeturas. Algunos han sugerido que la motivación fue la creciente comprensión de que el regreso de Jesús podría ser en un futuro lejano. Hasta entonces Sus seguidores necesitaban un relato escrito de la vida de su Maestro. Puesto que Pedro fue testigo de casi todo lo registrado en este Evangelio, sus memorias le dieron a Marcos una base histórica excepcional para escribir.

«¿Quién es éste?», es la pregunta central del Evangelio de Marcos. Los discípulos de Jesús se hicieron esta pregunta justo después de que Él le hablara y calmara la tormenta que amenazaba sus vidas en el Mar de Galilea (4:35-41). En el momento crucial de este Evangelio, Jesús preguntó: «¿Quién dicen los hombres que soy yo?» (8:27). Irónicamente, el centurión romano a cargo de los detalles de la crucifixión respondió la pregunta cuando vio la manera en que Jesús murió (15:39).

Otra sugerencia es que este Evangelio fue escrito para cristianos que enfrentaban persecución, tal vez la persecución romana que instigó el emperador Nerón en el 64 d.C. Los cristianos serían animados con este relato. Ya que su Maestro había enfrentado la injusticia de las autoridades religiosas y políticas de forma victoriosa, ellos también podrían triunfar sin importar lo que tuvieran que padecer.

EL MENSAJE DE DIOS EN MARCOS

PROPÓSITO

El propósito principal de este Evangelio fue proporcionar una declaración escrita de la redención a través de Jesús, con un énfasis adecuado para los gentiles cristianos: *Jesús es el perfecto Siervo del Señor*. El pueblo de Dios que lee y estudia Marcos en la actualidad, debe hacerlo teniendo en cuenta su propósito original.

A PRIMERA VISTA

Introducción

En la introducción de su Evangelio (1:1), Marcos responde una pregunta que está implícita en todo el Libro: «¿Quién es éste?» (4:41). El término griego «Cristo» corresponde al hebreo «Mesías», que significa *rey ungido*. Para Marcos, el «evangelio de Jesucristo» comienza con Juan el Bautista, a quien Jesús acudió para ser bautizado. Al recibir el bautismo de Juan, Jesús se confirmó como el Hijo amado que agradó a Dios por Su identificación con los pecadores (1:9-11). La experiencia de la declaración de Dios de inmediato dio paso a las tentaciones de Satanás en el Desierto de Judea (1:12-13).

Autoridad de Jesús revelada

La primera sección principal de Marcos exalta el papel de Jesús como maestro, sanador y exorcista lleno de autoridad (1:14–3:6). Jesús comenzó Su ministerio después del arresto de Juan (6:14-18). El «cumplimiento» del tiempo era la época que los profetas previeron cuando el gobierno de Dios sería una realidad. La respuesta necesaria a la obra de Dios en Jesús era el arrepentimiento (un vuelco radical de sí mismo hacia Dios) y la confianza en las buenas nuevas del reino de Dios.

Autoridad de Jesús rechazada

El rechazo de los herodianos y fariseos hacia Jesús contrastó con la aceptación de la gente común. La popularidad de Jesús superó la de Juan (1:5) y se extendió hasta las regiones gentiles del Líbano y Transjordania (3:7–6:6a). Las parábolas del sembrador y de las semillas (4:1-34) brindan una base para interpretar las respuestas al mensaje de Jesús. La predicación de Jesús evocaba 1) a los obedientes discípulos que lo seguían (1:18,20; 2:14); 2) al asombro de la multitud; 3) a las sospechas de Su familia de que estaba fuera de sí (3:21); y 4) a la oposición de los líderes judíos (2:7,16,24; 3:6,22).

Formación de una nueva comunidad

El rechazo a Jesús por parte de «los suyos» preparó la formación de Su nuevo pueblo, anticipada en 3:35 (6:6b–8:21). La misión de los doce hace un paréntesis al relato del martirio de Juan, enfatizando el peligro de predicar el arrepentimiento. Jesús estableció el patrón para la misión de los doce a través de Su predicación, sanidades y exorcismos. Aunque la autoridad dada a los discípulos para sanar y echar fuera demonios era una señal del reino, Jesús solo los comisionó para predicar el arrepentimiento, no las buenas nuevas del reino (1:15). Las instrucciones de la misión son evidencia de la dependencia absoluta de Dios para el sostenimiento y aluden al éxodo. Los discípulos, como Jesús ante ellos, experimentarían rechazo y aceptación.

Preparación de la nueva comunidad

La sección central de Marcos está precedida y seguida de dos relatos en los que Jesús da vista a dos ciegos (8:22-26; 10:46-52). Esta enseñanza medular enfatiza el costo del discipulado y del sufrimiento / glorificación del Hijo del Hombre. La sanidad del hombre ciego en Betsaida es diferente a otros milagros que aparecen en los Evangelios por estar dividido en dos partes. El hombre vio la primera vez imágenes distorsionadas, personas que parecían árboles que caminaban, pero después de un «segundo toque» de Jesús, él vio con claridad. Del mismo modo Pedro contestó de forma correcta la pregunta de Jesús: «¿Quién decís que soy yo?»; sin embargo, la comprensión que Pedro tenía del Mesías estaba gravemente distorsionada, era incluso satánica. En esta gran sección de Marcos, Jesús recordó a Sus discípulos en varias ocasiones la necesidad de Su sufrimiento y muerte (8:31; 9:31; 10:32,45).

Juicio sobre Jerusalén

La llegada de Jesús a Jerusalén fue la ocasión para que aumentaran los conflictos con los líderes religiosos (11:1–13:37). Su incapacidad para ver y responder a lo que Dios estaba haciendo resultaría en la destrucción de Jerusalén y el templo. La enseñanza de Jesús sobre la destrucción del templo / Jerusalén y la venida del Hijo del Hombre en Marcos 13 eran difíciles de entender. A pesar de estas dificultades, dos importantes énfasis pastorales quedan bien claros en las advertencias: tener cuidado con los engaños y estar preparados para el regreso de Cristo.

La pasión y la resurrección de Jesús

La sección final de Marcos se centra en los acontecimientos que rodearon el juicio humano *contra* Jesús (14:1–15:47) y el juicio de Dios *a favor de* Jesús (16:1-8). El relato de Marcos de la Cena del Señor enfatiza reiteradamente el trasfondo de la Pascua. De acuerdo con la Escritura, como Hijo del Hombre, Jesús iba a Su muerte al igual que los corderos de la Pascua que eran sacrificados. En Getsemaní, Jesús

respondió ante la crisis con oración. Marcos muestra a Jesús completamente huma-no, cuando «comenzó a entristecerse y a angustiarse» y se postró varias veces en tierra, en angustiosa oración. A pesar de la prueba de fe, Él se levantó reafirmando la fe en la capacidad de Dios y en obediencia a la voluntad de Su Padre. Judas, uno de los doce, lo traicionó. Mientras Jesús estaba en la fase judía de Su juicio, Pedro lo negó. Los líderes religiosos estaban haciendo presión para que lo ejecutaran. Solo los romanos tenían la autoridad para aplicar la pena capital, por lo que Jesús fue llevado ante Pilato, prefecto de la provincia romana de Judea, quien no estaba convencido de la culpabilidad de Jesús, pero cedió a la presión de los líderes religiosos y la turba que estos habían incitado. Pilato entregó a Jesús para ser crucifica-do. Jesús, antes de morir, clamó: «Dios mío, Dios mío, ¿por qué me has desampara-do?». Al ver la forma en que murió, el centurión romano a cargo de los detalles de la ejecución confesó: «Verdaderamente este hombre era Hijo de Dios», dando una fuerte respuesta afirmativa a la pregunta que se repite en el Evangelio de Marcos: «¿Quién es éste?». La declaración del centurión fue claramente respaldada por lo que sucedió después. El domingo por la mañana, tres mujeres devotas llegaron a la tumba para ungir Su cuerpo con especias. Para su sorpresa, encontraron la tumba

El asedio y destrucción de Jerusalén, por David Roberts (1850). Cuando Jesús estuvo en Jerusalén por última vez, Él y Sus discípulos estaban saliendo del complejo del templo cuando uno de los discípulos observó las enormes piedras y la impresionante estructura que formaba el com-plejo del templo. «Jesús, respondiendo, le dijo: ¿Ves estos grandes edificios? No quedará piedra sobre piedra, que no sea derribada» (Mar. 13:2). Menos de 40 años después de que Jesús dijera estas palabras, el general romano Tito guio a sus legiones en la destrucción de Jerusalén para sofocar una revuelta en la provincia de Judea que comenzó en el 66 d.C.

vacía. Un joven sentado a la derecha de la entrada les dijo que no se alarmaran. «Buscáis a Jesús nazareno, el que fue crucificado; ha resucitado». Ellas fueron entonces invitadas a explorar la tumba por su propia cuenta.

LA VERACIDAD DE MARCOS

Los escritores anónimos son personas que escriben cartas, discursos, artículos e incluso libros a nombre de otra persona. El documento lleva el nombre de la persona para la cual se escribe, en lugar de la persona que lo escribió. Una persona conocida o con renombre ante un público determinado quizás no se tome el tiempo para hacer sus propios escritos. Algunos eruditos creen que algo similar se practicaba en la iglesia primitiva. Documentos como los Evangelios y las cartas se le adscribían a uno de los apóstoles o a una persona cuyo nombre le diera valor significativo al documento. Mark D. Roberts[1] ha señalado que este fue el caso con *El evangelio de Pedro, El evangelio de Tomás, El evangelio de Felipe, El evangelio de Judas y El evangelio de María Magdalena*, entre otros. Roberts y otros han hecho una fuerte defensa en apoyo a la antigua tradición de que el segundo Evangelio fue escrito por Marcos. La primera mención de Marcos como autor de un Evangelio proviene de Papías, obispo de Hierápolis, en Asia Menor y escrito alrededor del año 130 d.C. Eusebio, el historiador de la iglesia primitiva, citó las palabras de Papías y señaló que Marcos (seguidor de Pedro) registró las historias sobre Jesús que Pedro utilizó en su predicación; las historias eran exactas, pero no estaban en el orden correcto. Además añadió que Marcos recibió esta información de «el anciano», que posiblemente describía al apóstol Juan. Si la iglesia primitiva hubiera seguido la práctica de los gnósticos, habría llamado al segundo Evangelio: «El Evangelio según Pedro». Esto le habría dado mucho más peso y autoridad que llamarlo «El Evangelio según Marcos», un personaje secundario en la iglesia primitiva. Mark Roberts argumenta que la iglesia atribuyó el segundo Evangelio a Marcos porque él lo escribió, y la iglesia estaba más preocupada por la verdad que por el estatus de un autor humano.

CÓMO ENCAJA MARCOS EN LA HISTORIA DE DIOS

1. Prólogo: creación, caída del hombre y necesidad de redención
2. Dios construye Su nación (2000–931 a.C.)
3. Dios educa a Su nación (931–586 a.C.)
4. Dios preserva un remanente fiel (586–6 a.C.)
5. Dios compra la redención y comienza el reino (6 a.C. al 30 d.C.)
6. Dios extiende el reino a través de la iglesia (30 d.C. [?])
7. Dios consuma la redención y confirma Su reino eterno
8. Epílogo: un cielo nuevo y una Tierra nueva

 CRISTO EN MARCOS

La presentación que Marcos hace de Jesús está llena de acción y de un ritmo rápido. Él enfatiza los hechos poderosos de Jesús y Su papel como Siervo Sufriente que llama a Sus seguidores a tomar su propia cruz y seguirlo.

PRINCIPIOS BÁSICOS DE LA COSMOVISIÓN CRISTIANA

Enseñanza sobre Dios

Jesús exaltó a Dios como «vuestro Padre» en este Evangelio. Él es también el Padre de Jesús, y desde sus primeras palabras Marcos declaró que Jesús es «el Hijo de Dios». El Espíritu Santo está presente, este prepara el ministerio y la misión de Jesús. Esto se ve especialmente en Su triunfo sobre todo espíritu inmundo.

Enseñanza sobre la humanidad

Jesús se reunió con los enfermos y con los pecadores en este Evangelio. Él los sanó y los perdonó. Multitudes (en la alimentación de los 5000 y la entrada triunfal) y pequeños grupos (los apóstoles) fueron transformados por Él; sin embargo, otras grandes multitudes (en el juicio y la crucifixión de Jesús) y grupos pequeños (líderes religiosos judíos) lo rechazaron por completo. Marcos enfatizó que los seres humanos no podían permanecer neutrales en cuanto a Jesús; tenían que decidir a favor o en contra de Él.

Enseñanza sobre la salvación

Este Libro dedica un porcentaje mayor a los acontecimientos del sufrimiento y la muerte de Jesús que cualquier otro Libro de la Biblia. Al citar las tres ocasiones en que Jesús predijo Su muerte, Marcos resaltó la necesidad de la cruz, Él tenía que morir (8:31; 9:31; 10:33). En la Última Cena, Jesús explicó que Su muerte era en sustitución «por muchos». (14:24; cap. 10:45).

CARACTERÍSTICAS LITERARIAS

GÉNERO Y ESTILO LITERARIO

Evangelio compuesto en griego común

Ver *Género y estilo literario* de **MATEO** para obtener información sobre lo que es un «Evangelio». Si asumimos que Marcos fue el primero en escribir un Evangelio, entonces se le puede dar el crédito de que innovó este género literario. Marcos escribió en griego común *(koiné)*, un estilo que se caracteriza por el uso frecuente del tiempo presente para describir la acción. Su vocabulario vívido y enérgico es más prolijo que Mateo o Lucas (al ser estos Evangelios paralelos). El estilo es consistente con alguien que escribe las memorias de otro a medida que les son relatadas.

UN PRINCIPIO A SEGUIR EN LA VIDA

La autoridad de Cristo (Mar. 9:1-8)

En un mundo permeado de muchos mensajes religiosos y políticos, debemos discernir la verdad del error, al escuchar con atención las palabras de Jesucristo.

REFERENCIAS

1. «Gospel authorship by Mark and Luke: Some implications» [Autoría del Evangelio por Marcos y Lucas: Algunas implicaciones], parte 4 de la serie *Are the New Testament Gospels Reliable? Further Thoughts* [¿Son fiables los Evangelios del Nuevo Testamento? Otras ideas], publicado el 20 de julio de 2006. http://www.markdroberts.com/htmfiles/resources/gospelsreliable-more.htm.

Este título se ha relacionado con el tercer Evangelio desde que se este conoce. Se cree que el autor fue Lucas, médico cristiano del siglo I y compañero de viaje de Pablo.

TEXTO CLAVE: 19:10

Porque el Hijo del Hombre vino a buscar y a salvar lo que se había perdido.

TÉRMINO CLAVE: «SALVADOR»

La actividad salvadora de Jesús, tanto en Su ministerio como en Su muerte, es el enfoque de este Libro. Puesto que Su misión era salvar a otros, Él no se salvó a sí mismo (23:35).

RESUMEN DE UNA SOLA FRASE

Jesús no solo vivió y ministró como el hombre perfecto, sino que también murió y resucitó a nueva vida como el Salvador de los pecadores.

El antiguo camino romano de Jerusalén a Jericó fue el escenario de la parábola de Jesús del buen samaritano (10:25-37). Los que escucharon a Jesús conocían bien los peligros de viajar

CONTEXTO HISTÓRICO ORIGINAL

AUTOR Y FECHA DE ESCRITURA

Lucas, quizás entre el 60 y 61 d.C.

El Libro es anónimo, pero la tradición cristiana primitiva afirmó de común acuerdo que Lucas escribió este Evangelio, así como el Libro de los Hechos. Ver *Autor y fecha de escritura* de **HECHOS** para comprobar las razones que apoyan que Lucas fue su autor. Las dedicatorias a Teófilo, el estilo griego y vocabulario similares, y el énfasis especial que comparten los libros (como la oración y el gozo) apuntan a una autoría común.

Lucas fue una figura secundaria en el Libro de los Hechos, donde se lo identifica, no por su nombre, sino por el uso del pronombre «nosotros» cuando estaba presente durante las acciones que describía. Pablo lo nombró tres veces en sus cartas (Col. 4:14; 2 Tim. 4:11; Filem. 24). Él era gentil, médico y fue compañero leal de Pablo. Su ciudad natal y la naturaleza de su conversión son desconocidas. La mayoría de los especialistas en crítica textual creen que el autor del tercer Evangelio y de los Hechos no fue el Lucas de las cartas de Pablo, o el «nosotros» de los Hechos.

La fecha de escritura de Lucas debe ser posterior a Marcos, Libro que Lucas seguramente utilizó como fuente, pero antes de Hechos, que quizás fue publicado entre el 61 y 62 d.C. Si Lucas hizo las investigaciones para su Evangelio, mientras Pablo estaba preso en Cesarea, entonces tal vez escribió y publicó desde Cesarea (59 d.C.) o después de llegar a Roma con Pablo tras el famoso naufragio (61 d.C.). Otros eruditos han argumentado que Lucas, al igual que todos los Evangelios, debe tener una fecha posterior, a partir de la década de los 70 y 80 d.C.

PÚBLICO INICIAL Y DESTINATARIO

Teófilo, un gentil cuya residencia es desconocida

Lucas dedica de forma explícita este Evangelio a Teófilo («amigo de Dios»), a quien llamó «excelentísimo». Mencionado solo en los prefacios de Lucas y Hechos, parece haber sido un gentil de alto estatus social que había sido «instruido» en el cristianismo, pero que quería información más detallada sobre Jesús. Teófilo puede haber proporcionado patrocinio financiero a Lucas para suplir los gastos de su investigación.

ORIGEN

Las necesidades de Teófilo impulsaron la escritura de Lucas. Ya «muchos» habían escrito sobre la vida de Jesús, y en su prefacio Lucas expresó que utilizó fuentes que incluían testigos oculares. Lucas quizás utilizó los dos años que Pablo estuvo preso en Cesarea (Hech. 24:26-27; 27:1) para investigar el Evangelio. Tuvo acceso a un gran número de testigos de la vida de Jesús incluyendo, es posible, a la madre del Señor (Luc. 2:19,51). La mayoría de los eruditos creen que también se vio favorecido por la lectura del Evangelio de Marcos, más un registro (ahora perdido) de las enseñanzas de Jesús (en ocasiones llamado «Q»). Hay mucha evidencia de que Lucas entretejió en su cuidadoso relato a Marcos, «Q» y los hallazgos de su propia investigación.

EL MENSAJE DE DIOS EN LUCAS

PROPÓSITO

En el prólogo, el autor plantea de manera explícita su propósito (1:1-4). Escribió su Evangelio para proporcionar un relato ordenado de los comienzos del cristianismo, para que el lector tuviera información confiable sobre Jesucristo. Todo entendimiento razonable de este Evangelio acepta esto como un punto de partida para su comprensión.

A PRIMERA VISTA

Propósito de Lucas: certeza

De los cuatro escritores de los Evangelios, Lucas y Juan (20:31) expresan su propósito al escribir (1:1-4). El prólogo de Lucas se dirige al «excelentísimo Teófilo» para quien tenía la intención de proveer «certeza» con respecto a las cuestiones en las que había sido instruido. Lucas reconoció otras narrativas. Él probablemente las consultó y suplementó estos relatos con su cuidadosa investigación de primera mano con testigos oculares originales. Sobre la base de estas fuentes, Lucas le proporcionó a Teófilo un relato ordenado.

Juan el Bautista y Jesús

Después de su prólogo, Lucas hace una comparación única de Juan y Jesús al mostrar cómo ambos representan el cumplimiento de las promesas hechas por Dios. Juan era como Elías, pero Jesús tenía un papel davídico que cumplir y poseía un origen único y sobrenatural. Juan era el precursor, pero Jesús era el cumplimiento (1:5–2:52). Esta sección narra los anuncios del nacimiento de Juan y de Jesús, así como sus nacimientos. Esta parte introductoria del Evangelio concluye con la demostración de la conciencia de sí mismo que Jesús tenía. Aquí el joven muchacho declaró a los líderes religiosos en el templo que Él debía estar al tanto de los asuntos de Su Padre.

Preparación para el ministerio

Solo Lucas contiene la sección donde se muestra con claridad las dimensiones éticas del llamado de Juan al arrepentimiento, en términos de respuesta compasiva hacia los demás. Juan también advierte sobre el juicio, llama al arrepentimiento y

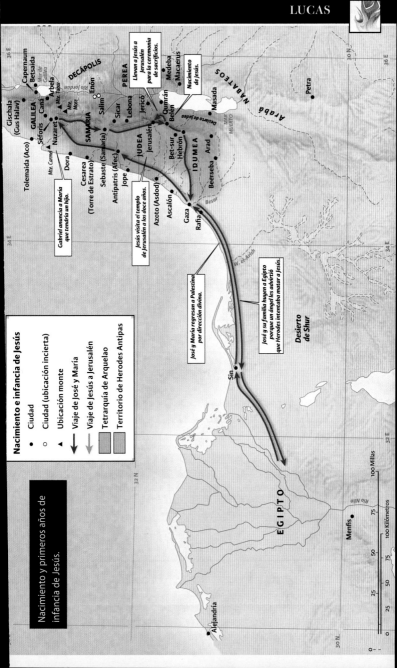

Nacimiento y primeros años de infancia de Jesús.

Nacimiento e infancia de Jesús

- Ciudad
- Ciudad (ubicación incierta)
- ▲ Ubicación monte
- → Viaje de José y María
- → Viaje de Jesús a Jerusalén
- Tetrarquía de Arquelao
- Territorio de Herodes Antipas

Gabriel anuncia a María que tendría un hijo.

Jesús visita el templo de Jerusalén a los doce años.

Llevan a Jesús a Jerusalén para la ceremonia de sacrificios.

Nacimiento de Jesús.

José y María regresan a Palestina por dirección divina.

José y su familia huyen a Egipto porque un ángel les advirtió que Herodes intentaba matar a Jesús.

promete la venida de Aquel que trae el Espíritu de Dios. Juan bautizó a Jesús, pero la peculiaridad principal del bautismo consiste en que es uno de los dos testimonios celestiales sobre Jesús (9:35 contiene el otro).

El carácter universal de la relación de Jesús con la humanidad se pone de manifiesto en la lista de Sus antepasados (3:23-38). Él es hijo de Adán e Hijo de Dios. Jesús no solo tiene conexiones con el cielo, sino también con los creados del polvo de la tierra.

Tras el bautismo de Jesús, Sus primeras acciones fueron vencer las tentaciones de Satanás, algo que Adán no pudo lograr. Esta sección muestra a Jesús como el Ungido de Dios, representante de la humanidad y fiel a Dios (4:1-13).

Ministerio galileo

Lucas se enfoca en los 18 meses del ministerio público de Jesús en Galilea (4:14–9:50). El relato de este ministerio es compartido por Mateo, Marcos y Lucas; sin embargo, Lucas ofrece una perspectiva única de estos meses. Solo este Evangelio incluye la declaración hecha por Jesús en la sinagoga de Su ciudad natal, sobre el

Monte del Precipicio en Nazaret. «Al oír estas cosas, todos en la sinagoga se llenaron de ira; y levantándose, le echaron fuera de la ciudad, y le llevaron hasta la cumbre del monte sobre el cual estaba edificada la ciudad de ellos, para despeñarle. Mas él pasó por en medio de ellos, y se fue» (4:28-30).

cumplimiento de la promesa de Dios y el Sermón de la Llanura (6:17-49). Su interpretación de Isaías 61 en la sinagoga representa la autodescripción de Su misión, mientras que el sermón establece Sus principios éticos fundamentales presentados sin la preocupación por la tradición judía que posee el Sermón del Monte que aparece en Mateo. La capacidad de Jesús de traer salvación se ilustra mediante una serie de milagros. Estos milagros muestran Su total autoridad al manifestar soberanía sobre la naturaleza, los demonios, la enfermedad y la muerte. Más allá de la liberación está la misión. Los discípulos son llamados a ser pescadores de hombres. A diferencia de los pescadores, que capturan peces para devorarlos, los discípulos pescan para arrebatar a las personas de las garras de la muerte y la condenación.

En este punto, la narración se traslada de las enseñanzas y la demostración de la autoridad de Jesús, hacia la confesión y el llamamiento al discipulado. Pedro confesó que Jesús es el Cristo. Entonces Jesús explicó qué tipo de Mesías Él sería: Él sufriría. Los que siguen a Jesús deben tener un compromiso total y diario para sobrevivir al rechazo que viene al seguirle a Él.

Viaje a Jerusalén

A esta sección a menudo se le llama «relato del viaje» ya que describe a grandes rasgos el último viaje de Jesús a Jerusalén (9:51–19:44). Lucas 10:38-42 y 17:11 parecen indicar que la narrativa es solo cronológica, y esto puede explicar algunas de las variaciones con el relato de Mateo; aunque también es posible que Jesús repitiera estas enseñanzas en múltiples ocasiones. Una cantidad significativa de material en esta sección es exclusiva de Lucas, y puede considerarse como una oportunidad extendida para que Jesús preparara a Sus discípulos para la misión después de Su muerte y resurrección.

Jerusalén

En esta sección final, Lucas explica cómo Jesús murió y cómo la aparente derrota se convirtió en victoria (19:45–24:53). Lucas mostró cómo Dios reveló quién era Jesús. Además, la tarea de los discípulos a la luz de los hechos de Dios se hace evidente. Lucas mezcla material nuevo con el ya presente en los otros Evangelios. Las batallas finales de Jesús en Su ministerio terrenal se producen aquí y recuerdan enfrentamientos anteriores en Lucas 11–13. Jesús limpió el templo, lo que indica Su desagrado con el judaísmo oficial.

Ante el rechazo de la nación, Jesús predijo la caída del templo y de Jerusalén, acontecimientos que son en sí mismos un anticipo del final. La caída de Jerusalén sería un momento terrible para la nación, pero todavía no sería el fin, cuando el Hijo del Hombre regrese en las nubes con autoridad para redimir a Su pueblo (Dan. 7:13-14). Los acontecimientos del año 70 son una garantía de que el fin también vendrá, ya que cada serie de eventos visualiza al próximo.

Lucas 22–23 describe los momentos previos a la muerte de Jesús. El Señor dirigió el escenario para la Última Cena y les pidió a Sus discípulos que la prepararan. Él, aunque fue traicionado, era inocente; pero Su muerte traería el nuevo pacto y fue un sacrificio a favor de otros. En Su último discurso, Jesús anunció la traición, enseñó la grandeza del servicio, le dio autoridad a los once, predijo la negación de Pedro y advirtió sobre el rechazo. Jesús tenía el control, aun cuando Su muerte se acercaba.

Lucas declara que Jesús murió injustamente; sin embargo, Dios todavía obra ante la injusticia. También describe la muerte de Jesús con alusiones del AT que muestran a Jesús como una víctima inocente que confió en Dios (Sal. 19; 22:8-9; 31:6). La injusticia es trascendida en el plan de Dios a través de la resurrección.

Lucas concluye con tres escenas de la resurrección y la justificación. En primer lugar, 24:1-12 anuncia la tumba vacía, pero la noticia de las asombradas mujeres es recibida con escepticismo. En segundo lugar, la experiencia de los discípulos en Emaús ilustra el cambio que la resurrección produjo en la desesperación de los discípulos. En tercer lugar, Lucas describe la comisión final de Jesús, Sus instrucciones y la ascensión. Así como Lucas 12 comienza con la esperanza de la promesa del AT cumplida, Lucas 24:43-47 vuelve al tema central de Jesús el Mesías como el cumplimiento del plan y la promesa de Dios. La última aparición de Jesús en el Evangelio encierra una comisión, un plan y una promesa.

Sicómoro de Zaqueo en Jericó. Cuando Jesús vino a Jerusalén por última vez, pasó por Jericó donde encontró a Zaqueo que había subido a un árbol sicómoro para ver mejor a Jesús, tal vez sin ser visto. La respuesta de Zaqueo a la invitación de Jesús fue transformadora (Luc. 19:1-10).

LA VERACIDAD DE LUCAS

La mayoría de los eruditos desde el siglo II hasta el siglo XVIII leyeron el Evangelio de Lucas como un documento de exactitud histórica. Durante y después de la Ilustración, muchos eruditos llegaron a considerar a Lucas y Hechos como documentos principalmente teológicos en los que el autor inventó los acontecimientos, discursos y diálogos para apoyar su programa teológico. Un ejemplo de tal «creatividad» es la introducción de Lucas al ministerio de Jesús donde él ofrece detalles cronológicos y geopolíticos (3:1) sobre el comienzo del ministerio de Juan el Bautista: «En el año decimoquinto del imperio de Tiberio César, siendo gobernador de Judea Poncio Pilato, y Herodes tetrarca de Galilea, y su hermano Felipe tetrarca de Iturea y de la provincia de Traconite, y Lisanias tetrarca de Abilinia». El problema es que Lisanias fue tetrarca de Calcis del 40 al 36 a.C. Según Josefo, cuando Cleopatra «pasó por Siria con él (Marco Antonio), ella se las arregló para tomarla como posesión; por lo que él mató a Lisanias, el hijo de Ptolomeo, acusándolo de haber llevado a los partos hacia aquellas tierras» (*Antigüedades de los judíos*, 15.4.1). Sobre la base de esta evidencia, parece que Lucas estaba equivocado. Lisanias estaba muerto desde hacía medio siglo, y había sido gobernador de Calcis y no de Abilene. Sin embargo, más tarde se encontró una inscripción en Abila del tiempo de Tiberio César (14–29 d.C.) que nombra a otro Lisanias como tetrarca de Abila.

CÓMO ENCAJA LUCAS EN LA HISTORIA DE DIOS

1. Prólogo: creación, caída del hombre y necesidad de redención
2. Dios construye Su nación (2000–931 a.C.)
3. Dios educa a Su nación (931–586 a.C.)
4. Dios preserva un remanente fiel (586–6 a.C.)
5. Dios compra la redención y comienza el reino (6 a.C. al 30 d.C.)
6. Dios extiende el reino a través de la iglesia (30 d.C. [?])
7. Dios consuma la redención y confirma Su reino eterno
8. Epílogo: un cielo nuevo y una Tierra nueva

CRISTO EN LUCAS

Lucas escribe principalmente para los gentiles y resalta la salvación que Jesús ofrece tanto a judíos como a gentiles. Lucas muestra la compasión de Jesús hacia los pobres y los oprimidos.

LOS APÓSTOLES Y SU HISTORIA

Nombre	Sobrenombre	Padres	Hogar	Ocupación	Escritos	Actividades	Muerte
Simón	Pedro o Cefas = Roca	Jonás	*Primeros años*: Betsaida; *Posteriormente*: Capernaum	Pescador	1 y 2 Pedro	Pedro tal vez ejerció su ministerio en las provincias de Ponto, Galacia, Capadocia, Asia, quizá en Corinto, y finalmente en Roma.	Según una tradición transmitida por Tertuliano y Orígenes, Pedro fue crucificado cabeza abajo en Roma. Lo más probable es que la fecha de su muerte sea entre el 64 y el 68 d.C.
Andrés = hombría o valor		Jonás	*Primeros años*: Betsaida; *Posteriormente*: Capernaum	Pescador		Una tradición sin confirmar declara que ministró en Capadocia, Galacia, Bitinia; después en los desiertos de Escitia y en Bizancio; y finalmente en Tracia, Macedonia, Tesalia y Acaya.	La opinión tradicional es que fue crucificado en Patras, Acaya, por orden del gobernador romano Ageas.
Jacobo el mayor o el anciano	Boanerges o Hijos del trueno	Zebedeo y Salomé	Betsaida, Capernaum y Jerusalén	Pescador		Predicó en Jerusalén y Judea.	Decapitado por Herodes en el 62 o el 44 d.C. en Jerusalén.
Juan, el discípulo amado	Boanerges o Hijos del trueno	Zebedeo y Salomé	Betsaida, Capernaum y Jerusalén	Pescador	Evangelio, tres epístolas y Apocalipsis	Trabajó entre las iglesias de Asia Menor, especialmente en Éfeso.	Exiliado a la isla de Patmos en el 95 d.C. Liberado; murió de muerte natural.
Jacobo el menor		Alfeo y María	Galilea			Predicó en Judea y Egipto	Según la tradición, fue martirizado en Egipto.
Judas (no el Iscariote)	Tadeo o Lebeo	Jacobo	Galilea			Predicó en Mesopotamia y Armenia	Fue martirizado en el Irán actual y enterrado cerca de Tabriz.
Felipe			Betsaida			Predicó en Frigia	Fue martirizado en Frigia; la tradición señala que fue enterrado en Hierápolis.
Bartolomé	Natanael		Caná de Galilea			Una tradición declara que predicó en la India. Otros dicen que ministró en Mesopotamia, Persia, Egipto, Armenia, Licaonia, Frigia y en las orillas del Mar Negro.	Una tradición afirma que el rey Astiages de Babilonia le hizo azotar y decapitar porque el hermano del rey se había convertido por la predicación de Bartolomé.
Mateo	Leví		Galilea	Recaudador de impuestos	Evangelio	Existe un fuerte consenso de que predicó a su propio pueblo durante cerca de dos décadas. También se lo asocia con Etiopía, con el sur del Mar Caspio, Partia, Macedonia y Siria.	Algunas fuentes señalan que Mateo fue martirizado; otros afirman que murió de muerte natural.
Tomás	Dídimo		Galilea			La tradición afirma que Tomás llevó el evangelio a la India.	Se dice que murió atravesado por una lanza. Sus restos fueron posteriormente trasladados a Edesa.
Simón	El Zelote		Galilea			Predicó en Persia	La tradición indica que Simón fue torturado y aserrado en dos.
Judas	Iscariote	Simón Iscariote	Keriot de Judea			Traicionó a Jesús	Suicidio.

PRINCIPIOS BÁSICOS DE LA COSMOVISIÓN CRISTIANA

Enseñanza sobre Dios

En este Evangelio, Dios inicia todo lo concerniente a la salvación. La gloria de Dios es exaltada de forma especial desde el canto de los ángeles (2:14) hasta la entrada triunfal (19:38). De igual importancia es la gloria de Jesús mismo, desde la transfiguración (9:32) hasta Su esplendorosa resurrección (24:26). En este Libro, Jesús es, por supuesto, el Hijo de Dios nacido de una virgen. El Espíritu Santo está activo desde la concepción de Jesús hasta el gran poder de Su ministerio (1:35; 4:14). El Espíritu es también el don que Jesús prometió a Sus seguidores (11:13).

Enseñanza sobre la humanidad

Este Evangelio se enfoca en la humanidad vista de dos maneras. En primer lugar, Jesús es el humano ideal o perfecto. Lucas muestra cómo es una persona llena del Espíritu, con una obediencia total a Dios. (Nótese la confesión del centurión ante la muerte de Jesús: «Verdaderamente este hombre era justo», 23:47). En segundo lugar, Lucas hace una descripción vívida de una serie de individuos a los que Jesús impactó, mostrando el valor de cada ser humano.

Enseñanza sobre la salvación

El punto crucial de este Evangelio está en 9:51, cuando «afirmó su rostro para ir a Jerusalén». Jerusalén era el lugar adecuado para que Jesús se ofreciera a sí mismo como un sacrificio. En Sus propias palabras, «¿No era necesario que el Cristo padeciera estas cosas, y que entrara en su gloria?» (24:26). La noche que fue traicionado, Él enseñó a Sus discípulos que Su muerte era una sustitución y que esto consumaría el nuevo pacto (ver Jer. 31:31-34).

CARACTERÍSTICAS LITERARIAS

GÉNERO Y ESTILO LITERARIO

Un Evangelio compuesto en excelente griego *koiné*

Ver *Género y estilo literario* de **MATEO** para obtener información sobre lo que es un «Evangelio». Lucas fue el más versátil de todos los escritores de los Evangelios. El prefacio está en griego clásico y el resto de los capítulos 1 y 2 se asemeja a un estilo hebreo. El cuerpo del Evangelio está en excelente griego *koiné*. El amplio vocabulario de Lucas y su estilo cuidadoso, lo señalan como un educado «hombre de letras». Lucas estaba más consciente de que escribía «una historia», que los otros escritores de los Evangelios, como lo muestra su atención a las fechas de ciertos acontecimientos.

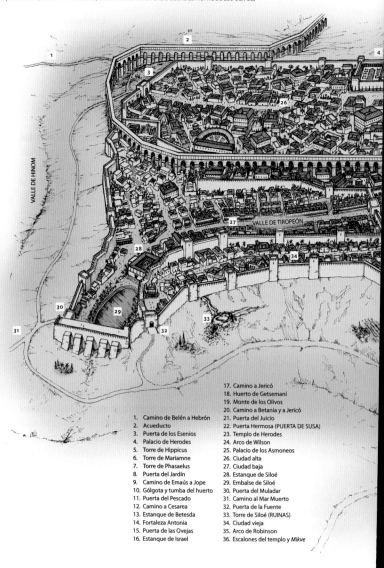

Jerusalén en la época del NT

aprox. 30 d.C. (VISTA HACIA EL OESTE, DESDE UN PUNTO SITUADO SOBRE EL MONTE DE LOS OLIVOS)

VALLE DE HINOM

VALLE DE TIROPEÓN

1. Camino de Belén a Hebrón
2. Acueducto
3. Puerta de los Esenios
4. Palacio de Herodes
5. Torre de Hippicus
6. Torre de Mariamne
7. Torre de Phasaelus
8. Puerta del Jardín
9. Camino de Emaús a Jope
10. Gólgota y tumba del huerto
11. Puerta del Pescado
12. Camino a Cesarea
13. Estanque de Betesda
14. Fortaleza Antonia
15. Puerta de las Ovejas
16. Estanque de Israel
17. Camino a Jericó
18. Huerto de Getsemaní
19. Monte de los Olivos
20. Camino a Betania y a Jericó
21. Puerta del Juicio
22. Puerta Hermosa (PUERTA DE SUSA)
23. Templo de Herodes
24. Arco de Wilson
25. Palacio de los Asmoneos
26. Ciudad alta
27. Ciudad baja
28. Estanque de Siloé
29. Embalse de Siloé
30. Puerta del Muladar
31. Camino al Mar Muerto
32. Puerta de la Fuente
33. Torre de Siloé (RUINAS)
34. Ciudad vieja
35. Arco de Robinson
36. Escalones del templo y *Mikve*

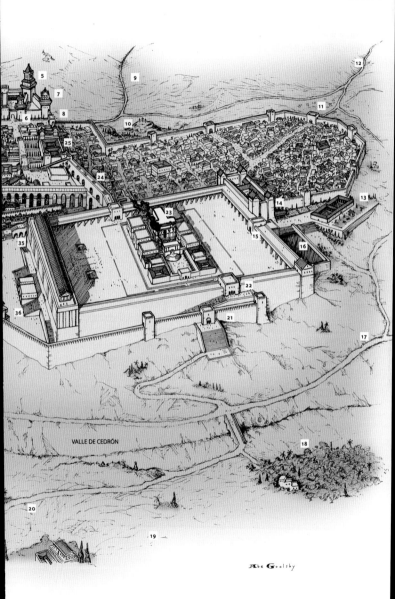

VALLE DE CEDRÓN

Abe Goolsby

UN PRINCIPIO A SEGUIR EN LA VIDA

Gracia universal (Luc. 19:1-9)

Nunca debemos olvidar la misión principal de Jesús: proveer salvación para todos.

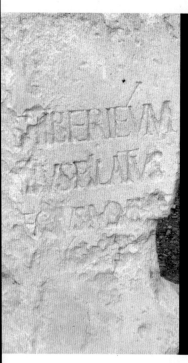

La «Piedra de Pilato» de Cesarea Marítima, Israel. La inscripción dedicatoria a Tiberio César es de Poncio Pilato, prefecto de Judea. Esta inscripción fue encontrada en 1961 por un equipo dirigido por el Dr. Antonio Frova. El NT se refiere a Pilato como «gobernador», mientras que otras fuentes lo llaman «procurador» o «prefecto», como en la inscripción. Pilato sirvió como prefecto de la provincia romana de Judea entre el 26 al 36 d.C. Indignó la sensibilidad religiosa de judíos y samaritanos y por esto fue llamado a Roma. En vista de su actitud y acciones contra los judíos, es sorprendente que se dejara presionar por un grupo de autoridades religiosas judías para permitir que Jesús fuera ejecutado. Una posible explicación es que ya sentía que su posición en el Imperio romano estaba en peligro (nótese la amenaza implícita en Juan 19:12). No parece que Pilato tuviera ninguna inclinación personal para dar muerte a Jesús, y los escritores del NT ponen empeño en demostrar esto (Luc. 23:4,14,22; Juan 18:38; 19:4,6; comp. Mat. 27:19).

Este título se ha asociado con el cuarto Evangelio desde que este se conoce. Fue nombrado así porque se cree que su autor fue Juan, el apóstol de Jesús.

TEXTO CLAVE: 3:16

Porque de tal manera amó Dios al mundo, que ha dado a Su Hijo unigénito, para que todo aquel que en Él cree, no se pierda, mas tenga vida eterna.

TÉRMINO CLAVE: «SEÑOR»

Desde el comienzo del prólogo hasta el final del Evangelio, Jesús es presentado como Señor y Dios, con un énfasis proporcionalmente mayor en Su Deidad que en los otros Evangelios.

RESUMEN DE UNA SOLA FRASE

Jesús es el Hijo de Dios que hace señales y ofrece vida eterna, sobre la base de Su muerte y resurrección, a todos los que creen en Él.

Ruinas de la ciudad pesquera de Betsaida al extremo norte del Mar de Galilea. Betsaida fue el hogar de tres de los discípulos de Jesús: Pedro, Andrés y Felipe. Pedro y Andrés luego vivieron en la ciudad vecina de Capernaum.

CONTEXTO HISTÓRICO ORIGINAL

AUTOR Y FECHA DE ESCRITURA

El apóstol Juan, quizás alrededor del 80–90 d.C.

Al igual que todos los Evangelios, el Libro es anónimo. La tradición cristiana primitiva afirmó, de común acuerdo, que Juan compuso este Evangelio. Él era un pescador de Galilea, hijo de Zebedeo y hermano de Jacobo, a quien Jesús llamó a ser apóstol (Mar. 1:19; 3:17). Según Hechos, Juan y Pedro fueron líderes prominentes de la iglesia primitiva.

Muchos eruditos de los dos últimos siglos han negado que Juan escribió este Libro, en parte, debido a que creen que el autor inventó muchos detalles, como los milagros y los discursos de Jesús. Dicha invención es muy difícil de explicar si el relato fue escrito por un testigo ocular de la vida de Jesús. Sin embargo, el autor afirmó ser un testigo ocular (21:24) y se refirió a sí mismo en tercera persona como «el discípulo a quien Jesús amaba» (13:23; 19:26; 20:2; 21:7,20). Sin dudas, la tradición de la autoría de Juan es correcta.

Este Evangelio fue el último en ser escrito, pues da por sentado el conocimiento de muchos acontecimientos en el ministerio de Jesús (los cuales se omiten). Por otro lado, ofrece una gran cantidad de material nuevo. La década de los 80 d.C. es una buena fecha de estimación para la composición de este Evangelio.

PÚBLICO INICIAL Y DESTINATARIO

Probablemente los cristianos que vivían en la provincia romana de Asia

Los eruditos han debatido este tema con mucha intensidad. Según la fuerte y consistente tradición cristiana, Juan vivió una larga vida y ministró en Éfeso, la ciudad más grande de la provincia romana de Asia. No existe una razón convincente para dudar de este destinatario original. Sin embargo, entre los eruditos hay división de opiniones sobre si el público inicial era griego, judío o simplemente cristiano. Aquellos que creen que Juan escribió a un público griego (no cristiano) notan, entre otras cosas, que el apóstol comienza resaltando a Jesús como el Logos, «la Palabra», un concepto de la filosofía griega. Los que creen que el público era judío, enfatizan que Juan quería que las personas creyeran que Jesús era el Cristo (20:31). Las similitudes entre este Libro y las cartas de Juan, que sin duda fueron escritas para los creyentes, quizás indiquen que este Evangelio fue redactado, en primer lugar, para el beneficio de estos últimos. En la providencia de Dios, esta carta ha llegado a ser de extraordinaria eficacia para llevar a los no creyentes a aceptar a Jesús como Señor y Salvador.

ORIGEN

Juan no describe los factores humanos que lo impulsaron a escribir. Sin embargo, parece evidente que se vio motivado a dar una explicación más completa que los otros Evangelios sobre algunos aspectos del ministerio de Jesús. Esto puede haber sido provocado por la edad avanzada de Juan y la conciencia de haber tenido una perspectiva única sobre la vida de Jesús.

EL MENSAJE DE DIOS EN JUAN

PROPÓSITO

El autor declara su propósito de forma explícita casi al final del Libro (20:30-31). Escribió su Evangelio para proporcionar un relato de la vida de Jesús y de las señales que realizó para que las personas crean en Él y reciban vida eterna. Debido a que el verbo «creer» puede ser traducido como «continuar creyendo», sin duda su propósito incluía la edificación de los seguidores de Jesús, así como la conversión de los no creyentes.

A PRIMERA VISTA

Prólogo: Cristo como la Palabra Eterna

No hay que profundizar mucho en el Evangelio de Juan para darse cuenta de las diferencias significativas con Mateo, Marcos y Lucas. Marcos abre su Evangelio al comienzo del ministerio de Jesús, Mateo y Lucas comienzan con Su nacimiento, Juan amplía las mentes de sus lectores y los lleva más allá del horizonte de la creación donde la Palabra ha existido siempre. Más aún, la Palabra estaba con Dios y era Dios. La Palabra se hizo carne (un ser humano) y vivió entre nosotros, y mostró una gloria que pertenece al único Hijo de Dios. Mateo y Lucas ofrecen dos perspectivas diferentes sobre la genealogía humana de Jesús. Juan comienza presentando la naturaleza divina y exclusiva de Jesús, para luego afirmar Su completa humanidad (1:1-18).

Presentación de Cristo como el Hijo de Dios

El papel de Juan el Bautista se explica con claridad en relación a Jesús. Juan el Bautista fue enviado por Dios (1:6). Él no era la Luz (1:8), sino que vino como testigo de Jesús (1:7,15). Al ver a Jesús, confesó: «¡He aquí, el Cordero de Dios, que quita el pecado del mundo!». El llamado de Andrés, hermano de Simón Pedro, fue el resultado directo del testimonio de Juan el Bautista sobre Jesús como el Cordero de Dios.

En ocasiones, a esta sección del Evangelio de Juan se la llama el Libro de Señales (1:19–12:50), la primera de las cuales es la conversión que Jesús hizo del agua en vino en una fiesta de bodas en Caná de Galilea. Como patrón de este Evangelio, los «milagros» son señales *(semeíon)* que sirven de autenticación de la naturaleza y la misión de Jesús. Las otras seis señales son: la sanidad del hijo de un noble (4:46-54), la sanidad del hombre en el estanque de Betesda (5:1-15), la alimentación de los 5000 (6:1-15), Jesús camina sobre el agua (6:16-21), la sanidad de un ciego de nacimiento (9:1-41) y la resurrección de Lázaro de entre los muertos (11:1-57). Los discípulos ven las señales y creen (2:11). Algunos ven las señales y aun rechazan a Jesús, como lo ilustran los que supieron sobre la resurrección de Lázaro, y sin embargo, no creyeron (11:47). Por otra parte, hay algunos como Nicodemo que parecen ser «creyentes secretos» (3:1-2; 7:50-51).

La instrucción de los Doce por el Hijo de Dios

Después que Jesús resucitó a Lázaro de la muerte, no hizo ninguna otra señal sino que se concentró en preparar a Sus discípulos para los acontecimientos que pronto tendrían lugar, para su nueva relación con Él, y para la misión que compartirían

El lugar tradicional de la tumba de Lázaro en Betania. La resurrección de Lázaro fue la séptima señal que Jesús hizo en el Evangelio de Juan.

(13:1–17:26). Durante la cena de la Pascua, los discípulos primero fueron limpiados de forma literal (el lavado de los pies: 13:1-17) y luego, en sentido figurado, con la eliminación del traidor (13:18-30). El discurso de despedida de Jesús (13:31–16:33) contiene instrucciones para Sus seguidores; en especial, sobre la futura Presencia Ayudadora (gr. *parákletos*): el Espíritu Santo, y la necesidad de los discípulos de permanecer en Jesús en sentido espiritual después de Su partida física de la Tierra. Este discurso, único del Evangelio de Juan, concluye con la oración de Jesús por sí mismo, por Sus discípulos y por todos los creyentes (cap. 17).

Muerte, sepultura y resurrección de Jesús

El relato que Juan hace de la pasión (18:1–19:42) comienza con la traición de Judas (18:1-11), la audiencia informal de Jesús ante Anás (18:12-14,19-24), la negación de Pedro (18:15-18,25-27), el juicio romano de Jesús ante Pilato (18:28–19:16a) y Su crucifixión y sepultura (19:16b-42). Juan describe la audiencia de Jesús ante Anás y Su juicio romano con mucho más detalle que los otros tres Evangelios.

En el relato de Juan, María Magdalena, Pedro y Juan se percatan de que la tumba donde Jesús había sido puesto estaba vacía, a pesar de que había sido sellada con una enorme piedra. Cuando Juan vio la forma en que estaban colocadas las ropas en la tumba, creyó. Después de que Pedro y Juan se fueron del lugar, Jesús se apareció a María Magdalena. Esa noche, los discípulos, con excepción de Tomás, se reunieron en una habitación donde las puertas estaban cerradas. Jesús se les apareció y los comisionó. Una semana más tarde volvió a aparecer a los discípulos con Tomás presente y le dio a Tomás pruebas más que suficientes de Su resurrección. Luego se presentó a siete de Sus discípulos en la orilla del Mar de Tiberias, donde comisionó a Pedro.

La declaración final de 20:30-31 enfatiza algunos de los temas principales del Evangelio, en particular, la identidad de Jesús como el Mesías e Hijo de Dios, Sus «señales» mesiánicas, la importancia de creer en Él y el regalo de la vida eterna. La conclusión del epílogo identifica al «discípulo a quien Jesús amaba» (que era uno de los doce; comp. 21:20; 13:23) como el escritor del Evangelio de Juan (21:24; comp. 19:35) y afirma la veracidad de su testimonio sobre Jesús (21:24).

LA VERACIDAD DE JUAN

Aquellos que leen los cuatro Evangelios, con frecuencia quedan impactados por las diferencias entre Juan y los Sinópticos. Juan no incluye parábolas, presenta pocas enseñanzas sobre el reino, ningún exorcismo y no describe historias de declaraciones (debates cortos con interrogadores hostiles que terminan en declaraciones culminantes). Las parábolas parecen haber sido una forma de enseñanza única de los judíos, desconocida para los griegos. El reino era un concepto teocrático del AT que así mismo podía haber confundido a una iglesia compuesta en su mayoría por gentiles. Los exorcismos eran vistos como algo mágico en el mundo grecorromano, y Juan sí incluye muchas controversias más prolongadas con los líderes judíos.

Más revelador son los ejemplos de «conexiones» entre Juan y los Sinópticos, lugares donde los detalles en un Evangelio ayudan a explicar lo que podría haber quedado como un misterio en otro. Por ejemplo, Juan se refiere al encarcelamiento de Juan el Bautista de forma muy breve (Juan 3:24), pero solo los Sinópticos narran la historia real (Mar. 6:14-29). Juan 11:2 distingue a María, la hermana de Lázaro, de María la madre de Jesús, al hacer alusión a una historia que Juan aún no ha narrado, pero que Marcos expresó que sería contada cada vez que se predicara el Evangelio (Mar. 14:9). Y las referencias al juicio de Jesús ante Caifás (Juan 18:24,28) son tan breves que presuponen que se conocen todos los detalles por los tres primeros Evangelios (Mar. 14:53-65).

En otros casos, Juan aclara algo que los Sinópticos dejan sin explicación. ¿Por qué las acusaciones distorsionadas contra Jesús, en Su juicio, aseguran que Él había predicho que destruiría el templo (Mar. 14:58-59)? Probablemente por lo que Él había dicho dos años antes sobre la destrucción del templo, cuando Su audiencia no entendió que se refería a Su propio cuerpo (Juan 2:19). ¿Por qué el Sanedrín judío acudió en primera instancia a las autoridades romanas en la ejecución de Jesús, si su ley prescribía apedrear a las personas por blasfemia (Mar. 15:1-3)? Seguramente porque Roma evitaba que los judíos aplicaran la pena de muerte en la mayoría de los casos (Juan 18:31). ¿Cómo pudieron los Sinópticos afirmar que Jesús había querido, a menudo, juntar a los hijos de Jerusalén (Mat. 23:37) si narran un solo viaje de Jesús, ya adulto, a la Ciudad Santa, el de Su última Pascua? Sin duda porque Él, de hecho, visitó la ciudad con regularidad en tiempos de fiesta, como Juan indica en repetidas ocasiones (caps. 2; 5; 7–9; 10). Por cierto, solo en Juan aprendemos que el ministerio de Jesús duró aproximadamente tres años, un dato que la mayoría de los eruditos aceptan como exacto. Se pudieran dar muchos otros ejemplos de conexiones en ambas direcciones.

Una característica clave del género literario de Juan ofrece una explicación más detallada de las peculiaridades del Libro. Juan fue menos literal en sus informes que los autores de los Sinópticos, en gran medida debido a la escritura en un estilo algo semejante al antiguo drama grecorromano. Pero, su énfasis recurrente en temas como la verdad y el testimonio muestra que él creía que estaba reproduciendo fielmente la vida y los tiempos de Jesús, incluso a través de este género.

Un análisis detallado de la veracidad histórica de Juan, se desarrolla a través del Evangelio, versículo por versículo, al buscar la compatibilidad con los datos de los Sinópticos y al aplicar criterios históricos estándares para la autenticidad de cada texto a su vez. El criterio más útil es lo que se ha denominado *doble semejanza y desemejanza*. Cuando una enseñanza o acontecimiento de la vida de Jesús se ajusta de manera plausible al mundo judío de Israel durante el primer tercio del siglo i, pero difiere en algunos aspectos del judaísmo más convencional de la época, no es probable que haya sido inventada por algún otro judío que no fuera Jesús. Cuando esa misma enseñanza o acontecimiento también muestra cierta continuidad con la creencia o práctica cristiana posterior y; sin embargo, asimismo prueba algún rasgo distintivo en algún punto, no es probable que haya sido inventada por algún cristiano posterior. Por lo general, al menos un elemento central, si no varios, surgen en cada pasaje de Juan para satisfacer este criterio de cuatro partes.

En la actualidad muchos eruditos continúan menospreciando a Juan por distar

JUAN

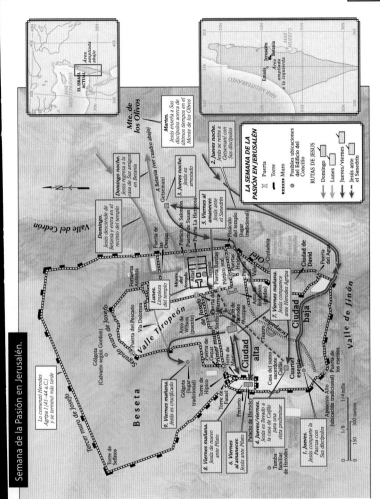

Semana de la Pasión en Jerusalén.

371

mucho en recuperar al «Jesús histórico» en comparación con los Sinópticos, pero estos eruditos rara vez interactúan en detalle con los estudios que demuestran los puntos que se resumen brevemente aquí.[1]

Nada de esto sugiere que la investigación histórica puede «probar» la veracidad de cada detalle en Juan (o cualquier otra porción de la Escritura). Pero cuando los escritores demuestran confiabilidad en repetidas ocasiones donde pueden ser probados, se les debe dar el beneficio de la duda en los momentos en que no se les puede comprobar. La creencia cristiana en la plena fiabilidad, autoridad e inspiración o infalibilidad del texto requiere un salto de fe más allá de lo que la evidencia histórica por sí sola puede demostrar. Pero no es un salto en la oscuridad, que pasa por alto la evidencia, es una elección consciente y consistente con las pruebas que existen.

CÓMO ENCAJA JUAN EN LA HISTORIA DE DIOS

1. Prólogo: creación, caída del hombre y necesidad de redención
2. Dios construye Su nación (2000–931 a.C.)
3. Dios educa a Su nación (931–586 a.C.)
4. Dios preserva un remanente fiel (586–6 a.C.)
5. Dios compra la redención y comienza el reino (6 a.C. al 30 d.C.)
6. Dios extiende el reino a través de la iglesia (30 d.C. [?])
7. Dios consuma la redención y confirma Su reino eterno
8. Epílogo: un cielo nuevo y una Tierra nueva

✄ CRISTO EN JUAN

En Juan, Jesús es el Logos, la Palabra de Dios que estaba con Dios y era Dios. Jesús es Dios hecho carne. La Deidad de Jesús se amplía aún más en Sus siete declaraciones de «Yo soy» (Yo soy el pan de vida; la luz del mundo; la puerta de las ovejas; el buen pastor, la resurrección y la vida; el camino, la verdad, y la vida; la vid verdadera).

PRINCIPIOS BÁSICOS DE LA COSMOVISIÓN CRISTIANA

Enseñanza sobre Dios

Juan enfatizó la soberanía y el amor de Dios al enviar a Jesús. Jesús revela de manera perfecta a Dios (1:18). En particular, las sorprendentes declaraciones de Jesús que comienzan con «yo soy» son notables afirmaciones tanto de Su persona como de Su obra. La enseñanza de Jesús sobre el Espíritu («el Consolador») es más extensa que en cualquier otro Evangelio (caps. 14–16). Este Evangelio revela de forma especial la gloria y el nombre del Padre y del Hijo.

Enseñanza sobre la humanidad

Los seres humanos son pecadores que necesitan un Salvador. Son incapaces de salvarse a sí mismos, pero son dependientes por completo de la iniciativa de Dios a través de Jesús. Muchos individuos demuestran esto: Nicodemo, la mujer samaritana, el ciego de nacimiento.

Enseñanza sobre la salvación

Este Evangelio, más que los otros, hace un énfasis muy marcado en una relación personal con Jesús que se construye sobre la base de la fe en Él y en Su muerte sacrificial. La fe en Jesús *es* salvación y vida eterna. Uno de estos textos es 10:27-28: «Mis ovejas oyen mi voz, y yo las conozco, y me siguen, y yo les doy vida eterna; y no perecerán jamás». Juan afirma tanto la elección soberana de Dios de algunos para vida eterna (6:44), como la invitación a «todo aquel que cree» (3:16).

La tumba del jardín. «Y en el lugar donde había sido crucificado, había un huerto, y en el huerto un sepulcro nuevo, en el cual aún no había sido puesto ninguno. Allí, pues, por causa de la preparación de la pascua de los judíos, y porque aquel sepulcro estaba cerca, pusieron a Jesús» (Juan 19:41-42).

CARACTERÍSTICAS LITERARIAS

GÉNERO Y ESTILO LITERARIO

Un Evangelio compuesto en griego *koiné* sencillo pero elegante

Ver *Género y estilo literario* de **MATEO** para obtener información sobre lo que es un «Evangelio». Juan escribió con un vocabulario limitado, además une sus frases con «y». Su estilo da lugar al desarrollo de una serie de conceptos contrastantes: El amor contra el odio, la luz contra las tinieblas, la vida contra la muerte, la verdad contra la mentira, lo celestial contra lo terrenal.

UN PRINCIPIO A SEGUIR EN LA VIDA

Aceptación o rechazo (Juan 9:1-41)

No debemos sorprendernos cuando el mensaje de la Deidad de Cristo conduce tanto a la fe salvadora como al rechazo total de la historia de salvación.

REFERENCIAS

1. Craig L. Blomberg, *The Historical Reliability of John's Gospel: Issues and Commentary* [Veracidad histórica del Evangelio de Juan: problemas y comentario] (Downers Grove, IL: InterVarsity Press, 2011).

Este título se ha asociado siempre con este Libro. Se refiere a los hechos que los apóstoles de Jesús llevaron a cabo en el año 30 aproximadamente y en los años posteriores a Su regreso al cielo.

TEXTO CLAVE: 1:8

Pero recibiréis poder, cuando haya venido sobre vosotros el Espíritu Santo, y me seréis testigos en Jerusalén, en toda Judea, en Samaria, y hasta lo último de la tierra.

TÉRMINO CLAVE: «ESPÍRITU»

Este Libro registra lo que los apóstoles y los cristianos primitivos llevaron a cabo luego de ser empoderados por el Espíritu Santo. El autor comprendió que nada de lo ocurrido hubiese sido posible sin el Espíritu Santo.

RESUMEN DE UNA SOLA FRASE

El cristianismo se extendió de Jerusalén a Roma y de los judíos a los gentiles por el poder del Espíritu Santo, que obró de manera especial a través de Pedro y Pablo.

CONTEXTO HISTÓRICO ORIGINAL

AUTOR Y FECHA DE ESCRITURA

Lucas, quizás cerca del 61–62 d.C.

Al igual que el Evangelio según Lucas, este Libro es anónimo. Por otra parte, la tradición cristiana primitiva afirma de común acuerdo que Lucas escribió ambos. La evidencia de la autoría de Lucas se encuentra en el Libro en tres «secciones nosotros», en las que aparece el pronombre «nosotros» (16:10-17; 20:5–21:18; 27:1–28:16). En esos momentos, el autor fue testigo presencial del ministerio de Pablo (de Troas a Filipos en el segundo viaje de Pablo, de Filipos a Jerusalén en el tercer viaje y de Cesarea a Roma). Mediante un proceso de deducción, todos los asociados a Pablo pueden ser descartados, excepto Lucas. Si Lucas fue el autor de las «secciones nosotros»; entonces, por consecuencia, él escribió el resto de los Hechos (puesto que el estilo y vocabulario griego son en gran medida los mismos). Por extensión, Lucas tiene que ser también el autor del tercer Evangelio (ver *Autor y fecha de escritura* de **LUCAS** para más información).

Determinar la fecha de Hechos depende de cómo comprendamos el final del Libro. A partir de Hechos 25:11 la principal pregunta histórica que el Libro suscita es

¿qué le ocurrió a Pablo cuando se presentó ante César? Sin embargo, el Libro no da la respuesta. Muchos eruditos de la Biblia están persuadidos de que, en su deseo de publicar, Lucas no quiso esperar hasta ver el resultado del caso de Pablo. Él publicó el Libro al final de los dos años de detención de Pablo descritos en 28:30. Si esto es así, Hechos tiene que ser fechado en el año 61 o 62. Otros eruditos, en especial aquellos que rechazan la comprensión tradicional de la autoría, fechan el Libro en los años 80. (F.C. Baur, crítico radical e influyente del siglo xix, creía que Hechos fue escrito en el siglo ii como una obra de ficción imaginativa).

PÚBLICO INICIAL Y DESTINATARIO

Teófilo, un gentil cuya residencia se desconoce

Tanto Lucas como Hechos fueron escritos para Teófilo. Ver *Público inicial y destinatario* de **LUCAS**.

ORIGEN

Las necesidades de Teófilo y quizás su continuo patrocinio financiero, proveyeron la oportunidad inmediata para Hechos. Si Lucas comenzó su investigación para Hechos mientras Pablo estaba detenido en Cesarea (ver *Origen* de **LUCAS**), entonces él tuvo acceso directo a Felipe, quien fue un testigo presencial de la mayoría de los acontecimientos de los capítulos 1–12 (21:8; 23:33; 24:27). Lucas también tuvo acceso directo a Pablo, el personaje principal de los capítulos 13–28, y él mismo fue testigo de algunos de los acontecimientos que registró.

EL MENSAJE DE DIOS EN HECHOS

PRÓPOSITO

El autor tenía un doble propósito. En primer lugar, escribió como historiador y redactó el «volumen 2» de su obra de dos partes. En la primera parte cuenta «acerca de todas las cosas que Jesús comenzó a hacer y a enseñar» (Hech. 1:1). La segunda parte es un registro selectivo de lo que Jesús continuó haciendo a través de Su Espíritu y de Sus discípulos. El segundo aspecto de su propósito fue teológico. Él mostró que el cristianismo y la iglesia se habían convertido en los herederos legítimos de Israel (y de la Escritura de Israel). Esto se ve de forma especial en las citas bíblicas del Libro, por ejemplo, «esto es lo dicho» en la cita que hace Pedro de Joel (Hech. 2:16-21), la cita que hace Jacobo de Amós (Hech. 15:16-17) y la referencia de Pablo a Isaías (Hech. 28:25-28).

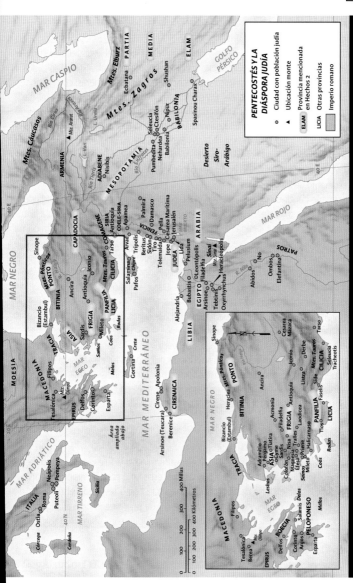

PENTECOSTÉS Y LA DIÁSPORA JUDÍA

- ○ Ciudad con población judía
- ▲ Ubicación monte
- Provincia mencionada en Hechos 2
- ELAM Provincia mencionada en Hechos 2
- LICIA Otras provincias
- Imperio romano

En los dos meses posteriores a la muerte y la resurrección de Jesús, judíos devotos de la mayor parte del Imperio romano conocieron los elementos esenciales del evangelio y vivenciaron el poder del Espíritu Santo en la celebración de Pentecostés.

377

A PRIMERA VISTA

La iglesia empoderada del Espíritu

Al comienzo, Hechos establece un vínculo entre el Libro y el Evangelio, el «primer tratado» de Lucas. Tanto el Evangelio (Luc. 1:3), como el Libro están dedicados a Teófilo. Los dos primeros capítulos de Hechos, en muchas maneras, corresponden a los dos primeros capítulos del Evangelio de Lucas: Lucas 1–2 describe el nacimiento del Salvador, Hechos 1–2 el nacimiento de la iglesia. Así como Jesús nació del Espíritu Santo (Luc. 1:35), el mismo Espíritu es la fuerza vital en la vida de la iglesia. Hechos 1 y 2 relatan la venida del Espíritu Santo a la iglesia. Hechos 1 narra los acontecimientos que dieron lugar al derramamiento del Espíritu, y el capítulo 2 describe ese derramamiento en Pentecostés.

El testimonio de los apóstoles

El escenario continúa siendo Jerusalén (3:1–5:42). En este momento de la vida de la iglesia, el testimonio de los apóstoles era solo para los judíos de Jerusalén. La historia comienza con una sanidad hecha en el complejo del templo. Esto atrajo una multitud a quien Pedro le predicó. La multitud hizo que las autoridades judías se incomodaran y arrestaran a Pedro y a Juan, quienes fueron interrogados por el Sanedrín sobre la sanidad del hombre y amenazados con una advertencia de dejar de predicar a Cristo. Los cristianos no prestaron atención a la advertencia del Sanedrín y continuaron testificando de Jesús. Ahora *todos* los apóstoles fueron arrestados y llevados ante el Sanedrín por no obedecer su prohibición.

Un testimonio más amplio

En este punto, el evangelio comienza a moverse más allá de Jerusalén en cumplimiento a la comisión de Jesús (1:8). Las figuras principales en esta misión de expansión fueron los helenistas, cristianos judíos no palestinos que se habían establecido en Jerusalén, cuya lengua y costumbres eran griegas. Ellos son presentados en 6:1-7. Luego se relata el testimonio de dos de ellos: el de Esteban en 6:8–8:3 y el de Felipe en 8:4-40.

En toda Judea

Hechos 9–12 completa la narración del testimonio de la iglesia en Jerusalén y en toda Judea. La conversión de Pablo y el testimonio de la iglesia en Antioquía, se unen al trabajo de los helenistas y preparan el escenario para la misión de Pablo a los gentiles. El ministerio de Pedro a Cornelio trae como resultado el respaldo de Pedro al testimonio a los gentiles. El capítulo 12 da una mirada final a la iglesia de Jerusalén antes de que el relato se enfoque por completo en Pablo y su misión a los gentiles.

Misión a los gentiles: primer y segundo viaje misionero

La iglesia en Antioquía estaba lista para extender su alcance. El Espíritu la guio a hacer esto a través de una misión llevada a cabo por Pablo y Bernabé. Ellos tuvieron

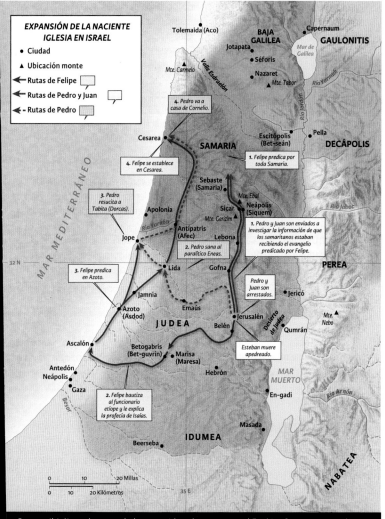

EXPANSIÓN DE LA NACIENTE IGLESIA EN ISRAEL

- Ciudad
- ▲ Ubicación monte
- ← Rutas de Felipe
- ← Rutas de Pedro y Juan
- ◄- Rutas de Pedro

4. Pedro va a casa de Cornelio.

4. Felipe se establece en Cesarea.

1. Felipe predica por toda Samaria.

3. Pedro resucita a Tabita (Dorcas).

1. Pedro y Juan son enviados a investigar la información de que los samaritanos estaban recibiendo el evangelio predicado por Felipe.

2. Pedro sana al paralítico Eneas.

3. Felipe predica en Azoto.

Pedro y Juan son arrestados.

Esteban muere apedreado.

2. Felipe bautiza al funcionario etíope y le explica la profecía de Isaías.

Tolemaida (Aco) · BAJA GALILEA · Capernaum · GAULONITIS · Jotapata · Mar de Galilea · Séforis · Mte. Carmelo · Nazaret · Valle Esdralón · Mte. Tabor · Río Yarmuk · Cesarea · SAMARIA · Escitópolis (Bet-seán) · Pella · DECÁPOLIS · Sebaste (Samaria) · Mte. Ebal · Río Jaboc · Apolonia · Sicar · Neápolis (Siquem) · Mte. Gerizim · MAR MEDITERRÁNEO · Río Yarkón · Antipatris (Afec) · Lebona · Jope · Lida · Gofna · PEREA · Jamnia · Emaús · Jericó · Azoto (Asdod) · JUDEA · Jerusalén · Mte. Nebo · Belén · Desierto de Judea · Qumrán · Ascalón · Betogabris (Bet-guvrin) · Marisa (Maresa) · MAR MUERTO · Antedón Neápolis · Hebrón · Gaza · Besor · En-gadi · Masada · IDUMEA · Beerseba · NABATEA

32 N · 35 E

0   10   20 Millas
0   10   20 Kilómetros

«Pero recibiréis poder, cuando haya venido sobre vosotros el Espíritu Santo, y me seréis testigos en Jerusalén, en toda Judea, en Samaria, y hasta lo último de la tierra» (1:8).

gran éxito entre los gentiles. Despertaron un debate sobre hasta qué punto los gentiles debían abrazar la ley judía, y se convocó una reunión formal en Jerusalén para discutir este asunto. Después de esto, Pablo comenzó su segunda misión (15:36–18:22). Acompañado por Silas y Timoteo, Pablo dejó el este y testificó en las ciudades de Macedonia y Grecia por primera vez.

Tercer viaje misionero

La mayor parte del tercer viaje misionero de Pablo fue un ministerio extensivo de tres años en Éfeso. Lucas dedicó solo un capítulo a este ministerio; pero por las cartas de Pablo, sabemos que fue el tiempo en el que muchas iglesias se establecieron y en el que él escribió muchas de sus cartas (18:23–21:16).

Testimonio de Pablo en Judea

Al venir a Jerusalén con el propósito de traer ofrendas de las iglesias del Mediterráneo, Pablo fue arrestado y permaneció como prisionero hasta el final de su historia en Hechos. Por causa de su encarcelamiento, él fue objeto de muchos juicios (21:17–26:32). Estos juicios fueron una oportunidad para testificar (ante una audiencia judía junto a la Fortaleza Antonia, ante un gobernador romano y ante el rey judío). Después de dos años de encarcelamiento en Cesarea, en el Mediterráneo, el gobernador romano de Judea, Porcio Festo, sugirió al sumo sacerdote y a otros líderes que Pablo debía ser llevado a Jerusalén para juicio, al desconocer el peligro que aquel lugar representaba. Pablo de inmediato hizo uso de su derecho como ciudadano romano y apeló a César. Festo preguntó a sus consejeros y accedió a proceder con la apelación.

Roma

El viaje de Pablo a Roma fue difícil, en especial el naufragio. La mayor parte del relato solamente narra en detalle toda esa experiencia que puso en peligro las vidas de aquellas personas. En toda esta historia, la providencia de Dios brilló. El Señor estaba con Pablo y con todos sus compañeros de viaje, de manera que Pablo pudo dar su testimonio en la ciudad imperial de Roma (27:1–28:31).

LA VERACIDAD DE HECHOS

Desde el siglo II hasta el XVIII, la mayoría de los eruditos leían Hechos como un documento histórico. Jerónimo (340–420 d.C.) lo tituló «la historia sin adorno». Sin embargo, a principios del siglo XIX la veracidad histórica de Hechos fue cuestionada por W. M. L. de Wette en su *Introducción al Nuevo Testamento*. Muchos eruditos siguieron el rechazo de este autor al punto de vista tradicional. Un gran número comenzó a ver Hechos como un documento escrito a comienzos y hasta mediados del siglo II, por alguien que no conoció de primera mano el tema y que no tuvo acceso a los testigos presenciales, alguien cuyo propósito no era escribir historia.

Algunas obras literarias antiguas simplemente no pueden ser probadas por su veracidad histórica. J. B. Lightfoot, erudito británico del NT se percató que de todas las obras literarias antiguas, Hechos es la más comprobable por su exactitud. Esta capacidad de ser probada es una espada de doble filo: Hechos tiene mayor potencial para confirmación, pero también mayor potencial para ser visto como históricamente inexacto.

El arqueólogo escocés y erudito del NT, sir William Ramsay (1851–1939), fue educado con la idea de que Hechos no era un documento históricamente fiel. Sin embargo, cuando leyó Hechos mientras realizaba su investigación de primera mano en Asia Menor y Grecia, llegó a la conclusión de que «la historia de Lucas es insuperable en cuanto a su confiabilidad». En el prólogo literario de Lucas a su Evangelio, él habla de «haber investigado con diligencia todas las cosas desde su origen». Esta declaración de su intención y forma de trabajar, describe la manera en que los detalles minuciosos de Hechos se confirman en la evidencia que ha salido a la luz. Este creciente cuerpo de evidencias de la historicidad de Hechos se ha incrementado sustancialmente por la obra de Colin J. Hemer en *The Book of Acts in the Setting of Hellenistic History* [El Libro de Hechos en el contexto de la historia helenística].

Vista del fragmento de la «Inscripción Galión» de Delfos, que menciona a Galión. En el fragmento grande, en la cuarta línea de arriba hacia abajo, la forma griega de «Galión» está claramente visible. Galión era el procónsul de Acaya cuando Pablo se encontraba en Corinto (Hech. 18:12). La inscripción está escrita en griego y es una copia de un decreto del emperador romano Claudio (41–54 d.C.), quien ordenó a L. Junio Galión, el gobernador, ayudar a asentar más personas de la élite en Delfos (en un esfuerzo por revitalizarla). La inscripción data de entre abril y julio del 52 d.C. y de allí se puede deducir que Galión fue el procónsul de Acaya el año anterior. Por lo tanto, los 18 meses de estancia de Pablo en Corinto (Hech. 18:1-18) incluyeron el año 51 d.C. Esta inscripción es de suma importancia para ayudar a

VIAJES MISIONEROS DE PABLO

- Ciudad
- Primer viaje misionero de Pablo
- Segundo viaje misionero de Pablo
- Tercer viaje misionero de Pablo
- Viaje de Pablo a Roma

Pablo pasa dos años predicando el evangelio mientras espera su apelación a Nerón

Barco naufraga durante tormenta

Pablo habla en el Areópago

Lucas se une a Pablo

Pablo devuelve la vida al joven Eutico

Procónsul Sergio Paulo se convierte

Porcio Festo envía a Pablo a Roma para que apele a César

Concilio de Jerusalén 49 d.C.

Pablo y Bernabé confundidos con dioses

Pablo continúa sus viajes misioneros

MAR MEDITERRÁNEO

MAR TIRRENO

MAR ADRIÁTICO

MAR EGEO

MAR NEGRO

Sirte Menor

Sirte Mayor

ITALIA

SICILIA

MACEDONIA

TRACIA

ACAYA

ASIA

BITINIA Y PONTO

GALACIA

CAPADOCIA

COMAGENE

CILICIA

PANFILIA

LICIA

FRIGIA

CIRENAICA

EGIPTO

JUDEA

SIRIA

Roma
Tres Tabernas
Foro de Apio
Puteoli
Pompeya
Mesana
Regio
Siracusa
Tarento
Brindisi
Malta (Melita)
Olimpia
Esparta
Delfos
Corinto
Larisa
Berea
Tesalónica
Antípolis
Neápolis
Atenas
Islas Cícladas
Bizancio (Estambul)
Heraclea
Ancira (Ankara)
Troas
Adramitio
Pérgamo
Éfeso
Tiatira
Sardis
Gnido
Rodas
Mira
Pátara
Seleucia
Listra
Iconio
Antioquía
Perge
Tarso
Arguelais
Parnaso
Tavio
Sinope
Salamina
Chipre
Pafos
Berge
Tolemaida
Cesarea
Antípatris
Jerusalén
Sidón
Antioquía
Creta
Fenice
Buenos Puertos
Lasea
Salmone
Cauda
Cirene
Alejandría
Menfis
R. Nilo
R. Éufrates
MAR MUERTO

0   100   200   300 kilómetros
0   100   200   300 millas

N

CÓMO ENCAJA HECHOS EN LA HISTORIA DE DIOS

1. Prólogo: creación, caída del hombre y necesidad de redención
2. Dios construye Su nación (2000–931 a.C.)
3. Dios educa a Su nación (931–586 a.C.)
4. Dios preserva un remanente fiel (586–6 a.C.)
5. Dios compra la redención y comienza el reino (6 a.C. al 30 d.C.)
6. Dios extiende el reino a través de la iglesia (30 d.C. [?])
7. Dios consuma la redención y confirma Su reino eterno
8. Epílogo: un cielo nuevo y una Tierra nueva

CRISTO EN HECHOS

Jesús, triunfante sobre la muerte, pasa 40 días en contacto con Sus discípulos. Luego, asciende al Padre y diez días después envía al Espíritu Santo para habitar dentro de los creyentes y empoderarlos. Hechos es un relato de lo que Jesús continuó haciendo por medio de Su iglesia, en la sabiduría y el poder del Espíritu Santo.

Fortaleza Antonia en Jerusalén. Pablo llegó a Jerusalén con hermanos de un grupo de iglesias de Asia, Macedonia y Licaonia. Mientras estaba allí, algunos judíos de Asia vieron a Pablo en el templo y llegaron a la conclusión errónea de que había llevado con él gentiles a las partes del templo donde solo se permitían judíos. Esto provocó un disturbio. El comandante del regimiento romano metió a Pablo en la Fortaleza Antonia adyacente al templo, con el fin de salvar su vida e interrogarlo (Hech. 21:26–23:27).

PRINCIPIOS BÁSICOS DE LA COSMOVISIÓN CRISTIANA

Enseñanza sobre Dios

El Padre es, en particular, el Emisor del Espíritu Santo. El Libro muestra que desde el comienzo del cristianismo Jesús ha sido el centro de proclamación. Su vida, Su muerte y Su resurrección son la esencia de las buenas nuevas. Sin embargo, este Libro revela, sobre todo, la persona y la obra del Espíritu Santo con más detalle que cualquier otro Libro de la Biblia.

Enseñanza sobre la humanidad

En particular, al trazar la propagación del cristianismo desde los judíos a los samaritanos y luego a los gentiles, este Libro demuestra que la salvación es para todo tipo de personas. Un fariseo que perseguía a los seguidores de Jesús, un funcionario africano, un centurión romano, y una joven esclava de Filipos, todos fueron tocados por el poder de Jesús. Por otra parte, algunas autoridades principales (tanto judías como gentiles) rechazaron el anuncio de Jesús.

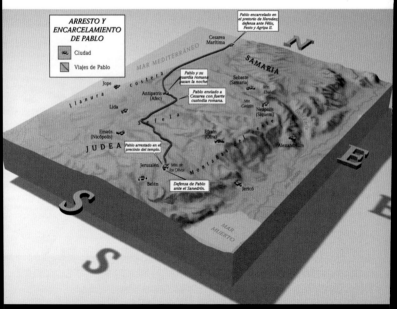

Claudio Lisias, el comandante del regimiento, se enteró de un complot para matar a Pablo. Él lo mandó a llevar de Jerusalén a la capital de la provincia romana de Judea en Cesarea Marítima donde había más seguridad.

Enseñanza sobre la salvación

En este Libro se presenta una y otra vez el mensaje cristiano básico: Jesús cumplió las profecías de la Escritura con Sus hechos y Su vida. Él fue crucificado; Dios lo levantó; la respuesta humana necesaria es arrepentirse de los pecados y creer en Él. Los que hacen esto reciben el buen regalo del Espíritu, dado por Dios. La salvación en Hechos se enfoca en el Espíritu Santo que llena a los creyentes para que vivan vidas santas y hagan la voluntad de Dios.

CARACTERÍSTICAS LITERARIAS

GÉNERO Y ESTILO LITERARIO
Un relato histórico escrito en excelente griego *koiné*

El género de Hechos es una «narrativa histórica». En este sentido, Hechos es comparable a otras obras de la antigüedad, en especial aquellas que también se conocen como «Hechos». La obra de Lucas, al igual que su Evangelio, no fue simplemente un recuento de hechos, sino una cuidadosa interpretación teológica. Él incluyó

Puesta de sol en la bahía de San Pablo, Malta. El barco en el que Pablo navegaba a Roma enfrentó una violenta tormenta que azotó la nave durante un período de dos semanas. El barco chocó contra un banco de arena y encalló en Malta (27:13–28:19).

resúmenes de importantes y tempranos discursos cristianos, que dan muestras de una variedad de predicadores (Pedro, Esteban, Pablo), audiencias (judías, griegas, cristianas) y circunstancias (amistosas, hostiles). Lucas utiliza un vocabulario amplio y un estilo griego cuidadosamente pulido.

UN PRINCIPIO A SEGUIR EN LA VIDA

Esperar y trabajar (Hech. 1:6-14)

Aunque debemos estar siempre preparados para el regreso de Cristo, hemos de enfocarnos en ser Sus testigos en este mundo.

Es probable que la última etapa del viaje de Pablo a Roma haya sido por la Vía Apia, a la que pudo haber accedido a varios kilómetros del puerto de Puteoli (Hech. 28:11-16).

Al igual que todas las cartas del NT escritas por el apóstol Pablo, esta epístola está titulada en correspondencia a sus destinatarios iniciales, en este caso los cristianos en Roma.

TEXTO CLAVE: 1:16-17

Porque no me avergüenzo del evangelio, porque es poder de Dios para salvación a todo aquel que cree; al judío primeramente, y también al griego. Porque en el evangelio la justicia de Dios se revela por fe y para fe, como está escrito: Mas el justo por la fe vivirá.

TÉRMINO CLAVE: «JUSTICIA»

El sustantivo griego que se traduce como «justicia» es *dikaiosúne*. Está estrechamente relacionado con el verbo *dikaió*, que por lo general se traduce como «justificar». Este Libro es una extensa fundamentación teológica sobre cómo los pecadores injustos pueden recibir una posición correcta delante de Dios (son justificados).

El Panteón es una de las más completas estructuras romanas antiguas que han sobrevivido. Fue construido en 27–25 a.C. por Marco Vipsanio Agripa, yerno de César Augusto. La inscripción en el arquitrabe declara que la estructura fue construida por Agripa durante su tercer mandato como cónsul. Los historiadores no están de acuerdo con las etapas del desarrollo del Panteón. Sin embargo, se ha mantenido por dos milenios como la mayor cúpula de hormigón sin reforzar del mundo.

RESUMEN DE UNA SOLA FRASE

La justicia con Dios es dada de forma gratuita (imputada) a todos aquellos que tienen fe en Jesucristo para la salvación de acuerdo con el plan eterno de Dios.

CONTEXTO HISTÓRICO ORIGINAL

AUTOR Y FECHA DE ESCRITURA

El apóstol Pablo, alrededor del 57 d.C.

Este Libro afirma ser escrito por «Pablo, siervo de Jesucristo». Todos los eruditos del NT aceptan esta afirmación. Pablo fue un fariseo devoto que se convirtió a la fe en Jesús y fue llamado a ser apóstol de los gentiles en el famoso «camino a Damasco» (Hech. 9). El ministerio de Pablo se puede dividir en tres etapas:

- El período de crecimiento personal en discipulado, alrededor del 33–47 d.C. (Hech. 9–12)
- El período de los tres viajes misioneros, alrededor del 48–57 d.C. (Hech. 13–21)
- El período de consolidación de las iglesias, alrededor del 58–65 d.C. (Hech. 22–28)

Romanos fue escrito cerca del final del tercer viaje misionero de Pablo, que culminó con su arresto en Jerusalén.

PÚBLICO INICIAL Y DESTINATARIO

Cristianos que adoraban en iglesias de hogar en Roma

Poco se sabe sobre cómo el cristianismo llegó por primera vez a Roma. No existe evidencia bíblica que apoye la tradición de que Pedro fue el primero en predicar el evangelio en Roma. El evangelio pudo haber sido llevado allí por los judíos de Roma que creyeron en Jesús en Pentecostés (Hech. 2:10). Ya estaba presente en el 49 d.C., cuando el emperador Claudio expulsó a los judíos de la ciudad, entre los cuales estaba la pareja cristiana Priscila y Aquila (Hech. 18:2).

En el momento en que Pablo escribió Romanos, es probable que la mayoría de los creyentes fueran gentiles. Pablo conocía por nombre a varios cristianos romanos (cap. 16), y su patrón de saludo indica que se reunían en iglesias de hogar que estaban esparcidas por toda la ciudad (16:5,14 y 15, probablemente, cada uno representaba al grupo de una iglesia de hogar).

La ciudad de Roma era un monumento espléndido, aunque también corrupto, de siglos de éxito militar romano. Es posible que tuviera un millón de personas, la mitad de ellos esclavos y era el centro económico y político del mundo. En verdad, todos los caminos conducían a Roma.

ORIGEN

Pablo nunca había predicado en Roma, y había deseado este privilegio por mucho tiempo. Había terminado su gran cometido del tercer viaje misionero, la recaudación para los santos en Jerusalén (ver *Origen* de **2 CORINTIOS**). Estaba en este momento pasando el invierno en Corinto (56–57 d.C.), ya que el Mar Mediterráneo no era seguro para viajar durante tres meses (Hech. 20:3). La mente de Pablo estaba ahora centrada en Roma (donde quería predicar y animar a los cristianos romanos) y en España. Con «tiempo a su favor» en Corinto, él escribió esta carta a los cristianos de Roma con el fin de presentarse a sí mismo y su teología. El escriba Tercio le ayudó (16:22).

EL MENSAJE DE DIOS EN ROMANOS

PROPÓSITO

Pablo escribió a los cristianos de Roma con el fin de darles un resumen sustancial de su teología. Esta epístola se presenta como la «autoconfesión teológica» de Pablo. Detrás de esto estaba su preocupación por preparar a los creyentes romanos para su deseado ministerio allí y crear interés en la misión de predicación que tenía prevista a España.

A PRIMERA VISTA

La justicia de Dios

La justicia de Dios es un tema de suma importancia en toda esta carta, la más larga de Pablo. Este tema se introduce desde el principio en 1:16-17 (Hab. 2:4). Tanto los gentiles (1:18–2:16) como los judíos (2:17-29) han pecado, y la expiación de Cristo es aplicable a ambos (3:21-31). La manera de Dios de justificar a los pecadores, tanto gentiles como judíos, se muestra en el caso de Abraham, quien vivió antes de que la ley fuese dada (4:1-25). Pablo expone el significado de este don de justicia. Ya sea judíos o gentiles, aquellos que confían en la obra redentora de Dios en Jesucristo, tendrán «paz con Dios» (5:1), serán librados del castigo y del poder del pecado (cap. 6); sin embargo, batallarán en su propia experiencia con la realidad del pecado y el poder de la ley (cap. 7). El capítulo 8 describe de manera gloriosa la liberación del creyente de la condenación, de la futilidad, de la enajenación de Dios y de la muerte eterna.

El lugar de Israel en los propósitos de Dios

Pablo sufrió mucho por el rechazo de Israel al Mesías de Dios (9:1-5). Recordó la misericordiosa elección de Dios hacia Israel (9:6-13) y afirmó la libertad de Dios y Su justicia en Sus elecciones. Para Pablo esto no era simple teología abstracta, sino un asunto que le preocupaba en lo más profundo de su ser (10:1). Los gentiles que creyeron habían sido injertados en el olivo cultivado, pero Dios no desechó a Israel (11:1-2). Dios lo injertará de nuevo en el árbol del que ha sido separado de manera temporal debido a su incredulidad. Esto lo hará Dios si ellos confían en Jesús como el verdadero Mesías y Salvador (11:23). Dios sigue teniendo un «remanente» que cree (11:5) «hasta que haya entrado la plenitud de los gentiles» (11:25).

Los frutos de la justicia de Dios

La justicia de Dios se ha de expresar en la vida de los creyentes dentro de la familia, la iglesia y en la sociedad en general (12:1–15:13). Al concluir su carta, Pablo revela sus planes de ir a Roma en camino a España. Él entonces saluda a 27 personas e incluye a una cantidad significativa de mujeres. Pablo hace un llamado a la iglesia a evitar las divisiones y la desunión. Ofrece saludos de sus compañeros y cierra con una doxología apropiada: «Al único y sabio Dios, sea gloria mediante Jesucristo para siempre. Amén».

LA VERACIDAD DE ROMANOS

Algunos indicadores geográficos y temporales brindan claridad sobre la carta de Pablo a los Romanos. Es probable que el evangelio llegara a Roma a principios de los años 30, cuando los peregrinos de Pentecostés regresaron a esta ciudad. La primera comunidad judía en Europa fue la que se estableció en Roma hacia el 161 a.C., cuando Judas Macabeo mandó emisarios a esa ciudad. Durante el siglo I existieron doce sinagogas en Roma, aunque no todas al mismo tiempo. Aquellos judíos peregrinos que habían recibido a Jesús como Mesías en Pentecostés, probablemente practicaban su fe en el contexto de su comunidad judía, del mismo modo que sus hermanos y hermanas de Judea participaban de forma plena en la adoración del templo.

El interior del Panteón. Desde el siglo XVII el Panteón ha servido como una iglesia católica romana, Santa María Rotonda.

En el 49 d.C., el emperador romano Claudio expulsó a los judíos de Roma. En su *Life of Claudius* [La vida de Claudio] (25.4), Suetonio expresa: «Dado que los judíos estaban haciendo continuas revueltas instigados por Chrestus, él los expulsó de Roma». Algunos han interpretado *Chrestus* como una variante de *Christus*, y han conjeturado que había una división dentro de la comunidad judía de Roma sobre Jesucristo.

Dos de los expulsados fueron una pareja, Aquila y Priscila, quienes viajaron a Corinto donde conocieron a Pablo. Claudio vivió solo cinco años después del edicto del año 49, y tras su muerte muchos judíos regresaron a Roma. Durante los cinco años en que el edicto de Claudio estuvo en vigor, la(s) iglesia(s) en Roma estuvo compuesta en su mayoría por gentiles. El regreso de los judíos creyentes a Roma bien pudo haber creado tensiones dentro de la iglesia de Roma, lo cual Pablo abordó en su carta.[1]

Bautisterio en Emaús Nicópolis, Israel, el sitio al que Jesús acompañó a Cleofas y a otro discípulo el día de Su resurrección (Luc. 24:13-35). «Porque somos sepultados juntamente con él para muerte por el bautismo, a fin de que como Cristo resucitó de los muertos por la gloria del Padre, así también nosotros andemos en vida nueva» (Rom. 6:4).

CÓMO ENCAJA ROMANOS EN LA HISTORIA DE DIOS

1. Prólogo: creación, caída del hombre y necesidad de redención
2. Dios construye Su nación (2000–931 a.C.)
3. Dios educa a Su nación (931–586 a.C.)
4. Dios preserva un remanente fiel (586–6 a.C.)
5. Dios compra la redención y comienza el reino (6 a.C. al 30 d.C.)
6. Dios extiende el reino a través de la iglesia (30 d.C. [?])
7. Dios consuma la redención y confirma Su reino eterno
8. Epílogo: un cielo nuevo y una Tierra nueva

Árboles de olivo con luna de cosecha que se levanta sobre las colinas. Pablo, hablando a los gentiles, los compara con ramas de olivo silvestre que han sido injertadas en un olivo cultivado (Israel). Él pide que no sean altivos sino «Mira, pues, la bondad y la severidad de Dios; la severidad ciertamente para con los que cayeron, pero la bondad para contigo, si permaneces en esa bondad; pues de otra manera tú también serás cortado» (11:22).

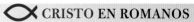 CRISTO EN ROMANOS

En esta carta a los Romanos, Pablo presenta a Cristo como «del linaje de David según la carne, que fue declarado Hijo de Dios con poder, según el Espíritu de santidad, por la resurrección de entre los muertos» (1:3-4). A través de la muerte de Jesús somos reconciliados con Dios, y por medio de Su vida somos salvos (5:10).

PRINCIPIOS BÁSICOS DE LA COSMOVISIÓN CRISTIANA

Enseñanza sobre Dios

En Romanos Dios es supremo en todos los asuntos de la salvación, la cual tributa a Su gloria y al bien de Su pueblo. Él es tanto Aquel que es justo como Aquel que declara justos (3:26). No hay una presentación más completa de la persona y obra de Cristo. El Espíritu Santo es el que, al habitar en los creyentes, los capacita para vivir vidas santas (cap. 8).

Enseñanza sobre la humanidad

Solo existen dos tipos de seres humanos: los pecadores que están condenados «en Adán» y los pecadores que creen «en Cristo», que son, por lo tanto, declarados justos. Se espera que aquellos que han sido justificados por la fe vivan una vida santa y en comunidad cristiana los unos con los otros por el poder del Espíritu.

Enseñanza sobre la salvación

La salvación es un concepto complejo que incluye pasado, presente y futuro. Para los creyentes individuales, Cristo los ha salvado de la pena del pecado (justificación, caps. 4–5); Él salva del poder del pecado (santificación, caps. 6–7); y Él salvará de la presencia del pecado (glorificación, cap. 8). Para la comunidad de creyentes, la salvación vino en primer lugar a Israel (caps. 9–10), y en la era actual está llegando a los gentiles (y a algunos judíos) que forman la iglesia (cap. 11).

CARACTERÍSTICAS LITERARIAS

GÉNERO Y ESTILO LITERARIO

Una epístola larga y formal escrita en griego *koiné*

Ver *Género y estilo literario* de **1 TESALONICENSES** para obtener información sobre el género «epístola». Los cuatro elementos del esquema de una epístola del siglo I aparecen en Romanos: salutación (1:1-7), agradecimiento (1:8-17), cuerpo principal (1:18–16:18) y salutaciones finales (16:19-24). Algunos eruditos catalogan Romanos como un tratado (un tratado formal en lugar de una carta pastoral). El griego de Pablo es cuidadoso y Romanos refleja a Pablo en su estilo de escritura más típico.

UN PRINCIPIO A SEGUIR EN LA VIDA

La salvación a través de la fe (Rom. 3:21-26)

Puesto que todos estamos fuera del perfecto estándar de justicia de Dios, para ser salvos debemos poner nuestra fe en el Señor Jesucristo.

REFERENCIAS

1. Craig L. Blomberg, *From Pentecost to Patmos: An Introduction to Acts Through Revelation* [De pentecostés a Patmos: Una introducción a los Libros de Hechos a Apocalipsis] (Nashville, TN: B&H Publishing Group, 2006), 235.

El Libro se llama así porque es la primera carta canónica que el apóstol Pablo escribió a los cristianos en Corinto.

TEXTO CLAVE: 15:58

Así que, hermanos míos amados, estad firmes y constantes, creciendo en la obra del Señor siempre, sabiendo que vuestro trabajo en el Señor no es en vano.

TÉRMINO CLAVE: «AMOR»

Aunque esta carta refleja una iglesia que enfrentaba muchas dificultades, el amor (*agápe*, en griego) siempre está incluido en la solución. El «capítulo del amor» (13) es la porción más conocida y apreciada de la epístola.

RESUMEN DE UNA SOLA FRASE

Muchos de los problemas que una congregación puede tener, ya sean doctrinales o prácticos, se resuelven a medida que la iglesia se somete de forma correcta al señorío de Cristo y los creyentes aprenden a amarse unos a otros de manera genuina.

CONTEXTO HISTÓRICO ORIGINAL

AUTOR Y FECHA DE ESCRITURA

El apóstol Pablo, cerca del 55 d.C.

Este Libro afirma ser escrito por «Pablo, llamado a ser apóstol de Jesucristo por la voluntad de Dios». Todos los eruditos del NT aceptan esta afirmación. Ver *Autor y fecha de escritura* de **ROMANOS** para obtener más información sobre Pablo. El apóstol escribió esta carta alrededor del 55 d.C., quizás cerca del final de su largo ministerio en Éfeso, durante su tercer viaje misionero (Hech. 19).

PÚBLICO INICIAL Y DESTINATARIO

Los cristianos en Corinto

Hechos 18 describe cómo el cristianismo llegó por primera vez a Corinto a través de la predicación de Pablo. Silas, Timoteo, Priscila, Aquila y Apolos también ayudaron a establecer la iglesia en Corinto. Los miembros eran de origen tanto judío como pagano.

Corinto era una ciudad comercial grande y espléndida, con raíces griegas, y estaba dominada por los romanos en el primer siglo. Su población era quizás de

El Acrocorinto, una elevación rocosa de 565 metros (1886 pies) con vistas a Corinto, una importante ciudad griega del siglo X a.C. Julio César la reconstruyó en el año 44 a.C. y rápidamente se convirtió en una ciudad de gran importancia en el Imperio romano. Una rampa de piedra a través del istmo conectaba los puertos de Lequeo y Cénceras. El cargamento de los barcos grandes se descargaba, se transportaba a través del istmo, y se volvía a cargar en otros buques. Los buques pequeños se movían a través de un sistema de rodillos. De esta forma, los buques podían evitar 320 kilómetros (200 millas) de viaje tormentoso bordeando la parte sur de la península griega. (Ver págs. 401, 404)

El camino de Lequeo entraba a Corinto desde el norte y la conectaba con el puerto en el Golfo de Corinto. Al entrar en la ciudad, el camino se ampliaba a más de 6 metros (20 pies) con acera a cada lado. Desde la parte sur de la ciudad había un camino que se dirigía al sureste hasta Cénceras. Al acercarse a la ciudad desde el norte, el camino de Lequeo pasaba a través de los Propileos, la hermosa puerta que marcaba la entrada al ágora (plaza).

500.000 habitantes. Debido a su ubicación en el istmo de Corinto, se beneficiaba de las rutas terrestres y marítimas. Corinto (y no Atenas) fue elegida como la capital romana de Acaya. Al igual que todas las grandes ciudades del Imperio romano, Corinto era a la vez religiosa (con varios templos paganos) e inmoral (con el culto a Afrodita que aprobaba la prostitución religiosa).

ORIGEN

El ministerio de Pablo en Corinto dio lugar a una congregación bien establecida y próspera. Para entonces, Pablo ya se había ido y ahora vivía en Éfeso. Varios factores convergieron para que esta carta se hiciera necesaria.

1. Pablo había escrito una carta (hoy perdida) en donde aconsejaba a los creyentes a no asociarse con personas que decían ser cristianas, pero que vivían de forma inmoral. La iglesia no comprendió lo que Pablo había querido decir (5:9-11).

2. Pablo había recibido un informe oral de que la iglesia se había dividido en varias facciones rivales (1:11-12).

3. Pablo supo que la iglesia toleraba la inmoralidad sexual abiertamente (5:1).

4. Pablo había recibido un «comité» (compuesto por Estéfanas, Fortunato y Acaico) enviado por los corintios. Ellos le llevaron más información sobre la iglesia y una lista de preguntas por escrito para que Pablo las respondiera (7:1; 16:17).

Por lo tanto, Pablo escribió esta carta con el fin de responder a esta gran variedad de temas. Al parecer, él utilizó los servicios de secretaría profesional de Sóstenes y envió la carta con Timoteo (1:1; 4:17).

EL MENSAJE DE DIOS EN 1 CORINTIOS

PROPÓSITO

Pablo escribió a los cristianos de Corinto con el objetivo de abordar las dificultades que estos enfrentaban (ver *Origen* arriba). Por supuesto, su deseo era que la iglesia cambiara todos los aspectos que debía cambiar y alentarla en aquello que estaba haciendo de forma correcta.

A PRIMERA VISTA

El enfoque de 1 Corintios es la teología pastoral, motivado por problemas reales internos e inquietudes de la iglesia de Corinto. Aunque la iglesia estaba llena de dones (1:4-7), de igual manera era inmadura y carnal (3:1-4). Pablo quería restaurar la iglesia en sus áreas débiles. La carta comienza afrontando el problema de los que traen división en el cuerpo de Cristo (1:11–3:4). En segundo lugar, Pablo enfrenta un caso de inmoralidad en la iglesia (caps. 5–6). En tercer lugar, él responde la lista de inquietudes que la iglesia le presentó por medio de un comité (16:12). Un recurso

Cabeza de bronce de un boxeador condecorado con la corona de olivo por la victoria en los Juegos Olímpicos (probablemente el famoso boxeador Satyros de Elis), obra del escultor ateniense Silanio, quien trabajaba el bronce, alrededor del 330–320 a.C. «Así que, yo de esta manera corro, no como a la ventura; de esta manera peleo, no como quien golpea el aire, sino que golpeo mi cuerpo, y lo pongo en servidumbre, no sea que habiendo sido heraldo para otros, yo mismo venga a ser eliminado» (1 Cor. 9:26-27).

literario recurrente son las expresiones «acerca de» o «en cuanto a», para desplazarse por la lista de preguntas sobre el hombre y la mujer en el matrimonio (7:1), las vírgenes (7:25), lo sacrificado a los ídolos (8:1), los dones espirituales (12:1), la ofrenda para los santos en Jerusalén (16:1) y Apolos (16:12).

Aunque 1 Corintios no es un tratado doctrinal como Romanos, contiene la exposición más clara de la Biblia sobre la Cena del Señor (11:17-34) y la resurrección (15:1-58).

LA VERACIDAD DE 1 CORINTIOS

El capítulo 15 contiene un resumen conciso del evangelio y algunas de las evidencias de más peso sobre la resurrección de Jesús como un acontecimiento histórico. Pablo poseía un conocimiento fragmentario del evangelio, aun antes de su conversión. Él conocía lo que los apóstoles afirmaban: que Jesús había sido crucificado y había resucitado de la muerte, y que era el Mesías de Dios. Las aseveraciones de los apóstoles estimularon la intensa oposición de Pablo contra la iglesia primitiva. Las declaraciones de que Jesús había sido crucificado y había resucitado de los muertos, eran igualmente provocadoras para Pablo. La crucifixión indicaba que la persona crucificada estaba bajo maldición divina (Deut. 21:23; Gál. 3:13). Pablo creía que la segunda aseveración era claramente falsa. Defendía de todo corazón la verdad de

Dios como él la entendía. Su conversión se produjo en una experiencia personal con Jesús en el camino a Damasco. En la lista de testigos de la resurrección, Pablo se consideró como «un abortivo» (15:8).

Es probable que Pablo haya recibido esta declaración confesional (15:3-4) en su bautismo en Damasco. En su primera visita a Jerusalén, alrededor de tres años después de su conversión, habló con otros que habían sido testigos presenciales de Cristo resucitado, antes de Su ascensión: Pedro, los doce, Jacobo. De estas conversaciones él supo que Jesús se apareció a «más de quinientos hermanos a la vez». De hecho, Pablo invitó a los corintios escépticos, con respecto a la resurrección, a verificar la evidencia.

El ya fallecido Pinchas Lapide, estudioso judío ortodoxo y expresidente del departamento de lingüística aplicada en la Universidad Bar-Han de Jerusalén, creía que el resumen del evangelio que hace Pablo era la declaración de un testigo presencial. A pesar de que no aceptaba a Jesús como Mesías de Israel, él creía que la evidencia de Su resurrección era convincente.

CÓMO ENCAJA 1 CORINTIOS EN LA HISTORIA DE DIOS

1. Prólogo: creación, caída del hombre y necesidad de redención
2. Dios construye Su nación (2000–931 a.C.)
3. Dios educa a Su nación (931–586 a.C.)
4. Dios preserva un remanente fiel (586–6 a.C.)
5. Dios compra la redención y comienza el reino (6 a.C. al 30 d.C.)
6. Dios extiende el reino a través de la iglesia (30 d.C. [?])
7. Dios consuma la redención y confirma Su reino eterno
8. Epílogo: un cielo nuevo y una Tierra nueva

CRISTO EN 1 CORINTIOS

Para una iglesia a la que le fascinaba la sabiduría y el poder, Pablo declara que Cristo es tanto el poder (1:18,24) como la sabiduría (1:21,24,30) de Dios.

PRINCIPIOS BÁSICOS DE LA COSMOVISIÓN CRISTIANA

Enseñanza sobre Dios

Dios el Padre es el Señor Supremo, para cuya gloria todas las cosas han de ser hechas (10:31). La centralidad teológica de la resurrección corporal de Jesús se desarrolla en la larga exposición del «capítulo de la resurrección» (cap. 15). Su señorío sobre la iglesia significa que Él tiene el derecho de dirigir su vida y su adoración. La presencia vivificante del Espíritu ha hecho nacer la iglesia, le ha dado a cada uno de sus miembros «dones espirituales», y los capacita para vivir vidas *santas*, porque Él es el Espíritu *Santo*.

Enseñanza sobre la humanidad

La humanidad en este Libro se observa principalmente en el contexto de la comunidad cristiana. Las personas redimidas han sido transformadas por Cristo, son llamadas y capacitadas para amarse entre sí, y su destino es la resurrección. Sin embargo, estas personas siguen luchando con pecados como la división, la inmoralidad sexual y el desorden en el culto.

Enseñanza sobre la salvación

Esta carta contiene lo que puede ser el primer resumen escrito sobre la comprensión neotestamentaria de la redención: «Porque primeramente os he enseñado lo que asimismo recibí: Que Cristo murió por nuestros pecados, conforme a las Escrituras» (15:3). Además, este Libro enfatiza que Dios salva solo a aquellos individuos que creen en la muerte de Cristo (1:21).

CARACTERÍSTICAS LITERARIAS

GÉNERO Y ESTILO LITERARIO

Una larga epístola escrita en griego *koiné*

Ver *Género y estilo literario* de **1 TESALONICENSES** para obtener información sobre el género «epístola». Los cuatro elementos del esquema de una epístola del siglo I aparecen en 1 Corintios: salutación (1:1-3), agradecimiento (1:4-9), cuerpo principal (1:10–16:18) y salutaciones finales (16:19-21). Como la mayoría de los escritos de Pablo, esta es una carta pastoral en lugar de un tratado (formal), y fue motivada por la situación y las necesidades de los destinatarios. El griego de Pablo es cuidadoso, y 1 Corintios refleja el estilo de escritura típico de Pablo.

UN PRINCIPIO A SEGUIR EN LA VIDA

Reflexiones de amor (1 Cor. 13:1-13)

Para edificarnos los unos a los otros, debemos demostrar el amor de Cristo en todas nuestras relaciones.

El Libro lleva este nombre porque es la segunda carta canónica que el apóstol Pablo escribió a los cristianos en Corinto.

TEXTO CLAVE: 12:9

Y me ha dicho: Bástate mi gracia; porque mi poder se perfecciona en la debilidad. Por tanto, de buena gana me gloriaré más bien en mis debilidades, para que repose sobre mí el poder de Cristo.

TÉRMINO CLAVE: «DEFENSA»

De todas las cartas de Pablo, esta es la más personal y la más defensiva. En ella Pablo hace una defensa («apología» en el buen sentido) de su autoridad y ministerio apostólicos.

RESUMEN DE UNA SOLA FRASE

El ministerio cristiano verdadero, aunque posiblemente tenga que ser defendido contra los falsos ataques, está comisionado por Cristo y empoderado por Su Espíritu.

El Canal de Corinto.

CONTEXTO HISTÓRICO ORIGINAL

AUTOR Y FECHA DE ESCRITURA

El apóstol Pablo, cerca del 56 d.C.

Este Libro afirma ser escrito por «Pablo, apóstol de Jesucristo por la voluntad de Dios». Todos los eruditos de la Biblia aceptan esta afirmación. Ver *Autor y fecha de escritura* de **ROMANOS** para obtener más información sobre Pablo. El apóstol escribió esta carta cerca del 56 d.C., después de concluir su ministerio en Éfeso y arribar a Macedonia durante su tercer viaje misionero (Hech. 20:1-2; 2 Cor. 7:5-7).

PÚBLICO INICIAL Y DESTINATARIO

Los cristianos en Corinto

Ver *Público inicial y destinatario* en **1 CORINTIOS**.

ORIGEN

Ver *Origen* en **1 CORINTIOS**. Un estudio cuidadoso de 2 Corintios ha llevado a la siguiente comprensión de los acontecimientos que condujeron a su composición.

1. La epístola de 1 Corintios no fue bien recibida por la congregación. Evidentemente, Timoteo regresó a Pablo en Éfeso con un informe de que la iglesia estaba aún atribulada en gran manera. Esto se debía en parte a la llegada a Corinto de «falsos apóstoles» (11:13-15). (Por lo visto, estos eran cristianos judíos que hacían énfasis en la retórica sofisticada; quizás también eran judaizantes que exigían a los corintios que vivieran conforme a la ley mosaica).

2. Pablo visitó Corinto, una experiencia que describió como «triste» (2:1; 13:2-3). Está claro que los «falsos apóstoles» hicieron que los corintios menospreciaran a Pablo.

3. Pablo entonces escribió desde Éfeso una carta severa (hoy perdida) de reprimenda a Corinto. Él envió esta carta con Tito (2:3-4). En algún momento poco después de esto, Pablo dejó Éfeso y continuó su viaje, primero a Troas y luego a Macedonia (2:12-13).

4. Tito encontró finalmente a Pablo en Macedonia y le dio buenas noticias: la mayor parte de la iglesia se había arrepentido y vuelto al evangelio, y había aceptado la autoridad de Pablo (7:5-7).

Pablo decidió escribir a los corintios una vez más, la cuarta carta dirigida a ellos que se conoce. En esta expresó su alivio, y también su súplica a la minoría impenitente. Al parecer, utilizó los servicios de secretaría profesional de Timoteo y envió la carta con Tito (1:1; 8:17).

EL MENSAJE DE DIOS EN 2 CORINTIOS

PROPÓSITO

Pablo escribió a los cristianos de Corinto con el fin de expresarles su consuelo por el éxito de su carta severa y la misión de Tito, y también pedir dinero para los cristianos necesitados de Jerusalén, y para defender su ministerio como apóstol ante una minoría de corintios impenitentes (ver *Origen* anteriormente). Por supuesto, su deseo era animar a la mayoría y llevar a la minoría a un cambio de mentalidad.

A PRIMERA VISTA

Ministerio auténtico

Bendito sea Dios por Su misericordia y consolación; esta es la nota que Pablo utiliza al comenzar esta carta. Pablo abrió su corazón a los corintios, les explicó por qué no pudo visitarlos como se había propuesto (1:15-22), y relató su ministerio como un ejemplo de integridad y sufrimiento (1:8-12; 6:3-10; 11:23-29), señales de un verdadero apóstol. Su ministerio fue un continuo triunfo en Cristo (2:14), empoderado por la vida resucitada del Señor (4:10-11). Al mismo tiempo, él se gloriaba en el sufrimiento y se alegraba en las debilidades, persecuciones y angustias por la causa de Cristo (12:9).

Un llamado a la generosidad

Desde el contexto de las relaciones restauradas, Pablo cambió al tema de la recaudación para la iglesia en Jerusalén (8:1–9:15). Con anterioridad, él había hecho un llamado a los corintios (1 Cor. 16:1-4) a unirse con otras iglesias del Mediterráneo en apoyo a la iglesia en Jerusalén. El hambre y quizás las restricciones económicas habían dejado empobrecidos a muchos creyentes de Judea. Los corintios habían prometido dar y no lo habían cumplido. Pablo ahora les hace un llamado a cumplir lo que habían prometido. En este contexto, Pablo establece principios de administración que son válidos para todos los tiempos.

Autoridad apostólica de Pablo

En este punto hay un cambio brusco en el tono y en el contenido. Los «grandes apóstoles» que se habían exaltado a sí mismos y habían menospreciado a Pablo a los ojos de los corintios, tenían que ser desafiados. Pablo había sido comisionado por Cristo y había recibido autoridad para plantar y edificar las iglesias (10:8).

Él había plantado la iglesia en Corinto. Su amor por ellos se manifestó en un celo santo por su bienestar frente a los que se aprovechaban de ellos y los llevaban por mal camino (11:1-15). La elocuencia y la autopromoción de los «grandes apóstoles» le dieron a Pablo la apariencia de no tener la talla de un apóstol. La ironía es que su ternura y preocupación pastoral fueron usadas contra él como una supuesta debilidad. Ellos aseveraban que Pablo era un falso apóstol y que él lo sabía; por esto no quiso recibir su dinero. Pablo le dio un vuelco al argumento y sugirió que la verdadera señal de un apóstol era una forma de debilidad, porque los verdaderos apóstoles sufren. Con cierta renuencia, Pablo entonces hace una crónica de sus experiencias de sufrimiento y debilidad, que paradójicamente fueron la fuerza que le hicieron poner su confianza en Cristo en lugar de sí mismo (11:16–12:10).

Restos del Diolkos, la carretera asfaltada que se construyó en tiempos antiguos a través del istmo de Corinto. Esta era una forma rudimentaria de vía férrea sobre la cual los buques eran transportados de un lado del istmo al otro, lo que ahorraba un tiempo y un esfuerzo de navegación significativos.

Conclusión

Pablo aseguró que sin falta haría otro viaje para visitarlos. Les advirtió que esta vez tendría que enfrentar su pecado. Lo haría con firmeza en el poder de Dios. Les aconsejó que examinaran su fe y que restaurasen la comunión con él y con los demás. La carta concluye sin el habitual saludo, pero con una hermosa bendición (13:1-14).

LA VERACIDAD DE 2 CORINTIOS

Se ha sugerido que los capítulos 10–13 constituyen la carta severa, escritos antes de los capítulos 1–9; sin embargo, se carece de una fuerte evidencia para apoyar esta hipótesis. Lo más probable es que la carta severa no haya sobrevivido. Esta carta, como la tenemos ahora, forma un todo coherente como lo indican la estructura y el bosquejo. La historia de la iglesia ha apoyado de forma casi unánime la unidad de la carta. Ningún manuscrito griego existente presenta la carta en alguna otra forma.

Otra evidencia de la unidad entre los capítulos 1–9 y 10–13 se puede encontrar en siete patrones de vocabulario bien definidos que rara vez aparecen en las cartas de Pablo, pero que se emplean en las dos partes principales de 2 Corintios.[1] Algunos intérpretes han defendido la unidad de 2 Corintios como una estrategia retórica que Pablo usó para afirmar a los creyentes que se habían arrepentido. Esto habría sido importante para sentar las bases para llamar a los corintios a cumplir con su propósito de contribuir con la ofrenda para la iglesia en Jerusalén. No todos los corintios se habían arrepentido, y los capítulos 10–13 tienen el propósito de dirigirse a esa minoría. Colin Hemer sugirió que la demora en el proceso de composición de 2 Corintios puede explicar el aparente cambio de tono entre los capítulos 1–9 y 10–13.

CÓMO ENCAJA 2 CORINTIOS EN LA HISTORIA DE DIOS

1. Prólogo: creación, caída del hombre y necesidad de redención
2. Dios construye Su nación (2000–931 a.C.)
3. Dios educa a Su nación (931–586 a.C.)
4. Dios preserva un remanente fiel (586–6 a.C.)
5. Dios compra la redención y comienza el reino (6 a.C. al 30 d.C.)
6. Dios extiende el reino a través de la iglesia (30 d.C. [?])
7. Dios consuma la redención y confirma Su reino eterno
8. Epílogo: un cielo nuevo y una Tierra nueva

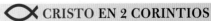 **CRISTO EN 2 CORINTIOS**

Jesucristo, el Hijo de Dios, no es una palabra ambigua y voluble de Dios, es un «Sí» en lugar de «Sí y No» (1:17-19). La meta de la vida cristiana es ser conforme a la imagen de Cristo. Cristo, quien obra por medio del Espíritu, lleva esto a cabo.

PRINCIPIOS BÁSICOS DE LA COSMOVISIÓN CRISTIANA

Enseñanza sobre Dios

Dios es el Padre de Jesucristo (1:3; 11:31) quien de forma soberana lo envió como el gran «don inefable» (9:15). Jesús es la fuente de toda consolación para Su pueblo. Por Su muerte y resurrección, Jesús es Señor de la nueva creación (5:14-17). El Espíritu dador de vida ha venido como las «arras» (es decir, el pago inicial) que garantiza el futuro del creyente (5:5). «Donde está el Espíritu del Señor, allí hay libertad» (3:17).

Enseñanza sobre la humanidad

En la iglesia de Corinto había dos tipos de personas: los que se sometían a la autoridad apostólica genuina y aquellos que no se sometían. Pablo envió una crítica bastante fuerte a los últimos (caps. 10–11). Este Libro contiene la enseñanza más extensa en la Escritura sobre el estado de los seres humanos redimidos entre la muerte del cuerpo y la resurrección. Esto se conoce como el «estado intermedio», cuando las personas están «con el Señor» en un éxtasis consciente a la espera de la consumación (5:1-8).

Enseñanza sobre la salvación

Esta carta contiene la exposición más extensa de Pablo sobre el contraste entre el «Antiguo Testamento» y el «Nuevo Testamento» (cap. 3). A pesar de que la salvación era real en la era mosaica, esta vino con una gloria desvaneciente, pues el antiguo pacto estaba destinado a ser temporal. El nuevo pacto llegó con Jesucristo, y su gloria nunca podrá ser superada. El beneficio para el creyente en la era del nuevo pacto es «cada vez más excelente» (4:17).

CARACTERÍSTICAS LITERARIAS

GÉNERO Y ESTILO LITERARIO

Una epístola extensa escrita en griego *koiné*

Ver *Género y estilo literario* de **1 TESALONICENSES** para obtener información sobre el género «epístola». Los elementos del esquema de una epístola del siglo i aparecen en Corintios, excepto el agradecimiento: salutación (1:1-2), cuerpo principal (1:3–13:10) y salutaciones finales (13:11-14). Como la mayoría de los escritos de Pablo, esta es una carta pastoral en lugar de un tratado (formal), y fue motivada por la situación y las necesidades de los destinatarios.

UN PRINCIPIO A SEGUIR EN LA VIDA

Defensa personal (2 Cor. 10:7-18)

Cuando se nos acusa falsamente, no está mal defendernos, pero cuando lo hacemos, debemos reflejar siempre el fruto del Espíritu Santo.

Capilla de San Pablo en Damasco, el lugar por donde Pablo escapó de la ciudad. «En Damasco, el gobernador de la provincia del rey Aretas guardaba la ciudad de los damascenos para prenderme; y fui descolgado del muro en un canasto por una ventana, y escapé de sus manos» (2 Cor. 11:32-33).

REFERENCIAS

1. Paul Barnett, «Paul, Chronology and the Unity of 2 Corinthians» [Pablo, cronología y unidad de 2 Corintios], publicado el 25 de septiembre de 2011. http://paulbarnett.info /2011/09/paul-chronology-and-the-unity-of-2-corinthians/#_ftn33.

Como todas las cartas del NT escritas por Pablo, esta epístola lleva el nombre de sus destinatarios iniciales, en este caso los cristianos en la provincia romana de Galacia.

TEXTO CLAVE: 2:16

Sabiendo que el hombre no es justificado por las obras de la ley, sino por la fe de Jesucristo, nosotros también hemos creído en Jesucristo, para ser justificados por la fe de Cristo y no por las obras de la ley, por cuanto por las obras de la ley nadie será justificado.

TÉRMINO CLAVE: «FE»

«Solo la fe» es el eje central de este Libro. La insistencia de Pablo en que ninguna obra humana puede lograr que una persona alcance una posición de justicia delante de Dios, hace que este Libro sea de suma importancia para aquellos que abrazan la doctrina de la salvación como un regalo de la gracia de Dios.

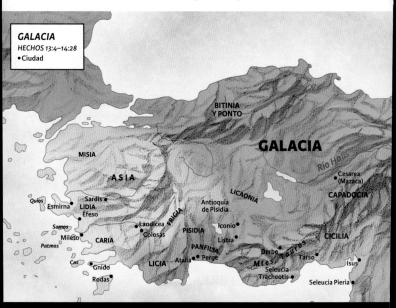

GALACIA
HECHOS 13:4–14:28
• Ciudad

El mapa muestra el norte y el sur de Galacia. Es probable que la carta de Pablo estuviera dirigida a las iglesias que él y Bernabé plantaron en su primer viaje misionero: Derbe, Listra, Iconio y Antioquía de Pisidia.

RESUMEN DE UNA SOLA FRASE

Los pecadores son justificados (y viven una vida santa) al confiar en Jesucristo solamente, no por guardar la ley ni confiar en las buenas obras.

CONTEXTO HISTÓRICO ORIGINAL

AUTOR Y FECHA DE ESCRITURA

El apóstol Pablo, cerca del 49 d.C. (o cerca del 52–55)

El Libro afirma ser escrito por Pablo, y nadie duda que él escribió esta carta. Ver *Autor y fecha de escritura* de **ROMANOS** para más información sobre la vida de Pablo.

La fecha de escritura depende de cuál criterio es cierto, si el que afirma que Pablo escribió para el norte de Galacia o el que asevera que escribió para el sur. El criterio del sur de Galacia parece preferible ya que 1) Hechos menciona de forma específica la predicación de Pablo solo en la parte sur de Galacia; 2) el otro criterio afirma que Pablo omitió deliberadamente referirse a su visita a Jerusalén que se narra en Hechos 11:29-30; y 3) la vehemencia de la epístola tiene más sentido si esta precedió al Concilio de Jerusalén.

PÚBLICO INICIAL Y DESTINATARIO

Los cristianos que vivían en la provincia romana de Galacia

Estos cristianos en su mayoría tenían un trasfondo gentil. Habían sido creyentes en Cristo por unos años a lo sumo. Galacia era una gran provincia romana en el centro de la actual Turquía. «Gálatas» fue en sus orígenes un término étnico para llamar a los primeros pobladores de la parte norte de la región que habían emigrado desde Galia. Los romanos habían extendido la región inicial de Galacia hacia el sur para hacerla una gran provincia cuya capital era Ancira (conocida actualmente como Ankara) en el norte.

ORIGEN

Después de que Pablo dejó las iglesias de Galacia, llegaron allí alborotadores que proclamaban una versión diferente del evangelio (1:6-9; 5:7-12). Estas personas evidentemente querían que el cristianismo fuera una secta dentro del judaísmo del momento. Ellos señalaban que los gentiles tenían que convertirse en judíos (aceptar la circuncisión y vivir de acuerdo a la ley mosaica; por ejemplo, las normas alimenticias) para ser salvos y ser parte del pueblo de Dios. A estos falsos maestros se los llama «judaizantes», en base al verbo que es traducido «vives [...] como judío» en Gálatas 2:14.

Pablo entendió que el evangelio en su esencia era incompatible con el judaísmo que practicaba la mayoría de los judíos en el siglo I, sobre todo en la cuestión de cómo los seres humanos alcanzan una relación correcta con Dios. Él reaccionó de forma violenta contra los judaizantes al escribir esta carta (5:12). Si Pablo escribió en la fecha más temprana, probablemente lo hizo desde Antioquía de Siria, su «lugar de residencia», y Gálatas es su primera carta (escrita entre su primer y segundo viaje misionero). Si escribió a iglesias en el norte de Galacia, es probable que lo haya hecho desde Corinto o Éfeso (durante el segundo o tercer viaje misionero).

EL MENSAJE DE DIOS EN GÁLATAS

PROPÓSITO

Gálatas fue escrita para lograr tres objetivos. En primer lugar, Pablo defendió su autoridad como apóstol de Jesús. En segundo lugar, discutió el caso doctrinal de la salvación solo por la fe. En tercer lugar, demostró que la vida cristiana cotidiana se basa en ser libres de la ley en el poder del Espíritu Santo.

A PRIMERA VISTA

Saludo

Al igual que en la introducción de la mayoría de las cartas en la era del NT, se presenta el nombre del escritor («Pablo») y el de los lectores («las iglesias de Galacia»), así como el acostumbrado saludo de Pablo («Gracia y paz sean a vosotros»). A diferencia de algunas de sus introducciones, Pablo no menciona cualidades admirables en las iglesias de Galacia, y va rápidamente al punto que quería tratar (1:1-5).

Error

Pablo estaba asombrado de que tan pronto después de su ministerio entre los gálatas, estos habían desertado del evangelio de la gracia. Alejarse del mensaje de Pablo era ciertamente apartarse de Dios y recurrir a una perversión del evangelio. Los falsos maestros lo enseñaban como un evangelio alternativo, pero en realidad era una mera falsificación que traía confusión. Pablo estaba tan preocupado por el avance de esto, que dos veces pronunció una maldición (del griego *anatema*) a cualquier ser, incluyendo los ángeles, que distorsionara el evangelio entre sus lectores (1:6-10).

Autoridad apostólica

Pablo no recibió el evangelio que predicaba de ninguna fuente humana, sino que lo recibió como una revelación de Jesucristo (1:12). Cuando Pablo se encontró con algunos de los doce apóstoles originales, ellos confirmaron el evangelio como Pablo lo había recibido y predicado a los gentiles.

Bien con Dios

Pablo pregunta a los Gálatas si habían recibido el Espíritu Santo y si habían experimentado la obra milagrosa de Dios entre ellos por guardar la ley o por la fe en Cristo (3:2). Él entonces se remonta a Abraham quien vivió antes de que la ley fuese dada, y les recuerda a los gálatas que la base de la posición de justicia de Abraham para con Dios fue que él creyó a Dios (3:6-9). El problema con la ley es que lleva consigo una maldición. Si una persona no guarda la ley de forma cabal, está bajo maldición (3:10). Pero por la gracia de Dios, Cristo se hizo maldición para que los que confían en Él ya no sufran la condenación que viene al no cumplir perfectamente la ley (3:13).

¿Qué sucede con la ley?

La ley condenó de pecado a todas las personas, y las mantuvo en cautiverio hasta que se reveló el mensaje de la fe en Cristo. La ley desempeñó el papel tanto de carcelero como de tutor de hijos menores de edad al preparar a los creyentes para ser hijos de Dios maduros, con igualdad espiritual y coherederos de la promesa de Dios, sin importar género u origen étnico y social (3:19-25). Volver a la ley para estar bien con Dios es similar a que un hijo se convierta en esclavo de la familia, en lugar de su miembro (4:1-7). Como piedra angular de su argumento sobre la justificación por fe, Pablo hace una alegoría inspirado en los dos hijos de Abraham: Ismael e Isaac (4:21-31).

La libertad del cristiano

Una vez asegurado el argumento a favor de la libertad en Cristo solo a través de la fe que justifica, Pablo examina la naturaleza de esa libertad. A la vez que amonesta nuevamente la tendencia a regresar al legalismo, también condena el extremo opuesto del libertinaje.

Conclusión

En este punto, Pablo comienza la conclusión a los gálatas al tomar el manuscrito de manos de su escriba anónimo y escribir con letra grande y gruesa. A continuación, resume de manera eficaz los temas de toda la carta (6:11-18).

LA VERACIDAD DE GÁLATAS

Dios declaró a Abraham, más de 2000 años antes de Cristo, que su descendencia sería esclavizada y oprimida en un país extranjero por un período de 400 años (Gén. 15:13). En Gálatas 3:17, Pablo habla de la ley que vino 430 años después que la promesa llegara a Abraham y a su descendencia. Este período de 430 años coincide con el tiempo entre la última confirmación de la promesa de Dios sobre la simiente de Abraham, Jacob (Gén. 46:1-4), y el día que Israel salió de Egipto (Ex. 12:40). Los 400 años en Génesis 15 es un redondeo de los 430 años.

CÓMO ENCAJA GÁLATAS EN LA HISTORIA DE DIOS

1. Prólogo: creación, caída del hombre y necesidad de redención
2. Dios construye Su nación (2000–931 a.C.)
3. Dios educa a Su nación (931–586 a.C.)
4. Dios preserva un remanente fiel (586–6 a.C.)
5. Dios compra la redención y comienza el reino (6 a.C. al 30 d.C.)
6. Dios extiende el reino a través de la iglesia (30 d.C. [?])
7. Dios consuma la redención y confirma Su reino eterno
8. Epílogo: un cielo nuevo y una Tierra nueva

⊂✗ CRISTO EN GÁLATAS

Cristo se hizo maldición por nosotros para redimirnos de la condenación de la ley (3:13). Los creyentes son crucificados con Cristo y sin embargo viven. Cristo mismo se vuelve su propia vida (2:19-20).

PRINCIPIOS BÁSICOS DE LA COSMOVISIÓN CRISTIANA

Enseñanza sobre Dios

Dios es el Padre de Jesús, quien lleva a cabo todos los factores relacionados con la salvación (incluyendo apartar apóstoles para el servicio, 1:15). Jesús es el Hijo de Dios por cuya muerte es provista la justicia (2:21). El Espíritu Santo es dado a todos los creyentes, y los capacita para someter «la carne» y crecer en el carácter cristiano («el fruto del Espíritu»).

Enseñanza sobre la humanidad

Gálatas contrasta dos tipos de personas en el mundo. En primer lugar, están los que se encuentran bajo la maldición de Dios (3:10). Esto incluye personas que suponen que pueden alcanzar la salvación mediante buenas obras. Están condenados a vivir de acuerdo a las malas obras de la carne y no serán parte del reino de Dios. En segundo lugar, están los que por la gracia de Dios han sido liberados de la maldición por la fe en Cristo, quien se la llevó con Su muerte (3:13). Esta clase de persona vive de acuerdo al poder del Espíritu y «segará vida eterna» (6:8).

Enseñanza sobre la salvación

Gálatas se presenta como el testimonio apasionado de Pablo de que la salvación es un regalo de la gracia de Dios. Es inmerecida y se recibe solo mediante la fe. Pablo tiene cuidado de no convertir la fe en una obra, porque él sostiene que la fe vino (3:23-25) a los que eran esclavos incapaces (ver también Ef. 2:8; Fil. 1:29). Pablo estaba tan fuertemente apegado a esta perspectiva que, si alguien predicaba una doctrina diferente, debía ser declarado «anatema» (1:8).

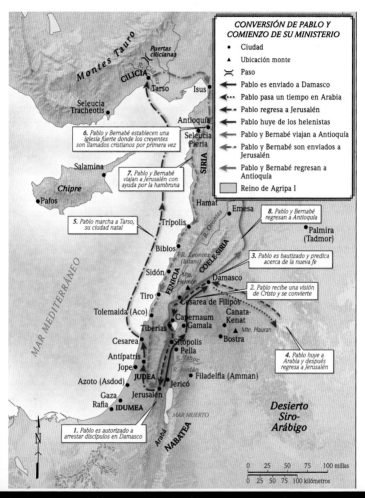

CONVERSIÓN DE PABLO Y COMIENZO DE SU MINISTERIO

- • Ciudad
- ▲ Ubicación monte
- ⤨ Paso
- ← Pablo es enviado a Damasco
- ◄··· Pablo pasa un tiempo en Arabia
- ◄– Pablo regresa a Jerusalén
- ◄– Pablo huye de los helenistas
- ◄– Pablo y Bernabé viajan a Antioquía
- ◄– Pablo y Bernabé son enviados a Jerusalén
- ← Pablo y Bernabé regresan a Antioquía
- ☐ Reino de Agripa I

6. Pablo y Bernabé establecen una iglesia fuerte donde los creyentes son llamados cristianos por primera vez

7. Pablo y Bernabé viajan a Jerusalén con ayuda por la hambruna

5. Pablo marcha a Tarso, su ciudad natal

8. Pablo y Bernabé regresan a Antioquía

3. Pablo es bautizado y predica acerca de la nueva fe

2. Pablo recibe una visión de Cristo y se convierte

4. Pablo huye a Arabia y después regresa a Jerusalén

1. Pablo es autorizado a arrestar discípulos en Damasco

Montes Tauro · Puertas cilicianas · CILICIA · Tarso · Isus · Seleucia Tracheotis · Antioquía · Seleucia Pieria · SIRIA · Salamina · Chipre · Pafos · Hamat · Emesa · Palmira (Tadmor) · Trípolis · Biblos · R. Orontes · COELE-SIRIA · R. Leontes (Litani) · Mte. Hermón · Sidón · Damasco · Tiro · FENICIA · Cesarea de Filipos · Tolemaida (Aco) · Capernaum · Canata-Kenat · Gamala · Mte. Hauran · Tiberias · Cesarea · Escitópolis · Bostra · Antípatris · Pella · Jope · R. Jaboc · R. Jordán · Filadelfia (Amman) · JUDEA · Azoto (Asdod) · Jericó · Gaza · Jerusalén · Rafia · IDUMEA · MAR MUERTO · Desierto Siro-Arábigo · MAR MEDITERRÁNEO · Arabá · NABATEA · N

| 0 | 25 | 50 | 75 | 100 millas |
| 0 | 25 | 50 | 75 | 100 kilómetros |

Los «tres años» que Pablo menciona (1:18) podrían ser tres años completos o un año y partes del año anterior y del siguiente. Su viaje a Jerusalén para encontrarse con Pedro y otros apóstoles fue de gran importancia en su trabajo futuro.

CARACTERÍSTICAS LITERARIAS

GÉNERO Y ESTILO LITERARIO

Una epístola escrita en griego *koiné*

Ver *Género y estilo literario* de **1 TESALONICENSES** para obtener información sobre el género «epístola». Aquí aparecen los elementos del esquema de una epístola del siglo ɪ, excepto el agradecimiento: salutación (1:1-5), cuerpo principal (1:6–6:15) y salutaciones finales (6:16-18). Esta es una carta pastoral en lugar de un tratado (formal), motivada por la situación y las necesidades de los destinatarios. Esta carta fue escrita en el griego característico de Pablo.

UN PRINCIPIO A SEGUIR EN LA VIDA

La justificación por la fe (Gál. 3:24-25)

Al explicar que la salvación es un don gratuito, debemos también aclarar que este regalo solo se puede recibir mediante la fe en Jesucristo.

Como todas las cartas del NT escritas por el apóstol Pablo, esta epístola lleva el título de acuerdo a sus destinatarios iniciales, en este caso, los cristianos en la ciudad de Éfeso.

TEXTO CLAVE: 3:10-11

Para que la multiforme sabiduría de Dios sea ahora dada a conocer por medio de la iglesia a los principados y potestades en los lugares celestiales, conforme al propósito eterno que hizo en Cristo Jesús nuestro Señor.

TÉRMINO CLAVE: «UNIDAD»

Efesios se enfoca en la unidad entre Cristo, la cabeza de la Iglesia, y la Iglesia como Su cuerpo, así como la unidad entre judíos y gentiles en la más sublime obra maestra de Dios, la Iglesia.

Una réplica del templo de Artemisa (Diana) en Estambul (Turquía). El templo original se encontraba en Éfeso y fue una de las siete maravillas del mundo hasta que los godos lo destruyeron en el 263 d.C. Los plateros en Éfeso hacían y vendían figuras de plata del templo de Artemisa. La predicación de Pablo contra la idolatría condujo a un disturbio en Éfeso (Hech. 19:21-41).

RESUMEN DE UNA SOLA FRASE

En el plan eterno de Dios, Su obra maestra más excelente, la Iglesia, ha sido ahora manifestada. En esta Cristo está, unido a todos los redimidos, ya sean judíos o gentiles, transforma las relaciones en esta vida y conduce a un futuro glorioso.

CONTEXTO HISTÓRICO ORIGINAL

AUTOR Y FECHA DE ESCRITURA

Pablo, cerca del 61 d.C.

La carta afirma ser escrita por «Pablo, apóstol de Jesucristo por la voluntad de Dios». Durante los dos últimos siglos, la crítica textual ha discutido que Pablo no fue el autor de Efesios. Los argumentos contra la autoría de Pablo son los siguientes: 1) El estilo y vocabulario griegos son diferentes a las cartas de Pablo que no se cuestionan. 2) La doctrina de la iglesia es demasiado avanzada para la época de

La inscripción Soreg: una inscripción en griego de finales del siglo I a.C. o inicios del siglo I d.C., encontrada en Jerusalén, advierte que los no judíos no debían entrar en el santuario donde estaba situado el templo judío. De incumplir esta advertencia, morirían y serían los únicos responsables de las consecuencias. Esta inscripción ahora se encuentra en el Museo Arqueológico Nacional de Estambul. Además los arqueólogos han encontrado dos copias fragmentadas de esta advertencia en latín y en griego. La inscripción Soreg da testimonio de la pared de hostilidad que ha sido derribada. «Porque él es nuestra paz, que de ambos pueblos hizo uno, derribando la pared intermedia de separación» (Ef. 2:14).

Pablo. 3) La comparación entre Efesios y Colosenses abre la posibilidad de que un admirador sincero de Pablo usó Colosenses como fuente para escribir una carta en su propia época (posterior), y tomó el nombre de Pablo para darle a su obra mayor autoridad. Cada uno de estos puntos puede ser refutado. Deben aceptarse la auto aseveración de la carta y la tradición cristiana que siempre ha creído en la autoría de Pablo.

Si se asume que Pablo es el autor, entonces escribió desde la prisión en Roma como se describe al final de los Hechos, cerca del 60–61 d.C. Los que rechazan la autoría paulina fechan la carta hacia el final del siglo I.

PÚBLICO INICIAL Y DESTINATARIO

Los cristianos que vivían en (y alrededor de) la ciudad de Éfeso

El evangelio llegó a Éfeso en el tercer viaje misionero de Pablo. Él se quedó en Éfeso más tiempo que en otra ciudad (Hech. 19:10). El trabajo de Pablo en Éfeso fue el más visiblemente exitoso de todos los lugares donde ministró. La iglesia incluía tanto judíos como gentiles. Debido a que las palabras «en Éfeso» no se encuentran en Efesios 1:1 en algunos manuscritos, muchos creen que esta fue, en su origen, una carta circular destinada a varias ciudades (incluida Gálatas). Esto explicaría la falta de referencia a individuos y su nota de que solo había oído hablar de la fe de los lectores (1:15). Para un análisis más profundo de esta posibilidad, ver *La veracidad de Efesios* más adelante.

ORIGEN

Pablo tuvo mucho tiempo para reflexionar sobre todas las implicaciones del cristianismo y la iglesia durante su encarcelamiento en Roma. Por lo visto, acababa de escribir Colosenses (para enfrentar la apostasía de estos; ver *Origen* de **COLOSENSES**). Pablo determinó que valía la pena propagar y distribuir el mensaje doctrinal de esa carta a un público más amplio. Así que compuso esta carta y la envió con la ayuda de Tíquico (6:21) a Éfeso (y quizás a otras iglesias cercanas; comp. Apoc. 1:11).

EL MENSAJE DE DIOS EN EFESIOS

PROPÓSITO

Pablo escribió a los cristianos de Éfeso y sus alrededores, con el fin de plasmar a cabalidad por escrito su magnífica comprensión de la doctrina de la Iglesia y para instruir a los creyentes sobre la importancia de la conducta santa, en especial en las relaciones de la familia cristiana. Efesios presenta la Iglesia como el centro de atención de la expresión de la gloria de Dios para siempre (3:21).

A PRIMERA VISTA

Introducción

Pablo se identifica por su nombre y llamado. Saluda de la manera acostumbrada en las cartas paulinas; y no aparece la mención habitual de los compañeros de Pablo.

El propósito de Dios en Cristo

Pablo alaba a Dios por Sus gloriosas bendiciones en Cristo y por la salvación provista a la humanidad pecadora. Esta obra fue llevada a cabo por el Padre, el Hijo y el Espíritu Santo (1:3-14). Él quería que sus lectores supieran que oraba por ellos. Deseaba que tuvieran un mayor entendimiento de la esperanza que tenían en Cristo y del poder que, a través de Cristo, estaba disponible para ellos (1:15-19). Este poder viene sobre las personas que estaban muertas en pecado, pero que son salvas por gracia; salvas para hacer buenas obras (2:1-10). Pablo les recuerda a sus lectores gentiles que, separados de Cristo, estaban sin esperanza; pero en Cristo, tanto judíos como gentiles son reconciliados con Dios y entre sí (2:11–3:21). Judíos y gentiles están unidos en la iglesia de Cristo, edificados sobre el fundamento de los apóstoles y sirven como morada del Espíritu de Dios. Estas buenas noticias son un misterio; un misterio que Dios llama a las personas a compartir con otras a través de Su gracia, y un misterio que permite que todos se acerquen a Dios con libertad y confianza. Pablo ora para concluir esta sección y revela el propósito de la redención (3:14-21). Su oración fue que Cristo pudiera habitar en los creyentes, que fueran arraigados en amor y que pudieran entender la maravillosa grandeza de ese amor.

El propósito de Dios en la Iglesia

Pablo se enfoca en la aplicación de la redención a la Iglesia, y a la vida personal y familiar (4:1–6:24). Para completar su carta, Pablo llama a sus lectores a ponerse la armadura de Dios para evitar las tentaciones de Satanás, lo que da como resultado una vida de oración por uno mismo y por otros siervos de Dios. Esto llevaría a una preocupación por los demás y a recibir aliento de otros cristianos (6:10-20). Como de costumbre,

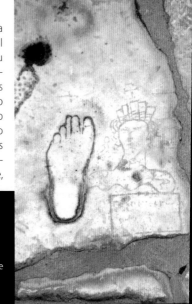

Indicaciones de cómo llegar a un burdel en Éfeso. Aquellos vivificados en Cristo evidenciarían un estilo de vida contrario a la cultura imperante en Éfeso. «Pero fornicación y toda inmundicia, o avaricia, ni aun se nombre entre vosotros, como conviene a santos» (Ef. 5:3).

Pablo concluye su carta con una bendición, y ora por paz, amor, fe y gracia para sus lectores.

LA VERACIDAD DE EFESIOS

La autoría de Pablo de la epístola a los Efesios no fue cuestionada hasta el siglo XIX. Uno de los elementos de la carta que no parece tener congruencia con otra información sobre Pablo es su oración por los efesios: «Por esta causa también yo, habiendo oído de vuestra fe en el Señor Jesús, y de vuestro amor para con todos los santos, no ceso de dar gracias por vosotros, haciendo memoria de vosotros en mis oraciones» (1:15-16). Pablo pasó casi tres años en Éfeso, tal vez el tiempo más largo de ministerio en un lugar. Experimentó gran persecución y peligro en Éfeso lo cual crearía una fuerte relación con los creyentes allí. Dada la experiencia de Pablo en Éfeso, no usaría la frase «habiendo oído de vuestra fe». Él no solo escuchó, sino que también la vio de cerca.

Marción (85–160 d.C.) sugiere por primera vez una explicación convincente que acepta la autoría de Pablo y explica el lenguaje utilizado en 1:15-16. Él expresó que la carta que llamamos Efesios fue concebida en un principio para la iglesia de Laodicea, una iglesia que conocemos por el Libro de Apocalipsis. Tíquico, quien estaba con Pablo durante su arresto domiciliario en Roma, llevó esta carta primero a Laodicea (6:21-22). Pablo le dio instrucciones a Tíquico para que diera un informe verbal a la iglesia de Laodicea, y para hacerles una descripción más completa de su situación. Al mismo tiempo, Tíquico llevaba las cartas de Pablo para los colosenses y para Filemón a Colosas. Pablo le pidió a Tíquico que leyera la carta de Laodicea a los colosenses y la carta de los colosenses a los laodicenses.

Esto da más crédito a la opinión de que la carta de Laodicea era una carta circular escrita para ser entregada a varias iglesias en Asia Menor, incluyendo Éfeso. Es posible que cuando las iglesias comenzaron a recopilar las cartas de Pablo, la única copia existente fuera la de Éfeso, aunque no tuviera la frase «en Éfeso» en 1:1.

CÓMO ENCAJA EFESIOS EN LA HISTORIA DE DIOS

1. Prólogo: creación, caída del hombre y necesidad de redención
2. Dios construye Su nación (2000–931 a.C.)
3. Dios educa a Su nación (931–586 a.C.)
4. Dios preserva un remanente fiel (586–6 a.C.)
5. Dios compra la redención y comienza el reino (6 a.C. al 30 d.C.)
6. Dios extiende el reino a través de la iglesia (30 d.C. [?])
7. Dios consuma la redención y confirma Su reino eterno
8. Epílogo: un cielo nuevo y una Tierra nueva

✝ CRISTO EN EFESIOS

Cristo, con Su muerte, trajo la paz entre Dios y la humanidad, y entre judíos y gentiles. Él es la piedra angular y la cabeza de la Iglesia, que es Su cuerpo.

PRINCIPIOS BÁSICOS DE LA COSMOVISIÓN CRISTIANA

Enseñanza sobre Dios

Efesios está lleno de textos que contribuyen a una doctrina bien conformada de la Trinidad. Dios, el Padre, es Aquel cuyo plan eterno para la Iglesia ha sido ahora revelado. Jesús, el Hijo, es la cabeza exaltada del cuerpo, la Iglesia y Aquel por cuya gloria esta existe. La iglesia es la casa o templo en la cual vive el Espíritu de Dios, aunque el Espíritu llena a cada creyente de forma individual.

Enseñanza sobre la humanidad

Efesios muestra la terrible condición de todos los que aún se encuentran en su estado natural: «muertos en delitos y pecados» (2:1). Pablo resume esto como «sin esperanza y sin Dios» (2:12). El otro grupo está compuesto por aquellos que Dios ha cambiado y que están en un estado sobrenatural: «... nos dio vida [...] con Cristo...» (2:5). Las antiguas distinciones entre judíos y gentiles solían tener alguna importancia; en la iglesia ya no se aplican más.

Enseñanza sobre la salvación

El resumen más conocido y más amado del evangelio es Efesios 2:8-9, con su énfasis en la gracia y en la fe. Efesios también señala el deleite de Dios en elegir personas para salvación. Se utiliza el lenguaje de la predestinación para vida eterna (1:5,11), así como la frase de Pablo de que «Cristo amó a la iglesia, y se entregó a sí mismo por ella» (5:25). (La larga disputa teológica sobre la elección divina, predestinación, es una cuestión de discernir el fundamento de la elección de Dios. Todos los estudiantes que toman la Biblia con seriedad están de acuerdo con la predestinación divina; el debate simplemente consiste en cuál es su fundamento).

CARACTERÍSTICAS LITERARIAS

GÉNERO Y ESTILO LITERARIO

Una epístola escrita en griego *koiné*

Ver *Género y estilo literario* de **1 TESALONICENSES** para obtener información sobre el género «epístola». Los cuatro elementos del esquema de una epístola del siglo ı aparecen en Efesios: salutación (1:1-2); agradecimiento (1:3-23); cuerpo principal (2:1–6:20); y salutaciones finales (6:20-24). Algunos eruditos califican Efesios como un «tratado» (un tratado formal en lugar de una carta pastoral). El griego de Pablo en esta carta es sumamente sereno y desapasionado.

UN PRINCIPIO A SEGUIR EN LA VIDA
Unidad en Cristo (Ef. 2:11-22)

Sin importar nuestro origen étnico, estatus social, sexo o raza, cuando nos convertimos en creyentes debemos funcionar como miembros de una misma familia.

Al igual que todas las cartas del NT escritas por el apóstol Pablo, esta epístola está titulada en correspondencia a sus destinatarios iniciales, en este caso los cristianos en Filipos.

TEXTO CLAVE: 3:10

… a fin de conocerle, y el poder de su resurrección, y la participación de sus padecimientos, llegando a ser semejante a él en su muerte…

TÉRMINO CLAVE: «GOZO»

Las formas del sustantivo «gozo» y del verbo «regocijar» aparecen trece veces en esta epístola corta. Filipenses es el Libro de la Biblia que más ampliamente define y describe el gozo.

RESUMEN DE UNA SOLA FRASE

El conocimiento de Jesucristo es mucho más gozoso e importante que cualquier otra cosa, ya que Dios ha exaltado a Jesús, el Siervo crucificado, con el nombre sobre todo nombre.

CONTEXTO HISTÓRICO ORIGINAL

AUTOR Y FECHA DE ESCRITURA

Pablo, alrededor del 61 d.C.

La carta afirma ser escrita por Pablo y todos los estudiantes de la Biblia aceptan este testimonio. Ver *Autor y fecha de escritura* de **ROMANOS** para más información sobre la vida de Pablo. Algunos eruditos han alegado que la totalidad o parte de Filipenses 3 fue escrita en un tiempo diferente que la carta principal, pero no existe un manuscrito griego como evidencia para apoyar esto. Es mucho mejor aceptar que Filipenses fue originalmente escrito tal y como aparece ahora.

De acuerdo a la tradición, Filipenses es una de las cuatro «Epístolas de la Prisión» escritas desde Roma. En el siglo xx algunos eruditos sostuvieron que muchos de los viajes que se mencionan en la epístola, tendrían más sentido si Pablo hubiese escrito desde Éfeso, unos años antes. Ellos han conjeturado un encarcelamiento desconocido (no mencionado en Hechos ni en ninguna parte de las cartas de Pablo) durante su tercer viaje misionero, alrededor del año 55–56. Si bien esta teoría puede ser posible, es un argumento basado en el silencio, y parece mucho más plausible el punto de vista tradicional que afirma que Filipenses fue escrito en Roma alrededor del año 60–61.

PÚBLICO INICIAL Y DESTINATARIO

Los cristianos que vivían en la ciudad de Filipos

El evangelio llegó a Filipos en el segundo viaje misionero de Pablo. Esta fue la primera iglesia que Pablo estableció después de su visión macedónica (Hech. 16:9). Ya que Lucas fue un testigo de la fundación de esta iglesia (como lo indican los «nosotros» de Hechos 16), se sabe mucho de las personas que conformaron el núcleo original de la congregación, como Lidia y el carcelero de la ciudad. Pablo no se quedó en Filipos por mucho tiempo, pero el propio Lucas probablemente permaneció como el líder espiritual de la iglesia (no hay más «nosotros» después de Hechos 16:17). Al leer Hechos y Filipenses cuidadosamente, se descubre que Pablo había visitado la iglesia al menos dos veces desde su fundación, y esto fue un motivo de alegría para él.

Filipos fue una importante ciudad comercial en la provincia de Macedonia (la capital de Tesalónica). La ciudad tenía un estatus privilegiado como una colonia de Roma; por lo tanto, los ciudadanos eran considerados ciudadanos de dicha ciudad

Acrópolis de Filipos vista desde la colina donde las tropas de Casio acamparon en 42 a.C. La batalla en Filipos fue uno de los compromisos estratégicos entre los asesinos de Julio César, Bruto y Casio, y sus vengadores: Marco Antonio y Octavio. La victoria de las últimas tropas fue un paso importante para que Octavio se convirtiese en Augusto César (Luc. 2:1).

(nótese el énfasis de Pablo en la ciudadanía de los cielos en 3:20-21). De acuerdo con Hechos, evidentemente no había suficientes judíos en la ciudad para sostener una sinagoga, ya que la ciudad y la iglesia eran principalmente gentiles. Como otras ciudades de su tiempo, Filipo era bastante religiosa e inmoral.

ORIGEN

Mientras Pablo estaba encarcelado en Roma, la iglesia de Filipos le había enviado un donativo financiero, tal vez para ayudar con los costos de vida o los gastos legales, a través de Epafrodito, uno de sus líderes (4:10-20). Mientras Epafrodito estuvo con Pablo, experimentó una enfermedad casi fatal. Los filipenses habían recibido noticias de esto, y Pablo se enteró que estaban extremadamente preocupados por Epafrodito. Sin embargo, Epafrodito finalmente se había recuperado, y Pablo estaba listo para enviarlo a casa (2:25-29). Por lo tanto, aprovechó la ocasión para escribir una carta de agradecimiento dirigida a los filipenses, en la que felicitó a Epafrodito y les puso al día sobre su ministerio. El énfasis doctrinal y práctico en la carta es, probablemente, una respuesta a la información traída por Epafrodito. De esta manera, Pablo compuso esta carta (probablemente con la ayuda de Timoteo, a quien también quiso enviar a Filipos en un momento posterior, 1:1; 2:19-24), y la envió a Filipos con Epafrodito.

EL MENSAJE DE DIOS EN FILIPENSES

PROPÓSITO

Pablo escribió a los filipenses para agradecerles por la dádiva que enviaron mediante Epafrodito. Luego quiso dar noticias sobre Epafrodito e informarles sobre la probable visita que recibirían de Timoteo. Además Pablo quiso darles algunas enseñanzas doctrinales sobre Cristo (y cómo conocerlo); así como ofrecer consejos prácticos sobre cómo vivir una vida cristiana de manera vigorosa y alegre.

A PRIMERA VISTA

Salutación

Filipenses está estructurada como una típica carta personal de aquella época. La introducción identifica al (a los) emisor(es): Pablo y Timoteo, y a los destinatarios: los santos, los obispos y los diáconos. Sin embargo, esta típica carta está llena de contenido cristiano. La habitual salutación secular y el deseo de buena salud se convierten en una bendición (v. 2), un agradecimiento por la fiel participación de la iglesia de Filipos en la obra del evangelio (1:3-8) y una oración para que fuesen bendecidos con un amor cristiano creciente e iluminado (1:9-11).

Circunstancias actuales de Pablo

Pablo explica su situación actual (1:12-26). Reveló que su preocupación principal (la proclamación del evangelio) se estaba llevando a cabo a pesar de las circunstancias difíciles que atravesaba (1:12-18). Sus captores estaban recibiendo el evangelio (vv. 12-13). Sus compatriotas habían adquirido confianza a través de su audaz ejemplo (v. 14). Incluso aquellos que estaban trabajando con motivos equivocados, compartían activamente las buenas nuevas; Pablo se regocijó en la obra de ellos (vv. 15-18). Se refleja la gravedad del encarcelamiento de Pablo (1:19-26). Su muerte parecía una posibilidad real. La muerte lo reuniría con Cristo, mientras que la vida le daría la dicha de un continuo ministerio productivo. En ambas encontró un motivo de regocijo genuino. Sin embargo, Pablo parecía tener confianza en que sería eventualmente liberado y volvería a reunirse con los filipenses.

La mente de Cristo como el fundamento de la unidad

Cuando Pablo regresó a Filipos tenía la esperanza de encontrar una iglesia unida en Cristo. Filipenses 1:27–4:9 es un llamado multifacético a la unidad de la iglesia. La gran razón de la proclamación del evangelio exige que estén unidos en espíritu, en trabajo y en confianza (1:27-30). Su experiencia cristiana en común (2:1) y su propósito (2:2) también debían dejar de lado una actitud egoísta e interesada (2:3-4). Aquellos que siguen a Cristo deben seguirlo en servicio abnegado hacia los demás (2:5-11). La preexistencia de Cristo, encarnación, pasión, resurrección y exaltación se resumen de manera magistral para resaltar la humildad y el servicio desinteresado que Jesús demostró.

Luces en el mundo

Pablo estaba preocupado de que los filipenses demostraran la realidad de su profesión cristiana en acción. Ni la murmuración, tan característica de Israel en el desierto, ni la perversidad de un mundo que no conoce a Dios deberían caracterizar a la iglesia. Su deseo para ellos y para sí mismo era que pudiera regocijarse de que su trabajo, a su favor, no fuera en vano (2:12-18).

Epafrodito

Filipenses 2:25-30 explica a la iglesia la razón del regreso de Epafrodito a Filipos. La iglesia lo había enviado para entregar una dádiva a Pablo (Fil. 4:10-20) y para servirlo durante su encarcelamiento. Probablemente, Pablo temía que algunos criticaran a Epafrodito por regresar antes de lo planeado.

Advertencia

El estímulo para regocijarse (3:1) se convierte repentinamente en una severa advertencia (3:2). El cambio es tan marcado que algunos eruditos piensan que el capítulo 3 es una adhesión posterior a la epístola. Un problema estaba amenazando a la iglesia en Filipos, y tenía el potencial de destruir el fundamento de la unidad y la base del gozo.

La naturaleza exacta del problema no está clara. El legalismo judío (3:2-11), el perfeccionismo cristiano o gnóstico (3:12-16) y el libertinaje pagano (3:17-21); todos son atacados. Sin embargo, lo que está claro, es que Pablo contrarrestó las enseñanzas heréticas con verdades cristianas: Jesucristo es el único camino a la justicia (3:2-11), la estatura de Cristo es el objetivo de la madurez cristiana (3:12-16), y la naturaleza de Cristo y Su reino son el estándar por el cual el cristiano debe vivir (3:17-21).

De acuerdo en Cristo

A dos mujeres, Evodia y Síntique (4:2-3), se les exhorta a terminar con el conflicto que tenían; ya que los desacuerdos personales pueden ser tan perjudiciales para la unidad de la iglesia como la falsa doctrina. Las exhortaciones generales para regocijarse y permanecer fieles (4:4-9), llevaron a Pablo a expresar su gratitud por el fiel apoyo de los filipenses hacia él y al ministerio (4:10-20). La epístola cierra con el típico estilo paulino: un intercambio de saludos y una oración pidiendo la gracia.

LA VERACIDAD DE FILIPENSES

A pesar de la autoría paulina, muchos han cuestionado la integridad de la epístola: ¿es un documento unificado o es dos o tres documentos agrupados en uno? Los argumentos para múltiples fuentes apelan ante todo a la variación de estilo de escritura y los supuestos cambios en contenido. Por ejemplo, algunos eruditos señalan que 3:2–4:1 no se ajustan a los patrones establecidos para el resto de la carta, con su tono áspero y polémico. Proponen que tal vez esta sea una carta diferente, insertada en Filipenses.

Dos observaciones ayudan aquí. Primero, los oponentes de Pablo negaron el evangelio, también criticaron con firmeza el apostolado de Pablo. Él respondió enérgicamente a tales desafíos (ver 2 Cor. 10–12). Segundo, Pablo no pudo responder en persona a la amenaza inminente; por lo tanto, la carta es sincera y revela pensamientos y evaluaciones internas. Muestra de su relación, Pablo también instruyó a sus lectores originales apelando a su peregrinación espiritual.

Otros eruditos sugieren que 4:10-20 es una inserción, ya que suponen que no se esperaría hasta el final para colocar una nota de agradecimiento tan importante. Sin embargo, los lectores modernos deben tener cuidado de conjeturar las formas de escritura del siglo I. Además, Pablo naturalmente incluyó las otras expresiones de apreciación antes de tratar temas financieros. Toda clase de apoyo era apreciado de la misma manera.

Las dudas sobre la integridad literaria de la epístola plantean un problema más central. ¿Están los eruditos contemporáneos más capacitados para detectar la supuesta sutura en la trama de la epístola que sus primeros lectores? Dado el cuidado que conocemos que caracteriza la transmisión de la Escritura, las teorías sobre los fragmentos literarios presentan muchas más dificultades de las que pretenden resolver.

CÓMO ENCAJA FILIPENSES EN LA HISTORIA DE DIOS

1. Prólogo: creación, caída del hombre y necesidad de redención
2. Dios construye Su nación (2000–931 a.C.)
3. Dios educa a Su nación (931–586 a.C.)
4. Dios preserva un remanente fiel (586–6 a.C.)
5. Dios compra la redención y comienza el reino (6 a.C. al 30 d.C.)
6. Dios extiende el reino a través de la iglesia (30 d.C. [?])
7. Dios consuma la redención y confirma Su reino eterno
8. Epílogo: un cielo nuevo y una Tierra nueva

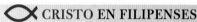

CRISTO EN FILIPENSES

Cristo, quien existió en forma de Dios, se despojó a sí mismo de Sus privilegios como Dios y se convirtió en ser humano y siervo. Después de esto, Dios lo exaltó y le asignó el nombre que es sobre todo nombre. Ante el nombre de Jesús, todas las criaturas se postrarán y lo confesarán como Señor.

PRINCIPIOS BÁSICOS DE LA COSMOVISIÓN CRISTIANA

Enseñanza sobre Dios

Por causa de Su gloria, Dios, el Padre, ha exaltado a Jesucristo y ha llamado a Su pueblo a conocerlo. Jesús, Dios por naturaleza, se humilló a sí mismo por la muerte en la cruz para ser exaltado con el nombre más excelso. El Espíritu de Dios permite toda adoración verdadera y provee ayuda al pueblo de Dios.

Enseñanza sobre la humanidad

En Filipenses hay dos categorías esenciales de seres humanos: los enemigos de la cruz de Cristo y los que lo conocen (3:18-20). Los primeros están destinados a la destrucción y los últimos a la resurrección. Entre los que lo conocen, sin embargo, algunos lo proclaman de manera pura, pero otros lo hacen con motivos falsos (1:15-18).

Enseñanza sobre la salvación

La salvación se presenta desde el punto de vista del conocimiento de Cristo. Conocer a Cristo es más que solo la solución para los pecados, es un tesoro valioso por el cual todo lo demás debería ser desechado en la vida. Esto no solo aplica a las cosas buenas que uno era o hacía antes, sino que también significa que Sus seguidores sufrirán con gozo (como Él lo hizo). Al final, ellos compartirán en Su resurrección.

CARACTERÍSTICAS LITERARIAS

GÉNERO Y ESTILO LITERARIO

Una epístola escrita en griego *koiné*

Ver *Género y estilo literario* de **1 TESALONISENSES** para más información sobre el género «epístola». Las cuatro partes del esquema de una epístola del siglo I aparecen en Filipenses: salutación (1:1-2), agradecimiento (1:3-11), cuerpo principal (1:12–4:20) y salutaciones finales (4:21-23). Esta es una carta pastoral en lugar de un tratado (formal), motivada por la situación y las necesidades de los destinatarios. Esta carta fue escrita en el griego característico de Pablo.

UN PRINCIPIO A SEGUIR EN LA VIDA

Expresar agradecimiento (Fil. 2:3-8)

Los líderes espirituales deben expresar su agradecimiento sincero a aquellos que colaboran con ellos en el ministerio.

Como todas las cartas del NT escritas por Pablo, esta epístola se titula de acuerdo a sus primeros destinatarios, en este caso los cristianos de la ciudad de Colosas.

TEXTO CLAVE: 1:18

… y él es la cabeza del cuerpo que es la iglesia, él que es el principio, el primogénito de entre los muertos, para que en todo tenga la preeminencia.

«Porque en él fueron creadas todas las cosas, las que hay en los cielos y las que hay en la tierra, visibles e invisibles [...] todo fue creado por medio de él y para él. Y él es antes de todas las cosas, y todas las cosas en él subsisten» (Col. 1:16-17). Esta fotografía fue tomada por Yuri Beletsky en el Observatorio Austral Europeo en el desierto de Atacama (Chile), uno de los lugares más propicios en el mundo para estudiar las estrellas. En esta fotografía, el láser del *Very Large Telescope* [Telescopio Muy Grande] (VLT, por sus siglas en inglés), permite a los astrónomos observar el centro de nuestra galaxia, la Vía Láctea, la cual tiene entre doscientos y cuatrocientos billones de estrellas. Se considera que el universo tiene tantas galaxias como la Vía Láctea tiene estrellas.

TÉRMINO CLAVE: «PRIMER LUGAR»

Colosenses declara la supremacía de Cristo en todas las cosas, ya sea de creación o de redención. Esta enseñanza fue la cura para una herejía mortal que enfrentaron los primeros creyentes.

RESUMEN DE UNA SOLA FRASE

Jesucristo es el Señor supremo del universo y la cabeza de la Iglesia; por lo tanto, Él es el Único a través del cual el perdón es posible, al hacer que las exigencias de la ley o los estudios filosóficos sean irrelevantes en cuanto a la salvación.

CONTEXTO HISTÓRICO ORIGINAL

AUTOR Y FECHA DE ESCRITURA

Pablo, el apóstol, alrededor del 61 d.C.

La carta indica ser escrita por Pablo, el apóstol. Durante los dos últimos siglos, algunos (pero no todos) especialistas en crítica textual han negado que Pablo escribió esta epístola. Han argumentado que Colosenses refleja los asuntos de un tiempo posterior al de Pablo y que fue escrita más adelante por un cristiano desconocido que usó el nombre de Pablo, para reforzar su propia autoridad. Los argumentos básicos son: 1) que el gnosticismo es la falsa enseñanza atacada, que no se convirtió en una influencia destructiva, sino hasta el final del siglo I; y 2) que la cristología es bastante desarrollada para Pablo. En respuesta: 1) no hay prueba de que la herejía colosense estaba relacionada directamente al gnosticismo; y 2) la cristología no es más exaltada que en Filipenses 2:9-11, la misma que es claramente paulina. La autoafirmación de la epístola y la tradición cristiana ininterrumpida de la autoría paulina deben ser aceptadas.

Pablo escribe desde la prisión romana como está descrito al final de Hechos, alrededor del 60–61 d.C. Los que rechazan dicha autoría la datan a finales del siglo I.

PÚBLICO INICIAL Y DESTINATARIO

Los cristianos que vivían en la ciudad de Colosas

El cristianismo llegó a Colosas a través del ministerio de Epafras (1:7). Evidentemente, él trajo el evangelio mientras Pablo estaba en Éfeso en su tercer viaje misionero. Pablo solo había «oído» de los colosenses (1:4,9). La falsa enseñanza mezcló elementos judíos y griegos, lo que sugiere que los creyentes eran probablemente de descendencia judía y gentil.

Colosas fue una ciudad sin importancia en la provincia de Asia en el valle del Río Lycus, a aproximadamente 161 kilómetros (100 millas) al interior (este) de Éfeso. Sus ciudades hermanas más conocidas fueron Hierápolis y Laodicea (2:1; 4:13-16).

ORIGEN

Mientras Pablo estaba encarcelado en Roma, Epafras lo había visitado y había traído noticias sobre las iglesias en el valle del Río Lycus (4:12). Por medio de este, Pablo se había enterado de la presencia de falsos maestros en la congregación de Colosas que amenazaban la supervivencia de la iglesia. Por lo tanto, escribió esta epístola con la ayuda evidente de Timoteo y de Tíquico como mensajero. Esta es una de las cuatro cartas llamadas «Epístolas de la Prisión», escritas mientas Pablo esperaba para hacer su apelación a César. La lectura cuidadosa muestra las siguientes relaciones:

- Colosenses y Filemón fueron enviadas a Colosas (Col. 1:1; 4:17; Filem. 2).
- Colosenses y Efesios fueron llevadas por Tíquico (Col. 4:7; Ef. 6:21).
- Efesios refleja un desarrollo teológico de Colosenses.

Probablemente las tres fueron escritas poco después de que Pablo llegara a Roma, y tal vez las tres fueron llevadas al mismo tiempo por Tíquico, que también acompañaba a Onésimo (ver *Origen* de **FILEMÓN**). Filipenses fue probablemente la última de las cuatro cartas en ser escrita, ya que Pablo esperaba ser liberado pronto (Fil. 1:19).

EL MENSAJE DE DIOS EN COLOSENSES

PROPÓSITO

Pablo escribió a los cristianos colosenses para combatir una enseñanza peligrosa, dada a conocer solo a través de su crítica en esta carta (ver *Origen* arriba). Aunque condenó esta herejía, su enfoque principal fue exaltar la persona de Jesucristo, y exhortar a los colosenses a renunciar a cualquier cosa que negara a Jesús su preeminente posición como Señor.

A PRIMERA VISTA

Se puede dividir a Colosenses en dos partes principales. La primera (1:3–2:23), es una polémica contra las falsas enseñanzas. La segunda (3:1–4:17), se compone de exhortaciones para llevar una vida cristiana correcta.

Introducción

La introducción (1:1-2) está en forma de una carta personal helenística. Los remitentes (Pablo y Timoteo) y los destinatarios (la iglesia colosense) son identificados y se expresa un saludo. Un largo agradecimiento, característico de Pablo (1:3-8), y una oración (1:9-14) conducen el cuerpo de la carta. Pablo agradeció por la fe, la esperanza y el amor (1:4-5) que los colosenses tuvieron en virtud de su respuesta positiva al evangelio. El oró para que tuvieran un conocimiento y entendimiento completo de la voluntad de Dios y para que llevaran una vida digna de santos redimidos, ciudadanos del reino de Cristo (1:9-14).

La centralidad de Cristo

Pablo describió la grandeza de Cristo (1:15-20), y al hacerlo estableció el estándar contra el cual se compararían las visiones indignas de Cristo y el Dios Trino, mientras se desarrollaba la carta. Cristo es el agente de la creación de Dios (v. 16), Aquel a quien la creación le debe su existencia continua (v. 17), la cabeza de la Iglesia (v. 18), Dios en Su plenitud y en forma humana (v.19), y a través de Su muerte sacrificial, el agente de redención y reconciliación. Los creyentes en Colosas habían experimentado los beneficios de Cristo, por ello Pablo les instó a no desenfocarse de la verdad por la cual habían sido perdonados y puestos en el camino de la esperanza (1:21–2:3).

Cristo y la herejía colosense

Pablo dio una descripción resumida de la herejía que falló al no estar a la altura de Cristo, como fue revelado en tiempo y espacio. Advirtió a los colosenses de «filosofías» aparentemente plausibles que estaban en contra de Cristo (2:8). Al parecer la herejía implicaba el cumplimiento de tradiciones legalistas, ritos, regulaciones dietéticas y festivales religiosos (2:8,11,16,21; 3:11). La adoración de ángeles y espíritus menores fue alentada por falsos maestros (2:8,18). Se promovió el ascetismo, la privación o el trato áspero de su cuerpo de carne «malvado» (2:20-23). Finalmente, los falsos maestros afirmaron poseer una visión especial, quizás revelaciones especiales, que hicieron que estas sean la fuente de verdad más importante (2:18-19), en lugar de la Escritura y el testimonio de los apóstoles.

Vestidos de Cristo

La interpretación de Cristo está indisolublemente ligada a cómo los creyentes viven la vida que es propia, y que es un reflejo de la gloria y la grandeza de Cristo. Los creyentes deben «hacer morir» (3:5) y «rechazar» esas prácticas que incurren en la ira de Dios (3:5-11). Luego deben «vestirse» (3:12) de aquellas cosas que caracterizan al pueblo escogido de Dios (3:12-17). Sin embargo, los cambios están lejos de ser superficiales; provienen de la nueva naturaleza cristiana y de la sumisión al gobierno de Cristo en todas las áreas de la vida (3:9-10,15-17).

Cristo en la familia

Las reglas del hogar aparecen en 3:18–4:1. Se asume el hogar característico del siglo I, así que el pasaje se dirige a las esposas y los esposos, los padres e hijos, los amos y los esclavos. Pablo no hizo ningún comentario sobre lo correcto o lo incorrecto de las estructuras sociales, sino que las dio por sentado. La preocupación de Pablo era que las estructuras que existían fuesen gobernadas por principios cristianos. La sumisión al Señor (3:18,20,22; 4:1), el amor cristiano (3:19) y la perspectiva del juicio divino (3:24–4:1) deben determinar la manera en que las personas se tratan mutuamente, sin importar su condición social. Esta motivación cristiana distingue estas reglas del hogar de aquellas que se pueden encontrar en fuentes judías y paganas.

Conclusiones

Un último grupo de exhortaciones (4:2-6) y un intercambio de salutaciones finales (4:7-17) concluyen la epístola. En esta sección es notable la mención de Onésimo (4:9) que vincula a Filemón con esta epístola, la mención a la carta a Laodicea (4:16) que pudo haber sido Efesios, y la firma final de Pablo que indica que la epístola fue preparada por un secretario (4:8).

LA VERACIDAD DE COLOSENSES

Colosenses 4:7-18 reúne una serie de tramas que refuerzan la afirmación de que Pablo escribió la epístola a los Colosenses. Él no había estado en Colosas, una ciudad a aproximadamente 161 kilómetros (100 millas) al este de Éfeso, pero sabía mucho de la iglesia y tenía buenos amigos allí: Filemón y su familia (4:9). Pablo pasó desde el 54 al 56 d.C. plantando la iglesia en Éfeso, la principal ciudad de la provincia romana de Asia. Con Éfeso como centro y base, el evangelio fue escuchado y recibido, y las iglesias fueron plantadas en toda la provincia (Hech. 19:10; 26). Epafras, que probablemente se convirtió en creyente mientras Pablo enseñaba en Éfeso, plantó una iglesia en Colosas (1:7-8). Él vino a Pablo con preocupaciones concernientes a la dirección que la iglesia estaba tomando. La epístola de Pablo está escrita para tratar esas inquietudes. Pablo envió esta carta, ahora llamada Efesios, y la breve carta a Filemón con Tíquico, quien viajaba de Roma a Laodicea y Colosas con Onésimo. Efesios debía ser entregada a la iglesia en Laodicea, y Colosenses y Filemón a la iglesia en Colosas.

CÓMO ENCAJA COLOSENSES EN LA HISTORIA DE DIOS

1. Prólogo: creación, caída del hombre y necesidad de redención
2. Dios construye Su nación (2000–931 a.C.)
3. Dios educa a Su nación (931–586 a.C.)
4. Dios preserva un remanente fiel (586–6 a.C.)
5. Dios compra la redención y comienza el reino (6 a.C. al 30 d.C.)
6. Dios extiende el reino a través de la iglesia (30 d.C. [?])
7. Dios consuma la redención y confirma Su reino eterno
8. Epílogo: un cielo nuevo y una Tierra nueva

 CRISTO EN COLOSENSES

Cristo es el creador de todo, lo visible y lo invisible. Él es Aquel que mantiene junta toda la creación. La plenitud de Dios vivía en Él, y a través de la muerte de Cristo, Dios reconcilió todo consigo mismo.

PRINCIPIOS BÁSICOS DE LA COSMOVISIÓN CRISTIANA

Enseñanza sobre Dios

Dios es el Padre de Jesús y Su plenitud está en Su Hijo (1:19; 2:9). Jesús es particularmente el «primogénito» (1:15,18). Colosenses 1:15-18 es el pasaje más elevado en las cartas de Pablo que representa la identidad de Cristo. Cuando Jesús regrese, Su pueblo se manifestará con Él en gloria (3:4). Se menciona al Espíritu solamente en una ocasión (1:8) como la fuente de amor.

Enseñanza sobre la humanidad

Dado que Colosenses fue escrita principalmente para detener las falsas enseñanzas, muestra lo fácil que es para la gente dejarse desviar de la verdad, sobre todo en cuestiones del destino eterno. En todo tiempo, los poderosos enemigos de la verdad se oponen a la interpretación genuina de Dios y la condición humana. Separados de Cristo, todos están «muertos en pecados» (2:13). Cristo trae vida nueva y transformación de relaciones, en especial dentro del hogar (3:18–4:1).

Enseñanza sobre la salvación

Cualquier interpretación de la salvación que sea «Jesús además de…» es defectuosa. Las buenas obras, el cumplimiento de la ley judía, la aceptación de ciertos principios filosóficos y otros logros humanos positivos no pueden añadir nada a lo que Jesús ya ha logrado. Por lo tanto, la salvación es la correcta relación con Él mediante la fe, que rechaza la confianza en cualquier otra cosa, sin importar cuán valiosa sea. Cristo no permite un rival cuando se trata de la redención de los pecados.

CARACTERÍSTICAS LITERARIAS

GÉNERO Y ESTILO LITERARIO

Una epístola escrita en griego *koiné*

Ver *Género y estilo literario* de **1 TESALONICENSES** para más información sobre el género «epístola». Los cuatro elementos del esquema de una epístola del siglo I aparecen en Colosenses: salutación (1:1-2), agradecimiento (1:3-8), cuerpo principal (1:9–4:6) y salutaciones finales (4:7-18). Esta es una carta pastoral motivada por la situación y las necesidades de los destinatarios, más que un tratado (formal). Esta carta fue escrita en el estilo característico de Pablo.

UN PRINCIPIO A SEGUIR EN LA VIDA

Poner a Cristo primero (Col. 1:15-20)

Para caminar en la voluntad de Dios, Jesucristo debe ser siempre el foco central en nuestra vida personal y colectiva.

1 TESALONICENSES

PRIMER EPÍSTOLA A LOS TESALONICENSES

A este Libro se lo llama así porque es la primera carta canónica que el apóstol Pablo escribió a los cristianos en Tesalónica.

TEXTO CLAVE: 4:16-17

Porque el Señor mismo con voz de mando, con voz de arcángel, y con trompeta de Dios, descenderá del cielo; y los muertos en Cristo resucitarán primero. Luego nosotros los que vivimos, los que hayamos quedado, seremos arrebatados juntamente con ellos en las nubes para recibir al Señor en el aire, y así estaremos siempre con el Señor.

TÉRMINO CLAVE: «LA VENIDA»

Este Libro menciona la venida de Cristo en cada capítulo. El sustantivo griego *parousía*, aquí traducido como «venir», también puede traducirse como «llegada» o «presencia».

RESUMEN DE UNA SOLA FRASE

Independientemente de cuáles sean las dificultades y los sufrimientos que los creyentes experimenten en esta vida, la venida de Cristo es la verdadera esperanza del cristiano.

El malecón de Tesalónica (Grecia) en un despejado día de primavera.

CONTEXTO HISTÓRICO ORIGINAL

AUTOR Y FECHA DE ESCRITURA

El apóstol Pablo, hacia el año 50 d.C.

Todos los eruditos del NT aceptan la afirmación de que la epístola fue escrita por Pablo. Ver *Autor y fecha de escritura* de **ROMANOS** para más información sobre Pablo. El apóstol escribió esta epístola hacia el año 50 d.C. desde Corinto (ver *Origen* más adelante).

PÚBLICO INICIAL Y DESTINATARIO

Los cristianos en Tesalónica

Hechos 17:1-8 describe cómo el cristianismo llegó por primera vez a Tesalónica a través de la predicación de Pablo. Silas, Timoteo y Pablo salieron de Filipo y viajaron por la Vía Egnatia hacia Tesalónica, la capital de Macedonia, que estaba compuesta por quizás 200.000 personas en el siglo I, era un puerto marítimo y un centro comercial situado en la intersección de la Vía Egnatia y la carretera que conduce hacia el norte del Río Danubio.

Los creyentes eran de origen tanto judío como pagano. Después de haber sido golpeado y encarcelado en Filipos, Pablo fue obligado por la persecución a salir más temprano de Tesalónica, probablemente permaneció allí solo tres meses. Estos nuevos creyentes acogieron el evangelio con mucho entusiasmo, pero no fueron instruidos en el camino del Señor.

ORIGEN

Después de que Pablo huyó de Macedonia, Timoteo y Silas finalmente lo alcanzaron en Atenas. Pablo estaba tan interesado en conocer el estado espiritual de los tesalonicenses que envió a Timoteo donde ellos (1 Tes. 3:1-5). Timoteo permaneció allí por un tiempo fortaleciendo y alentando a estos nuevos creyentes. Finalmente, Timoteo se reencontró con Pablo por segunda vez, en esta ocasión en Corinto (Hech. 18:5; 1 Tes. 3:6). El reporte de Timoteo fue principalmente positivo. La congregación estaba prosperando y creciendo en virtud, aunque sufrieran algo de persecución. El ministerio de Pablo había enfatizado que la venida de Cristo podría ser pronto. De esta manera, los tesalonicenses tenían cierta preocupación en cuanto a la muerte de algunos de sus miembros (4:13). ¿Acaso los que fallecieron perdieron el reino? ¿Podrían ver al Rey? Pablo consideró importante ampliar su enseñanza sobre la escatología (los tiempos finales) y aclarar su confusión. Él escribió esta epístola tal vez durante los meses de la primera predicación en Tesalónica.

EL MENSAJE DE DIOS EN 1 TESALONICENSES

PROPÓSITO

Al tener que partir de Tesalónica tan abruptamente y antes de lo esperado, Pablo quiso comunicar muchas cosas a estos nuevos creyentes. Escribió para alentar a estos nuevos conversos a su entendimiento del evangelio y sus implicaciones en su manera de vivir, y también buscó corregir una falencia en su interpretación de la segunda venida de Cristo.

A PRIMERA VISTA

Pablo comenzó con un sincero agradecimiento por lo que Dios había hecho entre los tesalonicenses, cuando se les proclamó el evangelio en el poder del Espíritu. Inmediatamente se convirtieron en imitadores de Pablo y del Señor; de esta manera, se volvieron un modelo para todos los creyentes en toda Macedonia y Acaya (1:1-10).

Relaciones personales

En la ausencia de Pablo, sus críticos insinuaron que él actuó con motivos ocultos (2:3-13). Pablo abordó las preocupaciones de sus lectores con mayor afecto.

Llamado a agradar a Dios

Servir a Dios proviene del deseo de agradarle en los detalles de la vida. Pablo dio pautas generales sobre cómo complacer a Dios, y otras enfocadas específicamente en la moralidad sexual (4:1-12).

Preguntas sobre la segunda venida de Cristo

Los tesalonicenses estaban preocupados ante la interrogante de qué pasará con los creyentes que mueran antes del regreso de Cristo (4:8-18). Pablo explicó que el creyente que esté vivo no tendrá una ventaja en la venida del Señor. De hecho, los cristianos muertos resucitarían primero. Después, aquellos «que vivimos, los que hayamos quedado, seremos arrebatados juntamente con ellos en las nubes para recibir al Señor en el aire». Estas palabras de aliento proporcionaron gran consuelo a aquellos cuyos miembros de familia ya habían fallecido. De la misma manera en que hoy la gente quiere saber más sobre «los tiempos finales», también lo hicieron los tesalonicenses.

El Día del Señor

En esta sección, Pablo continuó su discurso sobre la venida del Señor con un particular énfasis en el significado del Día del Señor (5:1-11). Ya que el Día del Señor vendrá súbita e inesperadamente para traer destrucción a aquellos que caminan en tinieblas, los creyentes deben mantenerse en alerta espiritual.

Exhortaciones finales

Luego Pablo resaltó responsabilidades a diferentes personas de la comunidad cristiana (5:14-15). Debían amonestarse cuando fuese necesario, alentar al débil y

437

mostrar bondad los unos para los otros. Después, de manera entrecortada, dio ocho instrucciones diseñadas para mejorar su adoración y su caminar con Dios (5:16-22).

LA VERACIDAD DE 1 TESALONICENSES

La autenticidad de 1 Tesalonicenses es casi universalmente aceptada. Tiene el estilo de Pablo y se menciona en los primeros escritos cristianos, tales como las listas de los Libros del NT dadas por Marción a mediados del siglo II y por el canon de Muratori a finales del mismo siglo. Ireneo (130–200), Tertuliano y Clemente de Alejandría distinguieron la carta como una de las epístolas de Pablo. En el siglo XIX, F. C. Baur argumentó que 1 Tesalonicenses era falsa. Los puntos de vista de Baur influyeron en algunos eruditos por un tiempo. Esta tendencia se invirtió en gran medida por el cuidadoso análisis estadístico de 1 Tesalonicenses por J. E. Frame (1912), quien demostró que el vocabulario y los conceptos de esta epístola son sumamente coherentes con las epístolas que, universalmente, se consideran de la autoría de Pablo.

CÓMO ENCAJA 1 TESALONICENSES EN LA HISTORIA DE DIOS

1. Prólogo: creación, caída del hombre y necesidad de redención
2. Dios construye Su nación (2000–931 a.C.)
3. Dios educa a Su nación (931–586 a.C.)
4. Dios preserva un remanente fiel (586–6 a.C.)
5. Dios compra la redención y comienza el reino (6 a.C. al 30 d.C.)
6. Dios extiende el reino a través de la iglesia (30 d.C. [?])
7. Dios consuma la redención y confirma Su reino eterno
8. Epílogo: un cielo nuevo y una Tierra nueva

CRISTO EN 1 TESALONICENSES

Cristo es una fuente de consuelo ya que Él vendrá nuevamente. En Su venida, los que han muerto en Él resucitarán primero. Después los creyentes vivos serán arrebatados para reunirse con los que han muerto y estar junto a Él.

PRINCIPIOS BÁSICOS DE LA COSMOVISIÓN CRISTIANA

Enseñanza sobre Dios

Dios es el Padre que trabaja activamente para alcanzar la salvación. Actualmente está trabajando en la santidad en Sus hijos. Jesús murió y resucitó en Su primera venida y regresará en gloria por segunda vez. El Espíritu, agente activo por el cual Dios hace vivo el evangelio, es el don de Dios que permite a Su pueblo tener gran gozo (1:5-6; 4:8).

Enseñanza sobre la humanidad

Hay solo dos tipos de personas, los que han rechazado la Palabra de Dios y lo que la han recibido (2:13-16). El destino de un grupo es la experiencia de la ira de Dios que conduce a destrucción. El destino del otro es permanecer con el Señor por siempre. Este último está llamado a vivir una vida santa y agradable a Dios.

Enseñanza sobre la salvación

La base de la salvación es la muerte y resurrección de Jesús (4:14; 5:10). La epístola resume la salvación como pasado, presente y futuro de la siguiente manera: «... os convertisteis de los ídolos a Dios, para servir al Dios vivo y verdadero, y esperar de los cielos a su Hijo, al cual resucitó de los muertos, a Jesús, quien nos libra de la ira venidera» (1:9-10).

CARACTERÍSTICAS LITERARIAS

GÉNERO Y ESTILO LITERARIO

Una epístola escrita en griego *koiné*

A diferencia de los Evangelios, que eran un nuevo género literario inspirado en el cristianismo, las epístolas eran una conocida forma literaria del siglo I. El Libro de 1 Tesalonicenses es una de las primeras cartas que prevalecieron, aunque Gálatas podría ser anterior. Esta es la primera epístola paulina que contiene los cuatro elementos del esquema de una epístola, de la cual se han descubierto muchos ejemplos seculares.

- **Salutación** (1:1). El esquema es «del remitente al destinatario: saludos». Pablo siempre se identificó como el autor y nombró al destinatario. En lugar del término convencional «saludos», Pablo siempre usó «gracia y paz».
- **Agradecimiento** (1:2-3). Esta fue una oración dirigida a Dios en nombre de los lectores. Los ejemplos seculares invocaban una variedad de deidades, con respecto al dios a quien se servía.
- **Cuerpo** (1:4–5:22). Obviamente, este era el punto principal de la carta. Como era su costumbre, Pablo escribió un argumento doctrinal seguido por una aplicación práctica más corta.
- **Salutaciones finales** (5:23-28). El escritor se despidió y concluyó el documento. Pablo siempre empleó el término «gracia» (griego, *járis*) en su despedida.

Como la mayoría de los escritos de Pablo, esta es una carta pastoral, motivada por la situación y las necesidades de los receptores, más que un tratado (formal). En 1 Tesalonicenses se representa el cuidadoso uso del idioma griego, característico de Pablo.

UN PRINCIPIO A SEGUIR EN LA VIDA

Comprensión de las verdades doctrinales (1 Tes. 4:13-18)

Para ayudar a los nuevos creyentes a tener una comprensión clara de la Escritura, debemos desarrollar un plan para enseñar las verdades doctrinales básicas.

2 TESALONICENSES

SEGUNDA EPÍSTOLA A LOS TESALONICENSES

A este Libro se lo llama así porque es la segunda carta canónica que el apóstol Pablo escribió a los cristianos en Tesalónica.

TEXTO CLAVE: 2:15

Así que, hermanos, estad firmes, y retened la doctrina que habéis aprendido, sea por palabra, o por carta nuestra.

TÉRMINO CLAVE: «ESTAD FIRMES»

Este Libro fue escrito a los creyentes que habían sido afectados por la falsa enseñanza de los últimos tiempos. El consejo del apóstol a «estar firmes» se aplica independientemente del desafío doctrinal o práctico que enfrentan los creyentes.

RESUMEN DE UNA SOLA FRASE

Sin importar cuáles sean las dificultades que enfrenten los creyentes, deben permanecer firmes y seguir viviendo sus vidas útiles, ya que el regreso de Cristo podría ser en un futuro lejano.

Tesalónica a finales del año 1800.

CONTEXTO HISTÓRICO ORIGINAL

AUTOR Y FECHA DE ESCRITURA

El apóstol Pablo, alrededor del año 50 d.C.

La carta afirma ser escrita por el apóstol Pablo. Durante los dos últimos siglos, algunos (pero no todos) eruditos de la alta crítica han rechazado la autoría de Pablo. Han argumentado que la escatología (doctrina de los tiempos finales) de esta epístola contradice la escatología de 1 Tesalonicenses. Por lo tanto, afirman que esta carta fue escrita más tarde por un cristiano desconocido que usó el nombre de Pablo para reforzar su propia autoridad. El argumento básico es que en 2 Tesalonicenses la venida de Cristo parece estar distante y viene precedida por una serie de señales. Sin embargo, en la primera epístola, Su regreso parece ser inminente y sin previo aviso. Claramente las cartas tienen diferentes énfasis, pero no son incompatibles. A través de los siglos, los cristianos han sostenido que el Día del Señor podría llegar en cualquier momento (inminencia), pero no necesariamente inmediato. Para más información sobre la autoría, ver *La veracidad de 2 Tesalonicenses*. Pablo escribió desde Corinto pocos meses después de haber escrito 1 Tesalonicenses. Los que rechazan la autoría paulina datan la epístola hacia el final del siglo i.

PÚBLICO INICIAL Y DESTINATARIO

Los cristianos en Tesalónica

Ver *Público inicial y destinatario* de **1 TESALONICENSES**.

ORIGEN

Después de que Pablo envió 1 Tesalonicenses, la iglesia había recibido un nuevo informe de que «el día de Cristo» (los tiempos finales) había llegado. El regreso de Cristo era inmediato; al parecer se pensaba que esto provenía del mismo Pablo (2:2). La iglesia estaba conmocionada y muchos de los miembros habían dejado sus trabajos para esperar la segunda venida. Por lo tanto, Pablo tuvo que escribirles nuevamente para corregir el error doctrinal e instarles a que se tranquilizaran y volvieran a sus trabajos.

EL MENSAJE DE DIOS EN 2 TESALONICENSES

PROPÓSITO

Pablo escribió esta carta principalmente para corregir una nueva falencia en la interpretación de los tesalonicenses de la venida de Cristo y otros eventos relacionados (ver *Propósito* de **1 TESALONICENSES**). También quiso corregir el problema que surgió cuando algunos dejaron de trabajar (ante su creencia de que el Día del Señor había llegado).

A PRIMERA VISTA

Se elogia a los tesalonicenses

Pablo elogió a los tesalonicenses por su fe creciente, su amor maduro y su paciencia ante la persecución (1:3-5). Les recordó el gran giro que vendría con la aparición del Señor Jesucristo. El pueblo de Dios puede ser consolado al saber que serán justificados en la venida del Señor y al darse cuenta de que no han creído ni sufrido en vano (1:6-10).

El Día del Señor

Con mucho enfoque en la segunda venida de Jesús, algunos estaban enseñando erróneamente que el Día del Señor ya había ocurrido. Pablo contrarrestó a estos falsos maestros al señalar que una rebelión a gran escala precedería la segunda venida de Cristo. Antes de la venida del Señor, el inicuo debe ser revelado. Él es el que se exalta a sí mismo tomando el lugar de Dios. Aquellos que son inicuos serán engañados para que crean la mentira (2:5-12).

Solicitud de oración

Pablo pidió que los tesalonicenses orasen para que él fuera liberado de los hombres malvados y que el mensaje de Cristo se extendiera rápidamente. Él, a su vez, les aseguró que sus oraciones estarían con ellos. Entonces Pablo exhortó a los que habían dejado de trabajar en vista de la inminencia del regreso de Jesús, para que volviesen al trabajo y les recordó su propia práctica de trabajar para sostenerse a sí mismo, en lugar de ser una carga para los tesalonicenses.

LA VERACIDAD DE 2 TESALONICENSES

La autoría de 2 Tesalonicenses ha sido cuestionada con frecuencia en los últimos años, a pesar del hecho de tener un apoyo extremadamente fuerte a lo largo de la historia de la iglesia. Las objeciones de la autoría paulina son triples: 1) el estilo de 2 Tesalonicenses es más formal que 1 Tesalonicenses. 2) Supuestamente, el vocabulario es demasiado diferente del resto de los escritos de Pablo. 3) El enfoque único de la escatología en 2 Tesalonicenses («el hombre de pecado» no se menciona en ninguna otra parte).

Sin embargo, estos argumentos no son convincentes a la luz de la similitud de contenido entre 1 y 2 Tesalonicenses. El intervalo entre 1 y 2 Tesalonicenses debe haber sido bastante corto, porque la segunda epístola no presupone grandes cambios en la constitución interna de la iglesia de Tesalónica o en las condiciones bajo las cuales Pablo escribía. La segunda carta pudo haber sido escrita de manera más rápida y con más urgencia para abordar la afirmación de que el Día del Señor ya había ocurrido. Ya que una carta más personal había precedido la segunda carta, a Pablo le preocupaba pasar a tratar los asuntos apremiantes dentro de la iglesia.

Las opiniones de la segunda venida en las dos cartas no son lógicamente incompatibles. Se puede demostrar que las diferencias relativas a la segunda venida son diferentes en el énfasis que se hace, en lugar del contenido. Ambas cartas ven el retorno de Cristo como inminente, pero no necesariamente inmediato. En 2:5, Pablo recordó a los tesalonicenses que durante su corto tiempo con ellos, parte de su mensaje era que la apostasía y la aparición del hombre de pecado precederían al Día del Señor.

CÓMO ENCAJA 2 TESALONICENSES EN LA HISTORIA DE DIOS

1. Prólogo: creación, caída del hombre y necesidad de redención
2. Dios construye Su nación (2000–931 a.C.)
3. Dios educa a Su nación (931–586 a.C.)
4. Dios preserva un remanente fiel (586–6 a.C.)
5. Dios compra la redención y comienza el reino (6 a.C. al 30 d.C.)
6. Dios extiende el reino a través de la iglesia (30 d.C. [?])
7. Dios consuma la redención y confirma Su reino eterno
8. Epílogo: un cielo nuevo y una Tierra nueva

CRISTO EN 2 TESALONICENSES

Cristo vino por primera vez como un bebé. Su segunda venida será diferente. Él vendrá acompañado con Sus ángeles poderosos que castigarán a los enemigos de Dios, aquellos que rechazan la paz con Dios que fue posible gracias a la muerte de Cristo.

PRINCIPIOS BÁSICOS DE LA COSMOVISIÓN CRISTIANA

Enseñanza sobre Dios

En esta carta se imparte la supremacía de Dios en todas las cosas, especialmente en lo concerniente a la salvación y la consumación del mundo. Su justicia se enseña, especialmente, en la manera en que Él finalmente castigará a todos los que hacen el mal. La venida de Jesús es documentada en este Libro, y Él con facilidad superará al «hombre de pecado» (2:3) como una exhibición de Su gloria en «el día de Cristo». El Espíritu Santo, mencionado solamente en 2:13, santifica (hace santos) a aquellos que Dios ha escogido para salvar.

Enseñanza sobre la humanidad

Esta carta muestra dos grupos sumamente opuestos en la humanidad. Por un lado, están los que conocen a Dios y han llegado a obedecer el evangelio. Por otro lado, están todos los demás, quienes pagarán el castigo de la destrucción eterna lejos de la presencia del Señor (1:9).

Enseñanza sobre la salvación

En 2 Tesalonicenses, la salvación es vista desde la perspectiva futura de la liberación del juicio y la destrucción del Día del Señor. Al final, los que perecen lo hacen «... por cuanto no recibieron el amor de la verdad para ser salvos» (2:10).

CARACTERÍSTICAS LITERARIAS

GÉNERO Y ESTILO LITERARIO

Una epístola escrita en griego *koiné*

Ver *Género y estilo literario* de **1 TESALONICENSES** para más información sobre el género «epístola». En los elementos del esquema de una epístola aparecen: salutación (1:1-2), agradecimiento (1:3-11), cuerpo principal (2:1–3:15) y salutaciones finales (3:16-18). Esta es una carta pastoral motivada por la situación y las necesidades de los destinatarios, más que un tratado (formal). Fue escrita en el estilo característico de Pablo.

UN PRINCIPIO A SEGUIR EN LA VIDA

Preparación o especulación (2 Tes. 2:13-17)

No importa lo que suceda en el futuro, debemos animar a los creyentes a estar firmes en su fe, esperanza y amor, siempre listos para el regreso de Cristo.

A este Libro se lo llama así porque es la primera epístola canónica que el apóstol Pablo escribió a Timoteo.

TEXTO CLAVE: 6:11

Mas tú, oh hombre de Dios, huye de estas cosas, y sigue la justicia, la piedad, la fe, el amor, la paciencia, la mansedumbre.

TÉRMINO CLAVE: «PIEDAD»

Piedad (griego, *eusébeia*) es la virtud que resume a todas las demás. Los múltiples desafíos de Timoteo tendrían éxito solo al demostrar un carácter piadoso.

RESUMEN DE UNA SOLA FRASE

En cualquier desafío que los líderes cristianos enfrenten en la vida y en el ministerio, están llamados a crecer en piedad y ayudar a mantener el orden en la vida congregacional.

CONTEXTO HISTÓRICO ORIGINAL

AUTOR Y FECHA DE ESCRITURA

El apóstol Pablo, hacia el año 63 d.C.

El Libro afirma explícitamente que fue escrito por «Pablo, apóstol de Jesucristo» (1:1). Hasta hace dos siglos aproximadamente, los eruditos de la Biblia afirmaban esta creencia. Con el surgimiento de enfoques críticos de la Escritura, los eruditos no conservadores han adoptado la posición de que un admirador de Pablo escribió 1 Timoteo (así como también 2 Timoteo y Tito). Las opiniones difieren en cuanto al contenido de algún fragmento paulino genuino en esta carta. La principal objeción es histórica. Los viajes mencionados en estas tres epístolas no encajan en el marco de referencia de Hechos. Si Pablo verdaderamente falleció al final de Hechos, no podría ser el autor de estos Libros. También se sostiene que la forma congregacional utilizada en estas cartas (con obispos y diáconos reconocidos oficialmente), es demasiado avanzada para la época de Pablo. También, el estilo griego es perceptiblemente diferente al de las irrefutables cartas paulinas.

Estas objeciones pueden ser contestadas satisfactoriamente: 1) de ninguna manera Pablo murió al final del encarcelamiento en Hechos 28. En realidad, la evidencia de Filipenses 1:25 es que Pablo esperaba ser liberado. 2) Poco se sabe sobre la forma congregacional de las iglesias paulinas. Sin duda, los obispos y diáconos funcionaban en Filipos años antes de que 1 Timoteo fuese escrito (Fil. 1:1). 3) La diferencia en el estilo del griego no prueba nada, pues el griego de 1 y 2 Timoteo y Tito son más parecidos al griego de las irrefutables cartas paulinas, más que en cualquier otra parte de la Biblia. Para información adicional, ver *La veracidad de 1 Timoteo* más adelante.

Pablo escribió después de ser liberado de la prisión romana descrita al final de Hechos, alrededor del 63 d.C. Los que rechazan la autoría paulina datan la epístola hacia el final del siglo I.

PÚBLICO INICIAL Y DESTINATARIO

Timoteo, el amigo más querido de Pablo, que se encontraba en Éfeso

Timoteo tenía la misión de ser un representante apostólico. Él era de Lystra (en Turquía moderna). Su padre era gentil, pero su madre, Eunice, era judeocristiana (Hech. 16:1; 2 Tim. 1:5). Timoteo probablemente conoció del evangelio a través de Pablo durante su primera visita a Lystra (1 Tim. 1:2); se reunió con él en su segundo viaje misionero y le ayudó en Macedonia y Acaya (Hech. 17–18). Más adelante, viajó con Pablo y permaneció con él durante su encarcelamiento en Roma (Fil. 1:1; Col. 1:1). Después de que Pablo fue liberado, este le asignó a Timoteo la responsabilidad de ayudar a la iglesia de Éfeso con sus dificultades. Los comentarios de Pablo sobre Timoteo en Filipenses 2:19-24 y sus declaraciones en 1 y 2 Timoteo, muestran el afecto de Pablo por su leal colaborador. Más tarde, le pidió a Timoteo que se reuniera con él (2 Tim. 4:9,21), y Hebreos 13:23 indica que Timoteo fue encarcelado más adelante. (Para más información sobre Éfeso, ver *Público inicial y destinatario* de **EFESIOS**).

Busto de Nerón, emperador romano en el añ 54–68 d.C.; durante su reinado tanto Pablo como Pedro fueron martirizados. Pablo exhó a Timoteo a orar «por los reyes y por todos l que están en eminencia» (1 Tim. 2:1-2).

ORIGEN

Pablo había dejado a Timoteo en Éfeso cuando se enteró que la falsa enseñanza había alterado la estabilidad de la iglesia en ese lugar. La naturaleza exacta de esta enseñanza es imposible de determinar, pero incluía tanto elementos judíos especulativos («fábulas y genealogías interminables», 1:4) como elementos filosóficos griegos («profanas pláticas sobre cosas vanas, y los argumentos de la falsamente llamada ciencia», 6:20). Timoteo tuvo que lidiar con los falsos maestros, así como también organizar la iglesia con principios sólidos.

EL MENSAJE DE DIOS EN 1 TIMOTEO

PROPÓSITO

Pablo escribió a su querido amigo Timoteo para lograr una serie de objetivos. En primer lugar, deseaba alentar a Timoteo en su crecimiento como cristiano y como líder. En segundo lugar, ofreció instrucciones sobre la organización de la iglesia, particularmente a las autoridades de la congregación.

A PRIMERA VISTA

La sana doctrina

Cuando Pablo fue a Macedonia, dejó a Timoteo para dirigir la iglesia de Éfeso. En esa congregación, algunos se habían alejado de la sana doctrina y se habían enfocado en la ley judía, genealogías y mitos, y estaban más relacionados con la especulación que con el claro plan de Dios. Dos de los líderes, entre los falsos maestros, fueron Himineo y Alejandro, de quienes Pablo se expresó: «a quienes entregué a Satanás para que aprendan a no blasfemar» (1:20; comp. 1 Cor. 5:5). El propósito de esta y de toda disciplina cristiana fue la eventual restauración del pecador.

La adoración cristiana

De su preocupación por los falsos maestros, Pablo pasó a la adoración en la iglesia. Comenzó con instrucciones respecto a la oración (2:1-7), y luego mencionó los asuntos relacionados con los roles de los hombres y de las mujeres (vv. 8-15). Se da prioridad a los servicios públicos de adoración. En el NT hay siete términos griegos para la palabra oración, y cuatro de ellos aparecen en el versículo 1.

El liderazgo

Pablo afirmó que el liderazgo de la iglesia es una noble labor. Aquí Pablo describió las cualidades de los que aspiran dicho liderazgo (3:1-7). Luego trató el tema de las cualidades de los diáconos, que son prácticamente las mismas de los obispos. En general, el servicio de los diáconos tenía la intención de relevar a los obispos para que estos presten una atención completa a la oración y al ministerio de la Palabra (Hech. 6:2-4).

La corrección

Pablo retomó el tema de que Timoteo debía estar consciente y afrontar la falsa enseñanza. Esta era de naturaleza demoníaca, y parecía ser la hiperreligiosidad que enseñaba un falso ascetismo, y prohibía el matrimonio y la ingesta de varios alimentos. Pero Pablo sostuvo que Dios entregó estas cosas para disfrutarlas y utilizarlas para Su gloria (4:1-5). Para tomar las medidas correctivas necesarias, Timoteo debía ser un líder de carácter piadoso. Él debía guiar como ministro (4:6) y ser «ejemplo de los creyentes en palabra, conducta, amor, espíritu, fe y pureza» (4:12).

Las viudas

Pablo se refirió al cuidado de las viudas. Específicamente ofreció pautas para ayudar a las viudas en necesidad, consejos para permitir que las viudas trabajen en la iglesia y sugerencias para las viudas más jóvenes. Estas últimas debían ser alentadas a casarse de nuevo. De esa manera, la iglesia solo tendría la responsabilidad de cuidar a las mayores que no tenían familia que cuidase de ellas (5:3-16).

Los ancianos

Los ancianos no solo debían enseñar, sino también supervisar la iglesia. Estos líderes que trabajaban arduamente eran «dignos de doble honor». Los primeros líderes no fueron perfectos y sus imperfecciones necesitaban ser tratadas. Las críticas a los líderes se debían rechazar, a menos que se pudieran probar como ciertas. La disciplina formal debía ser ejercida con cuidado y precaución cuando era necesario. Estos líderes debían ser examinados minuciosamente, sin ser escogidos u ordenados con demasiada prisa (5:17-25).

Los amos, los esclavos y el dinero

El trato entre los amos cristianos y los esclavos es un reflejo de Dios, a quien sirven. El dinero puede convertirse en un dios falso y traer todo tipo de males a aquellos con afectos erróneos.

El desafío final

Timoteo había sido partícipe de la vida eterna ya que había creído en el evangelio, pero Pablo lo animó a proclamar los beneficios del evangelio en mayor plenitud. Timoteo debía pelear la buena batalla como soldado de Dios en su búsqueda de la santidad, su persistencia en el servicio y en la protección del evangelio. Para lograr esto, Timoteo, al igual que todos los creyentes, debe enfocar su adoración en el glorioso Cristo. La carta concluye con una breve bendición: «La gracia sea contigo» (6:11-21).

LA VERACIDAD DE 1 TIMOTEO

Una razón por la que algunos eruditos han negado que Pablo escribió 1 Timoteo es porque asumen que fue ejecutado después de su primer encarcelamiento en Roma; y no pudo haber estado ni en Éfeso ni en Macedonia como se indica en la carta (1:3). Se ha observado (*Autor y fecha de escritura*) que en su carta a los filipenses (Fil. 2:23-24) y a Filemón (Filem. 1:22), él esperaba ser liberado pronto. La descripción que hace Lucas del tipo de confinamiento de Pablo, hace plausible su liberación (Hech. 28:17-31). La manera en que Pablo es tratado a su llegada a Roma, no parece ser la de una persona que ha cometido un delito capital en contra de Roma. Desde el momento en que embarcó la nave de Andramitio en Cesarea, estuvo bajo la supervisión de Julio, un centurión del Regimiento Imperial. En Roma, su guardia era un soldado común (28:16) y no un centurión. Pablo fue encadenado, pero no fue puesto en una prisión militar o para malhechores, sino que «se le permitió vivir aparte» (28:16) en «la posada» (28:23) que alquilaba (28:30).

Después de tres días de su llegada a Roma, llamó a los líderes judíos de ese lugar para que se reuniesen con él. El acceso a los visitantes que tuvo Pablo por un período de dos años, resalta que las autoridades romanas no lo veían como un riesgo para la seguridad. Brian Rapske[1] sostiene que el o los oficiales romanos que hicieron los arreglos para el confinamiento de Pablo, basaron sus decisiones en «los documentos del juicio… que indican que no había motivos para las acusaciones romanas» contra él.

CÓMO ENCAJA 1 TIMOTEO EN LA HISTORIA DE DIOS

1. Prólogo: creación, caída del hombre y necesidad de redención
2. Dios construye Su nación (2000–931 a.C.)
3. Dios educa a Su nación (931–586 a.C.)
4. Dios preserva un remanente fiel (586–6 a.C.)
5. Dios compra la redención y comienza el reino (6 a.C. al 30 d.C.)
6. Dios extiende el reino a través de la iglesia (30 d.C. [?])
7. Dios consuma la redención y confirma Su reino eterno
8. Epílogo: un cielo nuevo y una Tierra nueva

⫷ CRISTO EN 1 TIMOTEO

El propósito de Cristo al venir al mundo es salvar a los pecadores. Pablo dijo que Cristo lo escogió aun siendo el peor de los casos. Argumentó que, si Cristo pudo salvarlo a él, entonces puede salvar a todos.

PRINCIPIOS BÁSICOS DE LA COSMOVISIÓN CRISTIANA

Enseñanza sobre Dios

Esta epístola contiene el clásico resumen bíblico de los atributos de Dios: «... al Rey de los siglos, inmortal, invisible, al único y sabio Dios» (1:17). También es «... el bienaventurado y solo Soberano, Rey de reyes, y Señor de señores» (6:15). Jesús es el único mediador entre Dios y la humanidad (2:5). La persona del Espíritu Santo es evidentemente confirmada (3:16; 4:1).

Enseñanza sobre la humanidad

Como una de las seis cartas del NT escritas, en primer lugar, a un solo individuo (1 y 2 Timoteo, Tito, Filemón, 2 y 3 Juan), este Libro muestra la importancia de lo que una persona puede ser y hacer. Las personas mencionadas en estos Libros (Timoteo, Tito, Filemón, «la señora elegida» y Gayo) fueron todos pecadores redimidos que trabajaban para el reino de Dios de una u otra manera. Todos se beneficiaron de los consejos y de las palabras de aliento ofrecidas en la carta que recibieron. Estas personas son ejemplos de cómo vivir la vida para la gloria de Dios y la esperanza en la vida eterna.

Enseñanza sobre la salvación

En esta epístola, como en todas partes de los escritos de Pablo, la salvación se centra en Jesucristo. Pablo resumió su entendimiento al recordar a Timoteo el «ministerio de la piedad», evidentemente un himno o poema cristiano primitivo: «Dios fue manifestado en carne, justificado en el Espíritu, visto de los ángeles, predicado a los gentiles, creído en el mundo, recibido arriba en gloria» (3:16).

CARACTERÍSTICAS LITERARIAS

GÉNERO Y ESTILO LITERARIO

Una epístola escrita en griego *koiné*

Ver *Género y estilo literario* de **1 TESALONICENSES** para más información sobre el género «epístola». Los elementos del esquema de una epístola del siglo ı aparecen en 1 Timoteo, a excepción del agradecimiento: salutación (1:1-2), cuerpo principal (1:3–6:19) y la salutación final (6:20-21). Esta epístola, 2 Timoteo y Tito, comparten cierto vocabulario y elementos de estilo que hacen que estos tres Libros sean peculiares. Claramente encajan tan bien que con frecuencia se los considera uno solo, las «Epístolas Pastorales».

UN PRINCIPIO A SEGUIR EN LA VIDA

Un perfil de la madurez cristiana (1 Tim. 3:1-13)

Los líderes que son designados a servir en los roles pastorales de la iglesia, deben ser seleccionados con base en exhaustivos criterios bíblicos para evaluar la madurez cristiana.

REFERENCIAS

1. Brian Rapske, *The Book of Acts and Paul in Roman Custody* [El Libro de Hechos y la custodia romana de Pablo] (Grand Rapids, MI: William B. Eerdmans, 1994), 189-91.

A este Libro se lo llama así porque es la segunda epístola canónica que el apóstol Pablo escribió a Timoteo.

TEXTO CLAVE: 2:2

Lo que has oído de mí ante muchos testigos, esto encarga a hombres fieles que sean idóneos para enseñar también a otros.

TÉRMINO CLAVE: «ENCARGADO»

Timoteo debía encargar (confiar) el tesoro del evangelio, encargado a él, a los que lo transmitirían fielmente a la siguiente generación, así como él había confiado su destino eterno a Aquel que lo guardaría para «aquel día» (1:12).

RESUMEN DE UNA SOLA FRASE

Los líderes cristianos no deben avergonzarse del evangelio, y deben continuar fielmente con el mensaje de Cristo que les fue confiado.

CONTEXTO HISTÓRICO ORIGINAL

AUTOR Y FECHA DE ESCRITURA

El apóstol Pablo, alrededor del año 66 d.C.

Ver *Autor y fecha de escritura* de **1 TIMOTEO** para información sobre las objeciones de la autoría paulina. Si Pablo es el autor, escribió durante el último de sus encarcelamientos en Roma, alrededor del año 66 d.C. Los que rechazan la autoría paulina fechan la carta hacia finales del siglo I. Para más información sobre la autoría, ver *La veracidad de 2 Timoteo* más adelante.

PÚBLICO INICIAL Y DESTINATARIO

Timoteo, el amigo más querido de Pablo, posiblemente en Éfeso

Ver *Público inicial y destinatario* de **1 TIMOTEO**. En esta carta no hay información precisa sobre la ubicación de Timoteo. Muchos eruditos piensan que probablemente él aún estaba sirviendo al Señor en Éfeso (1 Tim. 1:3).

ORIGEN

Pablo había sido detenido nuevamente en un lugar desconocido y estaba de vuelta en Roma. La hostilidad del gobierno oficial en contra del cristianismo surgió después del gran incendio de Roma en el 64 d.C. (cuando Nerón decidió convertir a los cristianos en sus chivos expiatorios). Esta fue probablemente la razón de la última encarcelación de Pablo. Evidentemente, estaba en una prisión imperial y ni siquiera contaba con ropa adecuada para el frío y la humedad del invierno que se acercaba (4:13).

Pablo estaba prácticamente solo. Lucas era el único que tenía acceso a él, otros lo habían abandonado o habían sido enviados a ministrar (4:10-12). Pablo había pasado por una audiencia preliminar que lo convenció de que pronto sería ejecutado (4:16). Por lo tanto, quiso compañía antes de morir, y por dos ocasiones pidió a Timoteo que fuese a visitarlo (4:9,21). También quería sus libros, su capote (abrigo) y la compañía de Marcos (4:12-13). No se conoce si Timoteo llegó a Roma a tiempo para despedirse cara a cara de su amado mentor.

EL MENSAJE DE DIOS EN 2 TIMOTEO

PROPÓSITO

Pablo escribió esta carta como su «última voluntad». Quería recordarle a Timoteo lo más importante, en caso de que no sobreviviera a su encarcelamiento hasta que Timoteo llegase. También instó a Timoteo y a Marcos que fuesen a pasar con él en sus últimos días.

A PRIMERA VISTA

Introducción

Pablo comenzó esta epístola con un saludo muy personal como lo hizo en 1 Timoteo. En esta carta se refirió a Timoteo como «amado hijo». Pablo dio gracias por el legado de Timoteo y por el don que Dios había plantado en él; y lo exhortó a apropiarse de su herencia abundante y a despertar el don que Dios le había concedido.

Mantener la fe

Pablo ofreció una fuerte advertencia a Timoteo para que mantuviera la fe en medio del sufrimiento. Durante este tiempo, el apóstol había sido abandonado por Figelo y Hermógenes. Esto pudo haber ocurrido cuando Pablo fue arrestado y llevado a Roma para su encarcelamiento final. En contraste con las acciones de la mayoría, algunos como Onesíforo hicieron amistad con Pablo, y no se avergonzaron a pesar de que él fuese un prisionero.

Sé fuerte

Pablo exhortó a Timoteo a ser fuerte en la gracia de Jesucristo y a transmitir la verdad que había recibido de Pablo a los hombres fieles, que a su vez enseñarían a otros. Pablo dio a Timoteo tres ejemplos a seguir: 1) un soldado que quiere complacer a su comandante, 2) un atleta que sigue las reglas del juego y 3) un granjero que trabaja arduamente (1 Cor. 9:6, 24-27).

Los falsos maestros

Himeneo y Fileto eran ejemplos de falsos maestros al estar perturbando la fe de algunos, al afirmar que la resurrección ya había tenido lugar. Confrontar a los falsos maestros requiere una preparación cuidadosa, como alguien que busca la aprobación de Dios. Esta preparación es de mente, corazón y habilidad relacional que desea un cambio de corazón por parte de los que se han desviado de la verdad.

Los últimos días

Pablo describió una intensificación del mal en los últimos días, una época que acababa de comenzar. Enumeró 18 características de los hombres malvados en 3:2-5. Los comparó con Janes y Jambres (3:8). Aunque estos dos hombres no fueron mencionados en el AT, la tradición judía sostiene que ellos eran dos magos egipcios que se opusieron a Moisés y a Aarón.

Nieve en algunos árboles de sicómoro (*platanus*) cerca del Tiber, en Roma. Al concluir su carta, Pablo escribió: «Trae, cuando vengas, el capote que dejé en Troas en casa de Carpo, y los libros, mayormente los pergaminos» (2 Tim. 4:13). Probablemente, el invierno se acercaba y la prisión de Mamertino no habría brindado abrigo cuando la temperatura descendió.

Escritura

En tiempos de maldad desenfrenada, Timoteo debía permanecer con la verdad que había aprendido y creído. Esta verdad no era solo abstracta, sino que también se había encarnado en las vidas de los que eran importantes en la formación de Timoteo como creyente. La fuente de enseñanza fue la Escritura, que es inspirada por Dios y diseñada para hacer que todo creyente se complemente en Cristo.

Predicar la Palabra

El encargo final de Pablo enfatizó la necesidad no solo de conocer la Palabra, sino de predicarla (4:1-5). Como Timoteo, todos los creyentes deben estar preparados en cualquier situación para dar una palabra oportuna, ya sea de corrección, de represión o de aliento. Los obreros cristianos deben estar listos para soportar las dificultades como lo había hecho Pablo.

Pablo vio su muerte cercana como el derramamiento de una ofrenda de bebida. Esta misma se vincula a la ofrenda de vino derramada alrededor de la base del altar durante el AT (ver Num. 15:1-12; 28:7; Fil. 2:7). La petición de Pablo a Timoteo concluyó con peticiones personales y referencia a su «primera respuesta» (defensa).

Salutación final

La epístola concluye con saludos a Priscila y Aquila y a la familia de Onesíforo. Luego, Pablo envió saludos de parte de cuatro miembros de la iglesia en Roma y todos los hermanos. Expresó una bendición personal sobre Timoteo («tu espíritu» en 4:22a, singular) antes de concluir con una bendición colectiva: «la gracia sea con vosotros» (en 4:22b, plural).

LA VERACIDAD DE 2 TIMOTEO

Muchos eruditos han argumentado que 2 Timoteo no fue escrito por Pablo, a pesar de la atribución: «Pablo, apóstol de Jesucristo por la voluntad de Dios [...] a Timoteo, amado hijo» (1:1-2). Su opinión es que 1 y 2 Timoteo y Tito, fueron escritas por alguna persona del siglo II que abordó las situaciones como lo hubiese hecho Pablo en vida. En cuanto a 2 Timoteo, sus razones principales para atribuirla a finales del siglo I o principios del siglo II, tienen que ver con el vocabulario de 2 Timoteo y el contenido de información que es difícil de concordar con el capítulo final de Hechos.

La segunda carta a Timoteo contiene 81 palabras que no aparecen en ninguna de las diez epístolas que se atribuyen a Pablo. Esto en sí mismo no es evidencia suficiente para negar que Pablo es el autor de 2 Timoteo. La diferencia en el vocabulario puede explicarse porque un escriba tenía amplia libertad en cuanto a la forma final de la carta. En el Libro de Romanos, Tercio, el escriba de Pablo, inserta su propio saludo a los romanos: «Yo Tercio, que escribí la epístola, os saludo en el

Señor». Otras epístolas muestran evidencia de haber sido escritas por un escriba. Al final de 1 Corintios, Pablo escribe: «Yo, Pablo, os escribo esta salutación de mi propia mano». Después de que Sóstenes o algún otro escribano había terminado la carta, Pablo introdujo un saludo con su propio puño y letra.

Muchos de los que sostienen que 2 Timoteo fue escrita a principios del siglo II, creen que Pablo fue ejecutado a finales de su primer encarcelamiento en Roma. Esto dificultaría la explicación de algunas referencias geográficas en 2 Timoteo. El encarcelamiento inicial de Pablo o su arresto domiciliario tuvo lugar alrededor del 61–62. Eusebio (265–339 d.C.), el historiador de la iglesia primitiva, menciona que Pablo fue martirizado en el año catorce del reinado de Nerón, 67–68 d.C. Eusebio también sostiene que: «el martirio de Pablo no se llevó a cabo durante la estancia en Roma que Lucas describe». Esta afirmación deja una brecha de varios años durante la cual Pablo pudo haber ministrado en Macedonia, Asia Menor, Acaya, Creta y Nicópolis.

El número de referencias personales en 2 Timoteo incrementa la posibilidad de que nadie más que Pablo pudo haber escrito esta epístola. Los pseudoepígrafos (los que escribían cartas en nombre de personas reconocidas) rara vez incluían esta clase de detalles en tales cartas, ya que no servían al propósito de la carta. La abundancia de referencias personales en 2 Timoteo es una evidencia importante de que la carta fue escrita por Pablo.

CÓMO ENCAJA 2 TIMOTEO EN LA HISTORIA DE DIOS

1. Prólogo: creación, caída del hombre y necesidad de redención
2. Dios construye Su nación (2000–931 a.C.)
3. Dios educa a Su nación (931–586 a.C.)
4. Dios preserva un remanente fiel (586–6 a.C.)
5. Dios compra la redención y comienza el reino (6 a.C. al 30 d.C.)
6. Dios extiende el reino a través de la iglesia (30 d.C. [?])
7. Dios consuma la redención y confirma Su reino eterno
8. Epílogo: un cielo nuevo y una Tierra nueva

CRISTO EN 2 TIMOTEO

La gracia redentora de Dios a través de Cristo no fue una reflexión posterior, una respuesta a los imprevistos del mundo. Estaba planificada antes del tiempo. Cristo ha abolido la muerte y ha traído la vida y la inmortalidad a través de Su muerte y resurrección.

PRINCIPIOS BÁSICOS DE LA COSMOVISIÓN CRISTIANA

Enseñanza sobre Dios

Dios es el Padre poderoso que ha dotado misericordiosamente a Sus siervos para el ministerio. La Escritura es en sí «inspirada por Dios» (griego, *theópneustos*; «por inspiración de Dios», 3:16). Jesús es hombre y Dios: «Acuérdate de Jesucristo, del linaje de David, resucitado de los muertos» (2:8). El Espíritu Santo es la poderosa presencia de Dios que mora en los creyentes y les permite continuar con su ministerio (1:14).

Enseñanza sobre la humanidad

Ver *Enseñanza sobre la humanidad* de **1 TIMOTEO**.

Enseñanza sobre la salvación

La salvación está soberanamente determinada por Dios y por el don divino para todos los que creen. Pablo resumió el aspecto evangelístico de su ministerio con una declaración que combinó ambos énfasis: «Por tanto, todo lo soporto por amor de los escogidos, para que ellos también obtengan la salvación que es en Cristo Jesús con gloria eterna» (2:10).

CARACTERÍSTICAS LITERARIAS

GÉNERO Y ESTILO LITERARIO

Una epístola escrita en griego *koiné*

Ver *Género y estilo literario* de **1 TESALONICENSES** para más información sobre el género «epístola». En los elementos del esquema de una epístola del siglo I aparecen en 2 Timoteo: salutación (1:1-2), agradecimiento (1:3-7), cuerpo principal (1:8–4:18) y salutaciones finales (4:19-22). Esta epístola, así como 1 Timoteo y Tito, tienen cierto vocabulario y elementos de estilo que hacen que estos tres Libros sean peculiares. Claramente, encajan tan bien que con frecuencia se los considera como uno solo, las «Epístolas Pastorales».

UN PRINCIPIO A SEGUIR EN LA VIDA

Guiar a otros (2 Tim. 2:1-6)

Los líderes espirituales deben desarrollar un núcleo de hombres y mujeres fieles que puedan multiplicar sus esfuerzos.

A este Libro se lo llama como la carta que el apóstol Pablo escribió a Tito.

TEXTO CLAVE: 2:1

Pero tú habla lo que está de acuerdo con la sana doctrina.

TÉRMINO CLAVE: «DOCTRINA»

Este Libro enfatiza que la sana doctrina es el fundamento necesario para todo lo valioso en la vida de una congregación o de un individuo.

RESUMEN DE UNA SOLA FRASE

Sin importar cuáles sean los desafíos que enfrenten en la vida y en el ministerio, los líderes cristianos deben mantener el orden en la congregación, pero solo conforme a la sana doctrina.

Vista de los montes de Psiloritis de Creta. Creta es una isla incomparablemente hermosa. Sin embargo, Tito tuvo una tarea desafiante debido al carácter del pueblo que Pablo describió como «habladores de vanidades y engañadores, mayormente los de la circuncisión» (1:10). Los cretenses fueron referidos como presentes el día de Pentecostés en Jerusalén (Hech. 2:11), y el evangelio pudo haber llegado primero a la isla a través de ellos.

CONTEXTO HISTÓRICO ORIGINAL

AUTOR Y FECHA DE ESCRITURA

El apóstol Pablo, alrededor del año 63 d.C.

Ver *Autor y fecha de escritura* de **1 TIMOTEO** para información sobre las objeciones de la autoría paulina. Si Pablo es el autor, escribió después de su liberación de la prisión romana descrita al final de Hechos, alrededor del año 63 d.C. Los que rechazan la autoría paulina fechan la carta hacia finales del siglo I.

PÚBLICO INICIAL Y DESTINATARIO

Tito, amigo de confianza de Pablo, quien estaba en Creta

Tito tuvo la tarea de ser representante apostólico. Fue uno de los primeros conversos de Pablo (1:4), un gentil, y pudo haber sido de Antioquía de Siria. Pablo se llevó a Tito a Jerusalén para dialogar sobre la naturaleza del evangelio (Gál. 2:1-3). Tito era un discípulo tan dinámico que los líderes de Jerusalén estaban convencidos de que el evangelio de Pablo (fuera de la ley) era aceptable (Gál. 2:3-5). Tito estaba en Éfeso en su tercer viaje misionero y era el embajador de Pablo en la turbulenta iglesia en Corinto. Llevó tanto la «carta severa» como 2 Corintios (ver *Origen* de **2 CORINTIOS**).

Después de que Pablo fuese liberado de su encarcelamiento en Roma, asignó a Tito la responsabilidad de ayudar a las iglesias de la Isla de Creta a establecer un liderazgo saludable. Después de escribir esta carta, Pablo lo envió a Dalmacia (2 Tim. 4:10). Tito demostró ser un líder valiente y fuerte.

Creta es una de las islas más grandes del Mar Mediterráneo, situada directamente al sur del Mar Egeo. Tiene aproximadamente 257 kilómetros (160 millas) de extensión, con una vasta historia de civilización. En el AT se llamaba Caftor, y el pueblo filisteo probablemente emigró desde allí hacia el sur de Palestina (Amós 9:7). La aventura del naufragio de Pablo se produjo después de que el capitán del barco, en el que era pasajero, se negó a pasar el invierno en Creta (Hech. 27). La vida en Creta era angustiante a causa de la mentira y la ociosidad del pueblo (1:12).

ORIGEN

No se sabe cuándo el evangelio llegó por primera vez a Creta. Pablo había dejado a Tito allí cuando descubrió que la falsa doctrina había alterado la estabilidad de las iglesias locales. La naturaleza exacta de su enseñanza es imposible de determinar, pero probablemente fue similar al error que enfrentó la iglesia de Éfeso al mismo tiempo (ver *Origen* de **1 TIMOTEO**). Tanto la falsa doctrina como el carácter cretense hicieron que la tarea de Tito fuese ardua. Pablo escribió esta carta desde un lugar no revelado, posiblemente Macedonia o Éfeso, para alentar a Tito y para recordarle las responsabilidades que enfrentó en Creta.

EL MENSAJE DE DIOS EN TITO

PROPÓSITO

Pablo escribió a Tito, su amigo en el ministerio, para lograr una serie de objetivos. Primero, deseaba alentar a Tito en su crecimiento cristiano. Segundo, dio instrucciones sobre la organización de la iglesia, particularmente a las autoridades de la congregación y a diversas personas según la edad. Finalmente, quería que Tito viniese a Nicópolis para pasar el invierno con él.

A PRIMERA VISTA

Encargo de Pablo a Tito

Pablo había dejado a Tito en Creta para nombrar líderes en todas las ciudades donde había creyentes. Él estableció los requisitos para los obispos. Era necesario un liderazgo fuerte y piadoso durante las primeras etapas de las iglesias en Creta para responder a una ola de falsa doctrina, que tenía elementos de la mitología judía y del ritualismo legalista. Los estilos de vida de estos falsos maestros evidenciaron que no conocían a Dios, a pesar de su afirmación de lo contrario (1:5-9).

Respuesta a la falsa doctrina

Pablo instó a dos maneras de lidiar con la falsa doctrina. La primera fue la reprensión verbal (1:13). La segunda fue la sana doctrina. Esta enseñanza transmite con precisión la revelación de Dios en la Escritura (Antiguo Testamento) y en Jesucristo, luego habló sobre la aplicación en los pormenores de la vida de las personas (2:1). Pablo señaló la puesta en práctica para varios sectores de las iglesias incipientes e incluyó a hombres, mujeres y esclavos (2:2-10). El enfoque está en lo que Dios ha hecho en Cristo y en lo que hará cuando Cristo regrese (2:11-14).

Cristo hace la diferencia

Pablo señaló la diferencia que hace Cristo en la vida de las personas al transformarlas de contenciosas en palabras y acciones, a personas que enriquecen la sociedad de la que son parte (3:1-3). Claramente declaró que esta transformación es un acto de la misericordia de Dios consumado por el Espíritu Santo. Las buenas obras dentro de la familia de la fe y en la comunidad en general son el fruto del lavamiento de la regeneración (3:4-7).

LA VERACIDAD DE TITO

Al igual que 1 y 2 Timoteo, la autoría de Tito ha sido cuestionada y rechazada por muchos eruditos desde el siglo XIX. Una de las razones para rechazar la autoría paulina de Tito, deriva de la falta de información del Libro de Hechos sobre las iglesias plantadas por Pablo en Creta. Según Hechos, la nave en la que Pablo viajó de Cesarea Marítima a Roma llegó a Buenos Puertos en Creta, un puerto no apto para pasar el invierno. El plan del capitán del barco era navegar rumbo al oeste hasta Fenice (Fénix), Creta, y pasar el invierno. Estos planes se truncaron cuando la fuerte tormenta mediterránea golpeó la embarcación por un período de más de dos semanas, y la condujo al oeste hasta Melita (Malta).

Hay evidencia convincente de que Pablo fue liberado de su primer encarcelamiento en Roma. alrededor del año 62 d.C. Al menos dos de sus cartas en prisión, Filipenses y Filemón, reflejan su confianza en que sería liberado y que llegaría a Filipos y Colosas. Creta está en la ruta marítima hacia Macedonia y Asia Menor. Pablo pudo haber pasado tiempo en Creta mientras viajaba con rumbo al este hacia los destinos indicados en Filipenses y Filemón.

Probablemente, la carta a Tito fue en Macedonia o Nicópolis (3:12-13). Pablo envió a Zenas y a Apolos a llevar la carta a Tito en Creta. Preparaba a Artemas y a Tíquico para que fuesen a Creta como sustitutos de Tito, para que este pudiese ir a Nicópolis, donde él y Pablo planificarían una misión a Dalmacia (2 Tim. 4:10).

CÓMO ENCAJA TITO EN LA HISTORIA DE DIOS

1. Prólogo: creación, caída del hombre y necesidad de redención
2. Dios construye Su nación (2000–931 a.C.)
3. Dios educa a Su nación (931–586 a.C.)
4. Dios preserva un remanente fiel (586–6 a.C.)
5. Dios compra la redención y comienza el reino (6 a.C. al 30 d.C.)
6. Dios extiende el reino a través de la iglesia (30 d.C. [?])
7. Dios consuma la redención y confirma Su reino eterno
8. Epílogo: un cielo nuevo y una Tierra nueva

✝ CRISTO EN TITO

Cristo vino para redimir a los seres humanos de la anarquía, para crear un pueblo especial deseoso de hacer buenas obras ahora y esperar que Cristo venga por segunda vez.

PRINCIPIOS BÁSICOS DE LA COSMOVISIÓN CRISTIANA

Enseñanza sobre Dios

«Dios nuestro Salvador» nos prometió la esperanza de vida eterna, la que Él reveló a través del «Señor Jesucristo nuestro Salvador» (1:2-4). Dios nos regeneró y nos renovó a través de la obra del Espíritu Santo (3:5). Él derramó su Espíritu Santo sobre nosotros abundantemente, otra vez «por Jesucristo nuestro Salvador» (3:6).

Enseñanza sobre la humanidad

Ver *Enseñanza sobre la humanidad* de **1 TIMOTEO**.

Enseñanza sobre la salvación

La salvación está soberanamente determinada por Dios y para los «escogidos» (1:1) por gracia (2:11) a través de la bondad y del amor de Dios (3:4). Está disponible para «todos los hombres» (2:11). Aquellos que creen en Dios deben responder en buenas obras, que son «buenas y útiles a los hombres» (3:8).

CARACTERÍSTICAS LITERARIAS

GÉNERO Y ESTILO LITERARIO

Una epístola escrita en griego *koiné*

Ver *Género y estilo literario* de **1 TESALONICENSES** para más información sobre el género «epístola». En los elementos del esquema de una epístola del siglo ɪ aparecen en Tito (a excepción del agradecimiento): salutación (1:1-4), cuerpo principal (1:5–3:14) y salutación final (3:15). Esta epístola, como 1 y 2 Timoteo, tienen cierto vocabulario y elementos de estilo que hacen que estos tres Libros sean peculiares. Claramente, encajan tan bien que con frecuencia se los considera como uno solo, las «Epístolas Pastorales».

UN PRINCIPIO A SEGUIR EN LA VIDA

Conocer y vivir (Tito 2:1-10)

No debemos asumir que enseñar a los creyentes las verdades bíblicas sobre Dios, Jesucristo, el Espíritu Santo, la salvación y la segunda venida de Cristo, les hará vivir en la voluntad de Dios.

A este Libro se lo llama así por la carta que el apóstol Pablo escribió a Filemón.

TEXTO CLAVE: 16

… no ya como esclavo, sino como más que esclavo, como hermano amado, mayormente para mí, pero cuánto más para ti, tanto en la carne como en el Señor.

TÉRMINO CLAVE: «HERMANO»

Cuando el amo y el esclavo son cristianos, estos son hermanos y, por lo tanto, son esencialmente iguales. Si la fraternidad cristiana se extiende hasta aquí, entonces abarca todas las relaciones entre el pueblo de Dios.

RESUMEN DE UNA SOLA FRASE

Todo aquel que se arrepienta del pecado y vaya a Cristo debe ser acogido como un hermano, debe ser tratado gentilmente y perdonado por otros creyentes.

El valle del Río Lycus visto desde Colosas. Filemón llegó a la fe en Cristo cuando Pablo enseñaba en Éfeso por más de dos años. En el momento en que esta carta fue escrita, la iglesia de Colosas se reunió en el hogar de Filemón, su esposa Apia y su hijo Arquipo.

CONTEXTO HISTÓRICO ORIGINAL

AUTOR Y FECHA DE ESCRITURA

El apóstol Pablo, alrededor del año 61 d.C.

Este Libro afirma ser escrito por Pablo (v. 1). Todos los eruditos aceptan esta afirmación. Ver *Autor y fecha de escritura* de **ROMANOS** para más información sobre Pablo. El apóstol escribió desde la prisión romana, como está descrito al final de Hechos, alrededor del 60–61 d.C.

PÚBLICO INICIAL Y DESTINATARIO

Filemón, el querido amigo de Pablo, que estaba en Colosas

Filemón era un cristiano rico de Colosas, su esposa se llamaba Apia y su hijo, Arquipo (Col. 4:17; Filem. 2). Pablo había llevado a Filemón a la fe en Cristo, y habían trabajado juntos por la causa de Cristo de maneras desconocidas (Filem. 1,19). Cuando Pablo escribió a Filemón, este era el anfitrión de una de las iglesias de hogar de Colosas (Fil. 1). Para más información sobre Colosas, ver *Público inicial y destinatario* de **COLOSENSES.**

ORIGEN

Onésimo, uno de los esclavos de Filemón, evidentemente había robado dinero a su amo y había huido a Roma (v. 18). De alguna manera, Onésimo había logrado llegar a la casa donde Pablo estaba detenido y se había convertido a Cristo. Su vida había sido transformada y era un ayudante «útil» de Pablo.

Sin embargo, Pablo llegó a la conclusión de que era correcto que Onésimo volviese a su amo, a pesar de que Filemón tenía todos los derechos legales de tratar a Onésimo con dureza. Las flagelaciones fuertes eran castigos comunes cuando se capturaban a los esclavos fugitivos. Por lo tanto, Pablo escribió esta carta para instar a Filemón a perdonar a Onésimo y a tratarlo gentilmente (vv. 17-18). Pablo también alertó a Filemón de sus planes de visitarlo tan pronto como fuese liberado (v. 22). Filemón es una de las cuatro Epístolas de la Prisión. Ver *Origen* de **COLOSENSES**.

Según Colosenses 4:7-9, Onésimo viajó a Colosas bajo la protección de Tíquico, a la vez que este llevaba la carta a los colosenses. De esta manera, cuando Tíquico viajó de Roma a Colosas, fue el responsable de entregar las dos epístolas a las congregaciones (Efesios y Colosenses) así como de devolver un esclavo (Onésimo), que probablemente entregó la carta a Filemón de su propia mano.

EL MENSAJE DE DIOS EN FILEMÓN

PROPÓSITO

Pablo escribió a su amigo Filemón para pedir un tratamiento dócil y el perdón para un esclavo fugitivo, Onésimo. Algunos eruditos creen que las palabras de Pablo en el versículo 21: «Te he escrito confiando en tu obediencia, sabiendo que harás aun más de lo que te digo», son una fuerte insinuación para que Filemón liberase a Onésimo. Pablo también le pidió a Filemón su hospitalidad cuando lo visitase.

A PRIMERA VISTA

El motivo de esta carta es un esclavo, Onésimo, que había abandonado a su amo, Filemón, y viajó a Roma. Allí, Onésimo se encontró con Pablo que estaba bajo arresto domiciliario en espera de una audiencia judicial ante César. Pablo envió a Onésimo de regreso a Colosas con Tíquico, que llevaba esta carta, Colosenses y probablemente Efesios.

Pablo mencionó que Onésimo había aceptado la fe en Cristo y pidió a Filemón que perdonase y recibiese a Onésimo, no como un esclavo, sino como un hermano (v. 16). Esta petición no fue hecha por la autoridad apostólica de Pablo, sino sutilmente, como un hermano cristiano (v. 17).

Pablo expresó su voluntad de pagar cualquier daño causado por Onésimo. Algunos eruditos indican que Pablo habría pedido sutilmente que Filemón liberase a Onésimo para que este pudiese regresar a ayudar a Pablo en sus esfuerzos evangelizadores. Filemón tenía el derecho judicial de castigar severamente o incluso matar a Onésimo.

LA VERACIDAD DE FILEMÓN

Basado en su vocabulario, estilo y contenido, la mayoría de los eruditos consideran que Filemón fue escrito por Pablo. Los finales de Colosenses y Filemón indican que fueron escritas en el mismo lugar y tiempo. Tíquico llevaba esta carta y la de los Colosenses mientras acompañaba a Onésimo al regreso de Colosas.

CÓMO ENCAJA FILEMÓN EN LA HISTORIA DE DIOS

1. Prólogo: creación, caída del hombre y necesidad de redención
2. Dios construye Su nación (2000–931 a.C.)
3. Dios educa a Su nación (931–586 a.C.)
4. Dios preserva un remanente fiel (586–6 a.C.)
5. Dios compra la redención y comienza el reino (6 a.C. al 30 d.C.)
6. Dios extiende el reino a través de la iglesia (30 d.C. [?])
7. Dios consuma la redención y confirma Su reino eterno
8. Epílogo: un cielo nuevo y una Tierra nueva

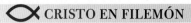 CRISTO EN FILEMÓN

La gracia de Cristo se ofrece al amo y al esclavo por igual. En Cristo, el amo y el esclavo se convierten en hermanos.

PRINCIPIOS BÁSICOS DE LA COSMOVISIÓN CRISTIANA

Enseñanza sobre Dios

En esta epístola, Dios el Padre es la fuente de gracia y paz, y la persona a la que los cristianos oran (vv. 3-4). Jesús es el centro de la fe, por cuya causa Pablo estaba encarcelado (vv. 5,9). El Espíritu Santo no se menciona específicamente.

Enseñanza sobre la humanidad

Filemón aborda la esclavitud, un acuerdo social ampliamente aceptado en el mundo antiguo. Pablo no ataca la institución de la esclavitud frontalmente. Tal desafío no podía haber ganado una audiencia en el siglo I. En su lugar, la enseñanza de Pablo que en Cristo, tanto el amo como el esclavo, deben considerarse mutuamente hermanos e iguales, socava el concepto de esclavitud y establece las bases para eliminar la esclavitud como una institución. Que en el siglo XXI la esclavitud aún exista en algunas partes del mundo, es evidencia del poder del pecado en las vidas humanas y en las sociedades.

Enseñanza sobre la salvación

La salvación se observa a través de la perspectiva de dos individuos, el amo (Filemón) y el esclavo (Onésimo). Filemón estaba en deuda con el apóstol ya que Pablo le había traído el mensaje de salvación (v. 19). Onésimo es un ejemplo clásico de la transformación a causa del mensaje de salvación: «El cual en otro tiempo te fue inútil, pero ahora a ti y a mí nos es útil» (v. 11).

CARACTERÍSTICAS LITERARIAS

GÉNERO Y ESTILO LITERARIO

Una breve epístola escrita en griego *koiné*

Ver *Género y estilo literario* de **1 TESALONICENSES** para más información sobre el género «epístola». Esta carta contiene los cuatro elementos del esquema de una epístola del siglo I: salutación (vv. 1-3), agradecimiento (vv. 4-7), cuerpo principal (vv. 8-22) y salutación final (vv. 23-25). El griego de esta carta es distintivo de Pablo.

UN PRINCIPIO A SEGUIR EN LA VIDA

Demostrar sabiduría (Filem. 8-22)

Para llevar a cabo la misión de Cristo al mundo, debemos demostrar sabiduría hacia las personas.

465

Este título se basa en la creencia de que los primeros destinatarios eran hebreos (o judíos) creyentes de Jesús como el Mesías.

TEXTO CLAVE: 1:1-3

Dios, habiendo hablado muchas veces y de muchas maneras en otro tiempo a los padres por los profetas, en estos postreros días nos ha hablado por el Hijo, a quien constituyó heredero de todo, y por quien asimismo hizo el universo; el cual, siendo el resplandor de su gloria, y la imagen misma de su sustancia, y quien sustenta todas las cosas con la palabra de su poder, habiendo efectuado la purificación de nuestros pecados por medio de sí mismo, se sentó a la diestra de la Majestad en las alturas.

TÉRMINO CLAVE: «MEJOR»

Este Libro se pronuncia repetidamente a favor de que Cristo y el cristianismo son mejores o superiores que la forma tradicional del antiguo pacto. La palabra «mejor» (griego, *kreítton* o *kreísson*) aparece trece veces.

RESUMEN DE UNA SOLA FRASE

Jesucristo, que es mejor que los ángeles, Moisés, Josué y los sumos sacerdotes hebreos, hizo un sacrificio más excelente y estableció un mejor pacto al asegurarse que la manera antigua es obsoleta y que la fe es la mejor manera de vivir.

CONTEXTO HISTÓRICO ORIGINAL

AUTOR Y FECHA DE ESCRITURA

Desconocido, tal vez alrededor del año 66 d.C.

El secreto de la autoría de este Libro es uno de los desafíos más grandes para los eruditos de la Biblia. En realidad, la erudición ha avanzado hoy un poco más de lo que avanzó en inicios del siglo III, cuando dijeron que solo Dios sabía quién escribió esta epístola. En los primeros siglos, Bernabé y Lucas se mencionaron como posibles autores; en la época de la Reforma, Lutero hizo la brillante sugerencia de que Apolos pudo haber sido el autor. Desde el siglo V hasta el XVI, se creía que Pablo era el autor y muchos manuscritos griegos agregaron el nombre de Pablo al título, al igual que muchas traducciones.

El consenso de la erudición contemporánea, es que Pablo no pudo haber sido el autor. El argumento más fuerte es histórico: el autor se puso en el cristianismo de segunda generación y se distanció de los testigos oculares. A los ojos de muchos eruditos de la Biblia, es imposible que el escritor de Hebreos 2:3-4 también sea quien escribió Gálatas 1:11-12; la afirmación vehemente de Pablo afirma que fue un testigo ocular.

El autor era un experto en la Escritura, al citar extensamente de la traducción griega (la Septuaginta). Ciertamente, era casi judío con una notable habilidad en la composición griega. Aunque sería interesante conocer su nombre, poco añadiría a la interpretación del mensaje del Libro. La fecha de composición podría ser alrededor del año 66 d.C., seguramente poco antes de la destrucción de Jerusalén (70 d.C.).

PÚBLICO INICIAL Y DESTINATARIO

Creyentes judíos, tal vez en Roma

Como el título sugiere, la carta fue primeramente para «los hebreos». Algunos rasgos apuntan en esta dirección, particularmente los argumentos detallados sobre el sistema sacrificial y el sacerdocio del AT. Sin embargo, ahora eran cristianos. El

El hijo es «el resplandor de su gloria, y la imagen misma de su sustancia, y quien sustenta todas las cosas con la palabra de su poder» (Heb. 1:3). El Telescopio VLT, y el *Survey Telescope,* [Telescopio de gran capacidad de rastreo] (VST, por sus siglas en inglés), han capturado en detalle la belleza de la galaxia espiral cercana, NGC 253. Esta nueva imagen probablemente es el mejor panorama de campo visual amplificado de este objeto y su entorno jamás captado. Esto demuestra que el VST, el telescopio más moderno del Observatorio Paranal de ESO, ofrece amplios panoramas del cielo, a la vez que una calidad de imagen sorprendente. Las regiones luminosas de la formación de estrellas se extienden a lo largo de NGC 253, que está produciendo nuevas estrellas a un ritmo frenético.

saludo de 13:24 fue enviado, por medio del autor, de parte de otras personas para sus compañeros italianos «de vuelta a casa». Esta y la primera cita de la epístola, por Clemente de Roma alrededor del año 96 d.C., sugiere que los destinatarios originales eran cristianos en Italia, tal vez en la misma Roma.

ORIGEN

El origen preciso ha sido debatido, ya que los intérpretes están limitados a los datos proporcionados por la epístola, lo que no está del todo claro. Estos creyentes judíos habían sido perseguidos por su nueva religión (10:32-39). Sin embargo, ahora estaban considerando renunciar al cristianismo para regresar al judaísmo que, a diferencia del cristianismo, era legalmente reconocido. Hebreos 10:25 puede referirse a algunos que ya habían dejado de congregarse con los creyentes de diferentes orígenes étnicos. El autor, que conocía bien su situación, compuso esta carta sobre la superioridad de Cristo y el cristianismo, y el peligro de regresar a algo claramente inferior.

EL MENSAJE DE DIOS EN HEBREOS

PROPÓSITO

Hebreos fue escrito para los creyentes judíos de Jesús con el fin de establecer la superioridad de Jesucristo a los ángeles, Moisés, el pacto en el Sinaí, el sacerdocio aarónico y sus sacrificios. El autor también demostró que la debilidad esencial del antiguo pacto era su «obsolescencia programada» en los propósitos de Dios.

A PRIMERA VISTA

Dios ha hablado

En el pasado, Dios habló a los padres a través de los profetas. Más recientemente, Él habló a través de Su Hijo. El Hijo fue el agente de la creación de Dios, el sustentador del universo, y Aquel por quien fueron creadas todas las cosas. El Hijo es la expresión exacta de la naturaleza de Dios, fue la perfecta ofrenda por el pecado y ahora está en el trono a la diestra de Dios (1:1-4).

Ángeles

De la descripción del Hijo hecha por el autor, queda claro que el Hijo es superior a los ángeles, ya que estos son seres creados, pero el Hijo es eterno. Y, sin embargo, el Hijo fue, por un tiempo, inferior a los ángeles para que pudiese expiar los pecados de los seres humanos y ayudar a los que son tentados (1:5–2:18). El autor recuerda a sus lectores de la maravilla de la entrega de la ley en el Sinaí mediada por ángeles. Ignorar o desobedecer esta revelación tuvo graves consecuencias, mucho mayor es el juicio para aquellos que descuidan la salvación entregada por el Hijo (2:1-4).

Moisés

El hijo es superior a Moisés, que era simplemente un siervo de la casa de Dios. La superioridad de Jesús a Moisés hizo que el rechazar a Jesús fuese un asunto más serio que rechazar a Moisés (3:1-19). El escrito se refirió a la rebelión de Israel contra Dios y Moisés durante el viaje desde Egipto hacia la tierra prometida (Núm. 14:1-35), y el severo juicio que trajo la rebelión.

La llamada al reposo

La invitación a entrar al reposo de Dios se dio a quienes Moisés y Josué guiaron. Esta invitación se repite permanentemente en los salmos: «Si oyereis hoy su voz, no endurezcáis vuestros corazones». Al instar a sus lectores, el escritor les recuerda lo maravilloso de Dios y Su palabra (4:1-13).

Jesús: nuestro gran sumo sacerdote

El escritor ha comparado a Jesús con los profetas, los ángeles y Moisés. Ahora presenta una sección que compara a Jesús, como sumo sacerdote, con Aarón quien fue el primer sumo sacerdote de Israel y con sus sucesores. Jesús es incomparablemente mayor que Aarón en el pacto que Él hace (7:22; 8:6; 9:15), el ministerio que Él ha obtenido (8:6) y Su sacrificio perfecto por el pecado (10:12). La superioridad de Jesús y Su lugar a la diestra de Dios podría haberlo alejado de la necesidad humana, pero el escritor es rápido en señalar que Él es empático con las debilidades humanas. Él fue tentado en todo, pero jamás pecó. Dada la identificación empática de Jesús con los seres humanos pecaminosos, el escritor pide a sus lectores que no se acobarden ante Jesús, sino que se acerquen al trono de la gracia para encontrar oportuno socorro (4:14-16).

La comparación extendida de Jesús, como sumo sacerdote, con Aarón y sus sucesores, se entremezcla con advertencias contra el retroceso (6:1-12; 10:26-31) y exhortaciones para proseguir hasta la madurez (5:11–6:1).

Héroes de la fe

Para personificar sus exhortaciones, el escritor hace un recuento de hombres y mujeres específicos que recibieron la aprobación de Dios por su fe (11:1-40). Solicita a sus lectores que sigan adelante como si estuvieran en una carrera con estos héroes mirando desde los graderíos. Deben rechazar todo lo que estorbe en su recorrido. Deben mantener sus ojos en Jesús, la fuente de su fe y Aquel que la perfecciona (12:1-2).

Sinaí y el Monte de Sion

Una vez más, el escritor contrasta el antiguo pacto con el nuevo (la revelación de Dios a Moisés e Israel y la Jerusalén celestial). Si la aparición de Dios en el Sinaí provocó temor y reverencia, cuanto más la Jerusalén celestial que debería inspirar obediencia y reverencia. La carta empieza con un énfasis en las palabras de Dios. A medida que termina, el escritor pide a sus lectores que no desechen al que habla (12:14-29).

Exhortaciones finales

La fe se expresa en la hospitalidad, en el cuidado de los que están en prisión y en el honor del matrimonio propio y de los demás. Los cristianos deben seguir la fe de sus líderes. Cuando los cristianos se someten a aquellos que cuidan de sus necesidades espirituales, esto les permite a los líderes hacer su trabajo con alegría y no con dificultad o frustración. Dios está complacido con los sacrificios espirituales que le ofrecen los cristianos. Estos sacrificios son el compromiso, la alabanza y la partición desinteresada de bienes (13:1-16).

LA VERACIDAD DE HEBREOS

Hebreos es la única epístola en el NT que no se le atribuye a ningún autor. Fue incluido en el NT después de algunos Libros. ¿Qué vio la iglesia primitiva en esta carta que los llevó a incluirla en el canon del NT?

Los criterios clave para la canonicidad fueron: que había sido a) escrita bajo la autoridad de un apóstol, b) aceptada universalmente por las iglesias, c) usada en la adoración pública y d) congruente con los escritos cristianos universalmente aceptados.

La iglesia oriental, centrada en Alejandría (Egipto), agrupó a los hebreos con las cartas de Pablo mucho antes de que la iglesia occidental de Roma lo hiciera. Si la epístola fue originalmente enviada a Roma, entonces el conocimiento de la identidad del autor puede haber creado esta duda. En Occidente, el canon muratoriano, Ireneo e Hipólito de Roma no reconocieron a Pablo como su autor. En el año 419, el sexto sínodo de Cartago señaló a Pablo como el escritor de Hebreos. Este punto de vista se hizo mayoritario en las iglesias, tanto del oeste como del este hasta la época de la Reforma.

Con el anterior desacuerdo de su autor, la conexión a un apóstol no existía. En vista de esto, los otros tres criterios principales para la canonicidad se hicieron aún más importantes en la decisión de incluir Hebreos en el canon.

Si Hebreos no estuviese en el NT, faltarían algunos aspectos vitales en la teología y la adoración de la Iglesia. Un desafío importante de los que siguieron a Jesús como Salvador y Señor fue conectar los eventos de la vida de Jesús, Sus enseñanzas, Su muerte, Su resurrección y Su ascensión a lo que Dios había hecho a través de Abraham y su descendencia. Tanto para los judíos como para los gentiles, era importante ver esos puntos de conexión en lo que Dios había hecho antes con el pueblo de Israel. Hebreos permite que los que siguen a Jesús vean, con gran poder y claridad, la riqueza y la fuerza de estas conexiones y cómo deben interpretarse a la luz del pacto que Jesús realizó. A principios del siglo II, Marción trató de romper dichas conexiones con las Escrituras hebreas. Con el tiempo, la Iglesia tuvo la sabiduría de percatarse que Hebreos cumplía con una serie de funciones únicas que incluyen la manifestación de la relación entre lo que Dios había hecho y lo que Él hizo en Su Hijo.

CÓMO ENCAJA HEBREOS EN LA HISTORIA DE DIOS

1. Prólogo: creación, caída del hombre y necesidad de redención.
2. Dios construye Su nación (2000–931 a.C.)
3. Dios educa a Su nación (931–586 a.C.)
4. Dios preserva un remanente fiel (586–6 a.C.)
5. Dios compra la redención y comienza el reino (6 a.C. al 30 d.C.)
6. Dios extiende el reino a través de la iglesia (30 d.C. [?])
7. Dios consuma la redención y confirma Su reino eterno
8. Epílogo: un cielo nuevo y una Tierra nueva

⌒⧑ CRISTO EN HEBREOS

Cristo es tanto el agente de la creación de Dios como Aquel para quien el universo es creado. Él es superior a los ángeles, Moisés, el sacerdocio, el antiguo pacto y el sistema de sacrificios levíticos. Cristo es la fuente de nuestra fe y Aquel que la perfecciona, al mismo tiempo. Él es el mismo ayer, hoy y siempre.

PRINCIPIOS BÁSICOS DE LA COSMOVISIÓN CRISTIANA

Enseñanza sobre Dios

Dios es el Padre de Jesucristo. Él es completamente diferente y debe ser tratado con reverencia y temor «porque nuestro Dios es fuego consumidor» (12:29). La superioridad de Jesús para todos los posibles rivales es el tema de todo el Libro. Se enseña explícitamente sobre la deidad y la humanidad completa de Jesús. El Espíritu Santo en Hebreos es tanto el que habla en la escritura (3:4; 10:15) como el que está vivo entre los creyentes en la época presente (6:4; 10:29).

Enseñanza sobre la humanidad

Se menciona una cantidad de personajes prominentes del AT en Hebreos, y la «galería de la fe» en el capítulo 11 es un recordatorio impresionante de lo que los seres humanos pueden hacer cuando creen. Sin embargo, el énfasis en Hebreos es que Jesús tiene la gloria y el honor de un ser humano en su mayor expresión. En Salmos 8, Dios declaró al «hombre» como la corona de la creación y Hebreos 2 afirma que este Hombre no es otro más que Jesucristo.

Enseñanza sobre la salvación

Jesús es un mejor sumo sacerdote que los del antiguo pacto. Además, la muerte de Jesús fue un sacrificio aún más excelente que cualquiera que se haya hecho antes, «porque la sangre de los toros y de los machos cabríos no puede quitar los pecados» (10:4). Sin embargo, al mismo tiempo Hebreos afirma que la fe, respuesta humana a las acciones redentoras de Dios, ha sido siempre y para siempre la única manera de agradar a Dios. Este Libro de la Biblia muestra, con más claridad que ningún otro, la permanencia del estado del nuevo pacto y la discontinuidad del antiguo.

CARACTERÍSTICAS LITERARIAS

GÉNERO Y ESTILO LITERARIO

Una epístola larga y formal escrita en excelente griego *koiné*

Algunos eruditos designan a Hebreos como un tratado (un tratado formal, en lugar de una carta pastoral). No posee dos de las características habituales de una epístola (salutación y agradecimiento), aunque hay un cuerpo (1:1–13:17) y una salutación final (13:18-25). Además, tiene varias características de un sermón. Comienza con una declaración retórica de su tesis (1:1-3) y desarrolla argumentos paso a paso.

«Por tanto, nosotros también, teniendo en derredor nuestro tan grande nube de testigos, despojémonos de todo peso y del pecado que nos asedia, y corramos con paciencia la carrera que tenemos por delante, puestos los ojos en Jesús, el autor y consumador de la fe, el cual por el gozo puesto delante de él sufrió la cruz, menospreciando el oprobio, y se sentó a la diestra del trono de Dios» (Heb. 12:1-2). En la foto se encuentra Eric Liddell, que ganó la medalla de oro (400 metros) y bronce (200 metros) en los Juegos Olímpicos de París en 1924. Desde 1924 hasta 1945, Eric sirvió como misionero en China. Con la invasión japonesa en 1941 fue recluido en el Campo de Internamiento de Weihsien. Murió de un tumor cerebral cinco meses antes de la liberación del campamento. Sus últimas palabras fueron: «Es entrega completa».

La salutación final muestra que en su forma actual fue enviada como carta. El estilo de argumentación tiene paralelos a las interpretaciones figurativas hechas por Filón, el erudito judío de Alejandría. El griego de Hebreos es sobresaliente, con un gran vocabulario y excelente estilo, lo que sugiere que el autor fue altamente educado. El estilo es más parecido al de Lucas y al de Hechos, más que cualquier otro Libro del NT.

UN PRINCIPIO A SEGUIR EN LA VIDA

La persona de Cristo (Heb. 1:1-4)

Para ser un cristiano verdadero debemos creer en Jesucristo, en quién es y lo que ha hecho a través de Su vida, Su muerte, Su resurrección y Su ascensión.

El título de esta carta tiene origen en el nombre de su autor, Jacobo (posible medio hermano de Jesús), pero se la tituló «Santiago» como resultado de la contracción de Sant y Yacob, la forma hebrea para Jacobo.

TEXTO CLAVE: 2:26

Porque como el cuerpo sin espíritu está muerto, así también la fe sin obras está muerta.

TÉRMINO CLAVE: «OBRAS»

Este Libro se centra en la importancia de las buenas obras como evidencia de la fe genuina. Y así, complementa perfectamente a Gálatas.

RESUMEN DE UNA SOLA FRASE

La fe verdadera debe expresarse todos los días por buenas obras, especialmente ante las pruebas o la persecución. Estas buenas obras demuestran la presencia de la fe y la justificación ante Dios.

CONTEXTO HISTÓRICO ORIGINAL

AUTOR Y FECHA DE ESCRITURA

Jacobo, tal vez alrededor del año 45 d.C.

El autor se identificó como «Santiago, siervo de Dios y del Señor Jesucristo» (1:1). Jacobo es la traducción al español del nombre hebreo «Yacob» cuando aparece en el NT, *Iákobos* en griego. Había varias personas llamadas Jacobo en el NT, incluidos dos apóstoles (Mat. 10:2-3). Esta carta fue escrita, casi con toda seguridad, por el Jacobo que sobresalió en la iglesia de Jerusalén (Hech. 12:17; 15:13; 21:18). Se trataba de «Jacobo, el hermano del Señor» (Gál. 1:19; 2:9). Fue hijo de José y María, pero él no creía que Jesús, su medio hermano mayor, era el Mesías. Esto cambió tras la resurrección, cuando Jesús se le apareció (Mat. 13:55; Juan 7:5; 1 Cor. 15:7).

Jacobo fue un líder eficaz, tal como lo demuestran Hechos y esta carta. Aparentemente, ascendió al liderazgo en la iglesia de Jerusalén alrededor del tiempo en que Pedro abandonó el lugar, hacia el año 44 d.C. (ver Hech. 12, especialmente v. 17). El tono de esta carta es tal que debe preceder al concilio de Jerusalén del año 49 d.C., que reveló a los gentiles el cristianismo de manera oficial y completa (Hech. 15). La epístola pudo haber sido el primer Libro del NT escrito entre los años 44 y 49 d.C.; se estima razonablemente que fue en el año 45 d.C. Es posible que se haya escrito en Jerusalén.

Según el historiador judío Josefo, Jacobo fue martirizado en el año 62 d.C. La tradición cristiana indica que fue arrojado del pináculo del templo.

PÚBLICO INICIAL Y DESTINATARIO

Creyentes judíos que vivieron en algún lugar fuera de Palestina

Esta carta fue escrita a los seguidores judíos de Jesús. Su reunión fue llamada una «congregación» en el original (2:2) y fueron dirigidos por «ancianos» (5:14). Fueron parte de «las doce tribus que están en la dispersión» (1:1); es decir, los judíos que vivían fuera de Palestina. Residían en una ciudad desconocida del Imperio romano donde se hablaba griego. No existe referencia de los gentiles.

ORIGEN

No se sabe cómo Jacobo conoció a estos creyentes. Habían sido víctimas de acoso de algún tipo, y sus vecinos ricos los habían oprimido (1:2; 2:6).

Incendio forestal en Beit Oren, en el corazón de la cordillera del Carmelo en Israel. «He aquí, ¡cuán grande bosque enciende un pequeño fuego! Y la lengua es un fuego, un mundo de maldad. La lengua está puesta entre nuestros miembros, y contamina todo el cuerpo, e inflama la rueda de la creación, y ella misma es inflamada por el infierno» (Sant. 3:5b-6).

EL MENSAJE DE DIOS EN SANTIAGO

PROPÓSITO

Originalmente, Santiago fue escrito para permitir que los creyentes (judíos) de Jesús conozcan la importancia de tener una fe práctica, viva y cotidiana. Para Jacobo, la fe práctica era equivalente a buenas obras.

A PRIMERA VISTA

Pruebas

Después de una breve salutación, el autor pasa rápidamente a la realidad de las pruebas. Invitó a sus lectores a ver las pruebas como motivos de gozo. Este gozo proviene de visualizar las pruebas a largo plazo. Estas producen resistencia y madurez (1:2-4), además requieren sabiduría. Dios está dispuesto a dar tal sabiduría generosamente a los que piden con confianza en la voluntad de Dios y en Su provisión (1:5-8). Después de todo, Dios ha tomado la iniciativa de hacer creyentes, a Su voluntad, al cambiar radicalmente su esencia a través de Su verdad (1:18).

Oír, hacer y hablar

La Palabra de Dios debe ser oída y puesta en práctica. Ser solamente oidores, hace que los seres humanos vayan por el sendero del autoengaño (1:22-25). El oír verdaderamente la palabra de Dios cambia la manera de hablar, el trato hacia las personas que son especialmente vulnerables y la opinión sobre las personas que consideramos inferiores (2:1-12). Al ampliar su advertencia sobre el habla, el autor pintó una serie de imágenes vívidas del mal potencial de la lengua y lo que se necesita para ponerle un alto (3:1-12).

Sabiduría

El discurso pecaminoso es el síntoma de un corazón gobernado por la envidia y la ambición egoísta. Reconocer humildemente la condición propia delante de Dios es un paso hacia una vida gobernada por la sabiduría, pura y amante de la paz (3:13-18). Además, reconocer la dependencia de Dios en cada detalle de la vida aumentará la humildad y disminuirá la arrogancia, la avaricia y la injusticia para con el prójimo. Ya que somos totalmente dependientes en Dios, la paciencia y la resistencia son necesarias para alcanzar los frutos de la justicia (4:1–5:6).

Oración

Jacobo empezó con un enfoque en las pruebas y concluyó con nuestra condición necesitada que nos incita a orar y a pedir que otros oren por nosotros; les recuerda a sus lectores sobre Elías, un ser humano en su totalidad, pero cuya oración fue poderosa en su efecto. El autor terminó su carta con un recordatorio de las consecuencias de vida y muerte de la conversión de un hermano extraviado de la verdad (5:13-20).

LA VERACIDAD DE SANTIAGO

El padre de la iglesia latina, Jerónimo (345–420 d.C.), en su obra *On Illustrious Men* [Varones ilustres] afirma que Jacobo el justo, medio hermano de Jesús, fue autor de una carta cuya autoridad solo fue gradualmente reconocida. Jerónimo y Agustín, los dos autores más prolíficos de la iglesia latina, influyeron para que la carta de Santiago sea reconocida como parte del canon del NT.

Uno de los factores en el tardío reconocimiento de Santiago, fue su diferencia con las cartas de Pablo. Mientras algunos vieron la singularidad de Jacobo y su diferencia con Pablo como un punto en contra, un gran argumento a favor puede ser que sus diferencias provienen de la fecha de escritura anterior a las cartas de Pablo y de los entornos, considerablemente diferentes, en los que estos autores escribieron.

En los últimos 500 años, la mala percepción de Martín Lutero de la epístola de Santiago ha engrandecido las diferencias percibidas entre Jacobo y Pablo. Como un argumento importante de la teología, la expresión del autor es sumamente condensada, pero está acorde con la interpretación de Pablo expresada en diferentes términos y en gran extensión. Santiago dice: «El, de su voluntad, nos hizo nacer por la palabra de verdad, para que seamos primicias de sus criaturas» (1:18). Esta elección y el don de Dios de un nuevo nacimiento son anteriores a la fe y a las obras.

CÓMO ENCAJA SANTIAGO EN LA HISTORIA DE DIOS

1. Prólogo: creación, caída del hombre y necesidad de redención
2. Dios construye Su nación (2000–931 a.C.)
3. Dios educa a Su nación (931–586 a.C.)
4. Dios preserva un remanente fiel (586–6 a.C.)
5. Dios compra la redención y comienza el reino (6 a.C. al 30 d.C.)
6. Dios extiende el reino a través de la iglesia (30 d.C. [?])
7. Dios consuma la redención y confirma Su reino eterno
8. Epílogo: un cielo nuevo y una Tierra nueva

⚓ CRISTO EN SANTIAGO

La salvación hizo que Jacobo fuese siervo de su medio hermano Jesús, el Señor resucitado (1:1). Jesús el Señor comparte la gloria única de Dios (2:1). Esperar por Su regreso será una fuente de paciencia con las dificultades y las pruebas de la vida.

PRINCIPIOS BÁSICOS DE LA COSMOVISIÓN CRISTIANA

Enseñanza sobre Dios

Dios es bueno, y es el Padre de Sus hijos redimidos. El autor a menudo lo llama «el Señor», evidente paralelismo del uso del AT: «el Señor» (Jehová); en particular, lo llama «el Señor de los ejércitos» (5:4). Jesús es mencionado en dos ocasiones (1:1; 2-1), lo que contribuye a su semejanza con el AT. Señala que el Espíritu que mora en nosotros nos anhela celosamente (4:5).

Enseñanza sobre la humanidad

Jacobo tenía una visión realista (algunos dirían pesimista) de los efectos del pecado en la vida humana. Los ricos oprimen a los pobres, la tentación es un peligro permanente, todas las personas poseen una lengua malvada. Incluso los creyentes pueden ser llamados «almas adúlteras» (4:4) por ser demasiado amables con el mundo malvado, como las personas de Israel que «fueron tras dioses ajenos, a los cuales adoraron» (Jue. 2:17; 8:33). El consejo del autor es someterse a la bondad soberana de Dios para vivir una vida de verdadera religión y hacer buenas obras.

Enseñanza sobre la salvación

Dios salva a través de la acción de «la palabra implantada» (1:21) al dar la respuesta de fe. Mientras Pablo enfatizaba que solo la fe salva, Jacobo enfatizó que la fe salvadora no está sola. Para Pablo, la justificación es una declaración legal de justicia ante Dios (ver **ROMANOS,** pág. 387). Sin embargo, el autor usó la justificación en el sentido de ser justo ante la gente. De esta manera, menciona: «Vosotros veis, pues, que el hombre es justificado por las obras, y no solamente por la fe» (2:24). Las buenas obras están a la vista de otros, nuestra fe no; por lo tanto, las buenas obras hacen que la fe sea visible. Las buenas obras nunca son el motivo de la salvación, pero siempre serán su fruto (resultado).

CARACTERÍSTICAS LITERARIAS

GÉNERO Y ESTILO LITERARIO

Una epístola escrita en griego *koiné*

Santiago es la primera de siete «Epístolas Generales» en el NT que se titulan según sus autores. No contiene dos de las características usuales de una epístola (agradecimiento y salutaciones finales), pero tiene una salutación (1:1) y cuerpo principal (1:2–5:20). Santiago es una carta pastoral motivada por la situación y las necesidades de los destinatarios, en lugar de ser un tratado (formal). Muchos eruditos han notado el paralelismo entre el estilo de Proverbios y Santiago. Se presentan muchas verdades prácticas, pero solo están ligeramente conectadas por el tema general de la vida cristiana cotidiana. El estilo griego es considerado superior al de los Libros del NT.

UN PRINCIPIO A SEGUIR EN LA VIDA

Buenas obras (Sant. 2:14-17)

Si nuestra profesión de fe no se manifiesta en buenas obras, debemos evaluar la validez de nuestra experiencia de salvación.

Titulada según su autor, esta es la primera carta canónica escrita por Simón Pedro, el apóstol de Jesús.

TEXTO CLAVE: 4:13

… sino gozaos por cuanto sois participantes de los padecimientos de Cristo, para que también en la revelación de su gloria os gocéis con gran alegría.

TÉRMINO CLAVE: «ESPERANZA»

Esta epístola enfatiza la esperanza para los creyentes que sufren. Esperanza (griego: *elpis*) significa «certeza futura» en lugar de una vaga expectativa de un acontecimiento futuro.

RESUMEN DE UNA SOLA FRASE

A medida que los cristianos crecen en el entendimiento de sus privilegios en la salvación, sus bendiciones de la elección y la teología del sufrimiento, vivirán en santidad y humildad mientras aguardan su gran esperanza futura de compartir la gloria de Cristo.

CONTEXTO HISTÓRICO ORIGINAL

AUTOR Y FECHA DE ESCRITURA

Simón Pedro el apóstol, tal vez alrededor del año 64 d.C.

El autor se llamó «Pedro, apóstol de Jesucristo» (1:1). Fue hijo de Jonás (o Juan), hermano de Andrés y pescador galileo cuando Jesús lo llamó a ser apóstol. Su nombre de nacimiento, Simeón (a menudo abreviado a Simón) fue cambiado por Jesús a la «Roca» («Pedro» en griego, «Cefas» en arameo).

El papel de Pedro, como uno de los tres apóstoles más importantes (junto a Santiago y Juan), es reconocido en los Evangelios. Pedro se destacó para convertirse en el líder más notable del cristianismo en Jerusalén. Según Pablo, Pedro fue el apóstol de los judíos (Gál. 2:8). Contribuyó al NT con dos epístolas, y probablemente colaboró con Juan Marcos en la elaboración del segundo Evangelio. En esta carta, Pedro menciona que estaba en Roma (llamada «Babilonia» como en Apocalipsis) y que Marcos estaba con él (5:13). Según la tradición, más tarde sería crucificado en Roma durante los últimos años de Nerón. Para más información sobre la autoría, ver *La veracidad de 1 Pedro* más adelante.

PÚBLICO INICIAL Y DESTINATARIO

Creyentes que vivían en las provincias de Asia Menor

Esta carta fue dirigida a «los expatriados de la dispersión en el Ponto, Galacia, Capadocia, Asia y Bitinia» (1:1). Estas cinco provincias romanas constituían cerca de la mitad norte de la Turquía moderna. Tal vez el orden de las ciudades indica la ruta que tomó el mensajero. La evidencia dentro de la carta sugiere que estos creyentes eran de origen gentil (y por lo tanto pagano, 1:18), aunque probablemente también había una minoría judía (a menudo explicado en referencias del AT).

ORIGEN

Pedro conocía bien la situación de estos creyentes, pero no mencionó su fuente de información. Habían sido víctimas de persecuciones graves y sufrimientos injustificados, algo que Pedro llamó «fuego de prueba» (4:12). Probablemente esta fue la primera persecución romana oficial a los cristianos, instigada por Nerón después del gran incendio de Roma del año 64 d.C. Estos discípulos necesitaban ser alentados a no perder el ánimo. Quería recordarles una serie de verdades doctrinales importantes (sobre Dios y la salvación), así como también ayudarles a reconocer que el sufrimiento, dentro del plan de Dios, sirve para Su gloria. De esta manera, Pedro escribió esta carta con la ayuda de Silvano (Silas).

El gran incendio de Roma, 18 de Julio del año 64 d.C., por Hubert Roberts (1733–1808). «Amados, no os sorprendáis del fuego de prueba que os ha sobrevenido, como si alguna cosa extraña os aconteciese» (1 Ped. 4:12).

EL MENSAJE DE DIOS EN 1 PEDRO

PROPÓSITO

Esta epístola fue escrita para animar a los cristianos que sufren para que vivan a la luz del futuro. El apóstol quiso dar una serie de ideas doctrinales, y también proporcionó muchos consejos prácticos sobre cómo someterse a las autoridades. Este Libro contiene el desarrollo más extenso del NT sobre la «teología del sufrimiento», y hace eco de la enseñanza de Job que testifica que la gloria de Dios se manifiesta cuando existe sufrimiento.

A PRIMERA VISTA

Salutaciones

Pedro se dirigió a sus lectores como «expatriados», en otras palabras, residentes extranjeros que viven temporalmente lejos de su hogar celestial. Eran un pueblo escogido por la precognición del Padre, santificado por el Espíritu y redimido por la sangre de Jesucristo (1:1-2).

Salvación

Pedro alabó a Dios por la resurrección de Jesús que ha originado en los creyentes un nuevo nacimiento, y les ha dado una esperanza viva y una herencia indestructible (1:3-5). Incluso en las grandes pruebas de la época actual, los creyentes están protegidos por el poder de Dios. El sufrimiento que experimentan puede servir para fortalecer y purificar su fe, así como el fuego purifica el oro (1:6-7).

Llamado a la santidad

La salvación entregada como un regalo muy costoso, lleva consigo el llamado a una vida santa. Los creyentes deben abandonar las actitudes maliciosas para amarse mutuamente con un corazón puro (1:13–2:3). Son más que individuos, son miembros de una iglesia que Pedro describió con tres conceptos: una piedra viva, una casa espiritual y una nación escogida por Dios (2:4-10).

Testigo

Los creyentes son llamados a glorificar a Dios en su vida cotidiana y a imitar a Cristo que sufrió en la cruz por el bien de Su pueblo. Pedro instó a sus lectores a vivir como cristianos y explicó cómo deben relacionarse los creyentes con las autoridades gubernamentales (2:13-17), con los amos crueles (2:18-25) y con los cónyuges no creyentes (3:1-6). Advirtió a los creyentes que el sufrimiento puede ser intenso, pero deben confiar en la gracia de Dios al saber que hay una recompensa celestial (4:12-19).

Líderes

Pedro instó a los ancianos a pastorear voluntariamente el pueblo de Dios por motivos correctos y no por el dinero, a liderar con el ejemplo y no por arrogancia. A otros exhortó a estar sujetos a los ancianos, y a todos los creyentes a ser humildes unos con otros (5:1-7). Pedro pidió a los creyentes que estén alerta y que resistan al diablo que fue comparado con un león rugiente (5:8-9).

LA VERACIDAD DE 1 PEDRO

Durante los dos últimos siglos, la crítica textual ha argumentado que Pedro no pudo haber sido el autor de esta epístola por dos razones principales. Primero, no se cree que el excelente griego de esta carta sea proveniente de un pescador galileo (Hech. 4:13). Segundo, se piensa que las persecuciones pertenecen a una época posterior a la de Nerón. Estas objeciones pueden ser respondidas satisfactoriamente. En primer lugar, existe evidencia significativa de que este griego era hablado en Palestina, especialmente en Galilea. Como pescador en Galilea, Pedro habría emprendido negocios con otros hablantes griegos. La idea de que Pedro no tenía educación o que era analfabeto, es un mito. Hechos 4:13 simplemente implica que él no tenía instrucción rabínica y no significa que no podía leer. Puesto que Pedro sabía griego, no es de extrañar que haya utilizado la Septuaginta, traducción griega del AT. Como todo buen pastor, Pedro citó la Biblia que sus lectores usaban. Probablemente el estilo griego se debe a la ayuda de Silvano (Silas), a quien Pedro mencionó (5:12). En segundo lugar, el sufrimiento de los creyentes podría haber ocurrido tanto en la época de Nerón como en una posterior. No hay razón persuasiva para negar que Simón Pedro escribió esta epístola.

CÓMO ENCAJA 1 PEDRO EN LA HISTORIA DE DIOS

1. Prólogo: creación, caída del hombre y necesidad de redención
2. Dios construye Su nación (2000–931 a.C.)
3. Dios educa a Su nación (931–586 a.C.)
4. Dios preserva un remanente fiel (586–6 a.C.)
5. Dios compra la redención y comienza el reino (6 a.C. al 30 d.C.)
6. Dios extiende el reino a través de la iglesia (30 d.C. [?])
7. Dios consuma la redención y confirma Su reino eterno
8. Epílogo: un cielo nuevo y una Tierra nueva

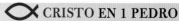 CRISTO EN 1 PEDRO

El Espíritu de Cristo estaba presente en los profetas hebreos al señalar el sufrimiento de Jesús y la gloria como resultado. Cristo es como un cordero sin defecto ni mancha. Su sangre preciosa redime a los creyentes de sus vanos caminos. Los creyentes podrían sufrir como Él lo hizo y anticiparse al gozo de Su gloria venidera.

PRINCIPIOS BÁSICOS DE LA COSMOVISIÓN CRISTIANA

Enseñanza sobre Dios

Este Libro menciona muchos atributos de Dios, desde Su presciencia (1:2) hasta Su gracia (5:12). La gloria de Dios es el propósito de todas las cosas (4:11). El sufrimiento de Jesús y Su muerte por los pecadores son sumamente enfatizados, al igual que Su resurrección y Su regreso en gloria. El Espíritu Santo, que inspiró a los profetas antiguos, ahora ha sido enviado al pueblo de Dios (1:11; 4:14). Un texto muy importante para entender la Trinidad es 1 Pedro 1:2.

Enseñanza sobre la humanidad

En 1 Pedro se dignifica todas las clases de vida humana al mostrar que vivir por el evangelio marca una gran diferencia en las relaciones. Los cristianos se someten tanto al gobierno como a los amos para la gloria de Dios. En la familia cristiana, los esposos y las esposas tienen la responsabilidad de respetarse mutuamente. En la congregación, los líderes espirituales («los ancianos», 5:1) conducen a su rebaño como servidores humildes y crean un contexto de sumisión mutua.

Enseñanza sobre la salvación

La salvación en este Libro es el pasado, el presente y el futuro. El aspecto pasado implica la elección soberana de Dios, así como el sufrimiento y muerte de Jesús para comprar la salvación (2:9; 3:18). El aspecto presente significa la regeneración y la fe continua del pueblo de Dios (1:3,21; 5:9). En la venida de Cristo, los que son «guardados por el poder de Dios mediante la fe» recibirán «la salvación que está preparada para ser manifestada en el tiempo postrero».

CARACTERÍSTICAS LITERARIAS

GÉNERO Y ESTILO LITERARIO

Una epístola escrita en excelente griego *koiné*

El Libro de 1 Pedro es la segunda de siete «Epístolas Generales» en el NT, todas tituladas de acuerdo a sus autores. Tiene todos los cuatro elementos del esquema de una epístola: salutación (1:1-2), agradecimiento (1:3-5), cuerpo principal (1:6–5:11) y salutación final (5:12-14). Algunos eruditos designan a 1 Pedro como un tratado (un tratado formal en lugar de una carta pastoral), particularmente porque se originó como una circular destinada a varias iglesias. El estilo griego es excelente, va a la par con Lucas, Hechos y Hebreos.

UN PRINCIPIO A SEGUIR EN LA VIDA

Sufrimiento cristiano (1 Ped. 4:1-19)

Cuando padecemos por causa de la fe cristiana, debemos sacar fuerza de los sufrimientos de Cristo.

Titulada de acuerdo a su autor, esta es la segunda epístola canónica escrita por Simón Pedro, el apóstol de Jesús.

TEXTO CLAVE: 1:12

Por esto, yo no dejaré de recordaros siempre estas cosas, aunque vosotros las sepáis, y estéis confirmados en la verdad presente.

TÉRMINO CLAVE: «REGRESO»

Esta epístola muestra la importancia de mantenerse firmes en la verdad frente a las falsas enseñanzas, particularmente en la verdad de que Jesús regresará de manera visible, corporal y gloriosa, y llevará a cabo la consumación de todas las cosas.

RESUMEN DE UNA SOLA FRASE

A medida que los cristianos crecen en entendimiento, estarán protegidos de los falsos maestros, especialmente aquellos que niegan el regreso de Cristo y el fin del mundo tal y como ahora existe.

«Tenemos también la palabra profética más segura, a la cual hacéis bien en estar atentos como a una antorcha que alumbra en lugar oscuro, hasta que el día esclarezca y el lucero de la mañana salga en vuestros corazones» (2 Ped. 1:19).

CONTEXTO HISTÓRICO ORIGINAL

AUTOR Y FECHA DE ESCRITURA

Simón Pedro el apóstol, tal vez alrededor del año 67 d.C.

El autor se identificó como «Simón Pedro» y después de la vacilación de unos pocos, este Libro fue aceptado como apostólico en el siglo IV. Ver *Autor y fecha de escritura* de **1 PEDRO**. Sin embargo, durante los dos últimos siglos, casi todos los eruditos de la alta crítica han negado que Pedro es el autor de esta epístola. Tanto el estilo como el contenido, son notablemente diferentes a 1 Pedro. No obstante, la diferencia en estilo podría deberse a la ausencia de Silas como asistente (1 Ped. 5:12), y la diferencia en contenido se puede atribuir a los motivos diferentes de las cartas. Otro argumento se basa en la referencia a las epístolas de Pablo (3:15-16), que supuestamente señala un tiempo anterior al de la culminación de dichas cartas, las que deberían datarse después de la vida de Pedro. Sin embargo, esta referencia solo indica que Pedro conocía algunas cartas de Pablo.

No hay una razón persuasiva para negar la autoría de Simón Pedro. El año 67 d.C. es una mejor hipótesis, determinada por la fuerte tradición de que Pedro murió durante la última parte del reinado de Nerón (que gobernó en el año 54–68 d.C.).

PÚBLICO INICIAL Y DESTINATARIO

Creyentes que vivían en un lugar desconocido

Los destinatarios no se especificaron geográficamente. Pedro conocía a estas personas lo suficiente para llamarlas «amadas», y para haberles escrito una carta anterior (3:1). No hay manera de saber si estos fueron los mismos creyentes de la primera epístola.

ORIGEN

Pedro estaba consciente de la proximidad de su propia muerte (1:14). Pudo estar preso en Roma, pero no lo menciona. Se había dado cuenta de que estos amigos cristianos se enfrentarían a la amenaza de falsos maestros que negaban la obra salvadora de Cristo. A esto se sumó el escepticismo sobre los hechos históricos de la primera venida de Jesús, y otros negaban la segunda venida de Cristo. Como testigo ocular de la vida de Cristo (1:16), tal vez uno de los pocos sobrevivientes, Pedro decidió escribir esta carta antes de morir para afirmar la realidad de la primera y la segunda venida de Jesús, y despertar «con exhortación vuestro limpio entendimiento» (3:1).

EL MENSAJE DE DIOS EN 2 PEDRO

PROPÓSITO

Esta epístola fue escrita para prevenir a los cristianos que estaban enfrentando la llegada de los falsos maestros. El apóstol quería armarlos de conocimiento verdadero, en contraposición con la herejía que los amenazaba (2:1). Pedro particularmente refutó la falsa enseñanza que ponía en duda el regreso de Cristo y el fin del mundo.

A PRIMERA VISTA

Propósito y teología

Pedro sintió fuertemente que su muerte estaba cerca (1:14-15). Quería dejar un testamento espiritual que provea una instrucción útil para después de su partida. Advirtió sobre el carácter y la falsa enseñanza de herejes que se infiltraron en la iglesia (2:1-19; 3:1-4). Para protegerse contra sus errores, instó a desarrollar virtudes cristianas apropiadas (1:3-11) y un constante crecimiento en la gracia de Dios (3:17-18). Pedro tenía en alta estima la Escritura (1:19-21) y veía los escritos de Pablo como «Escrituras» (3:16). Designó a Jesucristo como «Salvador» y «Señor» (1:1-2), mencionó su observación de la transfiguración de Jesús (1:16-18), afirmó el regreso de Cristo (3:1-4), reiteró la soberanía de Dios en los acontecimientos de la historia (3:13) y usó la certeza del regreso de Cristo como un incentivo para apelar por la vida piadosa (3:14).

Crecimiento en la fe

Pedro fortaleció a sus lectores con la verdad del poder de Cristo en todos los recursos necesarios para la vida y la piedad. Estos recursos permiten a los creyentes compartir la naturaleza divina y escapar de la corrupción del mundo. Los que han experimentado el nuevo nacimiento, tienen la capacidad de cultivar ocho cualidades que resultarán en: una mayor utilidad, un mayor conocimiento de Cristo y la entrada al reino eterno de Cristo (1:3-11).

La confiable palabra profética

El mensaje de Pedro no fue una fábula ingeniosamente inventada, sino un testimonio de un testigo de la majestad de Cristo. Aquí se menciona la transfiguración de Jesús en la montaña cuando Moisés y Elías aparecieron ante ellos (1:16-17). Lo que Pedro constató, de primera mano, es lo que la palabra profética (la Escritura) da testimonio. El testimonio de los apóstoles y la Escritura del AT no son básicamente de origen humano, sino que son la Palabra de Dios (1:18-21).

El juicio de los falsos maestros

Así como han existido falsos profetas en la historia de Israel, ahora también había falsos maestros que engañaban a los creyentes. La codicia y los deseos corruptos motivaron su abandono de la sana doctrina. Para reforzar su advertencia, Pedro dio a sus lectores tres ejemplos del juicio de Dios sobre la iniquidad (2:4-17).

El Día del Señor

Los falsos maestros actuaron bajo la suposición de que no habrá rendición de cuentas a Dios (ningún juicio). Los apóstoles habían enseñado que Cristo volverá, pero los falsos maestros mencionan la experiencia cotidiana y señalan que todo continuará tal como ha sido desde el principio de la creación. En respuesta a esto, Pedro hizo que sus lectores consideraran la gran diferencia entre la perspectiva de Dios y la humana. El sentido del tiempo de Dios es muy diferente al de los humanos. Al usar la misma ilustración que Jesús usó, Pedro señala que el Día del Señor vendrá como un ladrón. El universo, como lo conocemos, será completamente destruido y esta conflagración vendrá después de «cielos nuevos y tierra nueva, en los cuales mora la justicia» (3:1-13).

Instrucciones finales

Pedro recordó a sus lectores que una anticipación del futuro retorno de Cristo implica el incentivo para vivir una vida santa. Se refirió a los escritos de Pablo como un apoyo a la creencia de Pedro de que la paciencia divina es un factor en el retraso del regreso de Jesús. Muchos ven una referencia de Romanos hecha por Pedro, pero él no mencionó su fuente paulina; reconoció la dificultad de algunas enseñanzas de Pablo, pero sugirió su autoridad al nombrarlas como «Escrituras». Pedro declaró audazmente que sus destinatarios podían protegerse espiritualmente con la madurez cristiana. El «conocimiento» que necesitaban era un desarrollo en la relación personal con Cristo (3:14-18).

LA VERACIDAD DE 2 PEDRO

Muchos eruditos niegan que 2 Pedro fue escrita por el apóstol Pedro, y afirman que la carta es pseudónima. Esta opinión está basada en los siguientes argumentos: 1) Pedro usó a Judas como una fuente en su segundo capítulo, y es demasiado tardía para que la carta de Judas haya sido usada por el Pedro histórico que murió en la década de los años 60. Además, algunos insisten que Pedro nunca habría tomado algo prestado de un escritor como Judas. 2) El vocabulario helenístico y la teología en la carta muestran que Pedro, un pescador galileo, no pudo ser el autor. El estilo y la sintaxis son diferentes a los de 1 Pedro y evidencia un autor diferente al de la primera epístola. 3) Los falsos maestros son los gnósticos del siglo II, y de manera evidente Pedro no pudo haber escrito la carta en ese siglo. 4) Las epístolas de Pablo se consideran «Escrituras» (2 Ped. 3:15-16), pero es imposible que estas hayan sido recopiladas y consideradas como tal, mientras Pedro estaba vivo. 5) La carta carece de atestación clara en el siglo II, e incluso en el siglo IV se cuestionó su canonicidad.

A pesar de las objeciones de muchos, la autoría de Pedro todavía sigue siendo la más convincente. 1) El uso de Judas como una fuente no es incuestionable, es solo una teoría. Además, aunque Pedro hubiera utilizado a Judas, no constituiría un problema ya que Judas probablemente escribió antes de la muerte de Pedro. No existe nada en Judas que indique una fecha posterior, y no hay razón para que un apóstol no utilizara otra fuente. 2) El vocabulario y el estilo de 2 Pedro son ciertamente distintos al de 1 Pedro, y el lenguaje tiene un estilo helenístico. Pero esto no es una complicación insuperable. Primero, debemos observar que el corpus del escrito de Pedro es sumamente pequeño. Por lo tanto, los juicios sobre el «estilo de Pedro» deben hacerse con cautela. Segundo, Pedro pudo haber adaptado su estilo para hablar de acuerdo con la situación de sus lectores, tal como lo hizo Pablo en Atenas (Hech. 17:16-34). Por último, Pedro habría dado instrucciones a un secretario (amanuense) para que compusiera la carta, y esto explicaría algunas de las diferencias estilísticas. El argumento de que Pedro usa una teología diferente tampoco es aceptable. Debemos recordar que la carta es ocasional y, por lo tanto, no es un resumen de la teología de Pedro. Además las diferencias entre 1 y 2 Pedro han sido a menudo exageradas teológicamente. 3) La idea de que los opositores fueron gnósticos del siglo II no queda verificada por los datos de la carta. No hay evidencia del dualismo cosmológico que era característico del gnosticismo. Tampoco está claro que los opositores rechazaran el mundo material. 4) Es necesario concluir, desde 2 Pedro 3:15-16, que todas las cartas de Pablo fueron recopiladas y selladas como canónicas. Obviamente, Pedro conocía algunas cartas paulinas y las consideraba una autoridad, pero eso no equivale a un canon recopilado de todos los escritos de Pablo. 5) Aunque 2 Pedro no está firmemente avalada por una evidencia externa, como otras cartas, existe una evidencia en el siglo II para el uso de esta carta, y debemos recordar que, definitivamente, la epístola se declaró auténtica y canónica. Lo más importante es que en la carta se menciona la autoría de Pedro (1:1). Él afirmó que su muerte era inminente (1:4); incluso más sorprendente, asegura haber oído y visto la transfiguración de Jesús (1:16-18). Sin duda alguna, el autor sería acusado de engaño y fraude si no fuese Pedro.

CÓMO ENCAJA 2 PEDRO EN LA HISTORIA DE DIOS

1. Prólogo: creación, caída del hombre y necesidad de redención
2. Dios construye Su nación (2000–931 a.C.)
3. Dios educa a Su nación (931–586 a.C.)
4. Dios preserva un remanente fiel (586–6 a.C.)
5. Dios compra la redención y comienza el reino (6 a.C. al 30 d.C.)
6. Dios extiende el reino a través de la iglesia (30 d.C. [?])
7. Dios consuma la redención y confirma Su reino eterno
8. Epílogo: un cielo nuevo y una Tierra nueva

CRISTO EN 2 PEDRO

Cristo vino a vivir, morir y resucitar en Su espacio y tiempo. Esta no es una fábula ingeniosamente inventada por los hombres. Pedro señala que fue un testigo ocular de la gloria de Cristo en el Monte de la Transfiguración, cuando él, Jacobo (Santiago) y Juan escucharon la voz del Padre que exclamó: «Este es mi Hijo amado, en el cual tengo complacencia» (2 Ped. 1:17).

PRINCIPIOS BÁSICOS DE LA COSMOVISIÓN CRISTIANA

Enseñanza sobre Dios

Dios es el Padre de Jesús y glorificó a Su Hijo (1:17). Él es el juez de todos los seres, humanos y espirituales (2:4). Este es el único Libro de la Biblia que usa el título completo «nuestro Señor y Salvador Jesucristo» (2:20; 3:18), una magnífica confesión de alguien que lo conoció cara a cara durante su vida terrenal. La única referencia sobre el Espíritu Santo menciona Su papel en la inspiración de la Escritura (1:21).

Enseñanza sobre la humanidad

En 2 Pedro se muestra el gran mal de aquellos que son esclavos del error y del pecado: «Pero éstos, hablando mal de cosas que no entienden, como animales irracionales, nacidos para presa y destrucción, perecerán en su propia perdición» (2:12). En otras palabras, la humanidad redimida puede crecer en toda virtud (1:5-8).

Enseñanza sobre la salvación

Este Libro proporciona una definición importante de herejía: «negarán al Señor que los rescató». En otras palabras, una herejía es un error grave sobre la persona o la obra de Cristo; particularmente, una negación de que Su muerte implicó la compra de salvación. La carta desarrolla poco sobre la obra de Cristo, pero el pueblo de Dios se describe como: «Los que habéis alcanzado [...] una fe igualmente preciosa», junto al apóstol (1:1). La dimensión futura de la salvación será revelada «el día del Señor» y la llegada de «cielos nuevos y tierra nueva, en los cuales mora la justicia» (3:10,13).

CARACTERÍSTICAS LITERARIAS

GÉNERO Y ESTILO LITERARIO

Una epístola escrita en griego *koiné*

Esta carta es la tercera de siete «Epístolas Generales» en el NT, todas tituladas según sus autores. No contiene uno de los elementos del esquema de una epístola (agradecimiento); sin embargo, hay una salutación (1:1-2), un cuerpo principal (1:3–

3:18a) y una salutación final (en esta carta: una breve doxología: 3:18b). Esta epístola es una carta pastoral, motivada por la situación y las necesidades de los destinatarios, en lugar de un tratado (formal). El estilo griego no es excelente, pero es más parecido a 1 Pedro que cualquier otra parte de la Escritura.

UN PRINCIPIO A SEGUIR EN LA VIDA

La vida y la piedad (2 Ped. 1:3-7)

Al basarnos en el poder de Dios, estamos llamados a hacer lo posible para llegar a ser seguidores maduros de Jesucristo.

1 JUAN
PRIMERA EPÍSTOLA DE JUAN

Titulada según su autor, esta es la primera carta canónica de Juan, el apóstol de Jesús.

TEXTO CLAVE: 1:3

… lo que hemos visto y oído, eso os anunciamos, para que también vosotros tengáis comunión con nosotros; y nuestra comunión verdaderamente es con el Padre, y con su Hijo Jesucristo.

TÉRMINO CLAVE: «COMUNIÓN»

Comunión (griego: *koinonía*) es la fraternidad con Jesús y con sus creyentes. La mejor prevención contra la falsa doctrina es la comunión verdadera.

El lugar tradicional de la tumba del apóstol Juan, en la antigua ciudad de Éfeso, un importante centro religioso del cristianismo primitivo. Actualmente, Éfeso está ubicada en Turquía.

RESUMEN DE UNA SOLA FRASE

Los cristianos tienen comunión con Cristo, que es Dios encarnado, mediante su caminar en la luz y a través de su vida en amor; y como resultado, están seguros en la vida eterna que Cristo les ha dado.

CONTEXTO HISTÓRICO ORIGINAL

AUTOR Y FECHA DE ESCRITURA

Juan, el apóstol, tal vez alrededor del año 80–90 d.C.

En efecto, esta epístola es anónima, pero el estilo y el enfoque son tan parecidos al cuarto Evangelio, que generalmente se admite que la epístola y el Evangelio han sido escritos por la misma persona. De esta manera, el rechazo de la crítica textual de la autoría de Juan concerniente al cuarto Evangelio, también se aplica a esta epístola. Sin embargo, la tradición cristiana ha afirmado consistentemente que este autor fue el apóstol Juan, lo que ciertamente concuerda con la afirmación de que el autor vio a Jesús personalmente (1:1-4). Ver *Autor y fecha de escritura* de **JUAN** para más información. La mayoría de los eruditos creen que esta epístola fue escrita un poco después del Evangelio, pero es improbable. La década de los 80 d.C. es una buena estimación.

PÚBLICO INICIAL Y DESTINATARIO

Probablemente los creyentes que vivían en la provincia romana de Asia

Esta carta fue escrita a los cristianos (2:12-14,19; 3:1; 5:13). Tiene mejor sentido si es vista como si fuese dirigida a los mismos creyentes que vivían alrededor de Éfeso, y que anteriormente habían recibido el cuarto Evangelio. Ver *Público inicial y destinatario* de **JUAN** para más información.

ORIGEN

Juan estaba íntimamente familiarizado con estos creyentes, a quienes llamaba «hijitos míos», y se había dado cuenta de las peligrosas falsas doctrinas que los amenazaban. El error fundamental parece ser la creencia de que «la carne es pecaminosa». Entonces, si esto es cierto: 1) Jesús no podría haber tenido un cuerpo material, de lo contrario Él hubiese sido un pecador, y 2) los seres humanos son pecadores porque tienen cuerpos materiales (y no por causa de sus actos pecaminosos o su naturaleza pecaminosa); lo que a su vez provoca errores en la relación de los creyentes con el pecado. Tal dualismo (espíritu = el bien, materia = el mal) se desarrolló más tarde en el gnosticismo, una herejía que desafió al cristianismo en los siglos II y III. Juan no mencionó cómo se percató de esta enseñanza. Sin embargo, escribió su carta como la respuesta, de un anciano apóstol amado a los cristianos, en la desesperada necesidad de su consejo.

EL MENSAJE DE DIOS EN 1 JUAN

PROPÓSITO

Esta epístola fue escrita principalmente para combatir las falsas doctrinas que negaban la encarnación de Jesucristo (que vino con una verdadera humanidad, en un verdadero cuerpo físico) y el mesianismo de Jesús (que Él es el Cristo). Estas herejías condujeron a ciertos comportamientos falsos, en particular la negación de la gravedad del pecado. Juan no solo escribió para corregir estos peligros, sino también para estimular positivamente a las verdaderas creencias y a los comportamientos cristianos, basados en la comunión con Jesucristo.

A PRIMERA VISTA

Comunión con Dios y con los demás

El gozo completo de Juan y sus lectores fue su objetivo cuando escribió esta carta. Su alegría aumentó mientras comunicaba quién es Dios y lo que ha hecho en Su Hijo Jesucristo. Este mensaje no es solo palabras en un papiro, sino que es dinámico y palpita con vida, a través del cual Dios lleva a Juan y a sus lectores a Su propia vida, en la que ellos experimentan hermandad y comunión (1:1-4). Esta comunión con Dios no es un fenómeno natural. La comunión depende de algunas características compartidas, pero Dios es la luz y los seres humanos son pecadores por naturaleza. La sangre de Cristo es el agente que transforma la humanidad pecaminosa en seres semejantes a Dios, y proporciona perdón y purificación (1:5–2:2).

¿Cómo puedo saber?

Juan estableció una prueba por la cual la gente pudiese discernir si conocen o no a Dios. ¿Obedecen los mandamientos de Dios? ¿Andan como Jesús anduvo (2:3-6)? La evidencia de que una persona no conoce a Dios, es el odio hacia un hermano (2:9-11). Otra prueba es el amor al mundo que excluye el amor supremo a Dios (2:15-17). Juan advirtió de la venida del anticristo, y mencionó que varios ya habían llegado. Los anticristos son los que niegan que Jesús es el Cristo. Nuestra valoración y el afecto por Jesús, determina el conocimiento y la relación con el Padre (2:18-23).

Señales de los hijos de Dios

Como un maestro experto, Juan utilizó la repetición con sus lectores (una repetición que aclara aún más el pecado como una violación de la ley y de origen diabólico). El pecado presenta un rostro atractivo, y Juan quería que sus lectores mirasen detrás de la fachada. El asesinato de Caín a su hermano Abel, muestra el desarrollo completo del pecado. Jesús se ha presentado para destruir las obras del diablo. Los nacidos de Dios no pueden pecar habitualmente ya que la vida de Dios ha entrado en ellos y son incapaces de pecar frecuentemente. Las obras de los hijos de Dios y de los hijos del diablo serán diferentes. En lugar de ser asesinos y transgresores de la ley, estos deberán ser como Jesús, al dar su vida por otros (2:28–3:15). Esto podría significar la muerte completa o podría comenzar con la provisión del sustento material a un hermano en necesidad (3:16-17).

Encontrar la seguridad

A veces los creyentes no pueden sentir amor en sus corazones; estos los condenan y se preguntan si realmente son hijos de Dios. Juan cuestionó a los creyentes sobre sus acciones, para después llevarlos a la presencia de un Dios omnisciente que es mayor que sus corazones condenadores (3:21-24).

Probar a los espíritus

Juan advirtió sobre los falsos profetas e instó a sus lectores a no creer en todo espíritu, sino a poner a prueba los espíritus. El espíritu que confiesa que Jesús ha venido en la carne, es de Dios (4:1-6). Una vez más, Juan enfatiza la supremacía del amor. La medida del amor no es el amor humano por Dios, sino el amor de Dios por Sus hijos. El amor de Dios es original, insuperable y plenamente efectivo, a través del sacrificio expiatorio de Jesús por el pecado (4:7-19).

Gozo en la obediencia

Para concluir, Juan recordó a sus lectores que los que creen que Jesús es el Cristo son nacidos en Dios y muestran su amor al guardar Sus mandamientos. Ya que tienen la misma vida de Dios, la obediencia ya no es una carga. Los que no creen en el testimonio de Dios, en efecto, lo llaman mentiroso. La humanidad se divide en los que tienen al Hijo y en los que no lo tienen. Los que tienen al Hijo tienen vida eterna. Uno de los propósitos clave de Juan para escribir esta carta, fue dar a sus lectores la seguridad de la vida eterna. Aquí y ahora pueden estar seguros de que Dios los escucha mientras oran de acuerdo a Su voluntad. Al orar de esta manera, sabrán que su oración es respondida (4:20–5:13).

LA VERACIDAD DE 1 JUAN

Evidencia interna

El autor de 1 Juan afirmó ser un testigo ocular de Cristo (1 Jn. 1:1-3). A lo largo del Libro, escribió con un tono autoritario que es prácticamente apostólico.

Una comparación de 1 Juan y el Evangelio de Juan revela numerosas similitudes en teología, vocabulario y sintaxis. Hay pares contrastantes como: la vida y la muerte; la verdad y la mentira; la luz y las tinieblas; los hijos de Dios y los hijos del diablo; y el amor y el odio.

El término griego *parákletos* («consolador» / «abogado») aparece solo cinco veces en la Escritura, y todas se encuentran en el material juanino (Juan. 14:16,26;

15:26; 16:7; 1 Jn. 2:1). La palabra *monogenés* («unigénito») como una expresión de la relación única del Hijo con el Padre ocurre en Juan 1:14,18; 3:16,18; y 1 Juan 4:9.

Evidencia externa

La iglesia primitiva fue consistente en atribuir la autoría del cuarto Evangelio y 1 Juan al apóstol Juan. Papías, que conoció a Juan (nacido en el año 60 d.C.), es el primer escritor del siglo ii en referirse específicamente a una carta juanina como obra del apóstol Juan. Ireneo (180 d.C.) se refiere de manera específica a 1 y 2 Juan, y claramente las atribuye al apóstol Juan, al igual que el cuarto Evangelio. Además la tradición cristiana primitiva es unánime en atribuir 1 Juan al discípulo y apóstol del Señor, Juan.

CÓMO ENCAJA 1 JUAN EN LA HISTORIA DE DIOS

1. Prólogo: creación, caída del hombre y necesidad de redención
2. Dios construye Su nación (2000–931 a.C.)
3. Dios educa a Su nación (931–586 a.C.)
4. Dios preserva un remanente fiel (586–6 a.C.)
5. Dios compra la redención y comienza el reino (6 a.C. al 30 d.C.)
6. Dios extiende el reino a través de la iglesia (30 d.C. [?])
7. Dios consuma la redención y confirma Su reino eterno
8. Epílogo: un cielo nuevo y una Tierra nueva

CRISTO EN 1 JUAN

Jesús es la Palabra de vida que ha venido a la Tierra y ha sido vista, escuchada y palpada. Él nos revela quién es Dios y lo que Él ha hecho por nuestra salvación. Él vino para hacer posible una comunión con el Padre (1:3) y para tener comunión con otros creyentes (1:7). Esta comunión es posible porque la sangre de Cristo nos limpia y nos quita el pecado que nos separa de Dios (1:7).

PRINCIPIOS BÁSICOS DE LA COSMOVISIÓN CRISTIANA

Enseñanza sobre Dios

Dios es visto primordialmente en Su relación con Jesucristo. De esta manera, Él es «el Padre». Jesucristo es «el Hijo» (1:3) en perfecto complemento. También es «el Cristo» (2:22) que vino «en carne» (4:2-3). El Espíritu Santo ha sido entregado a los creyentes (3:24; 4:13), y Él permite que los creyentes reconozcan o rechacen todo espíritu falso (4:1-6).

Enseñanza sobre la humanidad

En primer lugar, 1 Juan reconoce solo dos categorías de seres humanos: los que creen en Jesucristo y todos los demás que pertenecen al espíritu del anticristo. Los creyentes confiesan cuando pecan, pero sus vidas no se caracterizan por el pecado (1:7-9; 5:16-18). Ellos viven en comunión con Dios y unos con otros. Los que continúan su vida en pecado dan evidencia de nunca haber conocido a Dios (3:6).

Enseñanza sobre la salvación

Uno de los grandes textos sobre la salvación es 1 Juan 2:2: «Y él es la propiciación por nuestros pecados; y no solamente por los nuestros, sino también por los de todo el mundo». El término «propiciación» se refiere a la eliminación de la ira divina por causa del pecado, como también se menciona en Romanos 3:25. La muerte propició la ira de Dios, no solo por «nuestros pecados», al referirse a los destinatarios de Juan, sino también a las personas de todos los grupos étnicos, económicos y sociales (Gál 3:28; Apoc.7:9-10). Los beneficios de la muerte de Cristo son para los que creen (5:13).

CARACTERÍSTICAS LITERARIAS

GÉNERO Y ESTILO LITERARIO

Una epístola escrita en griego *koiné*

La primera carta de Juan es la cuarta de siete «Epístolas Generales» en el NT, todas tituladas según sus autores. Esta carta no tiene las características habituales de una epístola, como la salutación, el agradecimiento o la salutación final. Por esta razón, algunos eruditos designan a 1 Juan como un tratado (un tratado formal, en lugar de una carta pastoral). Al igual que el cuarto Evangelio, Juan escribió con un vocabulario limitado y un estilo sencillo. También, como en el Evangelio, su estilo desarrolló conceptos contrastantes como: el amor contra el odio, la luz contra las tinieblas, la vida contra la muerte.

UN PRINCIPIO A SEGUIR EN LA VIDA

La segunda venida (1 Jn. 2:28–3:3)

Si queremos prepararnos sinceramente para ver a Jesús cara a cara, debemos vivir en comunión cotidiana con Dios y unos con otros.

Titulada según su autor, esta es la segunda epístola canónica de Juan, el apóstol de Jesús.

TEXTO CLAVE: VERSÍCULO 8

Mirad por vosotros mismos, para que no perdáis el fruto de vuestro trabajo, sino que recibáis galardón completo.

TÉRMINO CLAVE: «FIDELIDAD»

Aunque la palabra *fiel* no aparece, esta carta es en esencia un estímulo para permanecer fieles a la verdad del evangelio ante los engañadores.

RESUMEN DE UNA SOLA FRASE

Los que son fieles a «la doctrina de Cristo» conocen al Padre y al Hijo, y un día serán plenamente recompensados.

La Puerta de la Persecución en Éfeso.

CONTEXTO HISTÓRICO ORIGINAL

AUTOR Y FECHA DE ESCRITURA

El apóstol Juan, tal vez alrededor del año 80–90 d.C.

Esta carta señala que fue escrita por «el anciano», que no tiene otro nombre. Algunos han especulado que se trataba de un líder cristiano desconocido; sin embargo, ya que el estilo y el contenido son bastante parecidos a 1 Juan, la escritura de estas cartas ha sido otorgada a una misma persona. La tradición cristiana ha afirmado consistentemente que su autor fue el apóstol Juan. Ver *Autor y fecha de escritura* de **JUAN** para más información. La mayoría de los eruditos creen que esta epístola fue escrita un poco después del Evangelio, aunque esto es improbable. La década de los 80 d.C. es una buena estimación para la composición de esta carta.

PÚBLICO INICIAL Y DESTINATARIO

Una dama cristiana o una congregación, en algún lugar de la provincia romana de Asia

Esta carta fue escrita a «la señora elegida y a sus hijos». Si se refiere a alguien en particular, ella es desconocida, pero había enseñado a sus hijos a seguir el evangelio. Los que apoyan este punto de vista señalan que esta carta es paralela a 3 Juan, que también fue dirigida a un individuo. Puesto que parece que Juan conocía bien a esta dama (v. 5), evidentemente era alguien que había conocido durante su ministerio, que estaba centrado en Éfeso.

Alternativamente, «la señora elegida» puede ser una expresión figurativa para referirse a una congregación en particular. Los «hijos» son los miembros de esa iglesia.

ORIGEN

Juan se motivó a escribir debido a que recientemente se había percatado de la excelente reputación cristiana de los «hijos» (v. 4). Al parecer, se enteró de una herejía a la que se habían enfrentado, idéntica a la falsa doctrina que afrontaron los destinatarios de su primera epístola. (Ver *Origen* de **1 JUAN**). Él escribió esta carta como una nota personal para aconsejar a la «señora» sobre la herejía y para instarla a continuar en el amor cristiano.

EL MENSAJE DE DIOS EN 2 JUAN

PROPÓSITO

Esta epístola de 2 Juan fue escrita para combatir las mismas falsas doctrinas que fueron descritas en 1 Juan. En la primera carta, las enseñanzas se aplicaban a un entorno congregacional, y en la segunda carta se aplicaron bien de igual manera o de forma personal familiar.

A PRIMERA VISTA

Salutación

Juan se describió como «el anciano». El término puede referirse a un título oficial (ver 1 Ped. 5:1) o puede describir, cariñosamente, a Juan como un anciano. Juan nombró a sus destinatarios como «la señora elegida y sus hijos». Si la destinataria fuese una persona, probablemente sería anónima. Es más probable que la frase se refiera a una iglesia local, sobre la cual el anciano tenía autoridad. Los «hijos» eran los miembros de esa iglesia. La declaración de amor de Juan y el trato, podrían ser más adecuados para una iglesia que para una persona. La orden de no recibir a falsos maestros es más apropiada para una iglesia local que para un hogar.

Ánimo

En su viaje, Juan había conocido a los hijos de la señora, tal vez los miembros de la iglesia. Su conducta lo había impresionado. La reunión dio como resultado un solo precepto: «que nos amemos unos a otros» (v. 5). Entonces, Juan establece el vínculo entre la obediencia y el amor. Si amamos a Dios, lo obedeceremos. Nuestro amor por Él se expresa en nuestra obediencia (vv. 4-6).

Advertencia

Juan previno sobre los engañadores que condujeron a otros por el mal camino. La doctrina enfatizaba la incredulidad en la encarnación. Los cristianos afirmaban la humanidad genuina de Jesús cuando decían «Jesucristo ha venido en carne» (1 Jn. 4:2; 2 Jn. 7). Jesús no se convirtió en Cristo en el bautismo, ni dejó de ser Cristo antes de Su muerte. Él fue el Cristo que se hizo carne desde la concepción hasta la ascensión. Juan advirtió a sus lectores sobre la pérdida de su recompensa por su fiel servicio, al caer en un error doctrinal (v. 8). Afirmó que aquel que se equivoca en este aspecto tan importante, no tiene a Dios. Juan incluyó una exhortación adicional en los versículos 10-11, e instó a no proveer ninguna clase de bienvenida oficial a los que erraban en su doctrina de Cristo. Él no promovía la intolerancia, y tampoco fallaba a su anterior petición: «que nos amemos unos a otros». Señaló que no debían extender ninguna forma de apoyo para los que estaban equivocados en el asunto de la humanidad genuina de Cristo.

Mirar hacia el futuro

Aunque Juan tenía mucho por comunicar a sus lectores, no quiso usar otra hoja de papiro para escribir. Prefería hablar cara a cara para no ser malinterpretado. Anticipó una futura visita que sería un motivo de alegría. La palabra final de Juan en el versículo 13, parece un mensaje de saludos de los miembros de una iglesia a otra.

LA VERACIDAD DE 2 JUAN

El canon del NT de 27 Libros data de la carta pascual de Atanasio del año 367 d.C. En esa lista de 27 Libros estaba 2 Juan. La sola inclusión de 2 Juan en el canon es uno de los argumentos más fuertes para su autenticidad y su autoría de Juan. Este segundo Libro más corto en el NT, de 245 palabras en el texto griego, se enfrentó a pruebas severas antes de ser incluido en el canon.

A diferencia de las cartas de Pablo, 2 Juan no fue mayormente citado, por lo que fueron pocas las referencias de esta breve carta. En su libro *Against Heresies* [Contra las herejías] (3.16.8) (180 d.C.), Ireneo cita 2 Juan 7-8 en el contexto al referirse a 1 Juan. Esto puede ser evidencia de que las tres cartas de Juan circularon juntas.

Esta carta habría sido de especial interés para Ireneo que, durante su juventud, había escuchado a Policarpo (69–155 d.C.). A su vez, Policarpo había sido discípulo del apóstol Juan. Dada la proximidad de Ireneo a la generación que siguió a la de los apóstoles y su pasión por la verdad, si tuviera dudas de la autenticidad de 2 Juan, probablemente nunca hubiese sido incluido en el canon.

CÓMO ENCAJA 2 JUAN EN LA HISTORIA DE DIOS

1. Prólogo: creación, caída del hombre y necesidad de redención
2. Dios construye Su nación (2000–931 a.C.)
3. Dios educa a Su nación (931–586 a.C.)
4. Dios preserva un remanente fiel (586–6 a.C.)
5. Dios compra la redención y comienza el reino (6 a.C. al 30 d.C.)
6. Dios extiende el reino a través de la iglesia (30 d.C. [?])
7. Dios consuma la redención y confirma Su reino eterno
8. Epílogo: un cielo nuevo y una Tierra nueva

⟨✠⟩ CRISTO EN 2 JUAN

La preocupación clave de Juan en esta carta era afirmar que Cristo había venido en carne. Juan instó a sus lectores a no ir más allá de esta enseñanza acerca de Cristo y a no asociarse con personas que modifiquen esta enseñanza.

PRINCIPIOS BÁSICOS DE LA COSMOVISIÓN CRISTIANA

Enseñanza sobre Dios

Dios es el Padre de Jesús y es quien emitió los mandamientos que Sus hijos deben vivir. Jesús es el Mesías, el Hijo del Padre, el que vino «en carne». No se menciona al Espíritu Santo.

Enseñanza sobre la humanidad

Este Libro muestra, negativamente, que muchos engañadores y anticristos están dispuestos a oponerse al pueblo de Dios. También muestra, positivamente, el gran bien que un cristiano o una congregación («la señora elegida») pueden alcanzar. Ver también *Enseñanzas sobre la humanidad* de **1 TIMOTEO**.

Enseñanza sobre la salvación

La única enseñanza directamente relacionada con la salvación es la importancia crucial de la encarnación del Hijo de Dios. Los que niegan esta doctrina no reciben la salvación (v. 7). Las personas redimidas andan en amor y permanecen en «la doctrina de Cristo» como una manera de vivir.

CARACTERÍSTICAS LITERARIAS

GÉNERO Y ESTILO LITERARIO

Una epístola escrita en griego *koiné*

La segunda carta de Juan es la quinta de siete «Epístolas Generales» en el NT, todas tituladas según sus autores. No contiene el agradecimiento, una de las características habituales de una epístola. Hay una salutación (vv. 1-3), un cuerpo (vv. 4-11) y una salutación final (vv. 12-13). Es una carta pastoral motivada por la situación y las necesidades del destinatario, más que un tratado (formal). El estilo griego es idéntico al de 1 Juan.

UN PRINCIPIO A SEGUIR EN LA VIDA

Rechazar las falsas doctrinas (2 Jn. 9-10)

Como comunidades de fe, no debemos permitir que prediquen ni enseñen los que niegan que Jesucristo es Dios que se hizo carne.

Titulada según su autor, es la tercera carta canónica de Juan, el apóstol de Jesús.

TEXTO CLAVE: VERSÍCULO 8

Nosotros, pues, debemos acoger a tales personas, para que cooperemos con la verdad.

TÉRMINO CLAVE: «VERDAD»

La palabra «verdad» (griego: *alétheia*) se usa en seis ocasiones. Los cristianos están llamados a someterse a la verdad y mostrar hospitalidad a los líderes relacionados al ministerio de la verdad.

RESUMEN DE UNA SOLA FRASE

Los cristianos deben reconocer y trabajar por la verdad del evangelio, y una manera de hacerlo es mostrar hospitalidad a los ministros cristianos que trabajan arduamente.

Busto del emperador romano *Traianus* (Trajano) que reinó desde el año 98 hasta el 117 d.C. El busto está en exhibición en el Museo de las Civilizaciones de Antolia en Ankara. Ireneo afirmó que Juan vivió en Asia hasta el reinado de Trajano (98-117).

CONTEXTO HISTÓRICO ORIGINAL

AUTOR Y FECHA DE ESCRITURA

El apóstol Juan, tal vez alrededor del año 80–90 d.C.
Ver *Autor y fecha de escritura* de **2 JUAN**.

PÚBLICO INICIAL Y DESTINATARIO

Gayo, un cristiano que vivía en Asia romana
A Gayo se lo conoce solo a través de esta carta. Era un buen cristiano que Juan amaba y conocía bien («amado», v. 5). Probablemente tenía la responsabilidad de liderazgo en la congregación que Juan mencionó en su carta. Se desconoce dónde vivió, pero posiblemente vivía cerca de Éfeso, donde Juan vivió durante sus últimos años.

ORIGEN

El origen de esta carta es completamente diferente al origen de 1 y 2 Juan. El autor escribió una nota breve a su amigo Gayo. En esta, elogió la práctica de la hospitalidad por el bien del evangelio.

EL MENSAJE DE DIOS EN 3 JUAN

PROPÓSITO

Gayo fue motivado a tener cuidado de un perturbador (Diótrefes), y a dar la bienvenida a un recién llegado (Demetrio).

A PRIMERA VISTA

La tercera epístola de Juan es una carta personal que proporciona información sobre un conflicto de personalidad que surgió a finales del siglo I, y la estrategia adoptada por Juan para resolverlo. Juan empezó con un mensaje de exhortación a Gayo, y lo instó a no imitar el mal ejemplo de Diótrefes, sino a continuar el buen trabajo que estaba haciendo de recibir y apoyar a los maestros y misioneros itinerantes.

LA VERACIDAD DE 3 JUAN

La similitud de estilo y de vocabulario entre las tres cartas de Juan, ha llevado a la mayoría de los eruditos modernos a concluir que fueron escritas por la misma persona, incluso si no creen que el apóstol Juan haya sido esa persona. Debido a este reconocimiento, más la mencionada evidencia externa (que apoya firmemente la autoría de Juan tanto del Evangelio como de 1 Juan) y la conclusión, es lógico que Juan el apóstol haya escrito el Evangelio y todas las tres cartas que le fueron atribuidas.

Chales E. Hill cita varias líneas de evidencia de que el Evangelio, las tres cartas de Juan y Apocalipsis fueron considerados un corpus literario que pudo haber existido en forma física. Más allá de esta posibilidad «estos libros existieron como un corpus conceptual definitivo, pues los escritores los usan como si fuesen uno solo y emanaran de una sola fuente fidedigna».[1]

Una fascinante evidencia indirecta de que estos cinco documentos estuvieron juntos se encuentra en el Códice de Beza, uno de los cinco manuscritos más importantes del NT griego, que data a finales del siglo IV o principios del siglo V. En realidad, este es un manuscrito bilingüe, con griego en las páginas de la izquierda y latín en la derecha. Este manuscrito tiene los cuatro Evangelios en el siguiente orden: Mateo, Juan, Lucas, Marcos. Hay un espacio en blanco donde falta el número de páginas. El siguiente documento es un fragmento de 3 Juan (vv. 11-15) en latín, seguido por Hechos.[2]

El vacío no es lo bastante grande como para acomodar las cartas de Pablo, ni todas las Epístolas Generales. Lo que encajaría bien en ese vacío es Apocalipsis y 1, 2 y 3 Juan. Esto no demuestra que los cinco escritos asignados tradicionalmente al apóstol Juan forman un solo códice, pero es una prueba indirecta de que estos pueden haber existido en el siglo II.

CÓMO ENCAJA 3 JUAN EN LA HISTORIA DE DIOS

1. Prólogo: creación, caída del hombre y necesidad de redención
2. Dios construye Su nación (2000–931 a.C.)
3. Dios educa a Su nación (931–586 a.C.)
4. Dios preserva un remanente fiel (586–6 a.C.)
5. Dios compra la redención y comienza el reino (6 a.C. al 30 d.C.)
6. Dios extiende el reino a través de la iglesia (30 d.C. [?])
7. Dios consuma la redención y confirma Su reino eterno
8. Epílogo: un cielo nuevo y una Tierra nueva

⤫ CRISTO EN 3 JUAN

Juan describe a un hombre llamado Diótrefes a quien le gustaba tener el primer lugar en todo. Esta persona es lo opuesto a Cristo quien se humilló a sí mismo, se convirtió en siervo y sufrió una muerte ignominiosa. Juan insta a sus lectores a no imitar el mal, sino el bien. Cristo es el ejemplo supremo de la bondad.

PRINCIPIOS BÁSICOS DE LA COSMOVISIÓN CRISTIANA

Enseñanza sobre Dios

Se menciona a Dios tres veces (vv. 6,11) como la fuente del bien, no del mal, que espera que Su pueblo viva digno de Él. Los ministros sirven por el bien de Su nombre (v. 7).

Enseñanza sobre la humanidad

Esta carta está llena de contrastes. Por un lado, hay varios ejemplos brillantes de lo que la gente comprometida con la verdad puede alcanzar (Gayo, Demetrio, Juan, los ministros itinerantes). Por otra parte, Diótrefes es un ejemplo negativo de alguien que obstruye la verdad. Ver también *Enseñanza sobre la humanidad* de **1 TIMOTEO**.

Enseñanza sobre la salvación

La salvación se aborda indirectamente mediante el uso constante de Juan de «la verdad» (vv. 1,3,4,8,12). Evidentemente, «la verdad» es su paráfrasis para «el evangelio de Jesucristo», en términos generales. Esta verdad no está definida, pero su importancia es evidente.

CARACTERÍSTICAS LITERARIAS

GÉNERO Y ESTILO LITERARIO

Una epístola breve escrita en griego *koiné*

La tercera carta de Juan es la sexta de siete «Epístolas Generales» en el NT, todas tituladas según sus autores. Esta carta contiene los cuatro elementos del esquema de una epístola del siglo i: salutación (v. 1), agradecimiento (en esta carta, una petición breve, v. 2), cuerpo principal (vv. 3-12) y salutación final (vv. 13-14). Este Libro es una carta pastoral, motivada por la situación y las necesidades del destinatario, más que un tratado (formal). El estilo griego es idéntico al de 1 Juan.

UN PRINCIPIO A SEGUIR EN LA VIDA

Hospitalidad y generosidad (3 Juan 5-8)

Los creyentes calificados que dedican mucho tiempo al ministerio y que tienen necesidades financieras personales, deben ser cuidados por el cuerpo de la iglesia.

REFERENCIAS

1. Charles E. Hill, *The Johannine Corpus in the Early Church* [El corpus juanino en la iglesia primitiva] (New York: Oxford University Press, 2004), 461.

2. *Ibíd.*, 454.

Esta carta se titula como su autor, Judas, quien probablemente fue medio hermano de Jesús.

TEXTO CLAVE: VERSÍCULO 3

Amados, por la gran solicitud que tenía de escribiros acerca de nuestra común salvación, me ha sido necesario escribiros exhortándoos que contendáis ardientemente por la fe que ha sido una vez dada a los santos.

TÉRMINO CLAVE: «CONTENDER»

Esta carta es un recordatorio de que los cristianos son soldados comprometidos en la guerra espiritual. Están llamados a contender por la verdad del evangelio.

RESUMEN DE UNA SOLA FRASE

Los cristianos deben defender la fe contra las falsas enseñanzas y los falsos maestros; y al mismo tiempo, deben aumentar su propia fe en Cristo.

CONTEXTO HISTÓRICO ORIGINAL

AUTOR Y FECHA DE ESCRITURA

Judas, tal vez en la década del 60 d.C.

El autor fue «Judas, siervo de Jesucristo, y hermano de Jacobo» (v. 1). Judas es la traducción en español del nombre hebreo «Judah». (El nombre «Judas» es idéntico, *Ioudás* en griego, pero la mayoría de los traductores reservan «Judas» para el traidor de Jesús debido a las connotaciones negativas de ese nombre). Había varios judíos en el NT, pero solo uno era hermano de Jacobo y de Jesús (Mat. 13:15). Él era hijo de María y José y, como todos los hermanos de Jesús, no habían creído en Él hasta después de la resurrección (Hech. 1:14). Más allá de su autoría de esta carta, poco se sabe de él como líder cristiano. La década de los años 60 d.C. encaja debido a la conexión de esta epístola con 2 Pedro (ver *Origen* más adelante).

PÚBLICO INICIAL Y DESTINATARIO

Creyentes que vivían en un lugar desconocido

Esta carta no contiene información específica que permita la identificación de los primeros destinatarios. Eran cristianos bien conocidos por Judas («amados», v. 3) y los quería exhortar. Su cita de fuentes judías sugiere que los destinatarios eran judíos, pero más allá de eso, nada se puede determinar.

ORIGEN

Judas tenía la intención de escribir sobre un tema, pero cambió de opinión cuando se enteró de falsos maestros peligrosos. Ya se habían infiltrado en la congregación, y Judas los condenó (v. 13). Su problema era que convirtieron «en libertinaje la gracia de nuestro Dios» (v. 4). Evidentemente, se refirió al libertinaje bajo el entendimiento de que la gracia de Dios autoriza a los creyentes a hacer lo que quieran, sin considerar los mandamientos de Dios. Los falsos maestros estaban motivados por su propia lujuria sensual y deseo de ganancia financiera (v. 16). De esta manera, Judas escribió esta carta de exhortación; no solo atacó la falsedad, sino que también alentó a estos creyentes a permanecer fieles a la fe, y a alcanzar compasivamente a los que fueron tentados a comprometerse con los falsos maestros (vv. 20-22).

EL MENSAJE DE DIOS EN JUDAS

PROPÓSITO

Judas fue escrito para condenar a los falsos maestros que trataban de persuadir a los cristianos de su libertad para pecar, ya que habían sido perdonados y estaban bajo la gracia de Dios. Judas quería que sus lectores se opusieran a esta enseñanza con la verdad de la gracia de Dios.

A PRIMERA VISTA

Introducción

Judas se había preparado para escribir una carta bajo el tema de la «salvación» cuando se enteró de la influencia de los falsos maestros. Exhortó a sus lectores a luchar por la fe mediante sus vidas piadosas y obedientes. Describió a los falsos maestros como hombres impíos que estaban condenados ante Dios debido a su negación del señorío de Jesús (vv. 3-4).

Apóstatas: pasado y presente

Judas calificó a los falsos maestros como merecedores del juicio de Dios, así como habían sido los israelitas incrédulos, los ángeles rebeldes y las ciudades de Sodoma y Gomorra. Mostró que los falsos maestros estaban desafiando a Dios con arrogancia por su conducta moral perversa. Despreciaban a las criaturas angelicales, a las que no entendían. Judas elogió el ejemplo del arcángel Miguel, que no usó su propia autoridad para contender con el diablo. Judas usó esta historia apócrifa de la *Asunción de Moisés* para demostrar una actitud apropiada hacia lo sobrenatural (vv. 5-9).

Los falsos maestros tenían el espíritu asesino de Caín, eran tan codiciosos como Balaam y tan rebeldes como Coré (vv. 10-13). Judas citó un pasaje de 1 Enoc, un libro que no pertenece a la Escritura, pero que pudo ser sumamente importante para los falsos maestros, para enfatizar la realidad del juicio divino (vv. 14-15).

Ánimo

Judas recordó a sus lectores que los apóstoles habían advertido sobre los falsos maestros, quienes estarían espiritualmente vacíos y promoverían la división (vv. 17-19). Alentó a sus lectores a permanecer en el amor de Dios mediante la edificación de la fe dada una vez por todas, la oración en el Espíritu Santo y la espera en la misericordia de Dios para la vida eterna (vv. 20-21). Deberían tener misericordia de los que dudaban y de los que estaban atrapados en el pecado (vv. 22-23).

Bendición

Judas cerró con la recomendación a sus lectores al poder de Dios, quien es el único que puede proporcionar la fuerza necesaria para la obediencia plena. Solo a Dios, a través de Jesucristo, atribuye la «gloria y majestad, imperio y potencia, ahora y por todos los siglos. Amén».

LA VERACIDAD DE JUDAS

El autor se identifica en el primer versículo como «Judas, siervo de Jesucristo, y hermano de Jacobo» (v.1). El Jacobo que se menciona es casi con toda seguridad el hermano del Señor Jesucristo y autor de la epístola de Santiago (comp. también Hech. 15:13-21; 1 Cor. 15:7; Gál. 2:9). Por esto, podemos concluir que Judas era bien conocido por su conexión con su hermano famoso que desempeñó un importante papel en la iglesia apostólica. Por lo tanto, Judas era también el medio hermano de Jesucristo (Mat. 13:55; Mar. 6:3). La evidencia externa de la iglesia primitiva apoya la posición de que Judas, hermano de Jesús, escribió la carta.

Algunos eruditos han argumentado que otro Judas escribió la carta. Calvino identificó al autor como el apóstol «Judas, hermano de Jacobo» (Luc. 6:16; Hech. 1:13). Pero si esto fuera correcto, el autor probablemente se autodenominaría apóstol. Otros han especulado que el escritor podría ser «Judas Barsabás» (Hech. 15:22,27,32), pero no hay evidencia de que este fuese hermano de Jacobo. Aún más improbable es la teoría de la autoría del apóstol Tomás. Otros sostienen que la carta es pseudónima, pero faltan pruebas para esto en los escritos canónicos. Para resumir, hay buenas razones para aceptar la posición de que Judas, el hermano de Jesús, es el autor de la epístola.

CÓMO ENCAJA JUDAS EN LA HISTORIA DE DIOS

1. Prólogo: creación, caída del hombre y necesidad de redención
2. Dios construye Su nación (2000–931 a.C.)
3. Dios educa a Su nación (931–586 a.C.)
4. Dios preserva un remanente fiel (586–6 a.C.)
5. Dios compra la redención y comienza el reino (6 a.C. al 30 d.C.)
6. Dios extiende el reino a través de la iglesia (30 d.C. [?])
7. Dios consuma la redención y confirma Su reino eterno
8. Epílogo: un cielo nuevo y una Tierra nueva

☧ CRISTO EN JUDAS

Judas espera el día cuando Jesús recompensará a Sus seguidores. Mira desde la perspectiva actual, y habla de los creyentes que se guardan para Jesús (v. 1). Él sabe que la vida eterna está basada en la misericordia de Jesús (v. 21).

PRINCIPIOS BÁSICOS DE LA COSMOVISIÓN CRISTIANA

Enseñanza sobre Dios

A Dios se lo menciona como Padre, Salvador y Señor (vv. 1,5,9,25). La gracia de Dios es el atributo que sale a relucir en este Libro (v. 4). A Jesús también se lo llama Señor, y Él es el que guarda a Su pueblo y lo lleva a la vida eterna (vv. 1,21,25). El Espíritu, nunca impartido a los que rechazan la verdad, permite las oraciones de los santos (vv. 19-20).

Enseñanza sobre la humanidad

Judas muestra el gran mal de los esclavos de la falsedad: «Fieras ondas del mar, que espuman su propia vergüenza; estrellas errantes, para las cuales está reservada eternamente la oscuridad de las tinieblas» (v. 13). Por otro lado, la humanidad redi-

Judas exhorta sobre los hombres sin ley que se han infiltrado en la iglesia. Los compara con «árboles otoñales, sin fruto, dos veces muertos y desarraigados» (Judas 12).

mida espera el gozo eterno: «Y a aquel que es poderoso para guardaros sin caída, y presentaros sin mancha delante de su gloria con gran alegría» (v. 24).

Enseñanza sobre la salvación

Judas tenía la intención de escribir sobre la salvación que tenían en común, pero en su lugar escribió sobre los falsos maestros (v. 3). Menciona a Dios como «Salvador» (v. 25). El versículo 24 testifica que la salvación es obra de Dios desde el principio hasta el final (ver también v. 1).

CARACTERÍSTICAS LITERARIAS

GÉNERO Y ESTILO LITERARIO

Una epístola escrita en griego *koiné*

Judas es la última de las siete «Epístolas Generales» en el NT, todas tituladas según sus autores. No tiene una de las características habituales de una epístola (agradecimiento), pero hay una salutación (vv. 1-2), un cuerpo (vv. 3-23) y una salutación final (en esta carta, una doxología, vv. 24-25). Judas es una carta pastoral, motivada por la situación y las necesidades de los destinatarios más que por un tratado (formal). El estilo griego es extraño y difícil de leer. (La repetición de la palabra «impío» en el versículo 15 es un ejemplo de la dificultad estilística).

Judas citó fuentes judías no canónicas, tanto la *Asunción de Moisés* (v. 9) y *1 Enoc* (vv. 14-15) para respaldar sus argumentos. No los llamó Escritura ni implicó que fueron inspirados, sino que los utilizó como fuente de información. A veces el apóstol Pablo también usaba fuentes no canónicas (Hech. 17:28; 1 Cor. 15:33; Tito 1:12; 2 Tim. 3:8).

UN PRINCIPIO A SEGUIR EN LA VIDA

Amor que confronta (Jud. 3-4)

Aunque es más fácil y más agradable felicitar a nuestros hermanos cristianos, hay momentos cuando debemos abordar situaciones difíciles y dolorosas de manera directa.

EL APOCALIPSIS

La primera palabra en el texto griego de este Libro es *apokálypsis*, que significa «revelar» o «dar a conocer». Aunque el título en español es «El apocalipsis de San Juan», la obra es claramente una revelación de Jesucristo a Juan.

TEXTO CLAVE: 1:7

He aquí que viene con las nubes, y todo ojo le verá, y los que le traspasaron; y todos los linajes de la tierra harán lamentación por él. Sí, amén.

TÉRMINO CLAVE: «PROFECÍA»

Este Libro conscientemente se denomina profecía, tanto en su inicio como en su final (1;3;22:18-19). Es el único Libro del NT que es profético en esencia.

RESUMEN DE UNA SOLA FRASE

Jesús, el Señor de la historia, regresará a la Tierra, destruirá todo mal y toda oposición a Él, y traerá el reino de Dios a su gloriosa culminación.

San Juan el evangelista en Patmos, por Jocopo Vignali (1592–1664).

CONTEXTO HISTÓRICO ORIGINAL

AUTOR Y FECHA DE ESCRITURA

El apóstol Juan, alrededor del año 95 d.C.

El Libro fue escrito por Juan, quien tenía una gran autoridad, incluso desde su lugar de destierro, la pequeña isla de Patmos a aproximadamente 56 kilómetros (35 millas) de distancia en el Mar Egeo. La mayoría, pero no todas, las antiguas referencias cristianas de la autoría de Apocalipsis afirmaban que fue Juan, el apóstol de Jesús. Ver *Autor y fecha de escritura* de **JUAN** para más información. La tradición registra que Juan tuvo un ministerio duradero y exitoso en la ciudad de Éfeso y en sus alrededores durante sus últimos años de vida. Algunos eruditos creen que el autor de Apocalipsis fue otro Juan (desconocido). Sin embargo, no hay una buena razón para negar la autoría del apóstol, quien también compuso el cuarto Evangelio y tres epístolas. Ver *La veracidad de Apocalipsis,* pág. 517.

Apocalipsis se originó durante una época de persecución por parte de los romanos a los cristianos. Se ha sugerido que el tiempo de su composición fue durante los últimos días del emperador Nerón (reinó entre los años 54–68 d.C.). La severidad de la persecución, así como el declive espiritual de las iglesias en Apocalipsis 2–3 sugiere una fecha posterior a la mayoría de los eruditos. Los últimos años de Domiciano (reinó entre los años 81–96 d.C.) son una fecha más probable para el origen de este Libro. De ser así, Apocalipsis fue el último Libro del NT en ser escrito.

PÚBLICO INICIAL Y DESTINATARIO

Cristianos perseguidos que vivían en siete ciudades de la provincia romana de Asia

Los destinatarios y el objetivo de Apocalipsis no fueron una decisión de Juan, ya que estaba siguiendo órdenes divinas. Esto está explícito en Apocalipsis 1:10-11: «Yo estaba en el Espíritu en el día del Señor, y oí detrás de mí una gran voz como de trompeta, que decía: Yo soy el Alfa y la Omega, el primero y el último. Escribe en un libro lo que ves, y envíalo a las siete iglesias que están en Asia: a Éfeso, Esmirna, Pérgamo, Tiatira, Sardis, Filadelfia y Laodicea».

La lista sigue el orden en que el mensajero viajó después de llegar a tierra firme desde Patmos.

ORIGEN

Juan explicó sus motivos para escribir este Libro. Mientras estaba exiliado en Patmos, el Señor exaltado apareció y le pidió que escribiese sobre las visiones que le dio. Los destinatarios eran cristianos que soportaban una persecución cruel.

Todos los Libros de la Biblia son inspirados por Dios, pero este más que ningún otro, tiene un sentido de dictado divino.

EL MENSAJE DE DIOS EN APOCALIPSIS

PROPÓSITO

Este Libro profético originalmente pretendía enseñar que, en última instancia, la fidelidad a Jesús triunfa sobre todos los males de este mundo, y que Jesús volverá a la Tierra como Rey, Cordero y Novio. El pueblo de Dios que hoy lee y estudia Apocalipsis, debe tener en cuenta su propósito original.

A PRIMERA VISTA

Prólogo

La obra de Juan escrita a las «siete iglesias» de la provincia romana de Asia es una «revelación» de lo que sucederá «en breve». El tema es claro: el mismo Señor Dios ha garantizado la vindicación final de Jesús crucificado (1:7-8). Una bendición, la primera de siete, se promete para aquellos que oyen y guardan su mensaje (1:3).

La visión de Juan del Señor resucitado

Mientras estaba en el exilio en Patmos, Juan vio al Señor resucitado (1:9-20). Revestido de poder y majestad, el viviente se reveló a sí mismo como el Señor de las iglesias e instruyó a Juan a enviar no solo las siete cartas, sino también un relato de lo que había visto y vería, una revelación de las cosas «que han de ser después de estas» (1:19).

Los destinatarios: las siete iglesias en Asia

Las cartas a las iglesias de Éfeso, Esmirna, Pérgamo, Tiatira, Sardis, Filadelfia y Laodicea tienen un formato bastante consistente. En primer lugar, después de designar a los destinatarios, el Señor se describe con una porción de la descripción en 1:9-20. Luego sigue una sección «Yo conozco» de recomendación y crítica. Después hay una forma de exhortación común para los que reciben críticas, una exhortación al arrepentimiento; sin embargo, a las iglesias de Esmirna y Filadelfia, a quienes el Señor exaltó, la exhortación es de seguridad (2:10; 3:10-13). Cada carta concluye con un llamado a oír «lo que el Espíritu dice a las iglesias» y una promesa al vencedor, aquel que vence al perseverar en la causa de Cristo. Cada promesa encuentra su fuente en la consumación gloriosa (Apoc. 19–22).

Juicios venideros

Los capítulos 4 y 5 son fundamentales, y entrelazan las exhortaciones del Señor resucitado a las iglesias (caps. 2–3), a los juicios y al triunfo final del Cordero (caps. 6–22). El Señor Jesús crucificado es el León y el Cordero de Dios, resucitado y exaltado, Todopoderoso, Omnisciente y está presente en todas partes (5:6). Él y solo Él es digno de tomar el Libro y abrir los siete sellos; cuando el Cordero comienza a abrirlos, los eventos culminantes de la historia empiezan a desarrollarse.

Siete sellos, siete trompetas y siete copas

Una lectura cuidadosa de Apocalipsis muestra que, tanto el séptimo sello como la séptima trompeta, no tienen contenido. Se sugiere que las tres series de juicios (sellos, trompetas y copas) tienen una relación telescópica, de modo que el séptimo sello contiene siete trompetas, y las siete trompetas contienen las siete copas, lo que justifica la intensidad y la rapidez de los juicios hacia el final.

Preparación para la aparición del Señor

Aunque Juan ha retenido una descripción de la venida del Señor al menos en tres ocasiones anteriores (8:5; 11:15-19; 14:14-16; 16:17-21), ahora estaba preparado

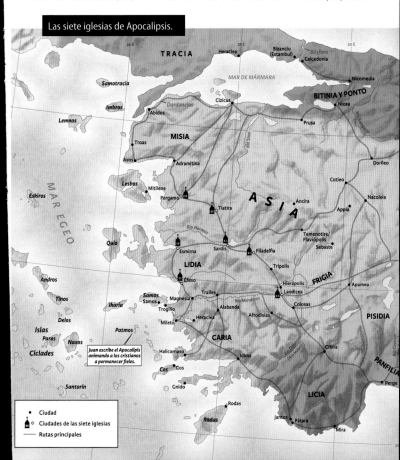

Las siete iglesias de Apocalipsis.

Juan escribe el Apocalipsis animando a los cristianos a permanecer fieles.

- • Ciudad
- Ciudades de las siete iglesias
- Rutas principales

para describir la gloria de la apariencia del Señor. Todo el cielo se regocija por el justo juicio de Dios sobre el mal (19:1-2). La novia del Cordero, el pueblo de Dios, se ha preparado por fidelidad a su Señor a través del sufrimiento (19:7-8).

Conflictos finales

El cielo se abre y Aquel cuya venida ha sido fielmente anticipada desde tiempos pasados, lucha contra los enemigos de Dios, un conflicto cuyo resultado no está en duda (19:11-16). La primera bestia (el anticristo) y la segunda bestia (el profeta falso) son arrojados al lago de fuego del cual no hay retorno (19:20), un lugar de castigo eterno y tormento, sin aniquilación.

Mil años

El dragón (Satanás) es arrojado al abismo que está cerrado y sellado por mil años (20:1-3). Cristo reinará por mil años sobre la Tierra como Rey de reyes y Señor de señores. Los muertos en Cristo son resucitados para gobernar con Él (20:4-6), y el legítimo gobierno de Dios sobre la Tierra es vindicado.

El destino de Satanás

Al final de los mil años, la disposición final de Satanás ocurrirá (20:7-10). Aunque Satanás realizará un último engaño, su insurrección final será corta. En una batalla final, Satanás y sus seguidores son vencidos, y el diablo se une a la bestia y al falso profeta en el lago de fuego, donde «serán atormentados día y noche por los siglos de los siglos» (20:10). Entonces empieza el juicio final, donde la muerte, el infierno y todos los que no están incluidos en «el libro de la vida» serán arrojados al lago de fuego (20:11-15).

Nuevos cielos y una nueva Tierra

Continúa con la creación de nuevos cielos y una nueva Tierra (21:1). La santa ciudad, la nueva Jerusalén, desciende del cielo (21:2). Es una novia hermosa, exquisitamente preparada para el matrimonio con su Esposo, el Cordero. Dentro de esta bella ciudad, el pueblo de Dios está seguro y alejado de la presencia del mal y del pecado (21:22-27). El trono de Dios y del Cordero está allí, y en ese lugar Sus siervos le servirán y reinarán con Él por los siglos de los siglos (22:1-5).

Afirmación final y exhortación

Juan concluyó su profecía con la declaración de la fidelidad absoluta de sus palabras. Aquellos que presten atención a su profecía, recibirán las bendiciones de Dios. Aquellos que ignoren las advertencias, serán dejados fuera de las puertas de la presencia de Dios (22:6-15). Juan cerró su Libro solemnemente y oró con la esperanza de que el Señor viniera (22:17,20). Las iglesias deben tener oídos para escuchar lo que el Espíritu ha dicho (22:16). El pueblo de Dios debe, por Su gracia, perseverar en los tiempos de tribulación, al saber que su Señor entronado volverá en triunfo.

LA VERACIDAD DE APOCALIPSIS

Apocalipsis es uno de los pocos Libros del NT que fueron ampliamente debatidos antes de ser reconocidos como Escritura. Difiere de manera importante de otros libros que también han sido disputados. Apocalipsis fue primero aceptado como una obra del apóstol Juan, y más tarde fue disputado y debatido antes de convertirse en uno de los 27 Libros que llamamos el Nuevo Testamento.

El apoyo primitivo de la autoría de Juan de Apocalipsis incluye a Papías (60–130 d.C.), Hegesipo (siglo II), Justino Mártir (100–165), Ireneo (c. 115–c. 202), Clemente de Alejandría (c. 155–c. 220), Tertuliano (c. 160–c. 215), Hipólito (fallecido c. 236) y Orígenes (c. 185–c. 254). Papías es el testigo más antiguo del siglo II de la autoría apostólica, pero sus escritos vienen en fragmentos a través de escritores posteriores, Ireneo y Eusebio.

En su *Diálogo con Trifón* (81.4), Justino Mártir es el más antiguo y fiel testigo de la autoría de Juan:

> Hemos percibido, además, que la expresión «El día del Señor es como mil años» está relacionada con este tema. Y, asimismo, había un hombre con nosotros, cuyo nombre era Juan, uno de los apóstoles de Cristo, que profetizó, por una revelación que se le hizo, que los que creían en nuestro Cristo morarían mil años en Jerusalén; y posteriormente, tendría lugar la resurrección general y, en breve, la resurrección eterna y el juicio de todos los hombres.

Patmos desde la capilla en la entrada de la Gruta del Apocalipsis.

Como Papías y Justino, Ireneo afirma que Juan el apóstol escribió Apocalipsis. En sus escritos, Ireneo hace una clara distinción entre los ancianos y los discípulos de Cristo.[1] Para Ireneo, los ancianos eran los discípulos de los apóstoles de Cristo. En un pasaje en el Milenio, escribió:

> La bendición predicha, por lo tanto, pertenece incuestionablemente a los tiempos del reino, cuando los justos tendrán autoridad sobre su resurrección de entre los muertos; cuando también la creación, tras haber sido renovada y puesta en libertad, fructifique con abundancia de toda clase de alimentos, del rocío del cielo y de la fertilidad de la tierra: como los ancianos que vieron a Juan, discípulo del Señor, relataron que habían oído de él cómo el Señor solía enseñar con respecto a estos tiempos.[2]

Además de los ancianos que oyeron a Juan y afirmaron su autoría de Apocalipsis, Ireneo menciona específicamente a Papías como alguien que dio testimonio de ello. En este contexto, Ireneo afirmó que Papías escuchó de Juan y que fue amigo del discípulo de Juan, Policarpo.[3]

Justino, Papías, Ireneo y otros escritores del siglo II aceptaron textualmente el reinado de mil años de Cristo en la Tierra (Apoc. 20:1-7). Esta interpretación se

Excavación de una sinagoga que data del siglo III d.C. Una importante comunidad judía existía en Sardis del siglo III a.C. Existen indicios de relaciones positivas entre la comunidad judía y las autoridades romanas. La iglesia de Sardis fue exhortada al arrepentimiento. Tenía la reputación de estar muerta en vida (Apoc. 3:1-6).

convirtió en una piedra de tropiezo para algunos intérpretes en el siglo III, y fue un factor que inició la disputa sobre la afirmación de que Apocalipsis fue escrito por el apóstol Juan. Dionisio (fallecido c. 264), estudiante de Orígenes, director de la escuela de catequesis de Alejandría y posteriormente obispo de esa ciudad, observó las grandes diferencias entre el Evangelio de Juan y Apocalipsis. Llegó a la conclusión de que no pudieron ser escritos por la misma persona. Dionisio no negó que Apocalipsis fuese inspirado, pero acotó que no pudo haber sido escrito por Juan, el discípulo amado.

El análisis de Apocalipsis de R. H. Charles,[4] enfatiza la opinión de Dionisio. El griego de Apocalipsis es una evidencia de que el autor fue un judío palestino de la región de Galilea. El contexto contiene varias irregularidades gramaticales que se podrían esperar de un escritor cuyo primer lenguaje fuese el hebreo. El griego de Apocalipsis es mucho más complejo que el del Evangelio de Juan. Esto no implica que Apocalipsis haya sido escrito por el apóstol Juan. El griego de Apocalipsis es lo que se podría esperar de Juan. Si el Evangelio y Apocalipsis fueron escritos en diferentes épocas y en diferentes circunstancias, Juan pudo haber tenido un escriba diferente para las dos obras, esto podría explicar las diferencias de estilo y los patrones lingüísticos.

CÓMO ENCAJA APOCALIPSIS EN LA HISTORIA DE DIOS

1. Prólogo: creación, caída del hombre y necesidad de redención
2. Dios construye Su nación (2000–931 a.C.)
3. Dios educa a Su nación (931–586 a.C.)
4. Dios preserva un remanente fiel (586–6 a.C.)
5. Dios compra la redención y comienza el reino (6 a.C. al 30 d.C.)
6. Dios extiende el reino a través de la iglesia (30 d.C. [?])
7. Dios consuma la redención y confirma Su reino eterno
8. Epílogo: un cielo nuevo y una Tierra nueva

CRISTO EN APOCALIPSIS

Cristo es el Alfa y la Omega, el principio y el fin, Aquel que vino, viene y vendrá. Cuando se apareció a Juan en Patmos, la visión fue tan abrumadora que Juan cayó a sus pies como muerto. Jesús le dijo que no tuviese miedo, sino que anotara las cosas que Él le mostraría, los eventos que ocurrirían.

PRINCIPIOS BÁSICOS DE LA COSMOVISIÓN CRISTIANA

Enseñanza sobre Dios

Apocalipsis enseña la supremacía y la gloria de Dios sobre todas las cosas. Dios es el impulsor principal que hará realidad el regreso de Cristo y el fin del mundo. Apocalipsis muestra plenamente la ira justa de un Dios santo. Enseña sobre la Trinidad y contribuye ampliamente a la comprensión de la deidad de Cristo.

Enseñanza sobre la humanidad

Apocalipsis enseña sobre la pecaminosidad de la humanidad en duros términos. Solo hay dos tipos de personas en Apocalipsis: los que siguen al Cordero (y llevan Su marca especial) y los que siguen a la bestia (y llevan su marca). Los que siguen al Cordero reciben bendiciones inimaginablemente grandes, pero son una minoría. La mayoría, que sigue al mal, está destinada a la condenación eterna.

Enseñanza sobre la salvación

La salvación del pecado en Apocalipsis se presenta principalmente como algo que Dios compró a través de la muerte del Cordero (la primera venida de Cristo). Aquellos que son salvos se oponen al mal «por medio de la sangre del Cordero y de la palabra del testimonio de ellos, y menospreciaron sus vidas hasta la muerte» (12:11). La salvación final después de la resurrección se presenta como «la santa ciudad, la nueva Jerusalén» (21:2).

CARACTERÍSTICAS LITERARIAS

GÉNERO Y ESTILO LITERARIO

Una epístola compuesta en griego *koiné*

Algunos eruditos de Apocalipsis lo han clasificado como literatura apocalíptica. Este tipo de escritos, entonces populares entre los judíos, tenía una serie de características: 1) la pretensión de venir de parte de Dios a través de un mediador; 2) el uso de criaturas y acciones simbólicas; 3) el conflicto entre esta era malvada y la era venidera. Sin embargo, Apocalipsis carece de ciertos rasgos apocalípticos: 1) la afirmación de haber sido escrito por un personaje famoso del AT; 2) la interpretación angélica extensa; 3) la creencia de que el Mesías estaba todavía por venir.

Apocalipsis es una profecía, un mensaje al pueblo de Dios y una exhortación a permanecer fieles a Él. A diferencia de la literatura apocalíptica, Apocalipsis contiene serias advertencias para que el pueblo de Dios se arrepienta del pecado. Al igual que Isaías y Jeremías, predice tanto los eventos en un futuro cercano como en el lejano. Los elementos apocalípticos son secundarios al mensaje profético del Libro.

El estilo griego de Apocalipsis es más parecido al griego del cuarto Evangelio y las tres epístolas de Juan que otros Libros del NT, y tiene una serie de peculiaridades gramaticales que hacen su griego inusual en algunas partes. Esto puede explicarse por la pérdida o el cambio de un secretario, por parte del autor, o por el afán del autor de escribir sus experiencias, razón por la que escribe con prisa.

UN PRINCIPIO A SEGUIR EN LA VIDA

La segunda venida (Apoc. 1:7-8)

Ya que Jesucristo volverá, debemos estar siempre listos para ese gran acontecimiento.

Busto de Domiciano, hermano y sucesor del emperador Tito. Eusebio, historiador del siglo IV, relató que el apóstol Juan fue exiliado a Patmos (Apoc. 1:9) en el reinado de Domiciano. Eusebio también afirmó que, en el reinado de Nerva, el senado se llevó los honores de Domiciano y liberó a los exiliados para que regresaran a casa, de esa manera Juan volvió a Éfeso. El reinado de Nerva fue breve, duró un poco más de un año (96–98 d.C.). Fue sucedido por Trajano (98–117 d.C.) que bañó el imperio con el rojo de la sangre de los cristianos. Su persecución fue más severa que la instituida por Domiciano. Ireneo escribió, en el siglo II, que Juan murió en Éfeso, en el reinado de Trajano.

REFERENCIAS

1. Eugenia Scarvelis Constantiou, *Andrew of Caesarea and the Apocalypse in the Ancient Church of the East* [Andrés de Cesarea y el Apocalipsis en la iglesia primitiva del este], tesis doctoral, Université Laval, 2008, 58–59.

2. *Against Heresies* [En contra de las herejías], 5.33.3.

3. *Against Heresies* [En contra de las herejías], 5.33.4

4. Andreas Köstenberger, L. Scott Kellum y Charles L. Quarles, *The Cradle, the Cross, and the Crown: An Introduction to the New Testament* [La cuna, la cruz y la corona: Una introducción al Nuevo Testamento] (Nashville: B&H Academic, 2009), 812.

PERSPECTIVAS MILENARIAS SOBRE APOCALIPSIS

TEMA DE INTERPRETACIÓN	AMILENIAL	PREMILENIAL HISTÓRICO	PREMILENIAL DISPENSACIONAL
Descripción de la perspectiva.	Perspectiva de que la era actual del gobierno de Cristo en la iglesia es el milenio; sostiene una resurrección y un juicio que marca el final de la historia como la conocemos y el principio de la vida eterna.	Perspectiva de que Cristo reinará en la Tierra por mil años después de Su segunda venida; los santos serán resucitados al principio del juicio.	Perspectiva de que después de la batalla del Armagedón, Cristo gobernará a través de los judíos por mil años (literales), acompañado de dos resurrecciones y al menos tres juicios.
Libro de Apocalipsis	Historia actual escrita en código para confundir a los enemigos y animar a los cristianos de Asia; el mensaje se aplica a todos los cristianos.	Aplicación inmediata a los cristianos de Asia; aplica a todos los cristianos de todos los tiempos, pero las visiones también designan un gran futuro.	«Revelación» del tema de Cristo entre las iglesias en la dispensación actual, también como Juez y Rey en las dispensaciones venideras.
Siete candeleros (1:13).	Iglesias		Iglesias, más la aplicación del fin de los tiempos.
Siete estrellas (1:16,20).	Pastores	Simbolizan el carácter celestial o sobrenatural de la iglesia (se cree que se refiere a los pastores).	Pastores o ángeles.
Iglesias mencionadas (2-3).	Situaciones históricas específicas, verdades que aplican a las iglesias de todos los tiempos; no representa períodos de la historia de la iglesia.		Situaciones históricas específicas y a todas las iglesias a través de los tiempos; muestra progreso del estado espiritual de las iglesias hasta el fin de la era de la iglesia.
Veinticuatro ancianos (4:4,10; 5:8,14).	Doce patriarcas y doce apóstoles, que juntos simbolizan a todos los redimidos.	Compañía de ángeles que ayudan a ejecutar el gobierno de Dios (o los ancianos que representan las veinticuatro órdenes sacerdotales y levíticas).	La iglesia ya recompensada, también representa los doce patriarcas y los doce apóstoles.
El libro sellado (5:1-9).	El desplazamiento de la historia; muestra a Dios al llevar a cabo su propósito redentor en la historia.	Contiene profecía del final de los eventos de los capítulos 7-22.	Título de propiedad del mundo.
Los 144.000 (7:4-8).	Redimidos en la Tierra que serán protegidos de la ira de Dios.	La iglesia en el umbral de la gran tribulación.	Judíos conversos del período de tribulación que dan testimonio a los gentiles (igual que 14:1).

PERSPECTIVAS MILENARIAS SOBRE APOCALIPSIS

Gran multitud (7:9-10).	Una multitud imposible de numerar, alaban a Dios en el cielo por la salvación.	Luego de haber pasado por la tribulación, se ve la iglesia en el cielo.	Los gentiles redimidos durante el tiempo de tribulación por el testimonio de los 144.000.
Gran tribulación (primera referencia en 7:14).	Persecución enfrentada por los cristianos de Asia en los tiempos de Juan; símbolo de la tribulación que ocurre a través de la historia.	Período de tiempo de un problema sin explicación, antes del regreso de Cristo; la iglesia pasará por esto; empieza con el séptimo sello (18:1) incluye las trompetas 1-6 (8:2–14:20).	Período al fin de los tiempos de un problema sin explicación con referencia a 7:14 y descrito en los capítulos 11–18; dura tres años y medio y después de un período de siete años y medio entre el rapto y el milenio.
«Estrella» (9:1).	El mal personificado.	Representa una figura angélica con encargo divino de cumplir el propósito de Dios.	Líder de la apostasía durante la gran tribulación.
42 meses (11:2); 1260 días (11:3).	Duración indefinida de desolación pagana.	Representación de un número simbólico con referencia a los últimos días de nuestra era.	Mitad del período de siete años de tribulación.
Dos testigos (11:3-10).	Difusión del evangelio en el siglo I.	Dos personajes históricos reales que testifican a Israel al final de los tiempos.	Un remanente de judíos que da testimonio en Jerusalén, testifican del reino venidero y llaman a Israel al arrepentimiento.
Sodoma y Egipto (11:8).	Roma como cabeza del Imperio.	Jerusalén terrenal.	
Mujer (12:1-6).	El verdadero pueblo de Dios bajo el antiguo pacto y el nuevo (verdadero Israel).		Señala a Israel, no a la iglesia; la llave se compara con Gén. 37:9.
Gran dragón escarlata (12:3).	Siempre se identifica con Satanás.		
Hijo varón (12:4-5).	Cristo en Su nacimiento, toda Su vida y crucifixión, y a quien Satanás trató de matar.	Cristo, cuya obra Satanás procura destruir.	Cristo, pero también la iglesia (cabeza y cuerpo); arrebatado para Su trono, indica el rapto de la iglesia.
1260 días (12:6).	Tiempo indefinido.	Número simbólico que representa período de maldad, con especial alusión a días finales de esta era.	Mitad de la gran tribulación después de que la iglesia es arrebatada.

PERSPECTIVAS MILENARIAS SOBRE APOCALIPSIS

Bestia del mar (13:1).	Emperador Domiciano personificación del Imperio romano (igual que en cap. 17).	Anticristo y su reino; aquí se lo muestra como personificación de las cuatro bestias de Daniel 7.	Una nueva Roma, federación de las naciones satánicas provenientes del antiguo Imperio romano.
Siete cabezas (13:1).	Emperadores romanos.	Gran potencia, muestra similitud con el dragón.	Siete etapas del Imperio romano, la sexta fue el Imperio romano (en los días de Juan); la última será la federación de las naciones.
Diez cuernos (13:1)	Poder simbólico.	Reyes representan coronas limitadas (diez) contra las muchas de Cristo.	Diez poderes que se combinarán para formar la federación de las naciones de la nueva Roma.
Bestia de la tierra (13:11).	«Concilia», organismo romano en ciudades responsables por el culto al emperador.	Religión organizada que servía a la primera bestia durante la gran tribulación; dirigida por un falso profeta.	Anticristo, quien encabezará la religión apóstata; líder judío descrito en Daniel 11:36-45 (algunos lo identifican como asistente del anticristo).
Nota: El posmilenialismo es la perspectiva que afirma que el reino de Cristo en la Tierra no es físico, sino espiritual. Cristo regresa después del milenio que se establece con la predicación del evangelio.			
666 (13:18).	Imperfección, maldad; personificado como Domiciano.	Símbolo de maldad, casi 777; si fue símbolo de personaje, se desconoce, pero se sabrá en el tiempo adecuado.	Se desconoce, pero se lo revelará cuando llegue la hora.
144.00 en el Monte de Sion (14:1).	El total de los redimidos en el cielo.		Los judíos redimidos se reúnen en la Jerusalén terrenal durante el reino del milenio.
Río de sangre (14:20).	Símbolo de castigo eterno para los malvados.	Significa el juicio radical de Dios que vence la maldad por completo.	Escena de la ira y la matanza que ocurrirá en Palestina.
Babilonia (mujer, 17:5).	La Roma histórica.	Ciudad capital del futuro anticristo.	Iglesia apóstata del futuro.
La bestia (17:8).	Domiciano	El anticristo	Cabeza de la federación satánica de las naciones del revivido Imperio romano; vinculado con la iglesia apóstata (séptima cabeza).

PERSPECTIVAS MILENARIAS SOBRE APOCALIPSIS

Siete montes (17:9).	La Roma pagana, que fue construida en los siete montes.	Poder señalado, que significa una sucesión de imperios; de los cuales el último es la Babilonia del fin de los tiempos.	Roma, que revive en el fin de los tiempos.
Siete cabezas (17:7) y siete reyes (17:10).	Emperadores romanos desde Augusto a Tito, excluidos los tres reinados cortos.	Cinco reinos impíos pasados; el sexto fue Roma y el séptimo se levantará en el fin de los tiempos.	Cinco formas distintas de gobierno romano anteriores a Juan; el sexto fue la Roma imperial y el séptimo será el Imperio romano revivido.
Diez cuernos (17:7) y diez reyes (17:12).	Reyes vasallos que gobernaron con el permiso de Roma.	Símbolo de los poderes terrenales que serán subordinados al anticristo.	Diez reinos que se levantarán en el futuro del Imperio romano revivido.
Aguas (17:15).	Gente gobernada por el Imperio romano.	Indica una civilización compleja.	Gente dominada por la iglesia apóstata.
Novia, esposa (19:7).	Total de los redimidos.		La iglesia; no incluye los santos del AT ni los santos de la tribulación.
Cena de boda (19:9).	Culminación de los tiempos; simboliza la unión completa de Cristo con Su pueblo.	Unión de Cristo con Su pueblo en Su venida.	Unión de Cristo con Su iglesia acompañada de los santos del AT y de la tribulación.
Uno en caballo blanco (19:11-16).	Visión de la victoria de Cristo sobre la pagana Roma; el regreso de Cristo ocurre en conexión con los eventos de 20:7-10.	Segunda venida de Cristo.	
Batalla de Armagedón (19:19-21; ver 16:16).	No significa literalmente el fin de los tiempos, pero simboliza el poder de la Palabra de Dios al derrotar la maldad, un principio que se aplica a todas las épocas.	Evento literal del fin de los tiempos, no así la batalla con armas militares; ocurre al regreso de Cristo en el principio del milenio.	Batalla sangrienta (literal) en el Armagedón (Valle de Megido) al final de la gran tribulación entre los reyes del este y la federación de naciones de la nueva Roma, son derrotados por la espada de la boca de Cristo, y a continuación inicia el milenio.
La gran cena (19:17).	Está en contraste con la cena de la boda.		Concluye una serie de juicios y abre el camino al establecimiento del reino.

PERSPECTIVAS MILENARIAS SOBRE APOCALIPSIS

Atadura de Satanás.	Símbolo de la victoria de la resurrección de Cristo sobre Satanás.	Término del poder de Satanás durante el milenio.	
Milenio (20:2-6).	Referencia simbólica del período de la primera venida de Cristo hasta la segunda.	Un evento histórico, aunque la duración de los mil años pueda ser simbólica, después del Armagedón durante el cual Cristo gobierna con Su pueblo.	Un período literal de mil años después de la era de la iglesia, durante la cual Cristo reina con Su pueblo, pero especialmente a través de los judíos.
Aquellos en tronos (20:4).	Mártires en el cielo; su presencia con Dios es un juicio sobre los que los mataron.	Santos y mártires que gobiernan con Cristo en el milenio.	Los redimidos que gobiernan con Cristo, aparecen y desaparecen de la Tierra para vigilar la vida en ese lugar.
Primera resurrección (20:5-6).	La presencia espiritual con Cristo de los redimidos que ocurre tras la muerte física.	La resurrección de los santos al comienzo del milenio cuando Cristo regresa.	Incluye los tres grupos: 1) los que fueron raptados con la iglesia (4:1), 2) los santos judíos martirizados durante la tribulación (11:11), 3) otros judíos creyentes al principio del milenio (20:5-6).
Segunda muerte (20:6).	Muerte espiritual, separación eterna de Dios.		
Segunda resurrección (implícita).	Todas las personas, perdidas y redimidas, resucitan cuando Cristo regresa en la única resurrección que se lleva a cabo.	No creyentes, resucitados al fin del milenio.	
Nuevos cielos y nueva Tierra (21:1).	Un nuevo orden, la Tierra redimida.		
Nueva Jerusalén (21: 2-5).	Dios mora con Sus santos en la nueva era después de los eventos del fin de los tiempos.		
Nueva Jerusalén (21: 10–22:5).	Igual que 21:2-5.		La Jerusalén milenial desde la que el mundo será gobernado; la novia y también el hogar de los santos.

TABLA DE PESOS Y MEDIDAS

PESOS

UNIDAD BÍBLICA	IDIOMA	MEDIDA BÍBLICA	EQUIVALENTE INGLÉS	EQUIVALENTE MÉTRICO DECIMAL	DIVERSAS TRADUCCIONES
Gera	hebreo	1/20 de siclo	1/50 de onza	0,6 gramos	gera
Becá	hebreo	½ siclo o 10 geras	1/5 de onza	5,7 gramos	beka; medio siclo; cuarto de onza; cincuenta centavos
Pim	hebreo	2/3 de siclo	1/3 de onza	7,6 gramos	2/3 de siclo; cuarto
Siclo	hebreo	2 becás	2/5 de onza	11,5 gramos	siclo; pieza; dólar; cincuenta dólares
Libra	grecorromano	30 siclos	12 onzas	0,4 kilogramos	libra; libras
Mina	hebreo/griego 50 siclos	1,25 libras	0,6 kilogramos	mina; libra	
Talento	hebreo/griego	«3000 siclos ó 60 minas»	75 libras/88 libras	34 kilogramos/40 kilogramos	talento/talentos; 100 libras

LONGITUD

UNIDAD BÍBLICA	IDIOMA	MEDIDA BÍBLICA	EQUIVALENTE INGLÉS	EQUIVALENTE MÉTRICO DECIMAL	DIVERSAS TRADUCCIONES
Palma (ancho de mano)	hebreo	1/6 de codo o 1/3 de palmo	3 pulgadas	8 centímetros	palma; ancho de mano; tres pulgadas; cuatro pulgadas; palmo menor
Palmo	hebreo	½ codo o 3 palmas	9 pulgadas	23 centímetros	palmo
Codo/Pechys	hebreo/griego	2 palmas	18 pulgadas	0,5 metros	codo/codos; yarda; media yarda; pie
Pékhus	grecorromano	4 codos	2 yardas	2 metros	pékhus; seis pies
Caña	grecorromano	6 codos	3 yardas	3 metros	caña; vara
Estadio	grecorromano	1/8 de milla ó 400 codos	1/8 de milla	185 metros	milla romana; estadio
Milla	grecorromano	8 estadios	«1620 yardas»	1,5 kilómetros	milla: milla romana

MEDIDAS DE ÁRIDOS

UNIDAD BÍBLICA	IDIOMA	MEDIDA BÍBLICA	EQUIVALENTE INGLÉS	EQUIVALENTE MÉTRICO DECIMAL	DIVERSAS TRADUCCIONES
Jarro	grecorromano	½ cab	1 1/6 de pinta	0,5 litros	vasija; jarra; vasijas de cobre; jarras de cobre; utensilios de bronce
Cab	hebreo	1/18 de efa	1 cuarto de galón	1 litro	cab: kab
Quinice	grecorromano	1/18 de efa	1 cuarto de galón	1 litro	medida; cuarto
Gomer	hebreo	1/10 de efa	2 cuartos de galón	2 litros	gomer; décima parte de una efa; seis pintas
Seah/Satón	hebreo/griego	1/3 de efa	7 cuartos de galón	7,3 litros	medidas; cantidades
Almud	grecorromano	4 gomer	1/4 de bushel	9 litros	bushel; medida de cereales
Efa [Bato]	hebreo	10 gomer	3/5 de bushel	22 litros	bushel; parte; medida; seis pintas; siete pintas
Létek	hebreo	5 efas	3 bushel	110 litros	medio gomer; medio saco
Kor [Homer] / Coro	hebreo/griego	10 efas	6 bushel o 200 cuartos de galón	220 litros/525 litros	coro; homer; saco; medidas; bushel/saco

MEDIDAS DE LÍQUIDOS

UNIDAD BÍBLICA	IDIOMA	MEDIDA BÍBLICA	EQUIVALENTE INGLÉS	EQUIVALENTE MÉTRICO DECIMAL	DIVERSAS TRADUCCIONES
Log	hebreo	1/72 de bato	1/3 de cuarto de galón	0,3 litros	log; pinta
Jarro	grecorromano	1/8 de hin	1 1/6 de pinta	0,5 litros	jarro; cántaro; jarras de cobre; vasijas de cobre; utensilios de bronce
Hin	hebreo	1/6 de bato	1 galón o 4 cuartos de galón	4 litros	hin; pintas
Bato	hebreo/griego	1 efa	6 galones	22 litros	galón; galones; barriles; medida de líquidos; medidas
Cántaro	grecorromano	10 hin	10 galones	39 litros	cántaros; galones

CRÉDITOS Y RECONOCIMIENTOS ARTÍSTICOS

B&H Español agradece a las siguientes personas e instituciones por el uso de gráficos en la *Guía esencial de la Biblia*. Si de manera inadvertida no hemos dado el crédito apropiado para cualquier gráfico usado en esta obra, por favor contáctenos (bhcustomerservice@lifeway.com) y haremos la corrección requerida en la próxima impresión. B&H agradece las contribuciones de G. B. Howell, Brent Bruce, James McLemore y el personal de *Biblical Illustrator* por su asesoramiento.

FOTOGRAFÍAS

Biblical Illustrator, Nashville, Tennessee: p. 169.

Biblical Illustrator (James McLemore, fotógrafo), Nashville, Tennessee: pp. 61, 352, 355.

Biblical Illustrator (Bob Schatz, fotógrafo), Nashville, Tennessee: pp. 61, 81, 92, 95 (abajo izquierda), 257.

Biblical Illustrator (Ken Touchton, fotógrafo), Nashville, Tennessee: pp. 65, 166, 313.

Biblical Illustrator (Jerry Vardaman, fotógrafo), Nashville, Tennessee: p. 88.

Brisco, Thomas V., Decano y Profesor de Trasfondo bíblico y Arqueología, Logsdon School of Theology, Hardin-Simmons University, Abilene, Texas: pp. 101, 345.

HolyLandPhotos, Dr. Carl Rasmussen (www.holylandphotos.org): p. 381.

Illustrated World of the Bible: pp. 34, 270.

iStock: pp. 70, 175, 212, 226, 248, 275, 289, 295, 485, 510.

Scofield Collection, E. C. Dargan Research Library, LifeWay Christian Resources, Nashville, Tennessee: p. 429.

Trainor, Rev. Dr. Michael, Profesor titular, Flinders University, Adelaide, Australia, Investigador principal, Colossae Project and **Rosemary Canavan**, Decano asociado (Posgrado e investigación) Catholic Theological College, MCD University of Divinity, p. 462.

Wikimedia Commons: pp. xii, abajo izquierda (Jayel Aheram), xii abajo derecha (Zee Prime at cs. wikipedia), 17 (The WB), 19 (John Bodsworth), 23 (Lancastermerrin88), 29 (2MASS/UMass/IPAC-Caltech/NASA/NSF), 31, 38 (Jacques Descloitres, MODIS Rapid Response Team, NASA/GSFC), 60, 67 (Bernard Werner), 87 (Egyptian Museum, Cairo/Webscribe), 95 abajo derecha (Henri Sivonen/The Louvre), 97 (Olaf Tausch), 100 (Deror Avi), 119 (British Museum/London/Steven G. Johnson, 120 (Mike Peel; www.mikepeel.net), 134 (Wilson44691), 135 (British Museum/Mike Peel; ; www.mikepeel.net), 137 (Jayel Aheram), 140 (Mike Peel; ; www.mikepeel.net), 149 (Göttingen, Stadtmuseum/Jewish life/Esther-Rolle/ Ingersoll), 155 (Infrogmation of New Orleans), 155 (Chefallen), 157 (Fir0002), 158 (NASA, ESA, AURA/Caltech, Palomar Observatory), 161 (NASA, ESA, M. Robberto

(Space Telescope Science Institute/ESA) and the Hubble Space Telescope Orion Treasury Project Team), 163 (Schuyler Shepherd/(Unununium272), 167 (amoruso), 184 (My Lev-ari Eilat), 186 (Ernst Rosca, Moscow, Russia), 191 (Joe Sarembe), 193 (metsilomi yehudit gera'in kol), 195 (Glysiak), 199 (Jeff Belmonte, Cuiabá, Brazil), 208 (Tamar Hayardeni), 209 (Tamar Hayardeni), 213 (Sd Abubakr), 214 (Dr. Avishai Teicher), 215 (Nenya Aleks), 218, 221 (Aziz1005), 227 (© Guillaume Piolle), 239 (Gryffindor), 241 (Blitz1980), 242 (Tal Oz), 243 (Eli Zahavi), 247 (Institute for the Study of the Ancient World), 256 (Lior Golgher), 261 (Bernard Gagnon), 266, 277 (Deror Avi), 290-291 (Rosemania), 292 (Betta27), 298 (Ashdod), 300 arriba (O. Mustafin), 300 centro (Patrick C., aka dynamomosquito), 300 abajo (KendallKDown), 304, 305 (Deror Avi), 310 (Chad Rosenthal), 312 (Tjibbe), 313 (Mieke Vranken), 315 (Rob Lavinski/iRocks.com), 317 (Ilana Shckolnick-Backal), 318 (Papyrologist Bernard Grenfell /John Rylands Library), 324 abajo izquierda, 324 abajo centro, 324 abajo derecha, 331 (Asaf T.), 334 (Matanya), 336 (Almog), 340 (Yucatan), 356 (Almog), 358 (Bonio), 364, (Marion Doss), 365 (Chmee2), 373 (Berthold Werner), 383 (Berthold Werner), 385 (Erik 1980), 386 (Kleuske at nl.wikipedia), 387 (Njaker), 390 (Emilio Labrador), 391 (Avishai Teicher), 392 (Kucharz), 396 arriba (Jeanhousen), 396 abajo (Jeanhousen), 398 (Sharon Mollerus), 401 (Frank van Mierlo), 404 (Dan Diffendale), 407 (Pufacz), 415 (Zee Prime at cs.wikipedia), 416 (Tamar Hayardeni), 418 (Rensi), 423 (Marsyas), 429 (ESO/Y. Beletsky), 435 (Anjči), 440 (Philly boy 92), 446 (Mister Sunshine), 453 (Barbaking), 457 (Jerzy Strzelecki), 467 (ESO/INAF-VST Reconocimiento: A. Grado/L. Limatola/INAFCapodimonte Observatory), 472, 475 (Flame Center Tirat Carmel Ori Gonen family album), 492 (Me, but logged in at en.wikipedia), 498 (Marsyas), 503 (Bjørn Christian Tørrissen), 517 (Aboumael at fr.wikipedia), 518 (AtilimGunesBaydin), 521 (Jastrow 2006).

ILUSTRACIONES Y RECONSTRUCCIONES

Biblical Illustrator, Linden Artists, London: p. 51.

Goolsby, Abe, Principal, Officina Abrahae, Nashville, TN: pp. ix, 42-43, 55, 127, 133, 362-363.

Latta, Bill, Latta Art Services, Mt. Juliet, TN: pp. 254, 339, 342.

Layard, Austen Henry: p. 285.

PINTURAS

Berruguete, Pedro (1450–1504), *Salomón*, Santa Eulalia, Parades de Nava, Web Gallery of Art: p. 177.

Bloch, Carl Heinrich (1844–1890), *El Sermón del Monte*: p. 320.

Brueghel, Jan el Viejo (1568–1625), *Jonás es devuelto por el gran pez*: p. 269.

Feuerbach, Anselm (1829–80), *Mirjam* [María]: p. 56.

Francisco Collantes (1599–1656), *La visión de Ezequiel*: p. 228.

Hoet, Gerard, (1648–1733), *Israel en Sinaí*: p. 176 abajo.

Kozenitzky, Lidia, *División del Mar Rojo*: p. 176 arriba.

Michelangelo Buonarroti (1475–1564), *Zorobabel*: p. 307.

Pskov Historical, Architectural and Art Museum Complex, Pskov, Russia (Shakko): p. 116.

Rembrandt Harmenszoon van Rijn (1606–1669), *El banquete de Belsasar*: p. 236.

Rembrandt Harmenszoon van Rijn (1606–1669), *Jeremías lamenta la destrucción de Jerusalén*: p. 223.

Roberts, David (1796–1864), *El asedio y destrucción de Jerusalén*: p. 348.

Roberts, Hubert (1733–1808), *El gran incendio de Roma*: p. 481.

Seddon, Thomas (1821–1856), *El valle de Josafat*: p. 250.

Vignali: Jacopo (1592–1664), *San Juan el Evangelista en Patmos*: p. 512.